Die Flammen des Schnees

Die Jagd nach Rache

Stephanie Kara

Stephanie Kara

Die Flammen des Schnees -

Die Jagd nach Rache

Fantasyroman

Impressum

FSC
www.fsc.org
MIX
Papier aus verantwortungsvollen Quellen
Paper from responsible sources
FSC® C105338

Bibliografische Information der Deutschen Nationalbibliothek:
Die Deutsche Nationalbibliothek verzeichnet diese Publikation in der Deutschen Nationalbibliografie; detaillierte bibliografische Daten sind im Internet über http://dnb.dnb.de abrufbar.

Coverdesign: Vivian Koydl

Herstellung und Verlag: BoD – Books on Demand, Norderstedt

ISBN: 978-3-7534-9860-7

Vielen Dank an meine geliebte Frau Dilara, dass du mich immer wieder ermutigt hast, weiterzuschreiben!

Ein großer Dank geht ebenso an Angy, Jessi, Bärbel und Barbara für eure Unterstützung, ohne euch wäre das Buch nicht das, was es jetzt ist.

Und natürlich vielen Dank liebe Leserin, lieber Leser, dass Du dir die Zeit nimmst und mir Dein Vertrauen schenkst, indem Du dieses Buch in die Hand genommen hast. Ich hoffe, wir hören auch im nächsten Teil wieder voneinander!

Prolog

Es herrschte eine ruhige und friedliche Atmosphäre an diesem Abend, denn es lag der Duft des Erfolgs in der Luft. In einem großen Palast im Herzen des Südens wurden gerade eben die neuen Oberhäupter der Länder ernannt. Eine mutige, junge Prinzessin und eine ebenso mutige Eisherrscherin hatten den gefährlichsten Mann des Landes besiegt und so den Frieden in die Welt zurückgebracht. Jeder Bürger, welcher sich über das Ende des Krieges freute, war bei dieser Feier anwesend. Sie aßen, tranken und genossen den gerade errungenen Sieg.

Doch in einem nahegelegenen Gefängnis wurde die Stille von Schreien zerrissen. Man hörte das Zischen von Flammen, welche aufeinandertrafen. Tief im Inneren des Gefängnisses wurden Zellengitter zerstört und Wachen verletzt. Menschen schrien und verstummten wieder, leblose Körper fielen zu Boden und blieben dort liegen. Das Aufleuchten von Flammen durchzog die gesamte Fensterfront des Gebäudes und bei genauerem Hinsehen erkannte man fünf Personen, welche den Mittelpunkt des Kampfes darstellten. Ein großgewachsener, schwarzhaariger Mann führte die Gruppe an.

Sie kämpften sich durch die Gänge des Hauses und töteten jeden, der sich ihnen in den Weg stellte. Es war das sicherste Gefängnis im ganzen Land und doch zerbrachen Fensterscheiben und Türen. Das Gebäude war von hohen Mauern umgeben, welche für jeden Gefangenen ein klares Zeichen waren, dass es unmöglich wäre, hier auszubrechen. Niemand hatte es je geschafft, aus diesem Gebäude zu entkommen, und doch hatten es diese Fünf gewagt, einen Ausbruchsversuch zu starten.

Die Türen des Gebäudes öffneten sich, als die Gruppe, bestehend aus zwei Frauen und drei Männern, aus dem Gefängnis liefen und das Haus in völliger Dunkelheit gehüllt zurückließen. Die Mauern stellten nun keine Gefahr mehr da, denn es gab keinen mehr, der sie brauchte. Das Gefängnis hatte die gefährlichsten Verbrecher des Landes im Zaum gehalten, doch nun erschien das Gebäude gleich einem unbewohnten Haus. Nicht ein einziger kleiner Laut war aus dem Inneren zu vernehmen.

Niemand hatte von diesem Ausbruch etwas mitbekommen, da sich alle im Palast aufhielten, um den gewonnenen Krieg zu feiern. Niemand bemerkte die Gruppe, welche leise über die Berge verschwand, als wäre sie niemals da gewesen. Niemand wusste, dass die Gefahr, welche sie gerade erst gebannt hatten, längst wieder auf freiem Fuß war. Niemand wusste es, denn es war ein ruhiger, friedlicher Abend und der Geruch des Erfolgs lag in der Luft.

Kapitel 1

„Er ist ausgebrochen?“, rief Akita, die Prinzessin des Südens, ihre goldbraunen Augen blitzten auf.

Wir standen beide in dem verlassenen Gefängnis, in dem eigentlich Akitas Bruder, Prinz Aduro, eingesperrt sein sollte. Es war gerade einmal zwei Wochen her, dass wir ihren Bruder besiegt hatten.

„Akita, beruhige dich“, versuchte ich meine Freundin zu beruhigen.

„Kyra, wie soll ich mich beruhigen?“, rief sie aufgebracht, „Wir haben es gerade erst geschafft, ihn zu besiegen, und nun ist er wieder auf freiem Fuß!“

Wir hatten uns sehr gefreut, dass der Krieg zwischen dem Norden und dem Süden beendet war, doch nun kroch die Angst erneut in mir hoch. Aduro hatte den Krieg gegen die Eisherrscher wieder aufleben lassen, nachdem er seinen Vater, König Vertram, vergiftet hatte. Damals schob er die Schuld für dessen Tod auf einen Eisherrscher, welcher für sein angebliches Vergehen sogar getötet worden war. Seine Mutter wollte ihn beschützen und kam ebenfalls ums Leben.

„Es tut mir sehr leid, Prinzessin. Sie haben alle Wachen getötet und niemand hat den Ausbruch mitbekommen“, entschuldigte sich einer der Wachen.

„Wir können es aktuell nicht ändern“, versuchte ich es erneut und drückte Akitas Hand.

„Das ist mir auch bewusst!", schimpfte die Prinzessin und zog gereizt ihre Hand aus meiner.

Sie strich sich eine Strähne ihrer pechschwarzen Haare aus dem Gesicht. Ich konnte ihre Anspannung spüren. Es war uns nur mit Mühe und Not gelungen, Aduro zu besiegen. Akita hatte ihren eigenen Tod vorgetäuscht, damit er überhaupt mit einem Trick überlistet werden konnte. Samu, unser Leibarzt und treuester Freund, hatte ein Gas entwickelt, was ihn in einen tiefen Angstzustand versetzt hatte. Nur so war es uns möglich gewesen, ihn gefangen zu nehmen und den Krieg endlich zu beenden.

„Lass' uns zurück zum Palast gehen und uns einen Plan zurechtlegen, wie wir ihn finden können", schlug ich vorsichtig vor.

Die Prinzessin seufzte tief, als ich meinen Arm um sie legte und sie so aufforderte, mir aus dem Gebäude zu folgen. Wir liefen gemeinsam aus dem Gefängnis, der Geruch von verbranntem Menschenhaar lag immer noch in der Luft. Die schwarzen Brandspuren an den Mauern bezeugten den brutalen Kampf, welcher keine Überlebenden zurückgelassen hatte. Meine Silhouette spiegelte sich in einem der zerbrochenen Fenster wieder, und ich sah, dass selbst meine blauen Augen das pure Entsetzen zeigten. Hätten die Wachen erst später ihren Schichtwechsel gehabt, wären wir wohl immer noch nicht informiert gewesen.

Draußen angekommen, sah ich direkt in Akitas Augen, welche eine Spur von Angst zeigten. Dieser Ausdruck war äußerst selten bei ihr, die Prinzessin hatte nicht einmal im Kampf gegen Aduro Angst gezeigt. Ich nahm erneut sanft ihre Hand und blieb stehen.

„Bitte mach' dir nicht so große Sorgen. Wir werden ihn finden und erneut einsperren", ermutigte ich meine Freundin und gab ihr einen zärtlichen Kuss auf die weiche Haut ihres Handrückens.

„Um Aduro mache ich mir weniger Sorgen. Was mir tatsächlich ein wenig Angst macht, ist die Frage, mit wem er ausgebrochen ist", murmelte sie nachdenklich.

Ich war verwirrt. Wer konnte noch gefährlicher sein als Aduro?

„Kennst du die anderen Gefangenen?", fragte ich leise nach.

Akita nickte, die Furcht in ihren Augen war nun deutlich sichtbar.

Ihre gesamte Haltung wechselte plötzlich in eine Art Abwehrhaltung, wobei ihre schwarze Rüstung sich eng um ihre angespannten Muskeln legte. Ihr Blick lief ins Leere, als sie zu sprechen begann.

„Diese Verbrecher gehören zu den gefährlichsten Kriminellen des ganzen Landes. Sie wurden vor vielen Jahren von meinem Vater gefangen genommen, nachdem sie versucht hatten, mich und meine Mutter zu töten. Ich erinnere mich noch genau an das Gefühl, als ich ihnen gegenüber gestanden hatte", ihre Stimme versagte und ein kurzes Zittern durchfuhr ihren Körper.

So kannte ich die sonst so starke und gefährlich wirkende Prinzessin nicht. Sie hatte nie Angst! Doch als ich sie nun so sah, lief es selbst mir eiskalt über den Rücken. Ich dachte immer, Akita kannte das Wort Furcht nicht, doch als sie nun über diese Gefangenen sprach, hörte ich das Zittern in ihrer Stimme. Ich zog die Prinzessin in meinen Arm und drückte sie fest an mich.

„Es wird alles gut“, murmelte ich in ihr Ohr, wobei ich mir alles andere als sicher war, was diese Aussage betraf, „Lass’ uns heimkehren und uns in Ruhe unterhalten.“

Ihr Körper entspannte sich langsam, doch sie schwieg weiterhin. Ich hielt es für das Beste, sie vorerst in Ruhe zu lassen, denn auch ich musste diesen Schock erst einmal verdauen. Ich zog meine Schwerter aus dem Gürtel meiner eisblauen Rüstung, um meinen Drachen Reiko zu rufen. Als ich mich vor einiger Zeit auf die Reise machte, um Akita zu finden, hatte mir mein Vater diese Schwerter überreicht. Damals wusste ich noch nicht, dass sie meinen Beschützer beherbergten, doch nun war ich umso glücklicher über das Geschenk von Irakk. Telepathisch rief ich Reikos Namen und meine Schwerter glühten kurz auf. Als das eisblaue Licht wieder erlosch, stand mein Drache in voller Pracht vor mir. Seine eisigen Schuppen glänzten im Sonnenlicht, genau wie seine gleichfarbigen Augen.

„Bitte bring’ uns zurück zum Palast“, bat ich ihn.

Ich war die Einzige, welche mit ihm sprechen konnte, denn unsere Kommunikation basierte auf Telepathie und so war es nur mir möglich, ihn zu hören.

„Kyra, ist alles in Ordnung? Du siehst sehr besorgt aus“, entgegnete er.

„Ich weiß es selbst noch nicht genau. Fakt ist, Aduro ist ausgebrochen und mit ihm vier weitere Gefangene. Akita hatte angedeutet, dass diese vier, die gefährlichsten Kriminellen des Landes sind. Mehr habe ich jedoch noch nicht erfahren“, antwortete ich unsicher.

Akita und ich sprangen auf Reikos Rücken, woraufhin er sich hoch in die Lüfte erhob. Ich strich mir die braunen Strähnen aus dem Gesicht, welche mir der Fahrtwind entgegen blies. Normalerweise genoss ich es, auf meinem Drachen zu fliegen, dieses Mal hatte ich allerdings wenig Freude daran. Ich musste immer wieder an Aduro und die restlichen Entflohenen denken und daran, welche Angst Akita vor ihnen hatte. Es musste mir unbedingt gelingen, mehr über diese Gruppe zu erfahren, ohne meine Freundin zu sehr zu drängen.

Nach einem kurzen Flug landeten wir vor dem großen Palast, welcher mich immer wieder faszinierte. Die großen Tore und die feinen, goldenen Verzierungen über der Eingangshalle sowie das immense Wappen des Südens, welches sich direkt über dem Eingang befand, flößten mir Respekt ein. Vor den Eingangstoren wartete bereits eine junge, braunhaarige Frau auf mich.

„Misha!“, rief ich und lief der Frau freudig entgegen, „Schön dich zu sehen. Geht es dir wieder gut?“

Misha war die Erste, die ich kennengelernt hatte, nachdem ich mich in die Hauptstadt des Südens, Sukana, geschlichen hatte. Zusammen mit Lucien hatten wir trainiert und uns auf das Auswahlverfahren zum Schutz der Prinzessin vorbereitet, welche zum damaligen Zeitpunkt Freiwillige für ihre Armee gesucht hatte.

„Viel besser! Samus Hände bewirken wirklich Wunder“, antwortete sie, wobei ihre grünen Augen warm aufleuchteten.

Sie hatte uns im Kampf gegen Aduro sehr unterstützt, wurde allerdings in der Schlacht schwer verletzt. Umso mehr freute es mich nun, dass sie wieder auf den Beinen war.

„Das freut mich sehr“, antwortete ich und nahm sie lächelnd in den Arm.

Akita lief wortlos an uns vorbei und betrat den Palast, ohne Misha eines Blickes zu würdigen. Verwirrt sah die junge Frau der Prinzessin nach.

„Habe ich etwas falsch gemacht?“, fragte sie verunsichert.

„Nein, es liegt nicht an dir. Wir kommen gerade vom Gefängnis“, ich schluckte schwer, bevor ich weitersprach, „Aduro ist mit vier weiteren Häftlingen ausgebrochen.“

Misha sah mich schockiert an und riss ihre Hände vor den Mund. Sie hatte damals eine enge Beziehung zu Aduro gehabt, bevor er sie mit einem Gift gefährlich manipuliert und sie somit gezwungen hatte, sich gegen uns zu stellen.

„Was werdet ihr nun tun? Ihr müsst ihn suchen und wieder einsperren!“, forderte sie energisch.

„Das ist nicht so einfach, Misha!“, zischte ich sie etwas zu scharf an. „Wir geben unser Bestes, doch jetzt muss ich erst einmal nach Akita sehen. Der Ausbruch geht ihr sehr nah. Entschuldige mich bitte.“

Mit diesen Worten ließ ich die Soldatin stehen und folgte meiner Prinzessin in den Palast. In der Eingangshalle angekommen lief ich die mit edlen Teppichen ausgelegten Gänge zu Akitas Unterkunft entlang. Gedankenlos streiften meine Finger die goldenen Flammen, welche die seitlichen Wände kunstvoll verzierten.

Ich erinnerte mich daran, als ich das erste Mal diesen Gang entlang gelaufen war. Damals hatte ich meinen ersten Dienst als Leibwache der Prinzessin, nachdem ich sie in ihrem eigenen Auswahlverfahren herausgefordert hatte, angetreten. Sie hatte mich besiegt, doch sie gab mir diese Position trotz alledem. Meine Mission damals war es, sie zu töten, da sie in der Vergangenheit mein Dorf zerstört hatte, doch meine Gefühle standen mir auch zu dieser Zeit schon im Weg. Ich hätte es niemals übers Herz gebracht, die Frau, die ich liebe, zu töten. Glücklicherweise entwickelte sich alles zum Guten. Genau deswegen konnte ich es nicht fassen, dass unser Glück nun erneut in Gefahr sein sollte.

Tief seufzend blieb ich vor der großen Tür am Ende des Gangs stehen, denn diese führte in Akitas Unterkunft. Ich sammelte mich kurz. Leise klopfte ich an das Holz und betrat behutsam den Raum.

„Akita? Bist du da?“, fragte ich langsam.

Doch sie war nicht in ihrem Raum, also lief ich in das nächste Zimmer, welche einen Zugang zum privaten Trainingsplatz der Prinzessin hatte. Durch die Fensterfront sah ich, dass meine Freundin auf dem Platz stand und einige Feuerbälle in die Luft schoss. Für einen Moment bewunderte ich ihre Bewegungen und ihr Feuer, welche in perfekter Harmonie zusammenspielten. Sie sah einfach umwerfend aus in ihrer schwarzen Rüstung. Bei jeder Bewegung funkelten die roten Drachen an den Seiten der Rüstung im Licht der Sonne. Ich schob die Glastür auf und lief auf sie zu.

„Na, wie läuft das Training der mächtigsten Feuerherrscherin?“, fragte ich schmunzelnd.

Sie drehte sich um und funkelte mich kampflustig mit ihren goldenen Augen an: „Willst du es selbst herausfinden?“

Ich lachte und nahm meine Kampfposition ein. Ein kleines Training würde sicherlich nicht schaden, wobei ich nicht einschätzen konnte, wodurch sich Akitas Laune so schnell gebessert hatte. Ich atmete tief ein und spürte das kalte Eis, welches sich langsam um meine Fingerspitzen formte. Seit meinem fünften Lebensjahr hatte ich die Gabe, das Eis zu beherrschen. So gesehen war ich das komplette Gegenteil von Akita, da sie die Macht hatte, das Feuer zu kontrollieren. Doch diese Kombination machte uns zu einem unschlagbaren Duo.

„Wie du willst“, rief ich ihr grinsend zu und feuerte den ersten Schlag ab.

Spitze Eissplitter schnellten auf die Prinzessin zu. Diese jedoch wehrte sie gekonnt mit einer hohen Feuerwand ab. Ich liebte die Trainingseinheiten mit Akita, da sie eine der wenigen war, die mich wirklich fordern konnte. Ihre Techniken brachten mich immer wieder ins Schwitzen und waren gleichzeitig eine gute Übung, immer besser zu werden. Doch als sie zu einem Gegenschlag auf mich ausholte, hatte ich das Nachsehen: Es war viel zu leicht, diesem Angriff auszuweichen.

„Was ist los? Hat dich deine Kraft verlassen?“, stichelte ich und schlug mit einem gewaltigen Eisbrocken zurück.

Ich traute meinen Augen nicht, als mein Angriff sie zu Boden warf. Sonst konnte sie meinen Attacken schnell ausweichen oder sie gut abblocken; umgehauen hatte ich sie ewig nicht mehr. Akita blieb jedoch auf dem harten Untergrund liegen und hielt ihre Hände schützend in die Luft, als würde sie einen weiteren Angriff erwarten. Sofort wurde ich ernst und rannte auf sie zu.

„Habe ich dich verletzt? Es tut mir leid, ich wollte nicht ...“, rief ich ihr zu, doch sie unterbrach mich.

„Bleib’ stehen! Ich will nicht, dass du mich so siehst.“

Verwirrt blieb ich stehen, so wie sie es wollte. Die Anführerin des Südens versuchte, aufzustehen und weiterzukämpfen, als sie jedoch auf den Boden sank und sich die Hände vors Gesicht hielt, lief ich zu ihr. Die Tränen liefen in Strömen über ihre Wangen, doch sie versuchte, ihren Gefühlsausbruch vor mir zu verbergen. Statt etwas zu sagen, kniete ich mich neben sie und nahm meine Prinzessin schützend in den Arm.

„Ich halte das nicht noch einmal aus“, weinte sie gegen meine Brust und krallte sich zitternd in meinen Rücken.

Ich umarmte sie fest und strich ihr behutsam über das schöne Haar.

„Willst du darüber reden?“, murmelte ich einfühlsam.

Es musste etwas Schlimmes sein, wenn sie aus dem Nichts zu weinen begann. So hatte ich sie noch nie erlebt und hätte es auch niemals erwartet. Zitternd richtete sie sich auf und wischte sich die Tränen aus den Augen. Ich fragte mich, ob ihr plötzlicher Gefühlsausbruch etwas mit dem Vorfall im Gefängnis zu tun hatte. Akita holte tief Luft und räusperte sich, bevor sie zu erzählen begann.

„Vor sieben Jahren überraschte uns eine Gruppe Attentäter, welche mich entführen wollte, um meinen Vater zu erpressen. Sie überlisteten die Wachen, ohne dass es jemand mitbekommen hatte.

Sie schlichen durch den Palast, als wären sie Geister. Meine Mutter, welche in dieser Nacht nicht schlafen konnte, machte einen Spaziergang um den Palast und entdeckte die Gruppe. Sie rief umgehend nach Hilfe, doch die Wachen waren machtlos gegen die Fähigkeiten der Angreifer. Ich erinnere mich daran, dass eine unheimliche Frau plötzlich in meinem Schlafraum stand, ein höllisches Grinsen auf den Lippen. Sie war eine Eisherrscherin, doch ihre Fähigkeiten waren anders. Als sie mich angriff, spürte ich die Kälte in meinem ganzen Körper, so, als würde sie mich von innen einfrieren. Dieser Schmerz raubte mir sämtliche Kraft, ich konnte nicht einmal atmen. Ich wurde ohnmächtig, da ich die Kälte nicht mehr aushielt."

Akitas Blick wurde leer, als würde sie genau diesen Moment noch einmal erleben. Mir lief es eiskalt den Rücken herunter, als ich ihrer Geschichte lauschte. Doch sie war noch nicht fertig und nach einem tiefen Atemzug fuhr sie fort.

„Als ich aufwachte, befand ich mich in einer Höhle, umgeben von drei weiteren Menschen. Es waren zwei Männer und eine Frau. Ich versuchte, mich mit aller Macht zu befreien, doch sie waren zu stark für mich. Später erfuhr ich von ihrem Plan, meinen Vater zu erpressen. Er sollte seine Macht an Saphira übergeben, die Anführerin der Gruppe. Ich weiß nicht, wie mein Vater es damals geschafft hatte, mich zu befreien und die vier gefangen zu nehmen, doch er hat sich ihnen nicht gebeugt. Ich weiß nur noch, dass es sich wie eine Ewigkeit angefühlt hatte, während sie mich gequält und gefoltert haben. Sie hatten meinen Vater gewarnt, dass sie mir all diese Dinge antun würden, wenn er sich nicht ergeben würde, doch er dachte wohl, dass ich stark genug wäre, dies auszuhalten."

Akitas Stimme versagte erneut, als in ihr die Tränen wieder aufstiegen. Die Gänsehaut auf meinem Körper hatte sich überall ausgebreitet, denn ich konnte mir nicht einmal ansatzweise vorstellen, was diese Leute mit ihr gemacht hatten. Oder wollte es nicht.

„Er hatte Unrecht! Ich war nicht stark genug“, flüsterte sie unter Tränen.

„Es tut mir so unendlich leid, dass dir das passiert ist“, murmelte ich und drückte sie fester an mich, „Aber ich werde nicht zulassen, dass sie dir wieder weh tun.“

Doch Akita schüttelte nur den Kopf, ein zynisches Lachen entwich ihren Lippen.

„Du kannst sie nicht aufhalten! Sie sind die mächtigsten Menschen, die ich je gesehen habe!“, entgegnete sie panisch.

„Warum? Was ist an ihnen so besonders?“, fragte ich nach.

Akita war die mächtigste Feuerherrscherin, die ich je gesehen hatte. Sie konnte sogar die Blitze kontrollieren. Wer sollte also stärker sein als sie? Ich würde von mir fast behaupten, dass ich die mächtigste Eisherrscherin war, denn mit der Gabe, die Flammen von anderen Feuerherrschern zu blockieren, war ich einzigartig. Wer also sollte uns beide aufhalten, geschweige denn stärker sein als wir zusammen?

„Kyra“, die Prinzessin sah mir eindringlich in die Augen, „Das sind die gefährlichsten Menschen, die ich je gesehen habe. Ihre Anführerin, Saphira, besitzt die Macht, ihr Feuer zu verflüssigen und alles in Sekundenschnelle schmelzen zu lassen. Normale Flammen können sie nicht abwehren; im Gegenteil, sie sind wie Futter für deren Attackenkraft. Von Tala habe ich dir bereits erzählt, sie friert deinen Körper von innen ein; außerdem ist sie eine sehr starke Eisherrscherin. Die beiden Männer sind keine Herrscher, doch auch sie sind Experten auf ihrem Gebiet. Belial besitzt ein Schwert aus Obsidian, welches selbst die härtesten Steine entzweit. Seine Technik der Schwertkunst ist unglaublich, nur ein Treffer reicht, um dich zu töten. Zu guter Letzt haben wir da noch Kesar, ein Experte des Fernkampfes. Seine Pfeile, so heißt es, haben noch nie ein Ziel verfehlt. Seine Ausrüstung aus Armbrust sowie Pfeil und Bogen bestehend, ist die optimale Ausstattung, um aus der Ferne anzugreifen. Meinen Bruder brauche ich dir ja nicht vorstellen. Du hast seine Kampfkünste aus nächster Nähe gespürt, und sein Feuer hat sogar dich in deiner Fähigkeit eingeschränkt. Du siehst also, dass diese Gegner nicht zu unterschätzen sind."

Ich war sprachlos. Wir mussten es also mit zwei Feuerherrschern, einer Eisherrscherin und zwei Experten im Nah- und Fernkampf aufnehmen. Langsam konnte ich Akitas Angst nachvollziehen, denn genau in diesem Moment kroch sie Stück für Stück durch meinen Körper und bemächtigte sich jeder Zelle.

„Aber dein Vater konnte sie aufhalten! Er wird sie auch dieses Mal stoppen können, oder nicht?", fragte ich hoffnungsvoll.

„Ich werde ihn fragen, doch sie werden sicher nicht auf die gleiche Taktik hereinfallen wie vor sieben Jahren. Außerdem ist Aduro nun ein Teil ihrer Gruppe, vergiss das nicht", ermahnte mich Akita.

Ich runzelte die Stirn, da ich die gut durchdachte Strategie des Prinzen sicher nicht vergessen würde. Er hatte damals die Eisherrscher gejagt und manipuliert, damit sie auf seiner Seite gegen ihr eigenes Volk kämpfen mussten. Er schreckte vor keinem Extrem zurück, und seine Pläne waren stets taktisch klug; das musste man zugeben. Diese Gruppe könnte uns also eine Menge Probleme bereiten.

„Egal wie, aber wir werden sie stoppen. Ich lasse nicht zu, dass sie dich erneut quälen!“, stellte ich energisch fest.

„Und wenn es mich mein eigenes Leben kosten würde“, fügte ich in Gedanken hinzu.

Akita lächelte und gab mir einen Kuss.

„Ich werde mit meinem Vater sprechen, in der Zwischenzeit sollten wir die Anzahl der Soldaten im Palast verdoppeln, um für mehr Sicherheit zu sorgen.“

„Das übernehme ich, geh’ du zu König Vertram. Ich gebe den Befehl und kümmere mich um die Sicherheit“, erwiderte ich und stand auf.

Akita tat es mir gleich und wir liefen zurück in den Palast. Kurz bevor wir in verschiedene Richtungen mussten, blieb sie stehen und griff nach meiner Hand. Überrascht blieb ich stehen und sah sie an.

„Danke“, murmelte sie und sah mir tief in die Augen, ihr feiner Goldton strahlte einen Hauch Hoffnung aus.

Ich lächelte und gab ihr einen Kuss auf die Stirn. Bevor ich etwas sagen konnte, lief sie in die Richtung des Königs, um ihn nach Rat zu fragen. Lächelnd sah ich ihr einen Moment nach, anschließend machte auch ich mich auf den Weg zu Juan, der Ausbilder der Wachen und gleichzeitig General der örtlichen Streitmacht war.

Der große, kräftige Mann begrüßte mich herzlich, als er mich erblickte.

„Lady Kyra, was kann ich für dich tun?“, fragte er neugierig.

„Juan, ich möchte, dass du die Truppen an den Außenmauern verdoppelst. Wir brauchen ebenfalls im Palast mehr Soldaten. Uns droht eine Gefahr, welche schon einmal den König bedroht hat“, befahl ich dem General, doch aus seinem Gesicht wich jegliche Farbe, als er meine Worte hörte.

„Es ist Saphira und ihre Truppe, habe ich Recht?“, murmelte er argwöhnisch.

Ich nickte zustimmend: „Sie sind aus dem Gefängnis entkommen und Aduro ist nun ein Teil von ihnen.“

Fassungslos starrte er mich an, fing sich jedoch schnell wieder und tat, was ich ihm aufgetragen hatte. Ich hoffte nur, dass es ausreichen würde.

Nachdem ich meinen Teil erledigt hatte, lief ich zurück in den Palast und wartete auf Akita. Als sie in der Unterkunft ankam, sah ihr Gesicht nicht sonderlich begeistert aus. Wütend warf sie die Tür hinter sich zu, welche mit einem lauten Krachen ins Schloss fiel.

„Was hat er gesagt?“, fragte ich bei diesem Anblick.

„Er hat tatsächlich mein Leben aufs Spiel gesetzt!“, rief sie entgeistert, „Saphira und ihre Truppe wurden damals besiegt, indem er ihnen Gleichgültigkeit vorgespielt hatte. Sie sind darauf reingefallen und wollten sich eine neue Geisel holen, doch da hat mein Vater sie geschnappt und gefangen genommen.“

Ich konnte nicht glauben, dass ihr Vater so eine kaltherzige, berechnende Reaktion gezeigt hatte, bei seiner eigenen Tochter ... Ich hatte König Vertram als einen netten, aufrichtigen und warmherzigen Menschen kennengelernt, warum sollte er also Akitas Leben aufs Spiel gesetzt haben?

„Bist du sicher, dass du ihn richtig verstanden hast? Ich kann mir ehrlich gesagt nicht vorstellen, dass er dein Leben riskiert hätte“, erwiderte ich vorsichtig.

„Du willst ihn auch noch verteidigen?!“, schrie die Prinzessin nun außer sich vor Zorn, „Vergiss es, du bist scheinbar nicht besser als er. Vielleicht solltest du dich mit ihm zusammentun und mich erneut ausliefern, um diesen Kampf zu gewinnen.“

Akitas Augen blitzten wütend auf, doch bevor ich etwas entgegnen konnte, krachte die Tür zu, und ich war allein im Raum.

„Was war das denn?“, fragte ich mich; ihre Worte hinterließen einen stechenden Schmerz in meinem Herzen.

Wie konnte sie nur denken, dass ich sie ausliefern würde?

Diese gefährliche Gruppe musste ihr damals sehr schlimme Dinge angetan haben; so schlimm, dass sie sich sofort angegriffen fühlte, sobald man einmal nicht ihrer Meinung war. Wie sollte ich mit ihr ein ordentliches Gespräch führen, wenn ich bei jedem Wort, das ich sagte, aufpassen musste? Ich beschloss, persönlich zu König Vertram zu gehen, um die Geschichte aus seinem Mund zu hören.

Als ich vor dem Thronraum stand, klopfte ich dezent an seine Tür. Der alte Mann begrüßte mich mit einem warmen Lächeln, und ich setzte mich neben ihn.

„Ich nehme an, Akita hat dich geschickt?“, begann er, wobei seine grauen Augen betrübt aussahen.

„Nein, warum sollte sie mich geschickt haben?“, fragte ich verwundert nach, doch der König schüttelte den Kopf und legte mir seine Hand auf die Schulter.

„Was kann ich dann für dich tun?“, wich er meiner Frage aus.

Ich runzelte die Stirn, da ich mir nicht erklären konnte, warum Akita mich geschickt haben sollte. Sie war so außer sich vor Wut gewesen, als sie mir von dem Treffen mit ihrem Vater erzählt hatte ...

„Ich wollte dich fragen, was damals passiert ist. Akita war so wütend, als sie zu mir kam. Sie sagte, du hättest damals ihr Leben riskiert und gleichgültig auf die Forderung von Saphira reagiert“, erklärte ich ihm.

Er seufzte und fuhr sich mit einer Hand durch die langen, grauen Haare.

„Nun, sie hat damit nicht ganz Unrecht. Es stimmt, ich habe scheinbar gleichgültig auf die Forderung der Erpresser reagiert, doch ich hatte bereits eine Elite aus Soldaten zusammengestellt, welche sie retten sollten. Sie hatten den Befehl, Akita aus der Höhle zu holen, sobald sich die Gruppe auf den Weg zum Palast machen würden, um eine neue Geisel zu entführen. Doch ich hatte nicht daran gedacht, dass sie Akita foltern würden, dass sie ihre Drohungen wahrmachen würden. Sie war doch noch ein Kind! Wer tut einem kleinen Mädchen etwas zuleide?“, seine Stimme versagte, als er an die grausamen Tage zurückdachte.

„Weiß Akita von der Elite?“, hakte ich vorsichtig nach, doch Vertram schüttelte den Kopf.

„Nein, sie ist aus dem Thronraum gestürzt, bevor ich ihr davon erzählen konnte. Wie kann sie nur denken, dass ich ihr Leben bewusst aufs Spiel gesetzt hätte?“

„Ich werde mit ihr reden. Vielleicht besinnt sie sich und hört sich den Rest der Geschichte an“, versicherte ich dem König.

Ich stand auf, um mich wieder auf den Weg zu Akitas Gemächern zu begeben.

Doch ich kam nicht einmal bis dorthin, denn meine Prinzessin stand direkt vor mir, als ich den Thronsaal verließ. Ihr Gesicht verzog sich zu einer hässlichen Grimasse: Die Überraschung wich ihrem Ärger.

„Wow, ich dachte nicht, dass du meinen Rat sofort umsetzen und zu meinem Vater rennen würdest“, murmelte sie mit verachtender Ironie und drehte sich auf dem Absatz um.

Akita, warte, ich ...“

Ich griff nach ihrem Arm, um sie vom Fortgehen abzuhalten, doch sie entzog sich sofort meinem Griff und schubste mich wütend von sich weg. Ich krachte gegen die Wand und sämtliche Luft wich aus meinen Lungen.

„Fass’ mich nicht an“, zischte sie wütend.

Ich hörte ein Knistern und sah schockiert auf ihre Hände, welche zu funken begannen. Dies war ein Vorzeichen ihrer Blitze, doch bevor es soweit kommen konnte, kehrte sie mir erneut den Rücken und lief davon. Schockiert von ihrer aggressiven Reaktion mir gegenüber sank ich erst einmal zu Boden.

Was zum Teufel war nur mit ihr los?

Wusste sie denn nicht, dass ich immer hinter ihr stehen würde?

Hatte sie jegliche Gefühle für mich verloren?

Sie war so liebevoll gewesen, wo war diese Liebe nun hin?

Verletzt von ihrer Reaktion, entschied ich mich, vorerst nicht mit ihr zu sprechen und einen kleinen Spaziergang durch den Garten ihrer verstorbenen Mutter zu machen. Hier hatten wir uns das erste Mal über die Liebe unterhalten. Damals war sie der Meinung, dass Liebe etwas für Schwächlinge sei, doch ich hatte entgegnet, dass es das größte Glück auf der Welt sei, geliebt zu werden. Und manchmal müsse man dafür ganz schön stark sein.

Eine einzelne Träne bahnte sich den Weg über mein Gesicht, als ich die Feuerblüten betrachtete, welche allmählich verblühten. Sie hatte sich damals mit dieser Blume bei mir entschuldigt, später an diesem Tag hatten wir uns das erste Mal geküsst.

Ich drängte diese Gedanken aus meinem Kopf, denn es schmerzte zu sehr, nun zu realisieren, dass sie diese Liebe zu mir wohl verloren hatte. Traurig lief ich in meine eigene Unterkunft hinüber, da ich nicht wusste, wohin ich sonst gehen sollte.

Dort angekommen, legte ich mich auf das Bett und legte mir einen Plan zurecht, um Akitas Vertrauen in mich zurückzugewinnen und diese gefährlichen Kriminellen auszuschalten. Doch je mehr ich nachdachte, desto mehr wurde mir bewusst, dass ich erst mit Akita sprechen musste, bevor wir Saphira und ihre Gruppe besiegen könnten. Möglicherweise war ich dem Süden gegenüber nach diesem Gespräch zu nichts mehr verpflichtet. Denn mein Schwur als Oberhaupt des Südens war es, zu jeder Zeit an Akitas Seite zu regieren.

Niedergeschlagen lief ich erneut zu dem Raum der Prinzessin.

„Bringen wir es hinter uns“, dachte ich niedergeschlagen und betrat das Zimmer.

Als Akita mich erblickte, rechnete ich mit allem, doch nicht damit, dass sie mir um den Hals fiel.

„Es tut mir so leid“, murmelte sie in meinen Nacken, „Ich weiß nicht, was mit mir los ist.“

Nach dem ersten Schock drückte ich sie sanft an mich.

„Wir kriegen das hin. Doch bitte versprich mir, dass du versuchst, deine Aussetzer unter Kontrolle zu bekommen. Ich werde dir gerne dabei helfen“, erwiderte ich leise, „Du hast mir einen ganz schönen Schrecken eingejagt.“

Wir verblieben einen Moment in dieser Position, bevor ich mich von ihr löste und wir uns gemeinsam auf das Bett setzten.

„Lass’ uns noch einmal gemeinsam mit deinem Vater sprechen. Ich werde dich nicht allein lassen, egal was passiert. Vielleicht können wir alle zusammen einen Plan entwerfen, um Saphira zu stoppen“, schlug ich vorsichtig vor und drückte dabei liebevoll Akitas Hand.

„Na gut, wir sollten es wenigstens probieren“, stimmte sie zu.

Ich stand auf und zog die Prinzessin mit mir.

„Kyra?“, fragte sie leise.

Ich sah sie an und ihre goldenen Augen wichen meinem Blick aus.

„Es tut mir leid, was ich getan habe. Ich war so wütend und hatte mich nicht mehr im Griff. Doch ich könnte dir niemals weh tun, glaub' mir das bitte! Ich liebe dich doch“, ihre letzten Worte waren nur noch ein Murmeln.

Ich nahm ihren Kopf zwischen meine Hände, sodass sie mich ansehen musste.

„Das weiß ich doch. Ich liebe dich auch“, lächelte ich verständnisvoll und gab ihr einen Kuss.

Und hier war sie wieder, diese Liebe in ihren Augen, welche mir sofort ein Kribbeln durch den gesamten Körper schickte.

„Lass' uns gehen“, murmelte ich lächelnd und nahm ihre Hand in meine.

Sie nickte und wir liefen Hand in Hand aus dem Raum Richtung Thronsaal.

Kapitel 2

Kurze Zeit später standen wir gemeinsam vor dem Thronsaal. Akita atmete einmal tief ein, wobei sie ihre Hände unruhig hinter dem Rücken verschränkte. Ihre Nervosität war deutlich spürbar, auch wenn mir nicht klar war, warum sie vor einem Gespräch mit ihrem eigenen Vater derart nervös sein sollte. Leise klopfte ich an die Tür des Thronsaals.

„Herein!“, ertönte die tiefe Stimme des Königs.

Ich warf einen Blick auf die Prinzessin, welche einen ernsten Gesichtsausdruck zeigte. Bevor ich die Tür öffnen konnte, drückte Akita sie rasch auf und trat selbstsicher ein.

„Akita, schön, dass du dich wieder beruhigt hast“, begrüßte Vertram sie.

„Kyra sagte, du hast mir noch mehr zu erzählen“, erwiderte sie mit kalter Stimme.

Ich schluckte, als ich die Kälte in ihrer Stimme hörte. Dieses Gespräch würde nicht einfach werden.

Vertram nickte und erhob sich von seinem goldenen Thron. Sein graues Haar wippte bei jedem Schritt leicht mit, als er auf uns zukam.

„Bitte setz’ dich doch, dann können wir in Ruhe reden“, begann der alte Mann.

Ich hatte eine bissige Antwort von Akita erwartet, doch stattdessen setzte sie sich stillschweigend neben ihren Vater. Ich war erstaunt, sagte jedoch nichts und setzte mich ebenfalls an den großen, runden Holztisch in der Mitte des Raumes.

„Nun“, begann Vertram leise und strich sich durch seinen langen, grauen Bart, „Wie ich vorhin bereits erwähnt hatte, hatten mich damals Saphira und ihre Truppe erpresst.“

„Und du hast mein Leben riskiert“, unterbrach Akita ihn verärgert.

Der König seufzte und legte seine Hand auf die der Prinzessin.

„Es war nie meine Absicht, dich in Gefahr zu bringen. Ich hatte bereits eine Eliteeinheit in Bereitschaft. Die Soldaten, die dich gerettet haben, erinnerst du dich?“

„Du meinst die Soldaten, welche mich nach Stunden aus der Höhle geholt haben? Das war deine sogenannte Elite?“, antwortete Akita mit ironischem Unterton.

„Mein Schatz, das waren die besten Soldaten, die ich entbehren konnte. Sie...“

„Die du entbehren konntest?“, unterbrach Akita ihn aufgebracht, „Verzeih mein König, dass dir die Rettung des Lebens deiner Tochter solche Umstände bereitet hat!“

„Akita! Hör ihm doch bitte zu!“, erwiderte ich meiner Freundin, welche mich mit einem wahren Todesblick durchbohrte.

„Ich kann deine Wut verstehen“, entgegnete Vertram, „Aber du weißt nicht, welche Gefahr Saphira für uns alle dargestellt hatte.“

„Das weiß ich sehr wohl. Du musstest die Folter durch sie ja nicht über dich ergehen lassen. Du weißt nicht, wie es ist, jeden Tag eingefroren zu werden, nur damit du langsam von glühender Lava wieder aufgetaut wirst. Du weißt nicht, wie es sich anfühlt, mit einem Schwert aufgeschnitten zu werden und von Pfeilen durchbohrt an eine Wand genagelt zu werden! Du weißt rein gar nichts über sie!", schrie Akita, und ich sah die verzweifelten Tränen, welche in ihre Augen traten.

„Sie haben mich tagelang gefoltert und ihre Späße mit mir getrieben", murmelte sie, wobei ihr Blick abwesend wurde – der Schmerz war zu groß, ihr Inneres schützte sich, indem es sich zurückzog, wie in ein Schneckenhaus. Das war gefährlich, irgendwann würde niemand mehr an sie herankommen.

„Es tut mir so leid, mein Schatz", stammelte der Alte, „Ich wollte nie, dass sie dich verletzen, doch bitte versetze dich doch auch in meine Lage: Ich hatte ein ganzes Land zu beschützen, gleichzeitig war meine Tochter in der Gewalt dieser Kriminellen. Hätte ich ihren Forderungen nachgegeben, würde es uns alle sicher nicht mehr geben."

Ich sah Akita in die Augen, doch ihr Blick war undeutbar. Ihre goldenen Augen strahlten eine tiefe Enttäuschung aus, doch gleichzeitig erkannte ich die Angst in ihr. Sie antwortete nicht auf die Entgegnung ihres Vaters, also versuchte ich, die Lage etwas zu beruhigen.

„Akita, niemand wollte dir etwas Böses. Wenn du jemanden hassen willst, dann Saphira und ihre Anhänger, doch bitte gib' deinem Vater nicht die Schuld daran, was passiert ist. Ich bin mir sicher, dass er dich so schnell wie möglich aus den Fängen dieser Unmenschen holen wollte. Ich kann nicht nachfühlen, was diese Leute mit dir gemacht haben, doch bitte ..."

„Genau das ist es, Kyra, das ist der springende Punkt", unterbrach sie mich unwirsch, „Niemand kann verstehen, was Saphira mir angetan hat. Alle sahen damals nur das kleine Mädchen, welches ein solches Erlebnis überstanden hat, doch niemand hat je gefragt, wie es mir dabei gegangen ist, was dabei in mir zerbrochen ist, für immer", knirschte sie mit zusammengebissenen Zähnen.

Diese Aussage ließ die Stille zwischen uns anwachsen, denn weder ich noch der König konnten dem etwas entgegensetzen. Der König wandte traurig seinen Blick ab und starrte auf ein Gemälde, welches neben seinem Thron hing. Auf dem Bild war eine Frau abgebildet, die neben Vertram saß. Das musste wohl Akitas Mutter sein.

„Weißt du", begann der alte Mann leise, „Deine Mutter hatte mich damals gebeten, dich so schnell wie möglich zu befreien. Sie hätte alles für dich aufgegeben; selbst unser Land hätte sie geopfert. Ich hätte damals wohl auf sie hören sollen."

Eine einzelne Träne lief über sein altes, von Falten überzogenes Gesicht.

Akita starrte nur vor sich auf den Tisch, ihre schwarzen Haare hingen vereinzelt und wirr in ihr Gesicht. Ihr ganzer Körper schien erstarrt zu sein, und ich konnte das Weiß an ihren Knöcheln sehen, da sie ihre Hände fest zu Fäusten geballt hatte. Die Adern an ihrem Hals waren deutlich herausgetreten, was zeigte, wie sehr ihr Körper in Aufruhr war.

Ich konnte sie in diesem Zustand nicht ansehen, also legte ich sanft eine Hand auf ihre Faust und strich ihr mit der anderen Hand behutsam eine Strähne aus dem Gesicht. Es schien, als hätte ich sie aus einem Traum gerissen, denn als sie mir in die Augen sah, füllten sich ihre sonst so strahlenden, goldenen Augen mit noch mehr Tränen und sie konnte ihre inneren Gefühle nicht länger für sich behalten: Sie brach in Tränen aus, ein regelrechtes Tränenmeer ergoss sich aus ihren Augen.

Es brach mir das Herz, als ich die Liebe meines Lebens so verletzlich und gebrochen vor mir sah. Unbewusst zog ich sie in meine Arme und drückte sie, so fest ich konnte.

„Es tut mir so leid“, murmelte ich in ihr Ohr, wobei mir ebenfalls Tränen in die Augen schossen. „Ich verspreche dir, dass ich diese Leute umbringe, für das, was sie dir angetan haben.“

Ich warf Vertram einen Blick zu. Doch er, der mächtige König, schien unsicher zu sein, was er tun sollte.

„Und ich bin mir sicher, dass dein Vater alles in seiner Macht Stehende tun wird, um uns zu helfen, diese Verbrecher erneut zu schnappen“, fügte ich etwas lauter hinzu, sodass der König es ebenfalls hören konnte.

Er verstand meinen Wink und beteuerte: „Natürlich! Ich werde euch mit allem helfen, so gut ich kann“, stimmte er mir sofort zu.

Akita beruhigte sich allmählich und wischte sich die Tränen aus dem Gesicht. Sie sah mich an, und ich konnte direkt hinter ihre sonst so starke Maske sehen. Ich erahnte das kleine Mädchen, das sie einmal gewesen war.

„Wir kriegen sie“, versicherte ich ihr erneut und strich ihr sanft über die Wange.

„Danke“, murmelte sie mit zitternder Stimme, woraufhin ich ihr das wärmste Lächeln schenkte, welches ich zustande brachte.

Sie räusperte sich einmal und wandte sich dann ihrem Vater zu: „Ich verstehe dein Handeln von damals. Auch wenn ich dir womöglich nie vergeben kann, sollte ich dir eine Chance geben, deine Fehler wieder gutzumachen.“

„Das ist mehr als genug, das ist gnädig von dir“, erwiderte Vertram mit einem scheuen Lächeln.

Akita entspannte sich nun ein wenig mehr. Als sie sich aufrichtete und tief durchatmete, kehrte die Farbe in ihr Gesicht zurück.

„Wie finden wir sie also?“, fragte sie in unsere kleine Runde.

„Ich kann euch nur so viel sagen: Sie haben sich damals immer in abgelegenen und schwer auffindbaren Höhlen versteckt. Sie bewegten sich wie Geister und wurden nie gesehen, wenn sie ihre Verstecke gewechselt haben. Ich habe allerdings eine kleine Schwäche entdeckt: Kesar und Tala. Sie sind ein Paar und werden einander deshalb immer beschützen; sie sind einander wichtiger als die anderen. Solltet ihr sie also finden, richtet eure Angriffe auf einen von ihnen und gleichzeitig auf Saphira, Tala und Aduro. So könnt ihr die Gruppe spalten und einen nach dem anderen erledigen“, teilte uns Vertram mit.

„Gut, doch für einen Angriff, müssen wir sie erst einmal finden. Wir dürfen allerdings nicht vergessen, dass Aduro nun ein Teil von ihnen ist, was ihnen einen großen Vorteil verschafft. Niemand kennt die Armee des Südens so gut wie er“, erwiderte Akita.

„Dann lasst uns so denken wie Aduro, anschließend tun wir etwas, was er nicht erwartet“, schlug ich vor. „Also was könnte ihr Motiv sein?.“

„Ich vermute sehr stark, dass sie sich rächen wollen. Bei ihrem ersten Angriff auf den Palast wurde einer von ihrer Gruppe getötet. Es war Saphiras Partner, Quinn. Die Soldaten hatten ihn im ersten Kampf getötet. Zudem wollen sie sicher das Gleiche wie damals, nämlich die Macht über den Süden und anschließend über alle Länder erlangen.“

Ich hatte davor nicht gewusst, dass sie bereits einen ihrer Gruppe verloren hatten. Doch diese Tatsache machte mir nur umso bewusster, dass sie wohl noch vorsichtiger sein müssten, als je zuvor.

„Ok, was würde Aduro also erwarten? Mit was würde er als erstes rechnen?“, fragte ich nachdenklich in die Runde.

„Er würde davon ausgehen, dass wir den Palast schützen und ihn anschließend suchen. Jeder im Land kennt ihn und weiß, wie er aussieht. Er wird die Gruppe also an entlegene Orte bringen, welche nicht von unseren Armeen überwacht werden. Wir können also schon einmal einen Großteil auf der Karte streichen“, antwortete Akita.

„Oder er lässt sein Aussehen ebenfalls verändern“, entgegnete ich leise.

Er wusste, dass es die Möglichkeit gab, sein Aussehen zu verändern und unerkannt durch die Welt zu gehen. Ich hatte es damals nicht anders gemacht, als ich mich in Akitas Armee eingeschlichen hatte. Damals hatte sie ebenfalls nach mir gesucht, und ich hatte mir dadurch einen Vorteil verschafft.

„Das denke ich eher weniger, da jeder im Land schon vor seinem Ausbruch wusste, dass er ein Verräter ist. Ihn wird bestimmt niemand empfangen, ohne es zu melden. Doch wir sollten diese Möglichkeit nicht ausschließen“, antwortete der König.

„Wir sollten demnach zu allererst alle Läden besuchen, welche diese Art der Dienstleistung anbieten. Sollte uns dort nichts auffallen, können wir unsere Suche in den entlegenen Gegenden fortführen“, fasste ich unser Vorgehen zusammen.

Akita sowie Vertram nickten mir zu, und in mir machte sich allmählich ein wenig Entspannung breit. Es fühlte sich besser an, seine Feinde zu kennen und analysieren zu können, als ständig im Dunkeln zu tappen.

„Ich werde deinen Vater, Rakia, informieren. Er soll alle Truppen mobilisieren, aber vorerst seine Verteidigung fokussieren. Aduro wird versuchen, sich zuerst an denjenigen zu rächen, welche ihn gestürzt haben“, stellte der König fest.

Ich seufzte, wusste jedoch, wie gut mein Vater mit übermächtigen Gegnern umgehen konnte. Aduro würde es nicht ohne weiteres wagen, in meine Heimatstadt einzufallen und meinen Vater anzugreifen.

„Akita, wir sollten uns in der Zwischenzeit über so viele Verstecke informieren, wie wir können. Außerdem sollten wir uns überlegen, wen wir auf unsere Mission mitnehmen werden“, schlug ich vor.

Die Prinzessin nickte, bevor sie sich ein letztes Mal an ihren Vater wandte: „Ich danke dir für deine Unterstützung. Wir werden bei dieser Herausforderung jede helfende Hand benötigen.“

Vertram lächelte und nickte ihr sowohl beruhigend als auch dankend zu, anschließend verabschiedeten wir uns von ihm und verließen den Thronraum. Da nun jeder wusste, was vorerst zu tun war, machten wir uns schnellstmöglich an die Arbeit.

Nachdem wir den Raum verlassen hatten, liefen wir zurück zu unserer Unterkunft, um uns einen Plan zu überlegen. Dort angekommen setzte ich mich mit einem leisen Seufzer an den Tisch, welcher in einer Ecke des großen Zimmers stand.

„Ist mit dir alles in Ordnung?", fragte ich Akita sanft.

Sie nickte und sah mir ruhig in die Augen. Die Angst in ihrem Blick war nun fast komplett verschwunden. Sie lächelte mich an.

„Danke, dass du mit mir zusammen zu meinem Vater gegangen bist. Ich denke, dass mir dieses Gespräch sehr weitergeholfen hat. Endlich konnte ich aussprechen, was mich seit Jahren tief in meinem Inneren beschäftigt hat", murmelte sie leise.

Bei diesen Worten musste ich schmunzeln.

„Hauptsache es geht dir jetzt besser", antwortete ich, „Wir sollten uns jetzt jedoch Gedanken darüber machen, wie wir Saphira finden. Wie gut kennst du dich mit den Verstecken in den verschiedenen Ländern aus?"

Akitas Miene verdunkelte sich, als sie ihren Blick abwandte.

„Nun, ich kenne einige Orte, doch mein Wissen reicht niemals aus. Du hast dich doch auf deiner Reise zu mir auch oft verstecken müssen, wie hast du diese Orte gefunden?", fragte sie.

„Es waren zufällig entdeckte Plätze, welche ich bei meinen Flügen ausfindig machen konnte. Ich kann dir allerdings nicht mehr genau sagen, wo sie sich befinden“, entgegnete ich nachdenklich.

Akita stand auf und holte eine papierne Rolle aus einem ihrer Schränke. Als sie die Rolle ausbreitete, sah ich, dass es sich um eine Karte aller Länder handelte.

„Lass’ uns die Orte auf der Karte vermerken. Vielleicht können wir das Gebiet anschließend eingrenzen“, schlug die Prinzessin vor.

Ich warf einen Blick auf die Karte, welche jedes einzelne Land abbildete, welches es im Norden und Süden gab. Einzelne Kreise markierten die Standpunkte der Städte, welche von den Truppen des Nordens und des Südens bewacht wurden.

„Nun gut, wir haben in fast allen Städten unsere Soldaten, dort wird sich Aduro nicht aufhalten. Meine Reise führte mich auf diesen Weg.“

Ich strich mit dem Finger über den Weg, welcher in das verbotene Land und Midenia führte.

„Meistens habe ich mich in Wäldern oder an nahegelegenen Küsten versteckt. In Midenia habe ich mein Aussehen verändern lassen. Dort könnten wir mit unserer Suche beginnen“, schlug ich vor.

Akita seufzte tief und lehnte sich in ihrem Stuhl zurück.

„Aduro könnte überall sein. Selbst wenn wir ihm auf die Schliche kommen, ist er schlau genug, sein Versteck rechtzeitig zu verlassen. Außerdem gibt es so viele Verstecke, welche wir noch nicht einmal kennen …“, murmelte sie mit einem Hauch Verzweiflung in der Stimme.

Plötzlich kam mir ein Gedanke. Als ich im verbotenen Land gewesen war, hatte ich Hamaka kennengelernt, eine Seherin und ehemalige Eisherrscherin. Vielleicht konnte sie uns sagen, wo sich Aduro aufhielt.

„Ich habe vielleicht einen Plan“, informierte ich meine Freundin, „Lass’ uns Hamaka besuchen. Eventuell kann sie uns weiterhelfen.“

„Du willst eine so lange Reise machen, nur um vielleicht einen Hinweis zu bekommen? Der Flug dorthin dauert mehrere Tage, selbst wenn wir ohne Pause durchfliegen“, erwiderte Akita.

Ich runzelte die Stirn, denn ich konnte ihren Einwand verstehen. Doch wie sollten wir sonst einen Anhaltspunkt bekommen?

„Was ist mit Reiko? Du hattest doch erwähnt, dass er eine Verbindung zu dieser Frau hatte. Kann er keinen Kontakt mit ihr aufnehmen?“, fragte die Prinzessin.

„Ich weiß nicht, daran habe ich noch gar nicht gedacht. Ich werde ihn sofort fragen.“

Mit diesen Worten stand ich auf und lief hinaus auf das Trainingsgelände direkt vor der Unterkunft, um meinen Drachen herbei zu rufen.

„Reiko“, rief ich in Gedanken.

Kurze Zeit später erschien mein eisblauer Freund. Er schien direkt aus den Wolken zu kommen. Seine glänzenden Schuppen strahlten im Licht der Sonne, als er auf mich zuflog.

„Kyra, was ist los?“, fragte er besorgt.

Ohne Umschweife erzählte ich ihm von unserem Plan, Saphira zu finden und ihre gesamte Gruppe ein für alle Mal dingfest zu machen.

„Kannst du Kontakt mit Hamaka aufnehmen?“, fragte ich abschließend.

„Ich weiß es nicht, für gewöhnlich habe ich nur Kontakt zu meinem Begleiter.“

„Genau das ist es ja! Hamaka war deine ehemalige Begleiterin, vielleicht ist es immer noch möglich, mit ihr in Kontakt zu treten“, verdeutlichte ich mein Anliegen.

„Na gut, ich werde es versuchen“, antwortete Reiko.

Er legte seinen großen Kopf auf den Boden und schloss seine Augen. Ich nahm neben ihm Platz und kreuzte meine Beine, um meine Position einzunehmen, in welcher ich üblicherweise beim Meditieren verharrte.

„Vielleicht funktioniert es, wenn wir uns gemeinsam auf sie konzentrieren. Zusammen haben wir womöglich größere Chancen, sie zu erreichen“, schlug Reiko vor. Ich nickte.

Ich legte eine Hand auf Reikos Kopf, um eine physische Verbindung zwischen uns herzustellen. Anschließend schloss ich ebenfalls meine Augen und konzentrierte mich auf die alte Frau aus dem verbotenen Land. Ich konnte die gedanklichen Bilder meines Drachen sehen und unsere Verbindung deutlich spüren.

„Hamaka, wir brauchen dich“, murmelte ich in Gedanken.

Zuerst passierte gar nichts. Doch plötzlich rasten meine Gedanken durch einen Wald, vorbei an Bäumen und Lianen. Ich sah Flüsse und einen mächtigen Wasserfall, bevor meine wilde Achterbahn aus Gedanken zum Stillstand kam und ich einen riesigen Drachen vor mir erblickte. Die schwarzen Schuppen und die rot-schwarzen Augen erkannte ich sofort wieder. Ein helles Licht legte sich um den Drachen, bis er komplett eingehüllt war. Als das Licht schwächer wurde, erkannte ich die Silhouette einer alten, grauhaarigen Frau.

„Hamaka!“, rief ich glücklich. „Reiko, es hat geklappt!“

„Hallo Kyra, hallo Reiko“, begrüßte uns die Alte mit warmer, herzlicher Stimme, „Ich habe euch bereits erwartet.“

„Hamaka, es ist schön, dich wiederzusehen“, begrüßte Reiko seine ehemalige Begleiterin.

„Es tut mir sehr leid, dass ich gleich zum Punkt komme“, begann ich, „aber es ist wichtig: Aduro ist ausgebrochen und er hat sich mit den gefährlichsten Kriminellen überhaupt zusammengeschlossen. Wir müssen ihn aufhalten!“

„Kyra, ich weiß, dass Akita und ihr Wohlergehen dir sehr am Herzen liegen, doch dieser Kampf ist etwas Persönliches zwischen der Prinzessin und ihren Feinden. Ich kann euch in dieser Sache also nicht weiterhelfen“, antwortete die Alte kühl.

Ich verstand nicht, was sie damit meinte. Als Aduro Krieg gegen den Norden geführt hatte, war sie sofort da, um uns zu helfen, warum nicht dieses Mal auch?

„Was meinst du damit? Es stehen viele Leben auf dem Spiel. Saphira und ihre Gruppe sind die gefährlichsten Verbrecher der Welt, welche um jeden Preis aufgehalten werden müssen!“, rief ich aufgebracht.

„Bist du sicher, dass du jeden Preis dafür zahlen würdest? Denk an die vielen Menschen, welche sich erneut in eine Schlacht begeben müssten, mit welcher sie eigentlich nichts zu tun haben. Es geht hier lediglich um das Leben einer Person, nämlich das von Akita. Es ist ihr Kampf, nicht einer der ganzen Welt. Es tut mir sehr leid, doch diesen Kampf muss sie allein bestreiten“, erwiderte Hamaka.

„Nein, du hast leider unrecht. Es ist nicht nur ihr Leben, das auf dem Spiel steht. Wenn es uns nicht gelingt, Akita zu retten, werden sie den Palast und die Macht über den Süden an sich reißen. Sollte das geschehen, ist die ganze Welt in Gefahr“, korrigierte ich sie. „Ich bitte dich, du musst uns nicht beistehen in diesem Kampf, doch falls du etwas über den Aufenthaltsort von Saphiras Elite weißt, sag’ es uns bitte. Danach werde ich dich um keine weiteren Gefallen bitten.“

„Hamaka, ich kann deine Ansicht verstehen. Jedoch: Es ist nicht die Aufgabe der Wächter, die Kriege der Menschen zu führen. Doch in diesem Fall geht es wohl tatsächlich erneut um das Wohl der Welt. Kyra tut es vielleicht aus eigennützigen Gründen, doch ich möchte diese Gefahr für alle Unschuldigen beseitigen. Ich hätte dich nicht um Hilfe gebeten, wenn es nicht unseren Glaubenssätzen entsprechen würde“, fügte Reiko hinzu.

„Was meint er denn damit?“, dachte ich, „Glaubenssätze der Wächter?“

„Kyra, ich erkläre dir das später, doch jetzt sind wir auf Hamakas Hilfe angewiesen“, antwortete Reiko, ich hatte ganz vergessen, dass er meine Gedanken jederzeit hören konnte.

„Na gut, ich helfe euch. Ich kann euch zwar nicht den Aufenthaltsort von Saphira sagen, doch ich weiß, wer diesen Ort kennt. Findet Xatar und erweist euch als seiner würdig. Erkennt er euch an, so wird er euch bei dieser Mission beistehen. Ich weiß, dass ihr beide ein reines Herz besitzt, doch ihr seid es nicht, die er prüft. Es ist Akitas Kampf, also wird er auch sie prüfen“, erklärte die alte Frau.

Ich schluckte bei diesen Worten, denn ich wusste nicht, ob Akita diese Prüfung bestehen würde. Für mich war klar, dass sie ein gutes Herz hatte, doch würde Xatar das genauso sehen?

„Ihr findet ihn hoch oben in den Bergen des Südens. Bringt ihm den Stein, welchen ich dir gegeben habe und er wird euch Einlass gewähren. Überzeugt ihn, und eure Kampftruppe wird einen Krieger mehr haben. Doch könnt ihr ihn nicht überzeugen, habt ihr den Kampf verloren, bevor er überhaupt beginnen konnte.“

Mit diesen Worten verschwamm alles um mich herum und Hamaka verschwand hinter meinen geschlossenen Lidern.

„Warte!“, rief ich ihr noch hinterher, doch die Verbindung war bereits unterbrochen.

Als ich die Augen öffnete, realisierte ich allmählich, wo ich war, mein Umfeld. Ich war wieder auf dem Trainingsplatz vor unserer Unterkunft, Reikos Kopf lag immer noch neben mir. Ich atmete tief durch, um diese Unterhaltung zu verdauen. Die frische Abendluft strömte tief in meine Lungen und tat mir sichtlich gut.

„Wie ist es gelaufen?“, ertönte plötzlich die Stimme der Prinzessin neben mir. „Habt ihr einen Kontakt aufbauen können?“

Ich drehte meinen Kopf und bemerkte den neugierigen Gesichtsausdruck von Akita. Ihre Augen blitzen hoffnungsvoll auf.

„Ja, wir haben sie erreichen können“, murmelte ich leise.

„Du hörst dich nicht begeistert an. Wusste sie den Aufenthaltsort von Aduro nicht?“, fragte sie niedergeschlagen nach.

„Nein, es tut mir leid. Sie wollte uns nicht einmal unterstützen. Sie erklärte, es sei dein persönlicher Kampf, nicht einer der Allgemeinheit. Doch dank Reiko, er konnte sie doch überzeugen, uns Hilfestellung zu gewähren, gab sie uns einen Hinweis. Sie sagte, wir sollten einen gewissen Xatar treffen. Er wisse, wo sich Saphira und der Rest aufhielten“, berichtete ich ihr.

„Xatar? Wer soll das sein? Und warum sollte er den Aufenthaltsort der Gruppe wissen?“, hakte Akita nach.

Ich schüttelte den Kopf, da ich selbst keine Antwort darauf hatte. Vielleicht war er ebenfalls ein Seher, so wie Hamaka. Doch wenn sie uns schon nicht helfen wollte, warum sollte es dann ein anderer Seher tun?

„Reiko, weißt du, wer dieser Xatar ist?“, fragte ich meinen Drachen.

Seine eisblauen Augen strahlten Besorgnis aus, doch er antwortete: „Wir sollten Saphira auf eigene Faust suchen. Eine Begegnung mit Xatar möchte ich ungern riskieren.“

„Warum sagst du so etwas? Er kann uns vielleicht helfen, alle Flüchtigen zu finden und zu besiegen! Bist du jetzt auch gegen uns?“, rief ich aufgebracht.

„Was sagt er?“, fragte Akita, die die Worte des Drachen nicht hören konnte.

Ich ignorierte ihre Frage und wartete auf eine Antwort meines Begleiters.

„Kyra, bitte vertrau’ mir. Xatar ist nicht zu unterschätzen, ich glaube ebenfalls nicht, dass er uns weiterhelfen wird, selbst wenn Akita sich als würdig erweist“, wich er mir erneut aus.

„Reiko, wer ist er?!“, rief ich nun fordernder aus zuvor.

„Kyra, was ist los?“, wiederholte Akita.

„Reiko möchte uns nicht zu Xatar gehen lassen“, informierte ich sie.

„Also gib’ mir eine Antwort! Wer ist Xatar? Ich werde nicht noch einmal fragen!“, drohte ich Reiko mit wütender Stimme.

„Er ist mein Bruder.“

Meine Augen weiteten sich. Reiko hatte einen Bruder? Ich dachte, Xatar wäre ein Mensch wie wir, - jedoch war er ein Drache? Damit hatte ich nicht gerechnet.

„Xatar war der Begleiter der Feuerherrscher gewesen, bis sie ihn hintergangen haben und ihn töten wollten. Seitdem lebt er in den Bergen und verabscheut die Feuerherrscher. Viele haben versucht, ihn für sich zurückzugewinnen, doch bisher hat es niemand überlebt. Kyra, ich bitte dich, wenn dir das Leben von Akita etwas wert ist, vermeide diese Begegnung“, bat mich Reiko abschließend.

„Wir können auch ohne Reikos Einverständnis gehen“, schlug Akita vor, welche die Erklärung von Reiko nicht gehört hatte.

Ich ließ mir die Worte meines Begleiters einen Moment durch den Kopf gehen, bevor ich Akita eine Antwort gab.

„Nein, wir werden nicht gehen“, beschloss ich. „Wir werden Saphira auf eigene Faust suchen.“

„Was? Warum das denn? Was hat Reiko gesagt?“, wollte sie wissen.

Ich seufzte über diese enttäuschende Erkenntnis, denn Akita würde nicht aufhören zu fragen, bis sie eine Antwort bekam. Ich beschloss, nicht einmal zu versuchen, ihren Fragen auszuweichen, sondern ihr gleich die Wahrheit zu sagen.

„Xatar ist Reikos Bruder. Er war früher einmal der Begleiter der Feuerherrscher. Sie haben ihn jedoch verraten und seitdem gab es keine Begegnung mit ihm, welche nicht tödlich für den Besucher geendet hat. Diesem Risiko will ich dich nicht aussetzen“, erklärte ich ihr ruhig.

„Moment mal, es gibt noch einen Drachen? Ich dachte, Reiko sei der Einzige seiner Art“, antwortete sie fasziniert.

„Ich möchte trotzdem zu ihm gehen“, fügte sie nach einer kurzen Pause hinzu.

Ich dachte, ich hörte nicht richtig.

„Hast du nicht verstanden, was ich gesagt habe? Niemand hat eine Begegnung mit ihm überlebt!“, erklärte ich ihr energisch.

„Das kann ich mir nicht vorstellen. Woher stammen diese Erzählungen dann, wenn es niemand überlebt haben soll?“

In diesem Punkt hatte sie tatsächlich Recht. Ich wandte meinen Blick zurück. Reiko wich ihm aus. Er verschwieg mir etwas!

„Reiko! Sag’ mir den wahren Grund, warum wir nicht zu ihm gehen sollten!“, forderte ich ruhig aber bestimmt.

Er verharrte einen Moment lang ganz still, bevor er mir eine Antwort gab: „Akita wird diese Begegnung nicht überstehen. Xatar hat die Gabe, direkt in die Herzen der Menschen zu blicken. Nun, diese Gabe besitze ich ebenfalls. Du weißt, welchen Eindruck ich von ihr hatte, als ich sie das erste Mal gesehen habe. Sie mag jetzt zu den Guten gehören, doch die Vergehen in ihrer Vergangenheit sind zu schwerwiegend. Xatar wird sie nicht gehen lassen und sie töten.“

„Woher willst du das wissen?“, fragte ich telepathisch, denn ich war mir nicht sicher, ob Akita diesen Teil unserer Unterhaltung mitbekommen sollte.

„Er hat vor langer Zeit die Frau meines ehemaligen Begleiters getötet, nachdem sie ihn um Hilfe gefragt hatte. Ich wusste bereits von ihren Fehlern, doch auch sie hatte sich durch die Ehe mit meinem Begleiter geändert. Xatar war allerdings der Meinung, dass einen die Vergangenheit früher oder später immer einholen würde, und genau diese Fehler erneut begangen würden. Er hatte die Frau ohne jede Vorwarnung angegriffen und ihr das Genick gebrochen. Mein Begleiter hat mir nie verziehen, dass ich ihn zu Xatar gebracht habe“, erzählte er voller Reue.

„Bitte lass' mich nicht erneut diesen Fehler begehen", bat er mich wehmütig.

„Ich verstehe dich, Reiko und es tut mir sehr leid, was deinem Freund passiert ist, doch bitte sei dir sicher, dass es allein unsere Entscheidung sein wird. Ich werde nicht zulassen, dass er sie tötet."

„Kyra, bitte!", flehte er mich an. „Du weißt nicht, zu was er imstande ist."

Ich holte tief Luft.

„Na gut, wir gehen nicht", sprach ich laut aus, was Akita hören sollte. Ich selbst wusste selbst noch nicht recht, was zu tun war. Aber das musste ich in Ruhe und allein herausfinden.

Reikos dankbarer Blick und Akitas entsetztes Gesicht verrieten mir, dass ich mich in einer ziemlichen Zwickmühle befand, aus der ich sicher nur schwer herausfinden würde.

Kapitel 3

„Kyra, kannst du mir bitte erklären, was das soll?“, forderte Akita, als wir in unserer Unterkunft angekommen waren.

„Ich werde dein Leben nicht aufs Spiel setzen, so einfach ist das!“, schimpfte ich.

Akitas schneidendes Lachen ging mir durch Mark und Bein. Wie sollte ich ihr nur verständlich machen, dass sie aufgrund der Fehler ihrer Vergangenheit getötet werden könnte? Sie machte sich sowieso schon Vorwürfe aufgrund all ihrer Vergehen, welche sie vor meiner Zeit begangen hatte – wie konnte ich sie damit konfrontieren?

„Na gut, wenn du nicht mit mir gehen möchtest, suche ich diesen Drachen eben allein“, erwiderte sie.

„Das wirst du nicht tun!“, widersprach ich ihr.

„Was willst du dagegen tun? Mich einsperren, bis Saphira und die anderen vorbeischauen und mich töten?“, fragte sie sarkastisch.

„Akita, bitte vertrau’ mir einfach. Es ist keine gute Idee, diesen Drachen zu suchen“, bat ich sie, meine Stimme war ruhiger als zuvor. „Wir können sie auch ohne Xatars Hilfe finden.“

„Warum? Wir haben hier eine Gelegenheit, die Sache deutlich zu beschleunigen, und du willst diese Chance nicht ergreifen. Sag’ mir wenigstens den wahren Grund.“

Ich seufzte tief, sie würde es nicht verstehen. Wenn ich ihr den wahren Grund mitteilen würde, wäre sie verletzt und würde, schon allein aus Trotz, diesen Drachen suchen, um das Gegenteil zu beweisen.

„Du würdest es nicht verstehen", murmelte ich vor mich hin.

„Hör auf, wie mein Vater herumzudrucksen!", schrie sie mich an.

„Gut, also dann, wenn du es wirklich wissen willst: Er wird dich prüfen, ob du dich als würdig erweist und ein reines Herz hast", schrie ich aufgebracht zurück, „Du hast Menschen mutwillig gefoltert und getötet! Du hast sogar deine eigene Leibwache angegriffen! Du wolltest sogar mich angreifen. Glaubst du allen Ernstes, dieser Drache sieht ein reines Herz in deiner Brust?"

In der gleichen Sekunde, in der ich diese Worte ausgesprochen hatte, bereute ich sie auch schon. Ich war definitiv zu weit gegangen, doch sie schaffte es immer wieder, mich zur Weißglut zu treiben.

„Es tut mir leid", sagte ich sofort im Anschluss, doch Akita hörte mir nicht mehr zu.

Sie sah mich nur verwundert und verletzt an.

„Danke, dass du mir das immer wieder bewusst machst", murmelte sie sarkastisch.

„Ich bin zu weit gegangen, verzeih mir", entschuldigte ich mich.

Ihr ganzer Körper war wie erstarrt, sie fixierte mich. Nun kannte sie die Wahrheit.

„Vielleicht ist es besser, wenn Xatar mich tötet. Wer will schon solch eine bösartige Person um sich herum haben?"

„Sag' so etwas nicht! Ich weiß, dass du dich geändert hast, doch Xatar wird das nicht so sehen. Ich will dich doch nur beschützen", versuchte ich es ihr zu erklären.

Doch sie zeigte sich uneinsichtig: „Nein, du hast Recht. Ich habe viele Fehler begangen und werde sie immer wieder machen. Ich kann mich nicht einmal bei dir unter Kontrolle halten. Vielleicht sollte ich mich Saphira ausliefern und ihr einfach das geben, was sie möchte."

„Hör' auf! Du wirst dich weder Saphira ausliefern noch deine Fehler wiederholen", widersprach ich ihr.

Diese Unterhaltung schien sich nur im Kreis zu drehen, also hörte ich auf, weiter auf sie einzureden. Stattdessen ging ich auf sie zu und nahm ihre Hand.

„Du bist das Beste, was mir je passiert ist, und ich werde nicht zulassen, dass dir jemand weh tut", versprach ich ihr.

Sie antwortete nicht, sondern drückte stattdessen meine Hand. Ich zog sie in eine Umarmung und strich ihr sanft über den Rücken. Es war nie meine Absicht gewesen, sie mit meinen Worten zu verletzen.

Nach einiger Zeit löste sie sich aus der Umarmung und setzte sich auf das Bett. Die Sonne war schon untergegangen und die Nacht hereingebrochen.

„Lass' uns schlafen gehen und morgen alles Weitere besprechen", schlug ich vor; Akita nickte zustimmend.

Nach einiger Zeit war sie eingeschlafen, ich lag jedoch noch wach. Kurzerhand beschloss ich, aufzustehen und an die frische Luft zu gehen. Vielleicht würde das helfen.

Die Sterne leuchteten hell am Nachthimmel und der Mond warf sein blasses Licht auf mein Gesicht. Die kühle Nachtbrise streifte meine Haare und umhüllte meinen ganzen Körper. Ich blickte zu den Bergen, welche im Schatten der Nacht bedrohlicher aussahen, als im Tageslicht. Dort oben musste also Xatar leben. Ich atmete die kühle Luft ein, bevor ich meine Gedanken schweifen ließ.

Es gäbe eine Möglichkeit, Akita zu beschützen und gleichzeitig Xatars Hilfe zu bekommen: Ich müsste allein zu ihm gehen und ihm unsere Lage erklären. Das war die Lösung, die einzige. Kurzerhand hing ich mir den Splitter des Ursprungssteins um und konzentrierte mich auf meinen Begleiter.

„Reiko“, rief ich meinen Drachen.

„Kyra, was machst du so spät noch draußen?“, fragte er mich verwundert.

„Bring’ mich zu Xatar. Ich werde allein mit ihm sprechen und ihm alles erklären“, stellte ich fest.

„Bist du verrückt? Das kannst du doch nicht ernst meinen!“, antwortete er überrascht.

„Wir brauchen ihn, das weißt du. Saphira hat sicher schon einen Plan, wie sie Akita erneut entführen und dieses Mal töten will. Wir brauchen jede Hilfe, die wir bekommen können. Also würdest du mich nun bitte zu Xatar bringen?“, fragte ich erneut, müde und langsam ungeduldig.

„Wie du willst“, antwortete er und legte seinen langen Hals auf den Boden, damit ich aufsteigen konnte.

Ich atmete tief durch, als wir in den Schatten der Nacht verschwanden.

Nach einem kurzen Flug erreichten wir die Berge, in welchen sich Xatar aufhalten sollte. Das Gestein war von einer dicken Ascheschicht bedeckt, was darauf schließen ließ, dass dieser Berg ein alter Vulkan war. Jeder Schritt, den wir bergaufwärts gingen, hinterließ einen Fußabdruck auf dem staubigen Boden. Ich konnte den Staub förmlich schmecken, welcher sich in der Luft sammelte.

„Bist du sicher, dass wir hier richtig sind?“, fragte ich Reiko, welcher jedoch nur nickte.

Ich lief Stück für Stück nach oben, bis ich vor einer bedrohlich wirkenden Höhle stand, welche von spitzen Felsvorsprüngen verdeckt war. Das musste das Versteck des Drachen sein. Ich griff nach dem Stein, welchen ich mitgenommen hatte, so wie Hamaka es vorgeschlagen hatte. Er pulsierte ziemlich stark in meiner Hand. Ich atmete tief durch und stellte mich direkt vor den Eingang.

„Xatar!“, rief ich in die Dunkelheit, „Bitte zeig’ dich, ich muss mit dir sprechen.“

Als der ganze Berg zu beben begann, wurde ich nervös. Mich durchfuhr ein kalter Schauer, welcher mir das Blut in den Adern gefrieren ließ, als mich blutrote Augen aus den schwarzen Schatten des Höhleneingangs anstarrten.

„Wer wagt es, mich zu stören?“, brummte eine furchteinflößende Stimme in meinem Kopf. „Du wirst es noch bereuen, mich gerufen zu haben.“

Mit einem lauten Brüllen raste der Drache aus seiner Höhle und erhob sich in die Lüfte. Er hatte einen ähnlichen Körperbau wie Reiko, doch er war ein kleines Stück größer. Seine Schuppen sahen aus, als wären sie blutgetränkt. Das feurige Rot überzog seinen gesamten Körper.

„Xatar!“, rief Reiko, als der rote Drache auf mich zuflog, das Maul weit geöffnet, die ersten Flammen züngelten zwischen seinen scharfen Zähnen.

Als er Reikos Stimme hörte, sah er verwirrt zu ihm hin und unterbrach seinen Angriff auf mich.

„Bruder! Was tust du hier?“, fragte er, ich konnte seine Worte immer noch in meinem Kopf hören.

„Meine Begleiterin und ich müssen mit dir sprechen“, antwortete mein Drache leise.

„Nach all den Jahren möchtest du also mit mir reden? Lass’ mich raten - du benötigst meine Hilfe, wie beim letzten Mal?“, fragte er.

„Es tut mir leid, dich gestört zu haben, doch es ist sehr wichtig“, antwortete ich an Reikos Stelle.

Xatars Kopf schnellte zu mir herum, als er meine Stimme hörte.

„Du hast jetzt erst einmal nichts zu melden“, zischte er und warf mich mittels eines leichten Schlages seines Schwanzes an eine Felswand.

Reiko brüllte laut los, doch seltsamerweise konnte ich weder ihn noch Xatar in meinem Kopf hören. Es war eigenartig die beiden Drachen zu sehen, welche sich anstarrten, sich jedoch nicht bewegten. Ich fragte mich, über was sie wohl sprachen und ob Reiko ihn dazu bringen konnte, uns zu helfen.

„Du verlangst also von mir, die Prinzessin des Südens nicht zu prüfen, sondern ihr sofort und uneingeschränkt meine Hilfe zu gewähren?“, hörte ich Xatar plötzlich wieder in meinem Kopf.

„Hör’ zu, es geht hier nicht um die Prinzessin, sondern um meine Begleiterin. Sie wird nicht eher Ruhe geben, bevor sie Akita zu dir gebracht hat. Sie wird ebenfalls versuchen, sie zu beschützen, falls du sie angreifen solltest. Ich persönlich werde jedoch nicht zulassen, dass du Kyra etwas tust“, antwortete Reiko.

„Nun, warum finden wir es nicht einfach heraus“, schlug Xatar vor, seine Stimme hatte etwas Schelmisches an sich, „Die Prinzessin wird gleich zu uns stoßen.“

„Wie bitte?“, dachte ich geschockt, doch als ich meinen Blick zum Ende der Klippe schweifen ließ, erkannte ich eine Silhouette, welche mir nur allzu bekannt vorkam.

Es war tatsächlich Akita, welche uns Gesellschaft leisten wollte.

„Was tust du hier!“, rief ich ihr entsetzt entgegen.

„Denkst du, ich merke nicht, dass du weg bist? Ich habe dich auf Reiko davonfliegen sehen, also bin ich euch gefolgt“, erklärte sie, ihr Blick wanderte jedoch zu Xatar, welcher sie anstarrte, „Das ist also Reikos Bruder Xatar. Es ist mir eine Ehre, dich kennenzulernen.“

Sie verbeugte sich respektvoll vor dem großen Drachen.

„Du bist also diejenige, um die so ein Wirbel gemacht wird“, murmelte Xatar und musterte sie.

Akita grinste, doch ihr Lächeln verschwand sofort, als Xatar auf sie zuflog und nur wenige Millimeter vor ihrem Gesicht anhielt. Seine blutroten Augen bohrten sich in ihr tiefes Gold. Ich stand auf und wollte auf sie zulaufen, doch Xatar ließ mich nicht einmal in die Nähe meiner Freundin. Mit einer kurzen Drehung setzte er alles um sich und Akita in Flammen. Die Hitze brannte auf meiner Haut, doch ich konnte nicht zulassen, dass er sie verletzen würde.

„Du kennst deine Fehler, warum bist du also zu mir gekommen“, hörte ich seine Stimme in meinem Kopf, seine Frage war an Akita gerichtet.

„Ich weiß, dass ich meine Fehler habe, und ich werde sie womöglich immer wieder machen, doch ich weiß auch, dass Kyra mir stets dabei helfen wird, mich von groben Fehlern abzuhalten und schlimme Vergehen zu vermeiden“, antwortete sie ruhig.

War sie jetzt komplett verrückt? Sie begab sich praktisch auf den Präsentierteller, gab sogar zu, dass sie die Fehler ihrer Vergangenheit erneut machen würde! Xatar würde sie niemals als würdig anerkennen!

„Du weißt, dass ich dich töten werde, solltest du dich nicht als würdig erweisen?“, fragte er skeptisch.

„Das ist mir bewusst“, antwortete Akita ehrlich und mutig.

„Deine Aussage spricht nicht gerade für dich, warum sollte ich dich anerkennen?“, hakte der Drache nach.

Akita reckte stolz das Kinn: „Niemand ist fehlerfrei, doch das bedeutet nicht, dass man kein gutes Herz haben kann. Du solltest das am besten wissen, denn ich stehe vor dir und öffne mich dir gegenüber. Solltest du erkennen, dass ich eine Gefahr für diese Welt bin, gibt es keinen Grund, warum ich noch am Leben sein sollte.“

„Akita, das ist nicht wahr!“, schrie ich.

Die Flammen schlugen nur noch höher, als ich versuchte, mich durch das Feuer zu kämpfen. Ich konnte das Feuer weder blockieren, noch es mit meinem Eis ersticken. Irgendwie musste es mir doch gelingen, zu ihr zu kommen! Reiko versuchte ebenfalls, sich durch das Flammenmeer zu kämpfen, doch es gelang ihm ebenso wenig wie mir. Es machte mich wahnsinnig, die Unterhaltung mit anzuhören, aber nichts dagegen tun zu können, wie sich Akita opferte.

„Nun, dann weißt du auch, wie meine Entscheidung ausfallen wird.“

Nein! Ich durfte nicht zulassen, dass er sie umbrachte!

„Reiko, tu’ doch was!“, schrie ich verzweifelt, doch in diesem Moment hörte ich auch schon das laute Brüllen von Xatar.

Die Flammen wirbelten um Xatar und Akita herum, wobei mir die Hitze fast den Atem raubte. Das Feuer verwandelte sich in ein helles

Licht, bevor es sich in kleine goldene Staubkörnchen auflöste. Der Nachthimmel hatte für einen Moment aufgeleuchtet, doch nun war die Dunkelheit zurück, nur das Mondlicht spendete eine gewisse Helligkeit.

Ich traute meinen Augen kaum, als Akita unversehrt vor mir erschien, zwei rote Schwerter zu ihren Füßen. Xatar hatte sich nicht von der Stelle bewegt, doch er sah nun in meine Richtung.

„Was hat das zu bedeuten?“, murmelte ich ungläubig.

Nun, da die Flammen verschwunden waren, rannte ich, so schnell ich konnte zu meiner Prinzessin, um zu sehen, ob es ihr auch wirklich gut ging. Bei ihr angekommen, schloss ich sie in meine Arme, glücklich darüber, dass ihr nichts passiert war.

„Es ist alles gut“, beruhigte sie mich. „Er wird mir nichts tun.“

Ich sah erst zu ihr, anschließend zu Xatar hinüber.

„Alle, die zuvor zu mir gekommen sind, haben versucht, mir all ihre Stärken zu zeigen“, erklärte der Drache. „Sie leugneten und wollten jeden Fehler, den sie gemacht hatten, verstecken“, sagte Xatar, „Doch sie ist anders. Statt ihre Fehler zu verheimlichen, gab Akita sie ehrlich zu. Sie erinnert mich ein wenig an meinen ersten Begleiter. Er hatte ein gutes Herz, doch durch schlechte Einflüsse wurde er letztendlich zu einer Marionette seiner Herrscher. Er versuchte immer wieder, aus seinen Fehlern zu lernen und zu guter Letzt, hat er erkannt, dass es das Wichtigste ist, seine Fehler zu kennen und sie nach bestem Wissen und Gewissen nicht mehr zu begehen, an sich zu arbeiten, jeden Tag. Akita hat ebenfalls diese Eigenschaft; das habe ich erkannt.“

Ich konnte nicht glauben, was mir Reikos Bruder da erzählte, doch ich war überglücklich, dass es Akita gut ging.

„Du hilfst uns also?“, fragte ich noch immer ungläubig.

„Ja, ich werde euch helfen. Ich denke, ich habe mich lang genug in dieser Höhle versteckt. Es wird Zeit, meiner wahren Bestimmung als Beschützer wieder nachzugehen und Akita von nun an zu begleiten.“

Akita hob die Schwerter auf, die eine große Ähnlichkeit mit meinen eigenen hatten. Er hatte sie also anerkannt, und als ob das nicht genug war, würde er Akita von nun an sogar begleiten, so wie Reiko mich begleitete. Ich konnte es nicht fassen! Welch ein Glück!

„Danke, Xatar“, flüsterte ich gerührt.

„Du musst dich nicht bei mir bedanken, sondern bei ihr. Auch ich habe aus dieser Begegnung gelernt. Es gibt noch Menschen, welche ein gutes Herz haben und bereit sind, aus ihren Fehlern zu lernen. Kyra, soweit ich weiß, hast du einen Stein bei dir?“, fragte Xatar.

Ich hatte den Splitter ganz vergessen, zog ihn jedoch sofort unter meiner Rüstung hervor und gab ihn Xatar.

„Akita, ich möchte, dass du dir die ursprüngliche Macht aneignest. Berühre den Stein, und er wird dir seine Macht schenken“, wies er sie an.

Die Prinzessin tat, was er sagte und ein helles, rotes Licht erstrahlte um Akita herum. Als das Licht erlosch, sah ich in Akitas erstauntes Gesicht.

„Das fühlt sich unglaublich an!“, strahlte sie. Ihre neu erlangte Macht schien ihr zu gefallen. „Ich danke dir von ganzem Herzen.“

Der Schein erstrahlte erneut, doch dieses Mal war es Xatar, welcher sich in flüssiges Licht verwandelte und in die Schwerter zurückkehrte.

„Wow, ich kann nicht glauben, was hier gerade passiert ist“, stammelte ich vor mich hin.

Akita lächelte mich an und gab mir einen Kuss auf die Wange.

„Ich nehme an, du bist jetzt nicht mehr die Einzige mit einem Drachen“, schmunzelte sie.

Ich lachte und boxte sie leicht auf die Schulter.

„Du bist manchmal wirklich unmöglich“, lachte ich, „Lass’ uns nach Hause gehen und dort weiter über das gerade Geschehene reden. Wobei ich immer noch nicht glauben kann, dass Xatar nun dein Begleiter ist.“

Ich schickte Reiko in seine Schwerter, da wir den Weg zurück zum Palast zu Fuß laufen wollten. Akita faszinierte mich immer wieder. Sie hatte diese besondere Eigenschaft an sich, welche mich jedes Mal aufs Neue staunen ließ. Sie war unberechenbar. Ich war überglücklich, dass ihr nichts passiert war, denn diese Aktion hätte auch ganz anders ausgehen können.

Doch eins war klar: Mit Reiko und Xatar an unserer Seite, waren wir deutlich im Vorteil!

Sollte Saphira doch kommen, nun waren wir bereit.

Hand in Hand liefen Akita und ich zurück zum Palast. Wir unterhielten uns noch ein wenig über Xatar, bevor wir den Rest des Heimwegs in trauter, stiller Zweisamkeit genossen.

Kurze Zeit später waren wir zuhause angekommen und liefen gemeinsam in unsere Unterkunft. Als ich die Tür öffnete, fiel mir sofort auf, dass jemand hier gewesen sein musste. Dieser Geruch, der in der Luft hing, kam mir nur allzu bekannt vor. Aduro!

Ich nahm unverzüglich eine Kampfposition ein und lief Stück für Stück durch den Raum. Als ich bei unserem Bett angekommen war, fiel mir das zusammengerollte Papier auf, welches dort lag.

„Es ist niemand hier“, rief Akita, die die restlichen Räume durchsucht hatte.

Ich entspannte mich etwas und nahm die Rolle in die Hand.

„Sie haben uns etwas hier gelassen“, rief ich ihr zu und wedelte die Rolle durch die Luft.

Akita kam sofort zu mir herüber und nahm mir das Papier aus der Hand. Sie entrollte das Schriftstück, welches mit einem roten Band fixiert gewesen war, und las den Inhalt. Ich bemerkte augenblicklich, wie ihre Hände zu zittern begannen.

„Was ist los?“, fragte ich besorgt, doch sie antwortete nicht.

Stattdessen setzte sie sich auf das Bett und reichte mir das Schriftstück.

Ich nahm den Brief in die Hand und begann zu lesen:

Liebe Akita,

es freut mich sehr, dass es dir nach unserer Begegnung vor sieben Jahren wieder gut geht. Ich hatte schon vermutet, dass wir dich komplett zerstört haben. Zum Glück ist dem nicht so.

Hast du uns vermisst?

Wir haben dich jedenfalls sehr vermisst! Deine Unterkunft hat sich ja kaum verändert. Als wir das letzte Mal hier waren, sah sie genauso aus.

Ich freue mich sehr auf unser Wiedersehen, damit wir unsere kleine Rechnung begleichen können.

Liebe Grüße,

Saphira, Tala, Kesar, Belial und Aduro

Das durfte nicht wahr sein! Sie hatten sich tatsächlich getraut, in den Palast zu kommen! Und das Schlimmste: Sie waren unbemerkt hineingekommen ...

„Akita, ist alles in Ordnung?“, fragte ich.

„Ja, es geht schon. Wir müssen unbedingt vorsichtiger sein. Wenn sie es schon schaffen, an unseren Wachen vorbeizukommen, müssen wir uns schleunigst einen Plan zurechtlegen. Doch für heute sollten sie erst einmal verschwunden sein, das bedeutet, wir können uns morgen darum kümmern“, erklärte sie. Sie sah erschöpft aus.

Resigniert stimmte ich ihr zu und legte den Brief zur Seite. Der Tag war tatsächlich lang genug gewesen. Erst jetzt bemerkte ich, wie dieser Tag meine Kräfte beansprucht hatte.

Ich legte mich neben sie in das Bett, und ich schlief relativ schnell ein.

Der nächste Morgen kam schneller als gedacht. Da wir erst mitten in der Nacht zurückgekehrt waren, hatte ich nicht genug Schlaf bekommen, als ich aufstehen musste. Völlig übermüdet blinzelte ich der bereits aufgegangenen Sonne entgegen. Akita war schon angezogen und fertig, den Tag zu beginnen, ihre Augen zeigten jedoch wie bei mir den Schlafmangel der vergangenen Nacht deutlich.

„Guten Morgen, Sonnenschein", begrüßte sie mich liebevoll.

„Guten Morgen", erwiderte ich lächelnd. „Ich nehme an, du hast genauso wenig geschlafen wie ich?"

„Ich habe gar nicht geschlafen", entgegnete sie trocken.

Ich seufzte nur leise, da ich sie sehr gut verstehen konnte. Vor uns lag eine schwierige Zeit, denn Saphira hatte es tatsächlich gewagt, in den Palast zu schleichen und Akita eine Nachricht zu hinterlassen. Wir mussten rasch einen Plan entwickeln, um ihr gefährliches Treiben zu unterbinden.

Ich streckte mich und schlüpfte aus dem Bett. Nach kurzer Zeit war ich in meiner hellblauen Rüstung und bereit, es mit allem aufzunehmen. Meine Schwerter steckte ich an die dafür vorgesehene Stelle meines Gürtels, denn ich wollte sie dauerhaft bei mir tragen, da jederzeit ein Angriff von Saphira zu erwarten war.

„Wir sollten mit meinem Vater sprechen“, schlug die Prinzessin vor.

Ich stimmte ihr zu und wir liefen den langen Gang bis zum Thronsaal hinunter.

Als wir eintraten, sah uns Vertram überrascht an, doch seine Verwirrung wich Ernsthaftigkeit, als wir ihm von letzter Nacht erzählten. Den Teil mit Xatar ließen wir vorerst weg, da dies aktuell an zweiter Stelle stand.

„Wie haben sie es geschafft, an all den Wachen vorbeizukommen?“, fragte er nach der Erzählung verärgert.

„Wir wissen es nicht. Ich kann mir höchstens vorstellen, dass sie von Aduro geführt wurden und über geheime Eingänge hereingekommen sind“, rätselte ich.

„Das kann gut möglich sein, doch selbst ich weiß nicht, wo sich all diese Eingänge befinden“, grollte der König.

„Es gibt nur einen Weg, Saphira davon abzuhalten, erneut in den Palast zu kommen oder sogar anzugreifen“, begann Akita ernst.

Ihrem Blick nach zu urteilen, würde mir ihr Vorschlag sicher nicht gefallen. Ich verblieb still und wartete auf ihren Vorschlag.

„Wir müssen den Palast verlassen und sie somit von hier fortlocken. Aduro hat hier einen zu großen Vorteil gegen uns. Wir müssen uns auf neutrales Gelände begeben, um eine erneute unliebsame Überraschung wie diese zu vermeiden.“

War sie nun komplett verrückt geworden? Selbst wenn wir aus dem Palast fliehen würden, Saphira und ihre Gruppe waren in der

Überzahl und könnten uns zu jeder Zeit angreifen und womöglich besiegen.

„Akita, wie stellst du dir das bitte vor?!“, fragte ich nachdrücklich. „Selbst außerhalb des Palastes sind wir mehr als angreifbar. Wir sind in der Unterzahl, wissen nicht, was sie vorhaben und außerdem haben wir zu zweit keine Chance, sie zu besiegen!“

„Wir werden auch nicht alleine gehen. Wir stellen uns ein Team zusammen und gehen taktisch klug vor“, entgegnete sie selbstsicher.

„Ein Team?“, hakte Vertram nach.

„Wie Kyra schon erwähnt hat, sind wir zu zweit nicht stark genug. Deshalb nehmen wir Samu, Misha und Runa mit.“

Moment mal, hatte ich sie eben richtig verstanden? Runa? Ihre ehemalige Leibwache, welche sie verraten hatte und die zudem ihre Ex-Freundin war? Nein, darauf würde ich mich sicher nicht einlassen!

„Akita, das meinst du nicht ernst, oder?“, bohrte ich missmutig nach. „Dir reichen wohl fünf Gegner nicht! Hast du vergessen, was Runa dir angetan hat?“

„Es ist unsere einzige Chance, Saphira zu finden! Wer kennt sich besser aus, was das Thema Verstecke in den Ländern angeht? Wenn du eine bessere Idee hast, will ich sie gerne hören. Mir gefällt es auch nicht, dass es ausgerechnet Runa sein muss, doch wir haben keine andere Wahl“, erklärte sie.

Ich konnte immer noch nicht glauben, dass sie wirklich Runa mitnehmen wollte. Ich verstand, dass Runa sich gut auskannte, doch: Gab es keine andere Möglichkeit?

„Ok, nur mal angenommen, Runa würde dich nicht angreifen und wäre dieses Mal loyal dir gegenüber, wer garantiert uns, dass sie diese Exkursion nicht ausnutzt, um zu fliehen und sich den Rebellen wieder anzuschließen?“, bemerkte ich.

„Kyra, so leid es mir tut, aber Akita hat tatsächlich Recht. Ich kenne Runa und sie ist sehr talentiert. Sie ist eine echte Überlebenskünstlerin, deswegen ist sie uns auch immer wieder entwischt. Ihre Motive sollten mittlerweile nicht mehr relevant sein, denn ihr Ziel war es ja, den Krieg zu beenden. Dieser ist beendet, also wüsste ich nicht, warum sie Akita angreifen sollte.“

Der Blick des Königs war bitterernst. Verstand hier denn niemand die Problematik um Runa?

„Kyra, wir haben keine andere Wahl“, wiederholte Akita.

Ich seufzte, denn gegen ihren Willen hatte ich keine Chance. Wenn sie sich etwas in den Kopf gesetzt hatte, dann wollte sie es um jeden Preis und setzte es auch durch – genau wie gestern Nacht.

„Na gut, wie du meinst“, murmelte ich missmutig und gab mich vorerst geschlagen.

Ich hoffte nur, dass sie ihren Entschluss nicht bereuen würde.

„Dann wäre das ja geklärt. Wir sollten Misha und Samu informieren. Um Runa kümmere ich mich persönlich“, bemerkte die Prinzessin.

„Vergiss es!“, knirschte ich. „Um Runa kümmere ich mich, verstanden?“

Akita zog eine Augenbraue nach oben und sah mich skeptisch an. Ich würde nicht zulassen, dass Runa sie manipulieren oder sogar angreifen könnte. Diese Frau musste erst an mir vorbei, bevor sie in Akitas Nähe kam.

„Ok, wenn du dir sicher bist. Doch bist du dir im Klaren, wie du mit ihr umgehen musst? Ich kenne sie schon länger und könnte sie wahrscheinlich besser überzeugen“, versuchte Akita es erneut.

„Wie willst du sie denn überzeugen? Über alte Gefühle sprechen und sie so rumkriegen?“, stichelte ich.

„Ach darum geht es dir also? Du bist eifersüchtig?“, lachte die Prinzessin. Das verletzte mich, doch ich biss mir auf die Zunge.

„Meine Damen, bitte beruhigt euch. Ich bin mir sicher, dass sich dieses Problem aus der Welt schaffen lässt. Fangt nun bitte nicht an, zu streiten“, unterbrach uns der König.

„Ich streite nicht, mir geht es nur allein darum, ob Kyra eifersüchtig ist. Verstehen könnte ich es, Runa und ich hatten ja auch ein enges Verhältnis“, Akitas Arroganz war fast greifbar.

„Akita!“, ermahnte sie der König.

„Nein, schon gut, es ist besser, wenn wir vorher reinen Tisch machen, bevor wir auf diese Mission gehen. Doch dies sollte nicht jetzt passieren, sondern unter vier Augen“, antwortete ich.

Ohne ein weiteres Wort stand ich auf und verließ den Thronsaal. Ich sah noch, wie Akita den Kopf schüttelte und mir folgte.

Die Wut in meinem Bauch breitete sich in meinem gesamten Körper aus. Sollte sie Runa doch aus dem Gefängnis holen, es ging hier auch nur um ihr Leben, was ich versuchte zu retten. Ich schmeckte bittere Galle, so wütend war ich. Doch ich musste klein beigeben.

Dieses Mal lief ich in meine eigene Unterkunft, welche ich allerdings lange nicht mehr benutzt hatte. Dort angekommen, warf ich die Tür mit einem lauten Knall ins Schloss.

„Dieses Miststück!", brüllte ich durch den leeren Raum. Ich musste mir Luft verschaffen; mein Zorn schnürte mir die Luft ab.

Ob ich mit diesem Ausbruch Akita oder Runa meinte, wusste ich selbst nicht genau. Ich atmete tief ein und versuchte, mich zu beruhigen, doch es war sinnlos. Mein Ärger wollte sich einfach nicht legen. Aufgebracht ging ich auf eine der Kommoden zu und fegte schwungvoll die darauf stehende Vase herunter. Dutzende Scherben flogen quer über den Boden.

„Verdammt!", rief ich laut.

Nach einem tiefen Seufzer beruhigte ich mich nun doch allmählich und versuchte, wieder einen klaren Gedanken zu fassen. Ich sah mich in meiner Unterkunft um und bemerkte, wie aufgeräumt und sauber hier alles war, obwohl ich seit Wochen nicht mehr hier war. Die Diener hatten sich wohl alle Mühe gemacht, das Zimmer trotzdem sauber zu halten. Und ich randalierte hier wie ein Berserker ...

Erinnerungen an unsere erste Begegnung fluteten meinen Kopf. Genau hier in diesem Raum waren wir uns das erste Mal näher gekommen: Damals hatte Akita meine Lippe geheilt, welche ich mir in dem Kampf mit ihr verletzt hatte. Zu dieser Zeit war ich gerade erst in ihre Armee aufgenommen worden.

Mein Blick wanderte zu meinem alten Kleiderschrank. Davor hatte sie mich zum ersten Mal geküsst, als wir von unserem Abendessen zurückkamen, und ich mich eigentlich nur umziehen wollte.

Beim Gedanken an unseren ersten Kuss durchströmten mich Glücksgefühle und ein enormes Bauchkribbeln, welches mir ein Schmunzeln auf die Lippen zauberte. Sie hätte mich damals nicht geküsst, wenn sie noch etwas für Runa empfunden hätte.

Mit einem Kopfschütteln kam ich wieder in der Realität an und beschloss, mich bei Akita für meine rasende und unbegründete Eifersucht zu entschuldigen.

Einige Zeit später empfing mich Akita auch schon lachend in ihrer Unterkunft.

„Ich wusste, dass es nicht lang dauern würde, bis du zu mir kommst“, begrüßte sie mich selbstsicher.

Kurz ärgerte ich mich über diesen Ausspruch – typisch Akita - , doch dann bemerkte ich, wie Recht sie hatte. Ich konnte ihr noch nie lange böse sein.

„Es tut mir leid. Doch du weißt, wie ich reagieren kann, wenn es um dich geht. Ich habe mal wieder Angst gehabt, dass ich dich verlieren könnte. Doch mir ist ebenfalls bewusst geworden, dass du dich nicht für mich entschieden hättest, wenn da noch Gefühle für Runa wären“, gestand ich ihr.

Akita lachte nur und zog mich zu sich heran.

„Natürlich habe ich keine Gefühle mehr für sie. Das, was zwischen ihr und mir war, ist nichts im Vergleich zu dem, was zwischen uns beiden ist“, versicherte sie mir.

Meine Wangen erröteten, denn ich spürte die Hitze, welche sich in meinem Gesicht ausbreitete. Die Prinzessin konnte so süß sein, wenn sie nur wollte.

„Ich habe eine Idee: Um dir zu beweisen, dass ich es ernst meine, können wir gemeinsam zu Runa gehen“, schlug ich vor.

„Ok, einverstanden“, stimmte Akita zu, „Doch lass’ uns vorher mit Samu und Misha sprechen.“

Gemeinsam machten wir uns auf den Weg zu den beiden.

Kapitel 4

„Moment mal, habe ich das richtig verstanden? Du möchtest den Palast verlassen und Saphira suchen? Und als ob das nicht genug wäre, willst du auch noch Runa aus dem Gefängnis holen und sie mitnehmen?“

Samus Augen weiteten sich. Fassungslos sah er sie an. Er konnte es wohl genauso wenig glauben wie ich.

„Ja Samu, das hast du richtig erkannt. Hör zu, ich brauche dich bei unserer Mission, sonst würde ich dich nicht fragen“, entgegnete Akita ruhig.

„Das ist Wahnsinn! Saphira kennt sich in den Ländern deutlich besser aus, als wir es je tun werden. Außerdem sind wir im Palast geschützt, in den Ländern wären wir auf uns allein gestellt.“

„Ich wollte es auch nicht wahrhaben, doch Akita hat Recht. Fakt war: Die Elite hatte sich letzte Nacht in den Palast geschlichen und ihr einen Brief hinterlassen. Niemand hatte ihr Eindringen bemerkt, es wäre also ein Leichtes, erneut einzudringen und uns dieses Mal sogar anzugreifen“, unterstützte ich Akitas Aussage wider besseren Wissens.

Samu schüttelte den Kopf, wobei seine Locken ihm ins Gesicht fielen. Misha stand bisher wortlos neben ihm.

„Ich bin dabei. Ihr habt mir mein Leben gerettet, es ist mir also eine Ehre, dies an euch zurückzugeben, wenn ich kann“, meldete sich das Mädchen zu Wort.

„Ich danke dir Misha“, antwortete ich lächelnd, „Ich weiß, es ist nicht leicht, Samu, doch wir müssen es tun. Nur so können wir verhindern, dass Unschuldige verletzt werden.“

„Vergiss nicht, dass sie mich wollen. Sie werden mir also überall hin folgen“, fügte die Prinzessin hinzu.

Bei diesen Worten lief mir ein eiskalter Schauer über den Rücken. Akita hatte Recht, Saphira wollte sie, doch genau dieser Punkt ängstigte mich fast zu Tode. Was, wenn wir es nicht schaffen würden, die Gruppe zu besiegen? Ich habe den immensen Schmerz bereits einmal gespürt, als ich dachte, Akita wäre gestorben. Das würde ich sicher nicht noch einmal aushalten.

Mein Blick schweifte von Misha zu Samu und anschließend zu Akita. Aufmerksam betrachtete ich sie von oben bis unten, als müsste ich mir ihr Bild auf ewig einprägen. Mich erstaunte immer wieder ihre selbstsichere Haltung sowie diese unbeschreiblich starke Ausstrahlung. Wenn ich Saphira wäre, würde ich mich niemals mit ihr anlegen. Alles an Akita zeigte, wie gefährlich und unberechenbar sie war und dass es besser wäre, sie nicht anzugreifen, ja sich gänzlich von ihr fernzuhalten.

„Kyra?“, riss sie mich plötzlich aus meinen Gedanken.

Ich sah ihr direkt in die strahlend goldenen Augen, welche mich eindringlich ansahen.

„Ja?“

„Du wirst mich nicht verlieren", murmelte sie, als hätte sie meine Gedanken gelesen.

Ich wandte meinen Blick ab. So gerne ich es ihr auch glauben wollte, ich konnte es nicht. Niemand wusste, welche Opfer wir vielleicht bringen müssten, um diesen Kampf zu gewinnen.

„Na gut, ich bin dabei", ertönte Samus tiefe Stimme, „Ich würde es mir nie verzeihen, wenn ich euch beide verlieren würde, nur weil ich zu furchtsam war, um einer Todesmission beizuwohnen."

Er verdrehte genervt seine Augen, als er die letzten Worte aussprach. „Das ist echt Wahnsinn."

„Danke. Euch beiden", schmunzelte ich und umarmte meine zwei Freunde. „Dann müssen wir nur noch Runa überzeugen."

Ein unangenehmes Kribbeln breitete sich in meinem Körper aus. Ich konnte mich nicht mit dem Gedanken anfreunden, Runa in Akitas Nähe zu wissen. Auch wenn von Akitas Seite keine Gefühle mehr im Spiel waren, traute ich ihrer ehemaligen Leibwache nicht über den Weg. Doch wie die Prinzessin bereits erwähnt hatte, gab es niemanden, der sich besser mit den Verstecken im Süden und Norden auskannte.

„Los, bevor ich es mir noch anders überlege", murmelte Samu und wir gingen gemeinsam zu dem Gefängnis, in welchem Runa untergebracht war.

Kurze Zeit später standen wir vor einem riesigen Betonbunker. Die Zäune aus Stacheldraht umgaben den gesamten Komplex, Wachtürme an den Ecken des Gefängnisses erhoben sich hoch über das Gelände.

Gänsehaut lief mir den Nacken herab, als wir das Gebäude betraten und einige Gefangene uns begrüßten, indem sie schreiend an den Gitterstäben rüttelten. Die Zellen waren nebeneinander aufgereiht, sie wurden nur von schweren Betonmauern getrennt.

„Hey Süße, komm doch her zu mir", ertönte eine widerliche Stimme neben mir.

Ich erblickte den Mann, welcher mich angesprochen hatte. Seine fettigen, langen Haare hingen in Strähnen in sein Gesicht, sein schmieriges Grinsen rief einen Brechreiz tief in mir hervor.

„Ignorier' die Gefangenen. Sie haben hier nicht oft Besuch und erfreuen sich an jeder Person, die das Gefängnis betritt", murmelte Samu mir zu.

Als der Mann mich auch noch mit seinen Augen auszog, wandte ich meinen Blick ab, sonst hätte ich mich wohl übergeben.

„Öffnen", befahl Akita einem der Wachmänner, welcher vor einer Zelle stand.

Die Zellentür öffnete sich mit einem lauten Quietschen. Hier musste Runa also eingesperrt sein. Ich versuchte, ruhig zu atmen, doch mein Herz überschlug sich fast vor Nervosität. Was würde sie sagen? Würde sie mitkommen? Was wollte Akita wohl zu ihr sagen? Doch meine Fragen erledigten sich von selbst, als ich Akitas nächste Worte hörte.

„Du bist frei."

Fassungslos starrte ich Akita an.

„Du kannst sie nicht einfach freilassen!“, rief ich ungläubig, doch mein Atem stockte, als ich die Frau in Ketten sah.

Runas Hände und Füße waren in Ketten gelegt, Blut rann an ihren muskulösen Armen herab. Hätte ich es nicht besser gewusst, wäre ich an ihr vorbeigegangen. Ich hätte sie nicht wiedererkannt. Ihr Gesicht war blutig geschlagen, vielfarbige Prellungen zeugten von den Schlägen, die sie hatte einstecken müssen. Verletzungen und Wunden zeichneten ihren gesamten Körper. Doch unter ihren kastanienbraunen Haaren blitzen lebhafte, grüne Augen.

„Natürlich, Prinzessin“, antwortete sie ironisch, ihre raue, heisere Stimme war kaum zu hören. Sie brachte nur schwer ein Wort hervor.

„Ich meine es ernst. Wachen, nehmt ihr die Ketten ab und bringt sie nach draußen“, befahl sie dem Mann, welcher sie ebenso überrascht ansah.

„Ich sage es nur ungern, aber du kannst sie nicht einfach freilassen“, wiederholte ich, dieses Mal ruhiger.

„Sie wird nicht weglaufen“, antwortete die Prinzessin, ohne mir in die Augen zu sehen.

Ihre Stimme wirkte betrübt, denn sie sprach sehr leise. Hatte sie Mitleid mit Runa? Ich konnte verstehen, dass dieser Anblick sie nicht erfreute, doch warum war sie sofort davon überzeugt, dass Runa nicht weglaufen würde?

„Akita …“, versuchte ich erneut nachzuhaken, doch sie unterbrach mich.

„Ich habe ihr das angetan, sie wird sich also rächen wollen. Ich bin bereit für einen Kampf, wenn es sein muss. Doch nur so wird sie mir zuhören."

Ich seufzte, doch Samu nahm mich zur Seite: „Glaub mir, sie weiß, was sie tut."

Ich hoffte, Samu hatte Recht, doch dafür blieb keine Zeit mehr. Ein lautes Krachen in der Zelle ließ uns herumfahren. Vor uns stand eine äußerst wütende Frau, die Hände in Flammen stehend.

„Lass' uns das draußen regeln, Schätzchen", murmelte Akita herausfordernd. „Nur wir beide."

Sie warf mir einen warnenden Blick zu, um mir zu verdeutlichen, mich aus dem Kampf herauszuhalten.

Ich biss die Zähne zusammen, als ich hörte, wie Akita mit ihr sprach. Die Wachen rannten bereits auf die Gefangene zu, da sie den ersten Wachmann niedergeschlagen hatte.

„Nein! Bleibt zurück, das ist etwas Persönliches", wies meine Freundin die Soldaten an.

Runas Lippen formten sich zu einem Grinsen, als sie Akita ins Visier nahm. Das Feuer in ihren Händen erlosch. Sie musterte mich eindringlich, bevor sie sich an mich wandte.

„Du bist also immer noch bei ihr? Ich dachte, du hättest mehr auf dem Kasten, als dich von ihr manipulieren zu lassen", provozierte mich die Exgeliebte meiner Freundin.

„Glaub' mir, wenn Akita es nicht persönlich mit dir klären wollte, würde ich dich in der Luft zerreißen", knirschte ich, Eis formte sich bereits an meinen Fingerspitzen. „Du solltest lieber gehen, bevor ich es mir anders überlege."

„Ich habe nicht den ganzen Tag Zeit. Entweder du kommst jetzt mit oder ich verfrachte dich wieder in deine Zelle", rief Akita, bevor unsere kleine Stichelei ein größeres Ausmaß annehmen konnte.

Runa folgte der Prinzessin tatsächlich, ließ mich dabei jedoch nicht aus den Augen. Misha und Samu enthielten sich, waren allerdings bereit, einzugreifen, falls es erforderlich wäre.

Draußen angekommen, baute Akita sich mit einem höhnischen Grinsen direkt vor Runa auf. Blitzendes Gold traf auf wütendes Grün, wobei die Prinzessin auf ihr Gegenüber herabschauen konnte. Es jagte mir immer wieder Gänsehaut über den Körper, wenn ich Akita so sah. Sie strahlte die pure Gefahr aus, wie sie in ihrer engen, schwarzen Rüstung vor ihrer Gegnerin stand, bereit, sie mit einem Schlag niederzustrecken.

„Hast du mich vermisst?", murmelte sie mit einem Schmunzeln auf den Lippen.

Es gefiel mir überhaupt nicht, wie nah sich die beiden gegenüberstanden. Akitas Provokation machte es nicht gerade besser.

„Wer hat denn hier wen aus dem Gefängnis geholt? Gib' es zu, du wolltest mich wieder in deiner Nähe haben", antwortete Runa ebenso provokativ.

„Ich habe dich hier herausgeholt, weil ich dich für eine Mission brauche", erwiderte Akita unbeeindruckt.

„Natürlich, warum habe ich nicht gleich daran gedacht?“, antwortete Runa ironisch. „Doch du wirst es bereuen, mich aus dieser Zelle geholt zu haben.“

Mit diesen Worten begann der Kampf, denn Runa holte zu einem schnellen Kinnhaken aus, welchem Akita jedoch geschickt auswich.

„Wie du willst“, schmunzelte Akita.

Man könnte fast denken, dass es ihr gefiel, gegen die junge Frau zu kämpfen.

Runa feuerte einen Schlag nach dem anderen ab, doch keiner davon traf sein Ziel. Die Prinzessin bewegte sich wie ein Geist, doch sie konterte nicht.

„Warum feuert sie nicht zurück?“, fragte ich Samu nervös, welcher nur verhalten schmunzelte.

„Das braucht sie nicht. Sieh doch, wie ausgelaugt Runa jetzt schon ist. Es wundert mich, dass sie überhaupt Kraft hat, einige Schläge auszuteilen“, entgegnete er, ohne seinen Blick von dem Kampf abzuwenden.

Bei genauerem Hinsehen bemerkte ich tatsächlich, wie schwer die Angreiferin bereits atmete. Schweißperlen bahnte sich den Weg über ihr noch blutverschmiertes Gesicht. Doch das Funkeln ihrer Augen verriet, dass sie nicht kampflos aufgeben würde.

Plötzlich rannte sie wild auf Akita zu und warf sie tatsächlich um. Die Prinzessin schien etwas überrascht zu sein von dieser abrupten Änderung des Kampfstils ihrer Gegnerin, denn Runa schaffte es, sich auf sie zu wälzen, ein Arm auf ihre Kehle gedrückt.

Ich wollte aufstehen und zu ihr gehen, doch Akita war sehr deutlich, bezüglich ihrer Anweisung gewesen, ja nicht einzugreifen.

„Du bist schuld, dass ich hier gelandet bin!“, schrie Runa, als sie der Prinzessin einen Schlag auf den Kopf versetzte. „Hättest du mich damals einfach meinen Plan durchziehen lassen, wären wir nicht in diesem Schlamassel!“

Akita feuerte einen kräftigen Schlag auf die Seite ihrer Angreiferin ab, welche augenblicklich schmerzerfüllt von ihr abließ und sich auf die Seite rollte.

„Du weißt, dass die Wahrheit anders aussieht“, murmelte Akita, die bereits aufgestanden war und neben der sich vor Schmerz krümmenden Frau stand.

„Ich denke, der Kampf ist beendet“, bemerkte Samu und stand auf. „Ich sollte Runa wohl heilen, bevor die Verletzungen bleibend sind.“

„Das ist nicht nötig“, murmelte ich geschockt, als ich sah, was Akita vorhatte.

Auch Samu sah zu ihr hinüber und bemerkte, wie sich die Prinzessin neben Runa kniete, eine Hand in Flammen. Ich traute meinen Augen nicht, als ich erblickte, wie sie Runas Shirt nach oben zog und ihre feurige Hand auflegte.

„Das ist nicht ihr Ernst, oder?“, fragte ich.

Warum heilte sie Runa? Dafür war Samu doch mitgekommen! Doch mein Magen drehte sich um, als ich den Blick sah, mit welchem die Prinzessin Runa ansah. Sie murmelte etwas, was ich nicht verstehen konnte. Sie bot der verletzten Frau eine helfende Hand an und zog sie nach oben.

Nach einem kurzen Gespräch, welches für mich zu leise geführt wurde, um es zu verstehen, kamen beide Frauen zu uns herüber. Mein Blick durchbohrte Akita. Ich versuchte, meine Gefühle unter Kontrolle zu halten, doch es fiel mir außerordentlich schwer.

„Habt ihr jetzt genug gekämpft?“, fragte Samu bockig.

„Sie ist dabei“, informierte uns Akita, ohne auf Samus Bemerkung einzugehen.

„Schön, dann hätten wir das auch geklärt. Können wir jetzt wieder gehen?“, fragte ich zwischen zusammengebissenen Zähnen.

Ich musste mich sehr anstrengen, um nichts Falsches zu sagen. Meine innere Wut auf Akita mischte sich mit Eifersucht und Misstrauen. Wenn sich Runa so schnell überzeugen ließ, hatte es in keinem Fall etwas Gutes zu heißen. Entweder wollte sie Akita erneut angreifen, wenn sie selbst wieder über mehr Kraft verfügte oder sie benutzte uns, um doch noch flüchten zu können.

„Natürlich. Runa wird uns begleiten, damit ich sie im Blick habe. Sollte es auch nur Anzeichen dafür geben, dass du flüchten möchtest, werde ich dich töten“, warnte sie die Frau.

„Das ist nicht dein Ernst, oder? Kann niemand anderes den Aufpasser spielen?“, rief ich aufgebracht.

Ich wollte nicht, dass diese Frau sich weiterhin in Akitas Nähe aufhielt.

„Kyra, es ist nur eine Nacht. Morgen brechen wir auf und beginnen unsere Suche“, entgegnete die Prinzessin mit einem warnenden und entschlossenen Blick.

„Wenn du sie unbedingt in deiner Nähe haben willst, bitte, ich werde dich nicht davon abhalten. Du findest mich in meiner Unterkunft, wenn du was willst“, rief ich zornig.

Mit diesen Worten drehte ich mich um und ließ alle an Ort und Stelle stehen. Ich musste mich dringend abreagieren, bevor ich etwas tat, was ich später bereuen würde. Ich rief Reiko, welcher sich einen Moment später schon kraftvoll mit mir auf dem Rücken in die Lüfte erhob.

„Ist alles in Ordnung?“, fragte er besorgt.

„Nein, es ist nichts in Ordnung! Akita und dieses Miststück Runa scheinen sich ja blendend zu verstehen. Runa ist natürlich bei unserem Plan dabei, doch das Verrückte daran ist, dass Akita nicht einmal fünf Minuten gebraucht hatte, um sie zu überreden. Außerdem hat sie sich persönlich die Arbeit gemacht, Runas Verletzungen zu heilen. Dafür war Samu dabei gewesen, doch nein, sie wollte es scheinbar unbedingt selbst machen. Akitas Hand auf ihrer Haut ...!“ Die Erinnerung ließ mich erbeben.

Meine Wut verwandelte sich in Rage, als ich das Bild von vorhin zurück in meinen Kopf holte. Akita, welche liebevoll ihre Hand auf Runas Verletzung gelegt hatte und diesen Blick dabei hatte, welchen ich nicht einmal ansatzweise beschreiben wollte! Es tat weh.

„Warum tut sie das? Sieht sie nicht, welch’ blöde Idee es ist, ihre Ex-Freundin mit auf unsere Reise zu nehmen?“, bemerkte ich erneut.

„Ich glaube, du verstehst das falsch. Vielleicht wollte sie nur nett sein“, erwiderte Reiko.

„Nett?! Das bezeichnest du als nett?“, rief ich außer mir.

„Kyra, beruhige dich, dafür gibt es sicher eine Erklärung. Du hast doch selber gesagt, wenn Akita noch Gefühle für diese Frau hätte, dann hätte sie sich nicht für dich entschieden“, beruhigte mich mein Begleiter.

„Das hatte ich, doch Gefühle können wiedererweckt werden“, murmelte ich zweifelnd.

Erst jetzt wurde mir der wahre Grund meiner Wut bewusst: Akitas Geste hatte mich wahnsinnig verletzt. Ich fühlte mich übergangen und verraten.

„Bitte bring’ mich zum Palast“, wies ich Reiko an.

Ohne weiter nachzufragen, flog er zurück und landete auf dem Trainingsplatz der Soldaten. Ich würde ein wenig trainieren, um meiner Wut Luft zu machen. Glücklicherweise trainierte auch Juan gerade mit einigen neuen Rekruten dort.

„Hallo, kann ich etwas für dich tun?“, begrüßte er mich höflich.

„Hallo Juan, wie läuft es mit den neuen Rekruten? Ich wollte ein wenig trainieren, vielleicht hast du einen angemessenen Partner für mich“, antwortete ich zwischen zusammengebissenen Zähnen.

„Ja, ich denke, da habe ich jemanden für dich“, seine Lippen formten ein Lächeln, während er sich den jungen Soldaten zuwandte.

„Alle, die von sich behaupten, es mit einem Eisherrscher aufnehmen zu können, dürfen sich jetzt gerne melden“, wies er sie an.

Ein leises Raunen ging durch die Gruppe, bis sich ein großgewachsener, muskulöser Mann meldete. Juan grinste, als er einen Schritt zurücktrat. Der Mann nahm eine Kampfstellung ein und wartete auf den Beginn des Kampfes.

„Ich werde dich fertig machen“, murmelte er angriffslustig.

Ich blinzelte nur.

„Los geht's“, eröffnete ich den Kampf.

Der Soldat feuerte sofort einige kräftige Schläge in meine Richtung, welchen ich jedoch auswich. Mit einem tiefen Atemzug ließ ich meiner Wut auf Akita freien Lauf.

Der Mann war sichtlich überfordert, als ich mehrere Eisspitzen auf ihn schleuderte. Einige davon trafen ihn an der Schulter und hinterließen tiefe Schnittwunden. Doch ich hörte nicht auf, den Soldaten zu attackieren.

Immer wieder blitzte das Bild von Akita und Runa vor meinen Augen auf und ich stellte mir vor, dass ich in diesem Moment Runa vor mir hatte. Sie sollte spüren, was es bedeutete, sich mit mir anzulegen.

Feuer zischte an meinem Kopf vorbei, doch es war ein Leichtes, dem Angriff auszuweichen. Ich blockierte das Feuer meines Angreifers und stürzte mich in den Nahkampf. Ich verpasste ihm erst einen Schlag in den Bauch, anschließend zwei kräftige Faustschläge in die Seite.

„Das ist für Akita", dachte ich.

In meinem Tunnelblick gefangen sah ich gar nicht mehr den armen Soldaten vor mir, sondern nur noch meine Feindin und Konkurrentin: Runa. Bevor der Mann auch nur eine einzige ernsthafte Chance hatte, sich zu wehren, fror ich meine Faust ein und schlug ihn nieder. Als mein Fausthieb gegen seinen Kopf prallte, zerbrach das Eis in kleine Splitter. Der Mann blieb regungslos auf dem Boden liegen.

Als ich ihn da auf dem Untergrund liegen sah, tat er mir tatsächlich leid. Er konnte nichts dafür, was Runa getan hatte, und trotzdem hatte ich all meine Wut an ihm ausgelassen.

Ich blickte in die Runde und sah in erschrockene Gesichter, selbst Juan schien etwas überrascht zu sein über das Ausmaß meiner Wut.

„Noch jemand?", fragte ich herausfordernd, doch niemand aus der Gruppe verspürte Lust, sich mit mir anzulegen.

Als die Soldaten eine Weile still geblieben waren, gab ich es auf. Ich war tatsächlich etwas frustriert, solch ein kurzer, einfacher Kampf .... Dieser Soldat war keine Herausforderung für mich gewesen und der Ärger tief in mir war noch lange nicht verraucht. Ich brauchte einen würdigen Gegner.

„Kommt schon, von mir aus nehme ich es auch mit euch allen auf einmal auf", forderte ich die Gruppe erneut heraus.

Dieses Mal grinste mich der ein oder andere Soldat an, schlussendlich stellten sich alle zehn Soldaten vor mir auf, um gegen mich zu kämpfen.

„Endlich mal wieder eine kleine Herausforderung", dachte ich und bereitete mich vor.

„Kyra, denkst du, das ist eine gute Idee?", fragte Juan vorsichtig nach, doch ich ignorierte ihn.

„Lasst uns anfangen!", rief ich und feuerte die ersten Eisspitzen ab.

Feuer prallte auf Eis und hüllte uns alle in Rauch und Dampf. Ich fühlte mich genau in meinem Element. Ich genoss die Kälte an meinen Händen, welche sich durch meinen gesamten Körper zog. Die Hitze der entgegenkommenden Angriffe feuerte mich nur noch mehr an.

Drei Soldaten versuchten, mich gemeinsam anzugreifen, und feuerten mir all ihre Kraft entgegen. Ich duckte mich und fror alle drei in einem Atemzug ein, nur um sie dann mit einem gekonnten Schlag durch das Eis hindurch zu Boden zu schleudern. Das kalte Gefängnis der Männer zerbrach und sprühte mir eine kalte Brise ins Gesicht.

Zwei weitere wollten sich im Nahkampf gegen mich beweisen, doch auch hier duckte ich mich, schlug dem ersten Mann die Füße weg und ließ ihn auf meinem angewinkelten Knie landen. Ich hörte das Brechen seiner Knochen, doch in diesem Moment waren mir diese Männer völlig egal. Der zweite Soldat bekam einen saftigen Kinnhaken von mir, anschließend einen seitlichen Kick gegen den Kopf.

Die übrigen fünf Soldaten sahen mich etwas schüchtern an, doch nach einem kurzen Blickaustausch, rannten sie alle auf einmal auf mich zu.

„Das war es für euch", dachte ich mit grimmigem Zorn.

Ich lockerte meine Kampfstellung und schloss die Augen. Ein tiefer Atemzug genügte, um die Kampfschreie der Männer zum Schweigen zu bringen. Die Luft um mich gefror regelrecht, und ich konnte den leichten Fahrtwind der Männer in meinem Gesicht spüren, doch sie waren bereits nicht mehr in der Lage, sich zu bewegen. Als ich meine Augen wieder geöffnet hatte, sah ich mein Werk: Alle fünf waren bis zum Kopf eingefroren.

Ängstliche Blicke trafen meinen Blick, denn die Soldaten wussten, dass es nun auch für sie vorbei sein würde. Mit einem zufriedenen Grinsen ließ ich alle übrigen Soldaten aufeinanderprallen, so dass sämtliches Eis in kleine Stücke zersprang und die Männer bewusstlos liegen blieben.

Zufrieden und in meinem Können bestätigt ließ ich meinen Blick über die geschlagenen Soldaten schweifen. Einige krümmten sich noch vor Schmerzen auf dem Boden, andere waren bewusstlos. Doch meine Aufmerksamkeit blieb bei zwei Personen im Hintergrund hängen.

Akita und Runa.

Sie waren wohl gerade eingetroffen, doch es schien, als hätten sie den Kampf gesehen, zumindest einen Teil davon. Runas Augen waren vor Entsetzen geweitet, und sie starrte auf die Männer am Boden. Akitas Blick spiegelte einen Hauch von Entsetzen und Überraschung, doch sie fing sich in der nächsten Sekunde sofort wieder. Verärgert kam sie auf mich zu.

„Was denkst du dir dabei, unsere Soldaten so zuzurichten?“, schrie sie wütend.

Ich ignorierte sie und ging geradewegs an ihr vorbei. Einerseits freute ich mich, dass sie gesehen hatte, zu was ich fähig war, andererseits hätten es nicht unbedingt die Soldaten sein müssen, welche darunter leiden mussten.

„Juan, warum hast du sie alle Soldaten angreifen lassen?“, richtete sie sich verärgert an den Ausbilder.

„Verzeih mir Prinzessin, ich habe versucht, es ihr auszureden“, entschuldigte sich der stämmige Mann.

„Ihn trifft keine Schuld. Ich dachte, diese Soldaten müssten lernen, mit Eisherrschern zu kämpfen. Es war eine Lektion“, rief ich ihr im Vorbeigehen lässig zu.

Ich steuerte allerdings geradewegs auf Runa zu, welche mich immer noch entsetzt ansah.

„Halte dich von Akita fern, wenn du nicht die Nächste sein willst“, zischte ich Runa zu, als ich direkt vor ihr stand.

Mein Blick durchbohrte sie förmlich, und sie wich tatsächlich einen Schritt vor mir zurück. Sie sollte ruhig wissen, zu was ich fähig war.

„Kyra!“, fuhr die Prinzessin mich an.

„Was ist denn?“, rief ich gereizt zurück. „Willst du sie jetzt auch noch in Schutz nehmen?“

Akita sah mich an, als wäre ich von allen guten Geistern verlassen.

„Möglicherweise muss ich das!"

„Sie ist eine Verräterin, das weißt du! Sie hat es nicht verdient, beschützt zu werden!", schrie ich sie an.

Meine blinde Wut war zurück, doch dieses Mal wollte ich mich nicht zurückhalten. Akita sollte ruhig wissen, was in mir vorging.

„Kyra, was ist denn auf einmal los mit dir? So kenne ich dich nicht", murmelte sie, doch meine Wut hatte mich bereits unter Kontrolle.

„Ja, so kennst du mich nicht, Aber ich kann auch anders …
Du willst wissen, was los ist? Das wüsste ich auch gern! Warum hast du sie geheilt, das hätte Samu genauso übernehmen können! Aber nein, du musstest sie ja berühren, wolltest scheinbar unbedingt, dass es ihr gut geht! Warum interessiert es dich überhaupt, wie es ihr geht? Wir brauchen sie nur für unsere Mission, zu mehr nicht!"

Ich versuchte, ruhig zu atmen, doch es gelang mir nicht.

„Weißt du was, soll sie dich doch beschützen! Ich bin dir wohl nicht mehr gut genug", fügte ich noch verletzt hinzu, dieses Mal jedoch ruhiger als zuvor.

Ich sah zu ihr auf, doch ich wusste, dass ich einmal wieder zu weit gegangen war. Ihre Augen hatten sich bereits mit Tränen gefüllt, doch sie weigerte sich, ihren Emotionen freien Lauf zu gewähren.

„Weißt du was, vielleicht macht sie das auch. Ich bin auf keine Hilfe von dir angewiesen", erklärte sie mit gepresster Stimme.

Ich wandte mich von ihr ab, denn erst jetzt wurde mir bewusst, was ich mal wieder angerichtet hatte. Es war noch keine Stunde her, dass wir Runa aus dem Gefängnis geholt hatten, und schon brach erneut ein Streit wegen ihr zwischen uns aus.

„Ich halte das nicht mehr aus", flüsterte ich leise, doch Akita konnte mich nicht hören.

Es war sowieso zu spät, meine Worte zurückzunehmen. Ohne mich erneut umzudrehen, verließ ich den Trainingsplatz.

In meiner Unterkunft angekommen, lief ich auf und ab, da ich nicht wusste, ob ich meine Beziehung gerade endgültig zerstört hatte. Bedeuteten Akitas Worte, dass es nun vorbei war? Verübeln könnte ich es ihr nicht, so wie ich mich momentan aufführte.

Frustriert schlug ich meinen Kopf gegen die Wand.

„Ich bin so dumm", murmelte ich vor mich hin.

Doch bemerkte sie denn nicht, dass ich nur Angst hatte, sie zu verlieren? Erst jetzt wurde mir klar, dass ich bei dem angestrengten Versuch, sie bei mir zu haben, Akita stattdessen immer weiter von mir weggeschoben hatte. Meine Worte hatten sie wohl sehr verletzt, das verstand ich leider erst jetzt. Ich war so unglücklich.

„Ich muss hier raus", dachte ich und verließ schon im nächsten Moment fluchtartig mein Zimmer.

Vielleicht würde mir ein kleiner Abstecher in den Salon helfen, schaden konnte er jedenfalls nicht ... Dort angekommen, ließ ich meinen Blick durch den Raum schweifen. Er sah noch genauso aus, wie an dem ersten Abend, den Akita und ich hier verbracht hatten. Die edlen Möbel bildeten einen schönen Kontrast zu den klaren, hellblauen Wänden, genauso wie die große Theke an der Längsseite des Raumes.

Ich mischte mir ein Glas von Akitas Spezialmischung zusammen und setzte mich damit an einen der Tische. Zu meinem Glück war ich hier allein, und ich konnte in Ruhe meinen Gedanken nachhängen. Ich erinnerte mich an den ersten Tag hier im Palast: Die Prinzessin hatte mich damals zu einem Drink eingeladen. Wir haben viel miteinander geredet, und sie hatte mir erzählt, wie es kam, dass sie die Blitze beherrschen konnte. An diesem Abend ist es mir besonders schwergefallen, ihr zu widerstehen. Sie hatte mich immer wieder verzaubert.

Schritte rissen mich aus meinen Gedanken. Ich richtete meinen Blick auf den Eingang des Salons und genau in diesem Moment betrat Akita den Raum. Ich sah sofort wieder weg, doch mir war aufgefallen, dass sie allein war.

Die Prinzessin bereitete sich ebenfalls ein Glas mit ihrer Mischung zu, blieb allerdings an der Theke stehen.

„Wo hast du Runa gelassen?“, fragte ich nach einem Moment der Stille und hätte mir am liebsten gleich auf die Zunge gebissen.

„Sie erholt sich noch von unserem kleinen Rendezvous gerade eben“, antwortete sie sarkastisch.

Für einen kleinen Moment kroch Ärger in mir hoch, doch ich schluckte ihn herunter.

„Es tut mir leid, was ich gesagt habe. Ich weiß, es ist zu spät für Entschuldigungen, doch …“, ich stockte kurz, als ich einen Schatten im Augenwinkel sah.

„Akita, komm’ her“, wies ich sie an; ich witterte Gefahr, mein gesamter Körper spannte sich an.

Die Prinzessin bemerkte meine Anspannung, kam jedoch sehr ruhig an meine Seite und blieb dort konzentriert stehen. Sie nahm, genau wie ich, ihre Kampfstellung ein, die Augen wachsam auf den Eingang gerichtet.

Ich hatte mich nicht getäuscht, denn im nächsten Moment betrat eine schlanke Frau mit langen blonden Haaren den Raum. Sie trug ein schwarzes Oberteil sowie eine blutrote Hose, ihre Hände steckten in langen, schwarzen Handschuhen. Doch in der Sekunde, als ich in ihre dunklen Augen sah, durchfuhr mich ein Gefühl der Angst, welches ich noch nie zuvor gespürt hatte.

„Hallo Akita“, murmelte sie mit einer Stimme, welche sich gefährlicher nicht anhören könnte – und sei sie vom Teufel selbst.

Ich sah zu Akita hinüber, welche an Ort und Stelle festgewachsen schien, die Augen weit aufgerissen, pure Angst trübte ihren Blick.

„Es ist schön, dich endlich wieder zu sehen“, fügte die schöne Frau noch hinzu, wobei ihre Lippen ein bösartiges Lächeln umspielte.

„Saphira.“

Kapitel 5

Das Blut in meinen Adern gefror, als mir bewusst wurde, wem ich da gegenüber stand.

„Lass sie in Ruhe“, zischte ich instinktiv, doch meine Stimme hörte sich deutlich schwächer an, als ich es beabsichtigte.

Saphira wandte ihren Blick von Akita ab und richtete ihn auf mich. Dieser teuflische Blick ging mir durch Mark und Bein.

„Du bist also Kyra, richtig? Aduro hat mir schon viel von dir erzählt. Er meinte allerdings, er wollte dich persönlich töten, also geh mir aus dem Weg, bevor ich mein Versprechen gegenüber Aduro brechen muss.“

„Kyra, lauf“, raunte mir Akita mit zitternder Stimme zu.

„Nein, ich lasse dich nicht mit dieser Verrückten allein“, versicherte ich ihr energisch.

„Genug der Formalitäten. Geh mir aus dem Weg oder ich töte dich!“, forderte Saphira. „Möchtest du einen kleinen Vorgeschmack?“

Ihre Hände entflammten sich, doch ihr Feuer sah anders aus, als das, welches ich sonst kannte. Es war dunkler, blutrot, die Flamme verwandelte sich in eine glühende Masse, welche sich um ihre gesamte Hand wandt.

Ich versuchte, ihre Kraft zu blockieren, doch ich fand nicht einmal ansatzweise eine Möglichkeit. Es schien, als würde ihr Feuer keinen

Sauerstoff zum Brennen brauchen. Geschockt sah ich Saphira an, welche mich jedoch nur höhnisch angrinste. Mit einer schnellen Bewegung schleuderte sie ihre Glut auf mich. Ich sprang in letzter Sekunde aus ihrer Schussbahn, gerade rechtzeitig, bevor die glühende Hitze mich wie ein Lavastrom verbrennen konnte.

„Saphira! Lass sie gehen! Du willst doch mich, also lass Kyra in Ruhe", rief Akita panisch.

„Oh nein, das werde ich sicher nicht zulassen", dachte ich und stellte mich schützend vor die Prinzessin.

Ich atmete tief ein und aus; konzentriert auf meine Kraft. Wie üblich spürte ich das Kribbeln in meinem Körper, welches sich langsam in jeder Faser ausbreitete. Das Eis legte sich um meine Hände und hüllte meine beiden Arme vollständig ein. Auffordernd sah ich zu Akita hinüber, welche mich sofort verstand und ebenfalls ihre Hände entflammte.

„Es wird mir eine Freude sein, euch zu vernichten", säuselte Saphira gefährlich.

Ich erwartete einen erneuten Angriff, doch stattdessen kniete sie sich auf den Boden und berührte ihn mit ihrer glühenden Hand. Plötzlich begann alles um uns herum zu schmelzen, die Möbel gingen in Flammen auf. Nach kürzester Zeit war von dem Salon kaum mehr etwas zu erkennen, und der Raum glich dem Inneren eines Vulkans.

„Kommt doch her, wenn ihr es könnt", forderte die Angreiferin uns auf.

Doch das war unmöglich! Gerade so konnten wir uns auf den letzten unverbrannten Fleck retten. Für mich gab es keinen Weg, um zu Saphira zu gelangen, ohne den glühenden Boden zu berühren. Doch genau das würde Akita und mich umbringen.

Die Hitze um mich herum ließ mir die Schweißperlen ins Gesicht treten. Ich hatte das Gefühl, lebendig gegart zu werden. Es war die Hölle. Aber ich riss mich zusammen: Es musste doch einen Ausweg geben, eine Möglichkeit zu ihr zu kommen und sie angreifen zu können! Verzweifelt konzentrierte ich mich auf den Fußboden und versuchte, ihn mit meiner kühlen Kraft einzufrieren, doch Saphiras Feuer war viel zu heiß.

„Dieses Mal bekommst du mich nicht so leicht“, hörte ich Akita neben mir sagen.

Kurz darauf nahm ich ein Knistern in der Luft wahr. Akitas Blitze schossen auf Saphira zu, welche jedoch in letzter Sekunde auswich und eine heiße Welle auf uns zurück schleuderte.

„Das war's“, dachte ich, „Wir können weder ausweichen, noch blocken. Sie wird uns lebendig verbrennen.“

Verzweifelt suchte ich nach einem Ausweg, einer Möglichkeit, dieser tödlichen Attacke entgehen zu können, es war jedoch vergeblich. Überall schmolzen die Wände und auch der Boden, zurück blieb nur eine unüberwindbare, glühende Masse. Saphiras Attacke kam immer näher und ich spürte, wie mich die Hoffnung verließ. So sollte es also enden.

Doch ich hatte mich getäuscht, denn Akita zog mich reflexartig zurück und ließ eine riesige Feuerwand entstehen, welche die Angriffswelle aufhielt.

Wie war das möglich? Hatte die Prinzessin nicht erklärt, dass jegliches Feuer nur Futter für ihre Kraft sein würde?

„Wie ist das möglich?“, zischte Saphira fassungslos.

Bevor Akita jedoch antworten konnte, durchbrach Xatar das Dach des Salons und spuckte sein Feuer auf die völlig überraschte Frau. Sie wich aus, konnte sich jedoch vor einem Schlag der kräftigen Drachenrute nicht retten.

„Folge mir!“, wies mich Akita an und sprang gezielt auf einige Stellen am Boden, welche nicht mehr glühten.

Ich tat, was sie mir sagte, und wir gelangten zu Saphira, welche einen Feuerball nach dem anderen auf Xatar abfeuerte. Auf ihrer Seite angelangt unterstützten wir Xatar und attackierten verzweifelt die Frau mit allen verbliebenen Kräften.

Leider ließ sich Saphira nicht so schnell überwältigen. Sie traf den Drachen an der Seite seines Halses, was ihn laut aufbrüllen ließ.

„Xatar, verschwinde! Wir schaffen das hier allein!“, rief Akita ihrem Drachen zu.

Er zog sich tatsächlich zurück, doch Saphira schien sich nach dieser kleinen Überraschung wieder gefangen zu haben und schleuderte heiße Glut auf uns, die uns nur knapp verfehlte.

„Genug gespielt!“, rief sie zornig.

Ich traute meinen Augen nicht, als ich sah, wie sie nun ihren gesamten Körper in glühendes Feuer hüllte und auf uns zustürmte. Es war furchterregend.

Ein Nahkampf war in diesem Zustand unmöglich, also versuchte ich, sie mit so viel Eis wie möglich zu attackieren. Noch bevor mein Angriff die Frau erreichte, schmolz das Eis zu Wasser. Es war wirkungslos.

Saphira erreichte mich und riss mich zu Boden, verbrannte jede unbedeckte Stelle an meinem Körper. Sie schlug auf mich ein, immer und immer wieder. Mit jedem Hieb verbrannte mehr meiner Haut. Der Geruch von verbranntem Fleisch stieg mir in die Nase, ein metallischer Geschmack breitete sich in meinem Mund aus, ich schmeckte Blut. Ich wollte mich wehren, sie von mir herunterwerfen, doch ich konnte keinen Treffer landen, ohne mich noch weiter zu verletzen. Das höllische Brennen am ganzen Körper brachte mich immer näher an den Rand eines Blackouts. Gerade als ich dachte, sie würde mich nun endgültig töten, hörte ich Akita laut aufschreien.

„Hör sofort auf!“

Akitas Blitz schlug direkt in Saphira ein. Ich sah ihren aufgeladenen, zitternden Körper, welcher direkt auf mir zusammenbrach, ihr Blick erstarrt vor Überraschung und Schmerz. Unkontrolliert zuckend und doch sonst bewegungsunfähig rollte sie sich von mir herunter und blieb dort neben mir liegen. Endlich, ein Lichtblick. Ich hatte mich allerdings zu früh gefreut. Erstaunlicherweise stand die Frau wieder auf und stürzte sich nun auf die Prinzessin. Unfähig, mich zu bewegen, konnte ich nur zusehen, wie Akita ihr Bestes gab, sich gegen Saphira zu verteidigen, doch letztendlich lag sie ebenfalls am Boden, blutverschmiert und kraftlos.

„Sie hat gewonnen“, dachte ich mutlos, die Verzweiflung über unsere Niederlage raubte mir meine letzte Energie, ja, meinen Lebenswillen. „Es ist endgültig vorbei.“

Das teuflische Lachen der über uns triumphierenden Feuerherrscherin, welche zu ihrem letzten vernichtenden Schlag ausholte, hallte in meinem Kopf wider, bevor alles vor meinen Augen schwarz wurde.

„Kyra! Komm zu dir!“

Mein Kopf dröhnte, jeder Muskel schmerzte. Ich wollte meine Augen nicht öffnen, es war einfach zu anstrengend.

„Verdammt, Kyra! Wach endlich auf!“

Der Schlag in mein Gesicht holte mich zurück in die Realität. Unter höchster Kraftanstrengung öffnete ich meine Augen. Es war Samus Hand, welche mich getroffen hatte.

„Samu“, murmelte ich.

Ich kam zu mir und sah mich in dem zerstörten Salon um. Die Reste der Möbel qualmten noch, alles war verkohlt. Der Boden war aufgerissen und ebenfalls schwarz. Doch weder von Saphira noch von Akita war eine Spur zu sehen.

„Samu, wo ist sie?“, fragte ich keuchend.

Der junge Mann antwortete nicht, sondern wandte seinen Blick ab.

„Wo ist sie!“, rief ich panisch.

Die Angst breitete sich wie ein Lauffeuer in mir aus, sämtliche Schmerzen waren nicht mehr von Belang.

„Sie lebt, doch es sieht nicht gut aus“, flüsterte er kaum hörbar.

Mein gesamter Körper spannte sich an, Tränen schossen in meine Augen. Das durfte nicht wahr sein. Ich hatte ihr versprochen, sie vor Saphira zu beschützen.

„Bring’ mich zu ihr“, murmelte ich.

Samu widersprach nicht, sondern half mir, aufzustehen. Meine Beine wollten mir nicht gehorchen, doch ich zwang mich, hochzukommen. Samu stützte mich und wir liefen langsam zu Akitas Unterkunft. Ich schaffte es gerade so, ohne erneut ohnmächtig zu werden.

Vor dem Raum angekommen, blieb Samu kurz stehen.

„Kyra, bitte mach’ dich auf das Schlimmste gefasst. Ich habe mein Bestes gegeben, ihr zu helfen, doch…“, er konnte seinen Satz nicht zu Ende sprechen, ohne dass seine Stimme versagte.

Ohne zu antworten, öffnete ich die Tür. Was ich dort sah, erschütterte mich zutiefst. Die Prinzessin lag auf ihrem Bett, drei Heiler saßen um sie herum. Sie schien nicht wach zu sein, denn ihre Augen waren geschlossen und ihre Atmung klang flach. Das war allerdings kein Wunder, denn ihre Verletzungen sahen sehr schlimm aus. Ich musste schlucken.

Überall auf ihrem Körper befanden sich offene Fleischwunden und Verbrennungen. Blut klebte vermischt mit kleinen Kleidungsfetzen an den klaffenden Wundrändern. Selbst ihr Gesicht war kaum wiederzuerkennen. Schwellungen und Platzwunden bedeckten ihren gesamten Kopf.

„Akita“, murmelte ich unter aufkommenden Tränen.

„Es tut mir sehr leid, Kyra“, ertönte plötzlich Runas Stimme von meiner rechten Seite her; sie schien wohl hier gewartet zu haben.

„Verschwinde“, zischte ich sie an, doch meine Tränen ließen mich nicht laut genug werden.

„Du solltest dich lieber bei ihr bedanken, als sie wegzuschicken“, ermahnte mich Samu.

Bedanken? Für was denn! Nur wegen ihr hatten wir diesen Streit. Nur wegen ihr hatten wir Saphira nicht frühzeitig bemerkt, warum also sollte ich mich bedanken?

Doch bevor ich etwas sagen konnte, fuhr Samu fort: „Sie hat Akita und dir womöglich das Leben gerettet.“

Ich sah erst ihn und anschließend Runa ungläubig an.

„Du hast uns das Leben gerettet?“, hakte ich ungläubig bei Runa nach.

„Ja. Ich habe den Kampf gehört, doch da Akita mich an eine Säule gekettet hatte, konnte ich nicht früher kommen. Ich habe es mit Mühe geschafft, mich zu befreien, und rannte, so schnell ich konnte, in die Richtung, aus welcher ich die Kampfgeräusche gehört hatte. Als ich ankam, sah ich eine Frau, die sich über Akita beugte. Ich habe den nächstbesten Gegenstand genommen und ihr in den Rücken gerammt. Sie fiel zu Boden, und ich dachte schon, ich hätte sie getötet, doch als ich erst zu Akita und anschließend zu dir gelaufen bin, war sie plötzlich verschwunden. Es tut mir so leid, was sie euch angetan hat, und ich wünschte, ich hätte früher handeln können."

Ich traute meinen Ohren nicht, doch das Einzige, was mir einfiel, war, Runa zu umarmen.

„Ich danke dir", murmelte ich. „Danke, dass du sie gerettet hast. Das werde ich dir nicht vergessen."

„Das war das Mindeste, was ich tun konnte. Nach allem, naja, du weißt schon", antwortete sie schüchtern.

Ich löste mich von ihr und wischte die Tränen aus meinen Augen. Runa hatte Akita tatsächlich gerettet. Dank ihr war sie noch am Leben. Ich hatte diese Frau wohl falsch eingeschätzt und ihr Unrecht getan. Doch nun wollte ich mich erst einmal um Akita kümmern, mit Runa konnte ich mich später immer noch aussprechen.

„Wie geht es ihr?", fragte ich einen der Heiler.

„Saphira hat sie übel zugerichtet. Sie hat Verbrennung an quasi jeder erdenklichen Stelle ihres Körpers. Wir haben unser Bestes gegeben, die größten Verletzungen zu heilen, doch sie hat sehr viel Blut verloren. Wir müssen abwarten. Wenn sie die Nacht übersteht, sollte sie über den Berg sein. Es tut mir leid, Lady Kyra", antwortete der Mann.

Ich seufzte traurig und setzte mich zu der Prinzessin ans Bett. Sanft strich ich über ihre Wange, die Tränen bahnten sich erneut einen Weg. Warum hatte Saphira ihr das angetan? Sie war ein Monster. Ich hatte nie eine mächtigere Person gesehen.

„Kyra", murmelte die Prinzessin plötzlich.

„Ich bin da. Es wird alles gut“, versuchte ich sie zu beruhigen, doch meine Überzeugungskraft ließ zu wünschen übrig.

„Kyra, bitte... Ich möchte... Bitte...“

„Sssch, es wird dir bald besser gehen“, murmelte ich leise.

Es zerriss mir das Herz, sie so leiden zu sehen. Ich wollte mir nicht einmal vorstellen, wie es ihr in diesem Moment ging. Sie blinzelte.

„Kyra, bitte töte mich.“

Wie bitte?! Ich riss meine Augen weit auf, als ich ihre Bitte vernahm. Warum zum Teufel wollte sie, dass ich sie tötete?!

„Akita, was redest du denn da? Ich werde dich nicht töten!“, entgegnete ich geschockt.

„Bitte... Ich halte das nicht noch einmal aus“, flehte sie.

Ich erschauderte. Sie meinte das ernst. Nein, das konnte sie nicht von mir verlangen!

„Nein, das werde ich sicher nicht tun! Wir schaffen das gemeinsam, ich verspreche es dir!“ Ich versuchte, sie zu trösten. Vergeblich.

Meine Stimme versagte, als die Tränen über mein Gesicht liefen.

„Töte mich, bitte!“, rief sie verzweifelt, ihre gesamte Kraft lag in dieser Forderung. „Lieber du als dass es Saphira tut.“

Sie murmelte weiter wirres Zeug, doch ich konnte ihr nicht mehr folgen, ja nicht einmal mehr zuhören. Es war zu schmerzhaft. Immer wenn ich es doch tat, musste ich an ihre absurde, verzweifelte Bitte denken: Sie hatte mich gebeten, ihr Leben zu beenden. Warum tat sie mir das an? Warum fragte sie mich so etwas? Ich hatte sie schon einmal fast verloren, das würde ich nicht erneut durchstehen. Erst da fiel mir auf, wie egoistisch meine Gedanken waren. Welches Leid musste Akita ertragen, wenn sie auf solche Ideen kam?!

Akita rief im Delirium immer wieder meinen Namen, doch Samu war bereits an ihrer Seite und flößte ihr eine bläuliche Flüssigkeit ein. Bevor sie erneut wegdriftete, bat sie mich ein letztes Mal, sie umzubringen. Ich konnte nur dastehen und sie anstarren.

„Komm, ich bringe dich hier raus“, bot Runa an.

Sie legte einen Arm um meine Schulter und zog mich aus Akitas Unterkunft. Ich ließ mich einfach wegführen, denn meine Gedanken waren nur bei der Prinzessin. Mein Körper war willenlos, der einer Marionette. Meine eigenen Schmerzen waren vollkommen in den Hintergrund getreten, doch als mich Runa zu meinem eigenen Bett brachte, spürte ich das üble Brennen auf meiner Haut erneut.

„Es steht mir vielleicht nicht zu, das zu sagen, doch du solltest dir nicht solche Gedanken um Akita machen. Sie kommt da durch; sie schafft das. Ihr Wille ist zu stark, um einfach aufzugeben und den Feind gewinnen zu lassen“, setzte Runa vorsichtig an.

Sie hatte leicht reden: Sie konnte sich nicht ansatzweise vorstellen, wie ich mich fühlte. Dennoch ...

„Du hast Recht“, antwortete ich leise. „Es steht dir nicht zu.“ Es war einfach zu viel für mich gewesen.

„Ich kann mir gut vorstellen, wie du dich fühlst. Ich sehe dir doch an, wie sehr du die Prinzessin liebst. Das muss die Hölle für dich sein, sie so zu sehen“, fuhr die Frau unbeirrt fort.

„Du hast ja keine Ahnung“, murmelte ich.

„Sie schafft das, glaube mir.“

„Runa, es reicht. Ich bin dir sehr dankbar für deine Hilfe, doch bitte verschone mich mit deiner Sorge um mich“, unterbrach ich die Frau.

„Es ist nur, nun ja, ich mache mir ebenfalls Sorgen um sie“, gestand sie leise, den Blick abgewandt.

„Du machst dir Sorgen um sie? Verbessere mich bitte, falls ich falschliege, aber warst es nicht du, die sie umbringen wollte?“

„Ich wollte sie nie töten, doch sie ließ mir keine andere Wahl. So oft hatte ich ihr gesagt, sie soll den Krieg beenden, doch sie hörte nicht auf mich. Ich habe sie ebenfalls vor dem Attentat gewarnt, aber so stur wie sie nun mal ist, wollte sie sich den Angreifern stellen. Um sie zu beschützen, war es in diesem Moment schon zu spät, also verschwand ich. Der Krieg musste beendet werden, das war immer mein oberstes Ziel“, erklärte sie gedankenverloren. „Aber ich wollte sie nie verletzen, glaub’ mir das. Dafür waren meine Gefühle zu stark.“

Ich ließ mir ihre Worte einen Moment lang durch den Kopf gehen. So schwer es mir auch fiel, das zuzugeben, doch Runa und ich hatten eine sehr ähnliche Geschichte. Mir war es damals genauso gegangen. Hätte Akita nicht auf mich gehört, wäre sie jetzt vielleicht nicht mehr da. Doch es gab einen Unterschied zwischen Runa und mir: Sie hatte nicht davor zurückgeschreckt, Akita zu töten, ich schon.

„Hättest du sie wirklich geliebt, wärst du an ihrer Seite geblieben. So egoistisch es auch klingt, aber ich bin froh, dass du gegangen bist. Sonst hätte ich wohl nie die Chance gehabt, bei ihr zu sein“, antwortete ich.

Runa entschlüpfte ein Lächeln, das jedoch nicht überzeugend wirkte.

„Du hast Recht, wäre ich geblieben, hättest du keine Chance gehabt.“

Ihre grünen Augen sahen mich eindringlich an. War das eine Drohung? Eine Warnung? Oder nur eine Feststellung? Bevor ich jedoch nachfragen konnte, öffnete sich die Tür zu meinem Raum, und Samu trat ein.

„Wie geht es ihr?“, fragte ich ihn sofort, Runa sah ihn ebenso gespannt an.

„Sie schläft wieder. Kyra, es tut mir leid, dass du sie so sehen musstest. Doch jetzt lass’ mich deine Verletzungen heilen, es bringt uns nichts, wenn sich dein Zustand auch noch verschlechtert.“

Ich nickte und legte mich auf das große Bett. Samu kam sofort an meine Seite und half mir aus der Rüstung, welche größtenteils unbeschädigt war. Die Verletzungen unter der schützenden Schicht sahen nicht so schlimm aus wie beim Rest.

Nur noch mit Unterwäsche bekleidet ließ ich mich von Samus heilenden Händen behandeln. Dabei entging mir Runas musternder Blick nicht.

„Gefällt dir, was du siehst?“, fragte ich sie herausfordernd.

Erschrocken wandte sie ihren Blick ab und errötete: „Tut mir leid, ich wollte nicht, ...“

„Schon okay“, lachte ich, doch meine Schmerzen meldeten sich augenblicklich zurück.

„Kyra, bitte halt still, du machst es nur schlimmer“, ermahnte mich mein Arzt.

Ich entspannte und wartete, bis Samus Behandlung abgeschlossen war. Akitas Worte ließen mich allerdings nicht zur Ruhe kommen. Dass sie sterben wollte... Ich konnte verstehen, dass Saphira ein ernstzunehmender und mächtiger Gegner war, doch warum wollte sie kampflos aufgeben? So kannte ich sie nicht, bisher hatte sie sich noch jeder Gefahr gestellt. Saphira musste ihr wirklich üble Dinge angetan haben, um sie psychisch so kaputt zu machen. Doch nachdem was ich heute gesehen hatte, konnte ich mir das Ausmaß ihrer Gewalt gut vorstellen.

„Fertig“, riss mich Samu aus meinen Gedanken.

Ich bemerkte erleichtert, dass die Schmerzen nun erträglicher waren. Samus Hände bewirkten immer wieder Wunder.

„Danke, Samu“, bedankte ich mich.

„Gerne, ich werde jetzt noch einmal nach Akita sehen. Ich wünsche euch schon einmal eine gute Nacht“, verabschiedete sich der junge Mann.

Ich nickte ihm zu und zog mir meine übliche Kleidung wieder an. Runa stand noch etwas unbeholfen im Raum und wartete auf eine Anweisung von mir.

„Was ist?“, fragte ich verwirrt nach.

„Willst du mich nicht anketten oder Ähnliches?“, fragte sie leise.

„Wirst du denn davonlaufen?“

Runa schüttelte energisch den Kopf.

„Gut. Bleib’ einfach hier und verlasse den Raum nicht. Ich werde zu Akita gehen und auf sie aufpassen“, informierte ich sie.

Sie sah an mir vorbei, als wollte sie etwas sagen, wusste jedoch nicht wie. Nach einem Moment wandte sie sich wieder mir zu und begann zu sprechen.

„Darf ich dich begleiten? Ich würde gerne wissen, wenn sie aufwacht“, fragte sie unerwartet demütig.

Ich seufzte. Verdenken konnte ich es ihr nicht, doch ob es so eine gute Idee war, wusste ich nicht so genau.

„Was soll’s“, dachte ich und erlaubte der Frau, mich zu begleiten.

Kurz darauf waren wir bei Akita angekommen. Die Nacht war bereits hereingebrochen und das helle Mondlicht fiel in den Schlafraum der Prinzessin. Samu war schon gegangen; in der Unterkunft war niemand mehr außer uns anwesend.

Ich setzte mich neben Akita und wies Runa an, sich ebenfalls einen Platz zu suchen, - dort, wo ich sie gut im Auge behalten konnte.

Sanft legte ich meine Hand auf Akitas und streichelte darüber. Ich merkte, wie sie versuchte, nach mir zu greifen und mich festzuhalten.

„Ich bin da, alles in Ordnung“, raunte ich leise.

Das Gemurmel der Prinzessin war nicht zu verstehen, doch ich versuchte, beruhigend auf sie einzureden. Kurze Zeit später wurde sie wieder ruhig und schlief weiter.

Runa saß stillschweigend neben mir und beobachtete Akita. Was ihr wohl durch den Kopf ging? Ich wüsste es zu gern, doch es war ihre Sache, und ging mich nichts an.

„Weißt du, als ihr mich in das Gefängnis gesteckt hattet, dachte ich, ich sehe nie wieder die Sonne. Diese Wachen machten mir das Leben da drin zu Hölle“, begann Runa leise, „Ich kann es verstehen, man hat nicht jeden Tag eine Rebellenanführerin vor sich.“

Ich sah sie ernüchternd an, denn ich hatte wirklich keine Lust, mir ihre Leidensgeschichte anzuhören.

„Wusstest du, dass Akita den Wachen befohlen hatte, mich nicht anzufassen?“, fuhr sie fort.

Bei diesen Worten wurde ich hellhörig.

„Was meinst du damit? Warum sollte sie den Wachen so etwas befehlen?“, hakte ich verwirrt nach.

Was kümmerte es Akita überhaupt, was mit Runa geschah. Sie wurde von ihr verraten, dafür sollte sie auch ihre gerechte Strafe erhalten.

„Ich weiß nicht, warum sie es getan hat. Doch vor einigen Wochen kam sie in das Gefängnis und gab den Wachen den Befehl. Ich habe es mit eigenen Ohren gehört. Ihre Besuche hatten mich sowieso verwundert“, teilte sie mir mit.

Besuche? Warum wusste ich davon nichts? Es konnte unmöglich sein, dass Akita Zeit übrig hatte, Runa auch noch zu besuchen. Langsam kroch die Eifersucht wieder in mir hoch.

„Wie waren ihre Besuche denn?“, fragte ich scheinheilig nach.

„Sie saß größtenteils nur da und hat mich beschimpft und mir meine Fehler vorgehalten. Sie erzählte mir, was sie doch nun für eine tolle Freundin hätte, und dass diese eine der besten Eisherrscher wäre, die sie je gesehen hätte. Ich weiß ehrlich gesagt nicht, was sie damit bezwecken wollte.“

Jetzt verstand ich gar nichts mehr. Für mich klang es fast so, als wollte Akita Runa eifersüchtig machen, und sie mit ihren Worten verletzen. Doch warum?

Ich beschloss, das Thema zu wechseln, bevor ich mich wieder in diese Sache reinsteigern konnte.

„Wie war es bei den Rebellen?“, fragte ich nach.

Runa antwortete nach einer kurzen Pause.

„Es war eine schöne Zeit. Wir waren frei, niemand konnte uns etwas befehlen oder uns unterwerfen. Wir hatten einen unheimlich starken Zusammenhalt, doch leider waren wir durchgehend auf der Flucht. Als wir uns damals in dem kleinen Dorf kennengelernt hatten, wollten die Rebellen gerade angreifen und das Dorf befreien. Doch dann kamst du und hast den Menschen geholfen. Deine Selbstlosigkeit bewundere ich bis heute“, erzählte sie.

Ich erinnerte mich an die ekelhaften Söldner, welche das Dorf damals belagert und beraubt hatten. Es gab mir tatsächlich ein gutes Gefühl, den Menschen dort geholfen zu haben.

„Ich wollte den Menschen einfach nur eine zweite Chance geben", antwortete ich schulterzuckend.

„Ich wollte nie etwas anderes", entgegnete Runa, „Deswegen bin ich zu den Rebellen gegangen. Die unschuldigen Menschen, welche durch den Krieg in Not geraten waren, brauchten jemanden, der sie beschützen konnte. Recht bald hatten wir es uns zur Aufgabe gemacht, den Krieg zu beenden. Ich wurde zu Akitas Leibwache, da ein guter Freund von mir den König persönlich kannte und mich vorgeschlagen hatte. Naja, den Rest kennst du ja", beendete sie ihren kleinen Rückblick.

„Darf ich dich etwas fragen?", murmelte ich leise.

„Ja, natürlich", antwortete sie offen.

„Waren deine Gefühle für Akita jemals echt?"

Runa schluckte und wandte ihren Blick schnell ab. Sie sah gedankenverloren in die Ferne und seufzte. Es dauerte einen Moment, bevor sie mir antwortete.

„Anfangs gehörte es zum Plan, ihr meine Liebe vorzuheucheln und theatralisch zu gestehen, damit sie mich unterschätzte und mich in ihre Nähe ließ. Doch Akita kam mir zuvor. Sie hatte mir damals ihre Gefühle gestanden, und bevor ich mich umsehen konnte, war ich mitten in einem Gefühlschaos gefangen. Sie hatte mir tatsächlich den Kopf verdreht, doch ich wusste, dass meine Mission Vorrang hatte, haben musste. Es stand zu viel auf dem Spiel. Für zu viele …", sie wandte sich wieder meinem Gesicht zu. „Aber um deine Frage zu beantworten: Ja, meine Gefühle waren echt, sie sind es heute noch."

Ihre letzten Worte waren ein kaum hörbares Flüstern, doch ich konnte alles klar und deutlich verstehen.

Beide sahen wir wieder zu Akita hinüber, die ruhig auf ihrem Bett lag. Zu ruhig. Plötzlich riss Runa ihre Augen auf. Entsetzt sah ich sie an. Erkenntnis flackerte in ihrem Blick.

„Kyra, sie atmet nicht mehr! Schnell, hol' Samu!", rief sie alarmiert auf.

Ich starrte auf Akita und bemerkte, dass sie Recht hatte. Ich sprang auf, so schnell ich konnte, und rannte aus dem Raum.

„Samu!", schrie ich panisch in den Gang des Palastes hinein.

Der Arzt, dessen Unterkunft nicht weit von Akitas entfernt lag, eilte sofort zu Hilfe.

„Was ist passiert?", rief er mir noch im Rennen zu.

„Sie stirbt. Sie atmet nicht mehr! Ich weiß nicht, was ..."

Meine Stimme verstummte, als ich meinen Blick wieder auf Akita richtete, kaum dass wir das Zimmer erreicht hatten. Angst, Wut und Trauer mischten sich zu einem einzigen Emotionsstrudel.

Der Anblick, der sich uns bot, erstaunte uns beide gleichermaßen: Runa hatte ihre Lippen auf die der Prinzessin gepresst!

Mein Herz blieb einen Moment lang stehen.

Samu drückte sich an mir vorbei. Er erreichte Akita. Er fühlte ihren Puls und kramte nervös in seiner Medizintasche herum.

„Runa!", schrie ich aufgebracht, doch sie löste sich immer noch nicht von Akita.

Ich wollte mich gerade auf sie stürzen und von meiner Freundin wegziehen, doch Samu hielt mich davon ab.

„Kyra, beruhige dich. Runa beatmet sie, bis sie wieder eigenständig atmen kann. Runa warte einen Moment, bevor du weitermachst."

Die Frau löste sich endlich von Akita, doch nur solange, bis Samu Akita eine trübe Flüssigkeit einflößte. Anschließend machte Runa weiter, Akita Luft in die Lungen zu pusten.

Ich stand einfach nur da, nicht in der Lage, irgendetwas zu tun. In meinem Kopf spielten sich wilde Filmszenen ab: Bilder von Akita und Runa, wie sie glücklich zusammen standen und sich direkt vor mir leidenschaftlich küssten. Ein dumpfes, unangenehmes Schockgefühl machte sich in meiner Magengegend breit.

„Sie atmet wieder!", rief Runa.

Akita hustete einmal schwach, und Samu fühlte erneut ihren Puls.

„Gut gemacht, Runa. Hättest du nicht so schnell gehandelt, hätte ich sie womöglich nicht retten können", lobte Samu die junge Frau.

„Na prima! Und wieder einmal hatte Runa Akitas Leben gerettet", dachte ich frustriert. „Das hätte ich sein müssen. Es war meine Aufgabe." Doch mir war klar, wie töricht und kindisch diese Gedanken angesichts der Tatsache waren, dass Akita fast gestorben wäre. Schon wieder.

„Danke, Runa", sagte ich dankbar.

Runa musterte mich. Sie ahnte wohl, was in mir vorging. „Kyra, es war nicht so, wie es ausgesehen hat. Ich habe reflexartig gehandelt, solche Zwischenfälle hatten wir mit den Rebellen auch immer wieder", erklärte sie. Ich wusste, was zu tun war.

„Ja, das glaube ich!" Es klang härter als beabsichtigt. Und doch übermannte mich schon wieder die Wut:

„Na sicher, du wolltest dir bestimmt nicht diese einzigartige Möglichkeit entgehen lassen, meine Freundin zu küssen", dachte ich verärgert. Und schämte mich vor mir selber angesichts dieser schäbigen Gedanken. Doch ich konnte nicht anders.

Aber statt meine Gedanken laut auszusprechen, bedankte ich mich abermals bei ihr für ihr schnelles, hilfreiches Handeln und setzte mich wieder an Akitas Seite. Ich hoffte, dass sie bald aufwachen würde und uns erneute Schreckensmomente erspart blieben.

Runa und ich schwiegen uns die restliche Zeit nur noch an. Einerseits wollte ich nicht mit ihr reden, andererseits wusste sie anscheinend nicht, über was sie noch mit mir sprechen sollte.

Nach einer gefühlten Unendlichkeit ging die Sonne endlich auf. Die restliche Nacht war glücklicherweise ohne weitere Zwischenfälle verlaufen. Akita hatte hin und wieder wirr gesprochen, doch sie war zu leise, um ihre Worte verstehen zu können.

„Guten Morgen, ihr zwei“, begrüßte uns Samu, als er das Zimmer betrat.

Ihm folgten zwei weitere Männer, welche sich als Heiler vorstellten. Sie machten sich sofort an die Arbeit, die Wunden der Prinzessin weiter zu behandeln.

„Ihr solltet euch etwas ausruhen, die Nacht war sicher nicht einfach für euch“, bemerkte er.

Nein, die Nacht war nicht leicht für MICH! Runa sollte es überhaupt nicht interessieren, wie es Akita ging. Ich seufzte und nickte Samu zu. Er hatte Recht, doch ich wollte an Akitas Seite bleiben, falls sie aufwachen würde.

„Samu, das ist lieb gemeint, aber ich möchte lieber bei ihr bleiben, falls sie aufwacht“, entgegnete ich dem jungen Arzt.

Genau in diesem Moment kam ein leises Seufzen von Akita. Ihre Augenlider zuckten und kurz darauf schlug sie die Augen auf. Sie blinzelte einige Male, um sich an die Helligkeit zu gewöhnen.

„Wo bin ich?“, fragte sie noch desorientiert.

„Guten Morgen, Sonnenschein“, begrüßte ich sie. „Du bist in deiner Unterkunft.“

Sie blickte sich ein paar Mal im Raum um, bis ihr Blick bei Runa hängen blieb.

„Was macht sie denn hier?“, fragte Akita erstaunt.

Ich klärte sie kurz über die aktuelle Situation auf, und ihr Blick wurde dabei immer klarer. Sie war nun wieder ganz bei sich. Als ich fertig war mit meiner Erzählung, bedankte sie sich bei der jungen Frau, die unser beider Leben gerettet hatte.

„Was machen wir jetzt mit Saphira?“, hakte sie nach. Sie sah mich an.

Ich seufzte, da mir dieser Gedanke auch schon lange durch den Kopf gegangen war.

„Ich weiß es ehrlich gesagt nicht, doch wir müssen den Palast schnellstmöglich verlassen, um einen erneuten Angriff zu verhindern. Sie hat uns ganz schön überrascht“, entgegnete ich ruhig.

„Ich dachte, sie hätte dich getötet“, murmelte die Prinzessin traurig.

„Es ist alles gut. Dank Runa haben wir beide überlebt.“

Ich lächelte sie an und strich ihr dabei sanft über den Kopf. Ihr Haar fühlte sich fest und weich zugleich an. Ich hätte es nicht ertragen, sie erneut zu verlieren, aber so dankbar ich Runa auch war, ich wünschte, ich wäre an ihrer Stelle gewesen. Es war meine Aufgabe, Akita zu beschützen. Ich hatte versagt.

„Samu, wie lange dauert es ungefähr, bis Akita wieder auf den Beinen ist?“, fragte ich den Arzt.

„Nun, da sie die Nacht relativ gut überstanden hat, sollte sie in ein paar Tagen wieder vollkommen gesund sein. Ich werde sie regelmäßig heilen, um den Prozess zu beschleunigen“, informierte er mich.

„Das kannst du auch unterwegs machen“, warf die Prinzessin ein, „Wir müssen schleunigst von hier verschwinden. Ich möchte spätestens heute Abend abreisen.“

„Das kannst du nicht ernst meinen, oder?“, rief ich geschockt.

Akita war gerade erst aufgewacht und nun wollte sie am gleichen Tag abreisen?

„Kyra, wir haben keine andere Wahl. Saphira mag verletzt sein, doch auch sie kann sich selbst heilen. Sie könnte jederzeit zurückkommen, dieses Mal vielleicht mit allen zusammen. Du hast gesehen, welche Macht sie allein schon besitzt, gegen alle fünf wären wir komplett machtlos“, erwiderte sie.

Leider musste ich mir eingestehen, dass sie recht hatte.

„Na gut, wenn du es für richtig hältst“, gab ich klein bei, aber mir schmeckte das ganz und gar nicht.

Ich hoffte inständig, dass es die richtige Entscheidung war.

Kapitel 6

Einige Stunden später, war Akita bereits wieder auf den Beinen. Die Heiler hatten sich große Mühe gegeben, sie schnellstmöglich wieder fit zu bekommen. Ihre Kraft ließ allerdings noch zu wünschen übrig, denn sie konnte kaum länger als eine halbe Stunde laufen, bevor sie vollkommen erschöpft war und sich ausruhen musste.

Nach einem kleinen Spaziergang durch den Park von Akitas verstorbener Mutter, machten wir eine Pause auf einer der Bänke. Ich hatte einiges mit der Prinzessin zu besprechen, doch ich wusste nicht, wo ich anfangen sollte. Zum einen war da natürlich die Frage, warum sie mich gebeten hatte, sie zu töten ... Zum anderen wollte ich mit ihr über Runa sprechen. Doch der Punkt, welcher mir bisher am schwersten fiel, war unser weiteres Vorgehen gegen Saphira und ihre Elite.

„Woran denkst du?" Mit ihrer Frage riss sie mich aus meinen Gedanken.

Ich zuckte zusammen, doch statt eine Antwort zu geben, seufzte ich nur. Mein Blick war auf den Boden gerichtet, denn ich befürchtete, dass diese panische Angst zurückkehren würde, sobald ich meine Freundin ansah.

Panik davor, sie zu verlieren. Es gab so viele Möglichkeiten des Verlustes in meinem Kopf. Ich könnte sie wegen Saphira verlieren, an Runa oder auch nur wegen meiner eigenen dummen Eifersucht. Doch ganz egal, auf welchem Weg sie von mir entfernt würde, ich würde es nicht verkraften.

„Kyra, ich habe überlebt. Du musst nicht immer sofort wieder eine neue Grusel-Szene im Kopf durchspielen, wie ich sterben könnte. Es geht mir gut“, fuhr sie fort, nachdem ich ihr keine Antwort gegeben hatte.

„Das sagst du so leicht“, murmelte ich, den Blick immer noch abgewandt. „Aber darum geht es gar nicht.“

„Worum geht es dann?“, hakte Akita nach.

„Erinnerst du dich daran, was du gesagt hast, als du zwischen Leben und Tod geschwankt bist?“, fragte ich kaum hörbar.

Die Prinzessin gab mir keine Antwort. Ich dachte, sie hätte mich vielleicht nicht gehört, also hob ich endlich meinen Kopf und sah sie an. Sie hatte mich jedoch sehr wohl gehört, denn dieses Mal war sie es, die ihren Blick ins Leere driften ließ.

„Ja, ich erinnere mich.“

Sie wollte scheinbar genauso wenig darüber sprechen wie ich. Es führte allerdings kein Weg daran vorbei, diesen Punkt zu klären. Gerade als ich weitersprechen wollte, fuhr sie fort.

„Es tut mir leid. Ich hätte das nie von dir verlangen dürfen“, ihre Stimme zitterte.

„Darum geht es nicht. Ich kann verstehen, dass du nicht wirklich Herr über dich warst, doch was ich nicht kapiere, ist, warum?“, fragte ich nach. Ich konnte nicht anders. Ich musste Gewissheit haben.

Akita schüttelte den Kopf, während sie mir ein bitteres Lächeln schenkte.

„Du weißt einfach nicht, wie es ist in Saphiras Gewalt zu sein. Es ist ... unbeschreiblich. Grausam. Nicht auszuhalten.“

„Nein, das weiß ich nicht. Und doch: Du kannst dies nicht immer als Ausrede benutzen!“, rief ich lauter, als ich beabsichtigt hatte. „Du predigst doch immer: niemals aufgeben! Und obwohl du stets betonst, wie schrecklich es damals für dich war, - und das tut mir so wahnsinnig leid, dass es mir das Herz zerreißt – musst auch du verstehen: Es ist vorbei. Diese furchtbare Erfahrung ist überstanden. Sie ist Vergangenheit.“

Akita sah mich an. „Vielleicht ist es Vergangenheit, aber es ist nicht überstanden.“

Ich beharrte auf meinem Standpunkt: „Saphira wird dir solche Sachen nie wieder antun können, das verspreche ich. Das funktioniert aber nur, wenn du mir hilfst, sie ein für alle Mal zu besiegen. Dafür musst du allerdings über deinen Schatten springen und deine Angst überwinden. Ich weiß, dass das schwer ist. Es ist viel verlangt, aber es ist der einzige Weg.“

Die Prinzessin sah mich schockiert an. Sie hatte wohl nicht mit solch einer deutlichen Ansage von mir gerechnet.

„Akita, hör zu, ich will diese Gruppe genauso sehr wie du besiegen. Ich kann das jedoch nicht alleine. Du musst diese Angst überwinden, sonst haben wir keine Chance“, fügte ich ruhig aber nachdrücklich hinzu.

Genau in diesem Moment gab es eine Veränderung in ihrem Gesicht zu beobachten. Ihr trauriger Blick verwandelte sich plötzlich - in Ehrgeiz, wenn nicht sogar Wut, meinte ich. Ihre von Mitleid gezeichnete Haltung wechselte in eine selbstbewusste, aufrechte. Sie hatte nun den Rücken durchgestreckt, die Fäuste geballt. Der Wind, der ihr einzelne Strähnen in die Stirn wehte, schien ihr Kraft zu geben: Ihre kämpferische Ausstrahlung nahm von Sekunde zu Sekunde zu. Als ich sie so sah, verspürte ich ein Kribbeln im Bauch; ich war so froh. Genau in diese selbstbewusste, furchtlose Person hatte ich mich damals verliebt.

„Du hast Recht“, stimmte sie mir zu, „Saphira ist aktuell mein Schwachpunkt, also muss ich dringend etwas daran ändern. Ich muss diese Schwäche zu meiner Stärke machen.“

„Endlich“, dachte ich freudig. „Wir können es schaffen. Zusammen.“

„Das versuche ich dir ja die ganze Zeit zu sagen“, erwiderte ich strahlend. „Du trägst eine enorme Stärke in dir; du kannst mit deiner Kraft die gesamte Gruppe erledigen. Die ursprüngliche Kraft des Feuers verleiht dir zusätzlich Kraft. Ist dir überhaupt bewusst, dass du Saphiras Feuerwelle abwehren konntest? So weit ich weiß, hat das vor dir noch niemand geschafft.“

Ein selbstsicheres Grinsen zeigte sich über Akitas Lippen, ein angriffslustiger Blick traf meinen. Ich war überglücklich! So hatten wir eine echte Chance, auch wenn es schwer genug werden würde.

Akita war wieder in Hochform, zumindest mental. „Ja, das stimmt. Dadurch haben wir ihr gegenüber einen Vorteil. Ihre schier unbegrenzte Macht hat es fast unmöglich gemacht, sie anzugreifen, doch nun können wir zurückschlagen und sie attackieren", erklärte sie siegessicher.

Ihre goldenen Augen leuchteten auf, als sie bemerkte, dass wir eine reelle Chance hatten, diesen Kampf doch noch zu gewinnen.

„Ich danke dir. Du hast mir wieder bewusst gemacht, warum ich niemals kampflos aufgeben sollte", bedankte sie sich ernst.

Sie nahm meine Hand in ihre und gab mir einen Kuss darauf. Ich fühlte mich unendlich erleichtert, endlich wieder die alte Akita vor mir zu haben. Glücksgefühle vermischten sich mit dem Flügelschlag von tausend Schmetterlingen im Bauch, als ich ihren Kopf zwischen meine Hände nahm und sie leidenschaftlich küsste.

„Ich wusste, dass du deine Angst überwinden kannst", murmelte ich atemlos, als ich mich wieder von ihr löste.

Die Prinzessin grinste und gab mir einen flüchtigen Kuss auf die Wange. Sie sah mich einfach nur an.

Bevor wir diesen Moment noch länger teilen konnten, kam Runa auf uns zu.

„Du bist die Letzte, die ich jetzt sehen will", dachte ich gereizt, doch ich gab mir Mühe, so freundlich wie möglich zu wirken, als ich sie begrüßte.

„Wie geht es dir?", fragte sie Akita besorgt.

Ich verkniff mir, genervt meine Augen zu verdrehen. Die übertriebene Fürsorge passte mir überhaupt nicht. Was mich allerdings wirklich verunsicherte, war, dass Akita bei ihrer Frage leicht errötete und ihrem Blick auswich.

„Es geht mir gut. Dank dir“, murmelte sie mit abgewandtem Blick.

Das konnte nicht ihr Ernst sein? Warum zum Teufel ließ sie sich durch eine normale Frage von dieser Frau in Verlegenheit bringen? Und was sollte dieses Kompliment? Runa war nicht die Einzige, die sich um Akita gekümmert hatte.

Schon wieder brodelte es in mir.

Moment mal! Natürlich! Warum war mir das nicht früher eingefallen? Akita musste sich sicherlich an die hingebungsvolle Beatmung Runas erinnern. Diese „Beatmung“, welche für mich mehr nach einem Kuss als nach einer notwendigen medizinischen Maßnahme ausgesehen hatte. Auch wenn das ungerecht war.

Die Eifersucht eroberte erneut Stück für Stück meines Innern, doch dieses Mal konnte ich mich kontrollieren. Statt etwas zu sagen, beobachtete ich nur die Szene und lauschte der weiteren Kommunikation zwischen den beiden.

„Ich habe mir Sorgen um dich gemacht“, erklärte Runa, als sie sich neben Akita setzte und ihre Hand auf die der Prinzessin legte.

Die Anspannung in mir wuchs bei diesem Anblick immer mehr, doch ich versuchte weiterhin, mich im Griff zu behalten. Am liebsten würde ich ihr diese Hand abhacken, damit sie sie nie wieder auf Akita legen konnte.

Bei diesem Gedanken fiel es mir äußerst schwer, ein böses Grinsen zu unterdrücken.

„Ich lebe. Es ist also alles gut gegangen“, erwiderte meine Freundin, zog ihre Hand jedoch nicht weg.

Es herrschte einen Moment Stille zwischen den beiden Frauen, doch die Blicke, welche Runa Akita zuwarf, sagten mehr, als alle Worte jemals hätten sagen können. Doch auch Akita machte den Anschein, als würde sie sich nicht von den grünen Augen ihres Gegenübers abwenden können. Als ich mich laut räusperte, um mich bemerkbar zu machen, lösten sie endlich ihre Blicke voneinander. Ich schäumte vor Wut, behielt aber die Contenance.

„Ich würde vorschlagen, dass wir uns allmählich einen Plan überlegen sollten, wie wir gegen die Elite vorgehen möchten", merkte ich ruhig an.

Runas Gesicht war unbezahlbar. Sie hatte scheinbar vergessen, dass ich auch noch anwesend war. Nun war sie es, deren Kopf rot anlief. Ich konnte einfach nicht anders, als laut loszulachen. Eifersucht hin oder her, ich erinnerte mich daran zurück, wie ich mich gegenüber Akita genauso verhalten hatte, - kurz bevor wir zusammengekommen waren.

„Na gut, ich werde euch jetzt noch besprechen lassen, was ihr zu besprechen habt, und wir treffen uns in einer Stunde in unserer Unterkunft. Samu und Misha werde ich ebenfalls informieren", erklärte ich gönnerhaft. Ich kam mir sehr erwachsen und vernünftig vor.

„Kyra, ich...", Akita versuchte, einen Satz zu formulieren, doch ihr Stammeln war mir unverständlich.

„Es ist in Ordnung. Wir sehen uns später", beruhigte ich sie und gab ihr demonstrativ einen Kuss auf die Wange.

Runa hingegen, versuchte nicht einmal, sich zu erklären, stattdessen wandte sie den Blick beschämt ab und sah in eine andere Richtung, ihr Gesicht immer noch deutlich gerötet.

Kopfschüttelnd, innerlich grinsend lief ich aus dem Park hinaus direkt in unsere Unterkunft. Ich hatte vor, die freie Zeit zu nutzen, um noch ein wenig zu trainieren. Im Kampf gegen Saphira musste ich bestmöglich vorbereitet sein. Ich musste dringend an meiner Technik arbeiten.

Auf dem Trainingsplatz angekommen wärmte ich mich mit einigen Übungen auf. Als wir gegen Saphira gekämpft hatte, war mein Eis komplett machtlos gegen sie gewesen. Ich musste also eine Lösung finden, mein Eis noch weiter abzukühlen. Die Temperatur musste noch weiter gesenkt werden, doch wie sollte das funktionieren? Ich grübelte.

„Hamaka!", schoss es mir plötzlich in den Kopf.

Vielleicht hatte sie eine Idee, wie ich gegen Saphiras Feuer bestehen konnte. Ich beschloss, mein Training vorerst zu verschieben und stattdessen zu meditieren. Dieses Mal wollte ich es ohne Reikos Hilfe probieren.

Ich setzte mich auf den kühlen Boden des Platzes und schloss die Augen. Immer wieder konzentrierte ich mich auf das Bild der alten Frau in meiner Vorstellung. Lichtblitze schossen durch meinen Kopf und letztendlich schaffte ich es tatsächlich, Kontakt mit der Seherin aufzunehmen.

„Hamaka! Ich freue mich, dich zu sehen", begrüßte ich sie freudig.

Ihre freundlichen Augen strahlten mich erwartungsvoll an.

„Kyra, was kann ich für dich tun?“, fragte sie sanft.

Ich berichtete kurz von unserem Kampf mit Saphira und davon, dass mein Eis scheinbar keine Bedrohung für diese darstellte, da es sofort schmolz, sobald es nur in ihre Nähe kam.

„Weißt du, ob es möglich ist, mein Eis noch kälter werden zu lassen?“, fragte ich interessiert.

Die alte Frau runzelte ihre Stirn, es schien so, als wüsste sie etwas, wollte es mir allerdings nicht sagen.

„Ich weiß etwas. Aber: Es ist sehr gefährlich, diese Technik anzuwenden“, begann sie leise. „Du kannst dein Eis tatsächlich kälter werden lassen, doch dafür musst du selbst abkühlen. Wenn du es schaffst, deine Körpertemperatur zu senken, ist es möglich, dein Eis ebenfalls kälter werden zu lassen. Doch Vorsicht! Wenn du zu stark und schnell abkühlst, wird dein Herz womöglich aufhören, zu schlagen.“

„Das sind ja tolle Nachrichten“, murmelte ich lakonisch.

„Es tut mir leid, dass ich keine besseren Neuigkeiten für dich habe“, entgegnete die Seherin.

„Wenn diese Technik so gefährlich ist, was kann ich stattdessen tun? Saphiras Kraft lässt sich weder blockieren, noch kann ich mit meinem Eis etwas gegen sie ausrichten. Ich sehe schon fast keine andere Möglichkeit, als mich selbst in Gefahr zu bringen“, erwiderte ich enttäuscht.

Hamaka seufzte, denn ihr schien nicht entgangen zu sein, wie betrübt ich angesichts ihrer Antwort war. Doch für mich gab es nur einen Weg: Ich musste mich eben selbst in Gefahr bringen, um Akita retten zu können.

„Kyra, bitte sei sehr vorsichtig, wenn du diese Technik ausprobierst. Unter anderen Umständen hätte ich dir nichts von dieser Anwendung erzählt, doch da ich weiß, wie viel für dich auf dem Spiel steht, solltest du alle Möglichkeiten kennen. Gehe weise vor."

Ich dankte der Frau und verabschiedete mich.

Wieder in der Realität angekommen, legte ich mich einen Moment lang ausgestreckt auf den Boden des Platzes. Ich starrte in den blauen Himmel, welcher nur von einigen Quellwölkchen bedeckt war. Akita würde mir niemals dazu raten, diese Technik anzuwenden, doch was blieb mir anderes übrig?

Ich atmete tief durch, bevor ich mich langsam aufrichtete und einen Entschluss fasste.

Akita würde von diesem Gespräch mit Hamaka nichts erfahren. Ich würde die Technik ausprobieren, ohne sie vorher zu informieren.

„Am besten probiere ich es gleich einmal aus", dachte ich.

Doch mein Respekt gegenüber dieser gefährlichen Anwendung wuchs von Sekunde zu Sekunde. Sollte es nicht funktionieren, wie ich es mir wünschte, würde ich mich selbst töten und könnte Akita nie wieder helfen.

Ich schüttelte den Kopf, um diese trüben Gedanken aus meinem Kopf zu bekommen. Langsam nahm ich meine Kampfstellung ein und konzentrierte mich auf meine innere Mitte. Ich versuchte, mein Eis nach innen zu ziehen, statt es an meinen Händen aufkommen zu lassen. Ein eiskalter Schauer fuhr quer durch meinen gesamten Körper, welcher mich schaudern ließ. Erstaunt nahm ich wahr, dass und wie die Technik funktionierte, doch ich hatte das Gefühl, dass es noch nicht genug Kälte war, die ich hervorrief.

Mit einem tiefen Atemzug ließ ich all meine Kraft in mich hineinströmen, die eisige Kälte füllte meinen Körper nun komplett aus. Plötzlich wurde aus dem eisigen Gefühl jedoch ein brennender Schmerz. Es fühlte sich an, als würde mein Blut einfrieren. Unfähig, weiter durch meine Blutbahnen gepumpt zu werden. Reflexartig wollte ich die Kraft, welche sich in mir befand, wieder nach außen tragen, doch es funktionierte nicht.

Panisch spürte ich, wie mir die Luft zum Atmen fehlte, meine Hände und Arme kribbelten, als würden sie gleich jegliches Gefühl verlieren.

„Was geschieht hier?“, dachte ich verzweifelt.

Doch es war zu spät. Das Kribbeln hatte bereits sämtliche Gliedmaßen befallen, ich war bewegungsunfähig. Es war schrecklich. Meine Lungen wollten nicht mehr die Luft einatmen, die ich so dringend benötigte. Es fühlte sich an, als wären sie mit Beton gefüllt. Kraftlos fiel ich auf beide Knie, ich musste mich mit den Händen abstützen, um nicht flach auf den Boden zu fallen.

Ich wollte um Hilfe schreien, doch hierzu fehlte mir der Atem. Mein eigenes Gesicht spiegelte sich auf dem gläsernen Wappen unter mir, welches in den Boden eingelassen war. Weit aufgerissene Augen starrten mich an, mein bereits bläulich angelaufenes Gesicht steigerte meine Panik.

Die Kraft verließ mich letztendlich komplett, und ich sackte auf dem Untergrund zusammen. Der brennende Schmerz war nun in meiner Brust angekommen. Ich dachte, jemand würde mein Herz zerquetschen und es mir bei lebendigem Leibe herausreißen.

Mit letzter Kraft versuchte ich, Reiko um Hilfe zu bitten.

„Hol Akita“, bat ich meinen Drachen unter Schmerzen.

Ich wusste nicht, wie lange ich dieses Brennen noch aushalten würde, denn es verschwamm bereits alles vor meinen Augen. Um mich herum wurde alles schemenhaft. Mir blieb jedoch keine andere Wahl, als so lang wie möglich durchzuhalten, diesen furchtbaren Zustand zu ertragen. Würde ich mich jetzt der Ohnmacht hingeben, wäre es um mich geschehen.

Doch das panikauslösende Gefühl in mir trieb mich fast in den Wahnsinn. Genau, als ich dachte, ich könnte es nicht mehr länger aushalten, erschien Akita, das Gesicht blass vor Schreck.

„Jetzt liegt es an dir “, dachte ich und gab mich dem Schmerz hin, welcher mich in ein schwarzes Loch zog.

Brennende Wärme holte mich zurück in die Realität. Die Hitze breitete sich überall in mir und auf mir aus. Ich hörte leises Gemurmel neben mir, konnte die Stimmen aber vorerst nicht zuordnen. Langsam öffnete ich die Augen und nahm meine Umgebung langsam wieder wahr. Verschwommen erblickte ich den Trainingsplatz, auf welchem ich mich immer noch befand. Drei Personen standen um mich herum: Akita, Samu und Runa. Drei erschrockene Gesichter, welche mich anstarrten.

Ich erinnerte mich daran, dass ich Hamakas Technik ausprobiert hatte, doch es war erheblich schief gegangen. Die alte Frau hatte mich gewarnt, dass es so enden könnte, doch ich hatte es trotzdem getan.

Bei genauerem Hinsehen, bemerkte ich, dass Akitas Hände auf mir lagen, eingehüllt in orangefarbene Flammen. Das Feuer war über meinem Oberkörper ausgebreitet, doch meine Freundin schien alles unter Kontrolle zu haben.

Ich schob ihre Hände von mir und richtete mich auf, dröhnende Kopfschmerzen erschwerten mir jedoch jegliche Bewegung.

„Was ist passiert? Geht es dir wieder besser?“, fragte Akita mit zitternder Stimme.

Ich wich ihrem fragenden Blick aus und stützte mich mit den Ellenbogen ab. Ich verweigerte jede Antwort.

„Sie wollte eine neue Technik ausprobieren. Ihr Eis sollte kälter werden, um es mit Saphiras Feuer aufzunehmen“, antwortete Runa stattdessen. „Habe ich nicht recht?“

Erstaunt sah ich die Frau an. Woher wusste sie davon?

„Woher weißt du davon?“, fragte ich.

„Kann mir mal jemand erklären, was hier los ist?“, unterbrach uns Akita barsch.

„Ich kenne diese Fähigkeit, doch sie ist sehr gefährlich. Viele der verbündeten Eisherrscher wollten sich diese Fähigkeit schon aneignen, doch alle sind bisher daran gescheitert, einige sind sogar dabei gestorben. Ich kenne niemanden, der in der Lage ist, diese Technik anzuwenden“, erklärte Runa ruhig.

„Hast du wirklich diese lebensgefährliche Technik ausprobiert?“, fragte Akita schockiert.

„Ich musste es tun!“, antwortete ich gereizt, etwas lauter als gewollt. „Wie soll ich dich denn sonst beschützen?“ Meine Stimme klang trotzig.

Doch auch ich hatte versagt, wie alle anderen vor mir. Die Enttäuschung schnitt in meine Brust.

„Wusstest du, dass du dabei hättest sterben können?!“

Ich nickte. Ich konnte Akitas Sorge verstehen, doch sie musste mich ebenfalls verstehen. Wie sollten wir es mit einem Gegner aufnehmen, gegen den wir nicht mal ansatzweise eine Chance hatten?

„Kyra, ich will dich nicht beunruhigen, doch diese Aktion hat dich sehr verletzt. Deine Organe könnten Schaden nehmen, wenn du es noch einmal versuchst“, begann Samu ernst. „Du und das Eis ... es wurde dein Herz bereits geschädigt. Ich kann dir die genauen körperlichen Auswirkungen erst nach einiger Zeit sagen, doch im schlimmsten Fall, nun ja, ...“

Seine Stimme wurde immer leiser, bis sie letztendlich versagte.

„Im schlimmsten Fall werde ich an den Nachwirkungen sterben“, beendete ich den Satz für ihn.

Akitas Gesicht wurde weiß wie eine Wand. Es schien, als würde sie an Ort und Stelle erstarren, auch mir ging diese Aussage sehr nah.

„Es tut mir leid“, murmelte Samu.

„Es ist nicht deine Schuld. Ich bin selbst dafür verantwortlich, wenn es soweit kommt“, entgegnete ich kühl und gefasst.

Warum wollte ich meinen Sturkopf auch wieder einmal durchsetzen? Hätte ich auf Hamaka gehört, wäre ich nun nicht in dieser Situation.

„Wie lange habe ich, wenn es wirklich soweit kommen kann?“, fragte ich scheinbar emotionslos nach.

„Noch ist nichts sicher. Du solltest abwarten und ruhig bleiben. Es kann alles anders kommen, deshalb ...“, Samus Worte klangen mehr nach einer Ausrede als nach einer eindeutigen Antwort.

„Wie lange?“, wiederholte ich energisch.

„Im schlimmsten Fall hast du noch zwei Wochen“, sagte er tonlos.

Akita gab eine Art erschrockenes Quietschen von sich, bevor sie ihre Tränen nicht mehr zurückhalten konnte. Diese Aussage schien sie innerlich zu zerstören. Und ich konnte nur zu gut erahnen, wie sie sich dabei fühlte. Runa strich ihr beruhigend über den Arm und versuchte, sie zu trösten.

Ich hatte versagt. Das Einzige, was ich wollte, war, Akita zu retten und Saphira und ihre Anhänger wieder einzusperren. Nun hatte ich mich in Lebensgefahr gebracht und Akita verstört. Mir war bewusst, dass es eine gefährliche Mission war, doch dass ich selbst verantwortlich dafür sein würde, dass mein Leben so bald endete, hätte ich nie gedacht.

Ich stand auf und ging zu Akita hinüber. Sie konnte mich nicht ansehen, doch ich legte sanft meine Arme um sie und zog sie einfach an mich.

„Es tut mir leid“, murmelte ich in ihr Ohr, doch diese Worte ließen die Prinzessin nur noch kraftloser werden.

Vollkommen aufgelöst krallte sie sich in meinen Rücken und weinte hemmungslos in meine Halsbeuge. Es brach mir das Herz, sie so zu sehen, doch in diesem Moment war es mir nicht möglich, auch nur ansatzweise Emotionen zu zeigen. Ich warf Runa und Samu einen Blick zu, der bedeutete, dass sie uns allein lassen sollen. Beide nickten mir zu und verließen den Übungsplatz.

Ich strich sanft über den Rücken meiner Freundin und versuchte, sie zu beruhigen.

„Noch ist es nicht so weit“, murmelte ich ihr zu. „Wir sollten uns lieber einen Plan zurechtlegen, wie wir Saphira in zwei Wochen zur Strecke bringen.“

Akita sah mich entgeistert an, die goldbraunen Augen waren bereits rot umrandet.

„Wie kannst du jetzt nur an Saphira denken? Du könntest sterben und alles, was du zu sagen hast, ist, dass du Saphira vorher noch schnappen willst?“ Ihre gebrochene Stimme versagte nun vollends, als die Tränen noch stärker flossen.

„Ich werde nicht zulassen, dass sie dich bekommt. Und wenn es das Letzte ist, was ich tue. Sollte ich wirklich sterben, weiß ich wenigstens, dass du in Sicherheit bist“, entgegnete ich ruhig.

Aus der Prinzessin brach ein ironisches Lachen hervor.

„Welchen Sinn hat das, wenn ich dieses Leben ohne dich weiterführen muss? Soll sie mich doch kriegen, es wäre mir egal. Du bist alles, was ich will. Ohne dich ergibt mein Leben ohnehin keinen Sinn mehr“, murmelte sie unter Tränen.

„Bitte denke nicht so. Ich möchte, dass du für mich weiterlebst. Lass’ nicht zu, dass meine Dummheit uns beide zerstört.“

Akita schüttelte nur den Kopf und drückte mich fester an sich: „Ich kann dich nicht verlieren, das schaffe ich nicht.“

Ich strich ihr sanft über den Kopf und gab ihr einen Kuss darauf. Es war sinnlos, jetzt noch weiter darüber zu sprechen, noch war es nicht soweit. Selbst wenn der Zeitpunkt da wäre, würde ich sie von keiner Entscheidung abhalten können, auch wenn ich mir noch so viel Mühe geben würde.

Wir blieben noch einen Moment Arm in Arm stehen, bevor die Prinzessin sich allmählich beruhigte, und wir nach drinnen gingen.

Meine Gedanken wollten mich immer wieder daran erinnern, dass es gut möglich war, dass mein Leben bald vorbei sein würde, doch ich schob diese Vorstellung energisch beiseite und versuchte, mich auf den bevorstehenden Angriff auf Saphira vorzubereiten.

Akita hatte sich zwar beruhigt, doch ihre Anspannung war noch deutlich spürbar. Ich wusste, dass es ihr sehr schwerfallen würde, mich gehen zu lassen, doch sie hatte keine andere Wahl. Es war meine eigene Dummheit, die mich in diese missliche Lage gebracht hatte. Akita konnte eine noch so gute Heilerin sein, doch gegen mein verletztes Herz konnte sie nichts ausrichten.

„Wann wollen wir heute los? Ich nehme an, du willst auf unseren Drachen fliegen“, richtete ich mich an die Prinzessin, welche mich jedoch nur entsetzt anschaute.

„Was ist?“, fragte ich monoton.

„Denkst du wirklich, ich werde nach dem heutigen Tag Jagd auf Saphira machen?“, entgegnete sie.

„Ja. Akita, willst du jetzt schon wieder mit diesem Thema anfangen? Ich habe dir gesagt ...“

„Ich kenne deine Meinung! Doch ausnahmsweise ist mir deine Meinung egal! Ich werde meine restliche Zeit mit dir in Sicherheit verbringen und nicht auf der Suche nach einer Verrückten!“, unterbrach sie mich lautstark.

„Entweder du kommst mit oder ich fliege allein“, stellte ich kaltherzig fest. Ich hasste mich selbst für diesen Satz, doch es ging nicht anders.

Ich konnte die Trauer in den Augen der Prinzessin sehen, als sie meine Worte vernahm. Aber es berührte mich keineswegs. Ich ließ es nicht zu, wahrte bewusst die Distanz und zwang mich, alle Emotionen auszublenden. Wenn ich jetzt emotional wurde, dann würde Akita sich mir sicher niemals anschließen. Ich musste hart und unnachgiebig sein. Das war meine einzige Chance, wie viel Kraft sie mich in diesem Augenblick auch kostete. So sah ich wenigstens eine Möglichkeit, Saphira noch rechtzeitig zur Strecke zu bringen.

„Was ist los mit dir! Interessiert es dich gar nicht, dass es dich bald nicht mehr geben könnte?“, ihre Stimme brach erneut bei ihren letzten Worten. „Bist du wirklich so egoistisch?“

„Nein, ich möchte dich nur in Sicherheit wissen. Außerdem werde ich es Saphira heimzahlen, was sie dir angetan hat. Ich habe dir vorhin schon gesagt, dass ich sie aufhalten werde, selbst, wenn es das Letzte ist, was ich tue“, erklärte ich wohlüberlegt.

Akita schüttelte den Kopf, das panische Zittern, das ich schon kannte, breitete sich erneut auf ihrem Körper aus. Es kündigte sich ein Zusammenbruch an, wenn ich nicht schnell handelte.

„Wenn es das ist, was du willst“, murmelte sie tonlos. „Dann fliegen wir in ein paar Stunden los.“ Sie hatte sich gefasst. Das Zittern verging; es machte einer unheimlichen, resignierten Ruhe Platz.

Mit diesen Worten drehte sie sich um und verließ die Unterkunft. Stille kehrte ein, als die Tür ins Schloss fiel und ich mich erschöpft aufs Bett setzte. Doch die Luft wurde sogleich von einem lauten Schrei zerrissen, welcher mich zusammenzucken ließ. Dieser Aufschrei kam tief aus Akitas Seele, erfüllt von Schmerz, Trauer und Wut. Er hallte noch lange in den Mauern des Palastes nach, wobei ich nicht sicher war, ob dieser Laut nur in meinem Kopf existierte. Ich ahnte, dass dem so war.

Nun war ich mit meinen Gedanken allein, und ich konnte nicht länger die starke, emotionslose Frau spielen, welche ich vor Akita versucht hatte, zu sein. Die zurückgehaltenen Gefühle strömten unaufhaltbar aus mir heraus und hüllten mich in einen Tsunami der Emotionen. Wut, Trauer, Verzweiflung und das nagende Gefühl, versagt zu haben, ließen mich in Tränen ausbrechen.

„Ich habe sie enttäuscht“, dieser Satz dröhnte lauter und lauter durch meinen Kopf.

Ich wollte Akita niemals enttäuschen, sondern sie beschützen und immer dafür sorgen, dass es ihr gut geht. Doch nun hatte ich versagt und mich selbst dabei so stark verletzt, dass ich es mit meinem Leben bezahlen könnte. Dann wäre ich ihr keine Hilfe mehr.

Langsam kroch die Angst in mir hoch, schleichend, doch stetig wachsend. Es war nicht die Angst vor dem Tod, eher die Angst davor, ob Akita ohne mich weiterleben könnte. Was, wenn nicht nur ich mein Leben lassen würde, sondern sie aufgrund meiner Dummheit ebenfalls zerbrechen würde? Diese Vorstellung wollte ich mir schnellstmöglich wieder aus dem Kopf schlagen, doch es war mir unmöglich, diesen Gedanken zu verdrängen.

Ich zog meine Knie an meinen Oberkörper und umschlang sie mit meinen Armen. Kraftlos legte ich meinen Kopf darauf und schluchzte vor mich hin. Ich hatte nie gewollt, dass Akita denselben Schmerz durchleben musste wie ich damals, als sie in der Vergangenheit ihren Tod vortäuschen musste. Ich kannte dieses alles verdrängende schreckliche Gefühl der kalten Schwärze, welches sich tief in einen hineinfrisst und nichts als Leere hinterlässt. Ich hatte es ihr versprochen: Ich würde sie niemals verlassen, doch nun war ich auf dem besten Weg dahin.

Ich wischte mir die Tränen aus dem Gesicht und versuchte, mich zu beruhigen. Mein Blick fiel auf eines der lila Kissen, welches neben mir lag. Sanft strich ich über den weichen, flauschigen Stoff. Ich nahm das Kissen in die Hände und vergrub meinen Kopf darin. Sofort stieg mir Akitas süßer Duft in die Nase. Ich schloss meine Augen einen Moment lang und sog den Geruch ein letztes Mal tief ein. Anschließend legte ich das Kissen zur Seite und stand entschlossen auf. Ich wusste nun, was zu tun war.

Ich hatte einen Entschluss gefasst: Ich musste darum kämpfen, für die Liebe meines Lebens weiterzuleben und sie um jeden Preis zu beschützen!

Und diese Entscheidung würde ich sofort umsetzen, indem ich mich ausgiebig auf unsere Reise vorbereitete. Gegen Saphiras Elite kamen wir nur mit einem klaren Kopf und einem makellosen Plan an. Wenn dieser Plan fertig war, würde sich die Gruppe wünschen, sich niemals mit der Königsfamilie angelegt zu haben.

Kapitel 7

Das Orangerot des Himmels spiegelte sich auf den eisblauen Schuppen meines Begleiterdrachens. Ich war als Erste am Treffpunkt und hatte Reiko bereits zu mir gerufen. Akita hatte den Rest der Truppe über unseren Aufbruch informiert und alle sollten sich bei Sonnenuntergang auf dem Trainingsplatz vor unserer Unterkunft einfinden.

„Willst du das wirklich durchziehen?“, fragte mich mein Drache ruhig.

„Mir bleibt nichts anderes übrig. Ich werde nicht tatenlos zusehen, wie die Liebe meines Lebens vor Angst nicht mehr schlafen kann, weil sich da draußen einige Irre an ihr rächen wollen“, antwortete ich telepathisch.

Ein leises Grummeln von Reiko signalisierte mir, dass er mir zustimmte. Plötzlich hörte ich Schritte hinter mir. Als ich mich umdrehte, erblickte ich Runa, welche mit einem Rucksack, zwei Schwertern und in grün-schwarzer Kampfmontur auf mich zukam. Ihr folgten Samu und Misha, welche ebenfalls nur wenig Gepäck mit sich trugen.

„Hallo zusammen“, begrüßte ich die Gruppe leise.

Sie nickten zur Begrüßung und stellten ihre Sachen neben sich auf den Boden. Nun warteten alle auf Akita, ich befürchtete schon, dass sie nicht kommen würde. Wir hatten den restlichen Tag nicht miteinander gesprochen, ich hatte sie auch nicht mehr zu sehen bekommen, nachdem sie die Unterkunft verlassen hatte.

„Sie kommt schon noch", beruhigte mich Reiko.

Genau in diesem Moment zerriss ein lautes Brüllen die Stille. Xatar erhob sich in die Lüfte, unter ihm Akita, welche auf uns zukam. Als ich sie erblickte, vergaß meine Lunge für eine Sekunde, wie das Atmen funktionierte. Sie sah atemberaubend aus.

Die untergehende Sonne verlieh ihrer pechschwarzen Kampfrüstung einen blutroten Schimmer, welcher der Farbe ihrer Doppelschwerter glich. Die goldene Flamme zierte ihre zu einem Knoten gebundenen Haare, ihre gesamte Haltung strahlte Gefahr aus. Als sie näherkam, sah ich das gefährlichste Blitzen in ihren goldenen Augen, welches ich je wahrgenommen hatte. Wäre ich ihr Gegner, wäre ich schon längst weggelaufen, denn vor mir stand eine mächtige Anführerin, welche ich so noch nie gesehen hatte.

Ein eiskalter Schauer überzog meinen Körper und hinterließ eine Gänsehaut. Bauchkribbeln mischte sich mit Nervosität und ließ mich kurz verharren. Akita stellte in diesem Moment die perfekte Mischung zwischen Gefahr und Beschützer dar. Ich fühlte mich mehr denn je zu ihr hingezogen.

Ich schnappte nach Luft wie eine Ertrinkende, als meine Lunge nach Sauerstoff verlangte und mir wieder einfiel, dass Atmen zu meiner Lebenserhaltung gehörte. Ein beruhigender, tiefer Atemzug vertrieb das Brennen schließlich in meinem Oberkörper und ließ mich allmählich wieder klar denken.

Ich warf einen Blick zu Samu hinüber, welcher mich nur verschmitzt angrinste. Er hatte meinen kleinen Aussetzer wohl gerade mitbekommen. Ertappt wandte ich mich ab, damit er die Röte in meinem Gesicht nicht sehen konnte.

Als Akita endlich bei uns ankam und Xatar auf dem Trainingsplatz landete, wollten wir unsere Reise beginnen. Doch die Prinzessin würdigte mich keines Blickes, obwohl wir den Plan doch gemeinsam umsetzen wollten.

„Wir werden die erste Etappe mit Xatar fliegen, anschließend wechseln wir hinüber zu Reiko. So bleiben wir stetig in Bewegung “, begann Akita ihre Ansprache. „Unsere Suche beginnen wir in den Wäldern des Südens, da Saphira wohl nicht damit rechnet, dass wir sie tatsächlich so schnell ausfindig machen wollen. Sobald wir dort angekommen sind, ist höchste Vorsicht geboten! Niemand entfernt sich ohne Meldung von der Gruppe oder handelt auf eigene Faust. Bei dieser Mission ist es existenziell wichtig, dass wir zusammenbleiben und gemeinsam gegen den Feind kämpfen. Bereitet euch vor, wir brechen in einigen Minuten auf.“

Akita war definitiv sauer auf mich. Diese Ansprache wollten wir gemeinsam halten, doch sie hatte mich nicht einmal angesehen. So konnte ich nicht abreisen.

„Akita, kann ich dich kurz sprechen?“, wandte ich mich an sie und lief, ohne auf eine Antwort zu warten, einige Meter von der restlichen Gruppe fort.

Sie folgte mir, sah mich jedoch immer noch nicht an.

„Willst du die gesamte Reise nun schweigen?“, fragte ich vorwurfsvoll.

„Vielleicht ist das besser. Wir sollten uns auf den Plan konzentrieren, nicht auf unsere Probleme“, erwiderte sie kalt.

Nun war sie es, die die Starke spielen wollte. Ich verdrehte die Augen angesichts ihres plötzlichen Gemütswechsels.

„Wir brauchen einen klaren Kopf, das weißt du“, wies ich sie zurecht. „Du hast recht, da haben unsere Probleme keinen Platz, deshalb sollten wir sie jetzt und hier klären.“

„Da gibt es nichts zu klären. Ich habe meinen Standpunkt und diesen lasse ich nicht von dir in Frage stellen“, zischte sie gefährlich.

Ich ahnte, wo dieses Gespräch hinführen würde, doch ich wollte nicht auf mein Bauchgefühl hören.

„Was bedeutet das im Klartext?“, fragte ich mit einem ungewollten Zittern in der Stimme.

„Ich werde nicht dabei zusehen, wie du dich vor meinen Augen für mich opfern wirst. Ich kann gut auf mich alleine aufpassen, dazu brauche ich dich nicht.“

Dieser Satz traf mich wie ein Stich mitten in mein Herz.

„Ich denke, es ist besser, wenn wir diese Mission als gemeinsame Oberhäupter anführen, nicht als Pärchen“, fügte sie mit schneidender Stimme hinzu.

Sie sah mir direkt in die Augen, ihr Goldbraun durchbohrte mich förmlich und drang direkt bis in mein Innerstes. Ein dicker Kloß bildete sich in meinem Hals, jeder Muskel in mir spannte sich an. Die Worte wollten meinen Mund nicht verlassen, doch ich musste unbedingt sichergehen, ob ihre Aussage das bedeutete, was ich meinte zu verstehen. Mit letzter Kraft sprach ich die alles entscheidenden Worte aus.

„Das heißt, es ist vorbei mit uns?“

Eine einzelne Träne bahnte sich den Weg über mein Gesicht, doch mein Blick krallte sich in Akitas. Ich hoffte, betete, dass sie es nicht so meinte, doch ihr Gesichtsausdruck verriet mir alles, was ich wissen musste.

„Es ist vorbei.“

Diese Worte ließen meine gesamte Welt einstürzen, die Tränen flossen unaufhaltsam. Ich hatte das Gefühl, dass mir der Boden unter den Füßen weggerissen wurde und ich fiel, ohne jemals wieder aufzukommen.

Ich hatte versagt. Die Liebe meines Lebens ließ mich gehen und schickte mich fort. Und ich war ganz allein schuld daran.

„Es tut mir leid, doch es ist besser so“, murmelte sie und wischte die Tränen aus meinem Gesicht.

„Sag’ du mir nicht, was besser für uns sei“, zischte ich sie verletzt und gleichzeitig am Boden zerstört an.

Ich drückte ihre Hand weg und lief an ihr vorbei. Mit einer Hand trocknete ich mein Gesicht und versuchte, einen unbeeindruckten Ausdruck aufzusetzen, damit die Gruppe meine Trauer nicht sehen konnte.

Akita hatte Recht, unsere Probleme durften uns auf dieser Reise nicht im Weg stehen. Also musste ich mein gebrochenes Herz tief in mir vergraben und jegliche Gefühle einsperren. Nur so würde ich diese Reise überstehen.

„Wir fliegen los!“, befahl ich der Gruppe und schwang mich auf Reikos Rücken. „Ich werde mit Reiko vorausfliegen und Ausschau nach Saphira halten. Wir treffen uns dann am Treffpunkt.“

Mit diesen Worten erhoben wir uns und stiegen in die mittlerweile kalte Nachtluft hinauf. Ich drehte meinen Kopf nicht, sondern starrte geradewegs geradeaus in den Himmel. Akita würde den Verbliebenen schon eine Erklärung für mein Verhalten geben, ich würde es in diesem Moment nicht schaffen.

Als wir weit genug vom Palast entfernt waren, ließ ich meinen Gefühlen freien Lauf und zerbrach förmlich in tausend Stücke. Die Welt um mich schien stehen geblieben zu sein, jeglicher Sinn war fort. Sie war fort. Akita hatte mich verlassen.

Die kalte Brise des Nachtwindes wehte meine Tränen hinfort und ich spürte nichts mehr, als ich auf Reikos Rücken zusammenbrach, meine Gedanken waren in einer anderen Welt.

„Kyra, es tut mir unendlich leid“, bekundete mein Drache sein Mitleid.

„Ein paar Wochen, mehr waren wohl nicht für uns vorgesehen“, murmelte ich in leiser Verzweiflung.

„Bitte denk nicht so. Akita wird ihre Gründe dafür haben“, entgegnete Reiko.

„Du hast doch gehört, was sie gesagt hat. Sie braucht mich nicht mehr.“ Die letzten Worte ließen mich erneut in Tränen ausbrechen.

„Bitte lass uns einfach zum Treffpunkt fliegen und nicht mehr darüber reden."

Reiko tat, was ich sagte, und wir flogen stillschweigend weiter.

Meine Gedanken trieben mich zurück in unsere Anfangszeit. Akita hatte so viel für mich aufs Spiel gesetzt und nun warf sie alles hin. Sah sie denn gar keinen Sinn mehr in unserer Beziehung? War es so leicht für sie, all das zu vergessen? Wie sollte es denn jetzt weitergehen?

Kopfschüttelnd schlang ich meine Arme um den Hals meines Drachens und weinte laut in seine kühlen Schuppen. Es machte keinen Sinn, mir darüber den Kopf zu zerbrechen. Fakt war, dass die Prinzessin sich gegen mich entschieden hatte.

Ich blickte in den klaren Nachthimmel, helle Sterne starrten mich an. Als ich damals in die Hauptstadt geflogen bin, war es ebenfalls eine sternenklare Nacht. Wäre ich damals einfach umgedreht, hätte ich mir diesen Schmerz ersparen können.

„Doch dann hättest du sie nie kennengelernt", flüsterte eine leise Stimme in meinem Kopf.

Vielleicht wäre das besser gewesen. Für uns beide. Hätten wir Aduro nicht besiegt, wäre Saphira nicht auf freiem Fuß und wir hätten uns niemals in Gefahr gebracht, sondern unser friedliches Leben als Oberhäupter des Südens führen können.

„Reiko, ich halte das nicht aus", flüsterte ich in die stille Nacht.

„Du wirst es schaffen, da bin ich mir sicher. Es wird seine Zeit brauchen, doch der Schmerz wird vergehen", ermutigte mich der Eisdrache.

„Wäre diese Zeit nur doch schon gekommen“, dachte ich traurig.

Ich bemerkte nicht, wie die Zeit verging, doch Reiko machte mich darauf aufmerksam, dass wir den Treffpunkt schon in wenigen Minuten erreichen würden. Wie sollte ich nun damit umgehen? Ich konnte nicht neben ihr kämpfen, mit dem Wissen, dass sie nicht mehr zu mir gehörte. Wie sollte ich mit unseren Verbündeten sprechen, wenn ich doch innerlich zerbrochen war?

„Kyra, ich will dich nicht drängen, doch du solltest dir im Klaren sein, dass wir dem stärksten Gegner gegenüberstehen werden, den wir je bekämpft haben. Vielleicht sollte Akita diesen Kampf allein führen“, begann mein Drache vorsichtig.

Vielleicht sollte sie das tatsächlich tun, doch würde ich es mir verzeihen, wenn sie diesen Kampf nicht überleben würde? Nein, ich musste meine Gefühle in den Hintergrund stellen und für sie kämpfen. Vielleicht gab es in ihr noch einen Funken Hoffnung. Etwas, das mich noch nicht aufgegeben hat. Möglicherweise konnte ich uns doch noch retten.

„Nein, wir werden landen. Ich muss lernen, damit umzugehen; eine andere Möglichkeit kommt für mich nicht infrage“, stellte ich fest.

„Ich bin froh, dass du das so siehst. Ich werde dich zu jeder Zeit unterstützen und für dich da sein, vergiss das nicht“, versprach er.

„Ich danke dir Reiko“, bedankte ich mich und gab ihm einen liebevollen Kuss auf den Hals.

Ich verdrängte meine Trauer und konzentrierte mich auf sichtbare Bewegungen auf dem Boden. Ich konnte nichts entdecken. Saphira konnte uns in jeder Ecke auflauern, deswegen mussten wir umso vorsichtiger sein. Doch ich sah nichts in den Wäldern, welche sich unter uns befanden. Nichts war zu erspähen. Die Bäume standen dicht aneinander, sodass eine effektive Beobachtung aus der Luft ohnehin kaum möglich war.

„Wir müssen landen, von hier oben erkenne ich nichts."

Reiko setzte zur Landung an und wir ließen uns auf einer kleinen Lichtung zwischen den alten Bäumen nieder. Ich bewegte mich leise, jederzeit bereit, einen Angriff zu kontern. Schritt für Schritt schlich ich nun tiefer in den Wald hinein und sah mich bei jedem Meter gründlich um. Doch es war niemand zu sehen. Nichts Verdächtiges, geschweige denn die verräterischen Reste eines aufgegebenen Lagers. Hier würden wir vorerst sicher sein.

Plötzlich hörte ich ein Knacken hinter mir. Ich drehte mich blitzartig um und hüllte meine Arme in Eis. In der Dunkelheit starrten mich zwei glänzende Augen an, doch ich konnte die Person nicht erkennen, zu der sie gehörten. Reflexartig schoss ich mein Eis auf die unbekannte Person ab, welche sofort einen lauten Schrei von sich gab, als meine Attacke sie erreichte.

„Kyra! Was soll das!", schrie eine nur allzu bekannte Stimme in einiger Entfernung gequält.

„Verdammt, Samu! Warum schleicht ihr hier rum?", rief ich dem jungen Mann entgegen, der rasch auf die verletzte Person zulief.

Wen hatte ich getroffen?

„Runa, ist alles in Ordnung?", sprach Samu die auf dem Boden liegende Person an.

Runa? Sie hätte meinen Angriff locker abwehren können, warum hatte sie es nicht getan? Wir hatten doch direkten Blickkontakt, bevor ich angegriffen hatte.

„Samu, ich wusste nicht, dass sie es war“, entschuldigte ich mich, doch meine Verwirrung ließ mich immer noch nicht los.

„Geht es ihr gut?“

Mein Körper erstarrte, als ich Akitas Stimme hinter Samu hörte. Sofort kehrte das Zittern in meine Glieder zurück und mein Atem stockte.

„Nichts, was ich nicht heilen könnte“, versicherte der Arzt.

Die Prinzessin erleuchtete den Weg mit ihrer Flamme, sodass ich ihr Gesicht erkennen konnte. Ich hatte damit gerechnet, dass sie wenigstens ein bisschen geweint hatte, doch ihre Augen waren klar wie üblich.

Erneut versetzte mir diese Tatsache – die, dass sie scheinbar nicht halb so sehr unter unserer frischen Trennung litt wie ich - einen Stich ins Herz, doch ich musste standhaft bleiben. Sie durfte mir nicht anmerken, wie verletzt ich doch war. Ich räusperte mich kurz, bevor ich meine Entschuldigung vorbrachte.

„Es tut mir leid, ich habe sie in der Dunkelheit nicht erkannt.“

Ich freute mich, dass ich die Worte ohne Stottern herausgebracht hatte, doch Akita machte mein Gefühl des Stolzes sofort wieder zunichte.

„Ich hoffe doch sehr, dass so ein Vorfall nicht erneut vorkommt. Wir haben genug Feinde, die uns angreifen."

Kalt, monoton und ohne jegliche Liebe waren ihre Worte. Sie sprach mit mir, wie mit einem ihrer Soldaten. In meine tiefe Trauer mischte sich nun Wut, doch ich gab mein Bestes, auch diesen Ärger hinunter zu schlucken. Es würde nichts bringen, wenn wir jetzt diskutieren würden. Damit wäre niemandem geholfen.

Statt etwas zu sagen, nickte ich nur und ging langsam auf die Gruppe zu. Ich brachte es jedoch nicht übers Herz, die Prinzessin anzusehen. Dafür war mein Schmerz zu groß.

„Hey, geht es dir gut?", fragte Misha vorsichtig, als ich bei ihr angekommen war.

Nein! Natürlich geht es mir nicht gut! Wie würde es dir gehen, wenn die Liebe deines Lebens die Beziehung beendet hätte?!

„Ja, alles in Ordnung", antwortete ich, so glaubwürdig es ging, „Hat Akita etwas zu euch gesagt?"

Misha wandte ihren Blick ab und sah in die Ferne.

„Misha, was hat sie gesagt?", wollte ich wissen.

„Nun ja, sie sagte, sie hätte eure Beziehung beendet. Sie meinte, es tut nie gut, etwas mit einem Soldaten zu beginnen", sie hielt kurz inne, doch nach einem auffordernden Blick von mir, sprach sie weiter. „Zum Schluss meinte sie, dass es schon lange überfällig war."

Mein Herz krampfte sich zusammen, die Tränen klopften schon wieder an, doch ich hielt sie zurück.

„Danke, jetzt weiß ich wenigstens Bescheid“, antwortete ich leise.

Ich war also nur ein Soldat für sie. Akita nannten einen Soldaten ihre „Große Liebe.“ Ich fragte mich nur, wem sie etwas vorgemacht hatte, mir oder sich selber.

„Weißt du was, sie hat Recht“, erwiderte ich Misha, „Es war längst überfällig. Lange hätte ich ihre Anfälle eh nicht mehr ausgehalten. Es ist wohl besser für alle Beteiligten, wenn ich nach dieser Mission verschwinde. Die Sache mit dem Regieren war eh nie meins.“

Meine Aussage war ein Hilfeschrei. Die Prinzessin war gerade hinter Misha erschienen, als ich gehen wollte. Doch ich hoffte, dass sie mich unterbrach, mir widersprach, sie sah mich stattdessen nur an und blieb still.

Der Blickkontakt zwischen uns hielt einen Moment, bevor sie sich abwandte und an mir vorbeiging. Am liebsten hätte ich sie angeschrien, ihr Vorwürfe gemacht, warum sie mich nicht davon abhielt zu gehen, doch das wäre nur eine Bestätigung für sie.

Nein, das würde ich nicht zulassen. Ich würde ihr nicht noch mehr Macht über mich geben. Vielleicht war es tatsächlich besser, wenn ich nach dieser Mission verschwand. Für immer.

Wir versammelten uns, um unser weiteres Vorgehen zu besprechen. Ich war mit den Gedanken ganz woanders, doch ich kannte den Plan sowieso schon. Alles woran ich denken konnte, war Akitas Bemerkung.

„Kyra, könntest du uns bitte ein bisschen deiner Aufmerksamkeit schenken?“, unterbrach Runa meine Gedanken.

Was wollte sie denn jetzt von mir?

„Ich kenne den Plan, ich habe ihn schließlich entworfen“, erwiderte ich schnippisch.

„Du solltest trotzdem bei der Sache sein. Wir wollen alle, dass Saphira und ihre Elite gefasst werden, damit sie Akita nicht länger bedrohen können. Nun ja, zumindest will das der Großteil der Gruppe, wie es bei dir aussieht, weiß ich nicht“, stichelte sie, ihre grünen Augen blitzten auf.

„Was bildest du dir überhaupt ein, so mit mir zu sprechen?“, fuhr ich sie gereizt an.

„Du bist nicht länger das Oberhaupt des Südens, dieses Amt trägt Akita nun allein. Überleg’ dir also lieber, wie du mit mir sprichst.“

Was dachte sich diese Frau? Was war in sie gefahren? Es ging sie rein gar nichts an, was sich an meiner Position geändert hatte, außerdem stand in diesem Zusammenhang noch nichts wirklich fest.

Die Wut kochte in mir hoch. Ich spürte die Kälte, welche sich langsam um meine Hände legte. Das eiskalte Prickeln meiner Macht wollte entfesselt werden und diese Frau auf der Stelle in Stücke reißen.

„Genug damit!“, unterbrach uns Akita harsch. „Wir haben keine Zeit für solche Kleinigkeiten.“

Kleinigkeiten? Ich dachte, ich hatte mich verhört. Wäre es ein normaler Soldat gewesen, welcher in diesem Ton mit mir gesprochen hätte, wäre die Prinzessin wohl auf ihn losgegangen und hätte ihn einsperren lassen. Aber natürlich, die Lage hatte sich schließlich geändert und sie hatte keinen Grund mehr, mich zu verteidigen. Ich war eine von vielen; nichts Besonderes mehr.

Ich biss die Zähne zusammen und versuchte, mich zu beruhigen, doch das Eis an meinen Händen wollte einfach nicht verschwinden. Dafür waren meine Emotionen noch zu stark. Ich versuchte, langsam ein- und auszuatmen, doch genau in diesem Moment setzte ein unfassbarer Schmerz in meinem Brustkorb ein.

Es fühlte sich genauso an wie heute Morgen, - als ich die neue Technik ausprobiert hatte. Das Stechen nahm mir die Luft zum Atmen, doch ich wollte stark bleiben und niemandem meine Schmerzen offenbaren. Ich hielt es allerdings nicht länger aus. Ich verzog schmerzerfüllt das Gesicht.

„Samu“, murmelte ich und griff mir mit einer Hand an die brennende Stelle an meinem Oberkörper.

Samu war sofort an meiner Seite und stützte mich. Doch selbst mit seiner Hilfe hatte ich keine Kraft mehr, aufrecht zu stehen. Die Kälte in mir breitete sich innerhalb jeder Ader aus und ließ mich frösteln. Ich sank auf ein Knie herab, Samus Arm unter meiner Schulter war der einzige Halt. Er hielt mich davon ab, auf die Erde zu fallen.

„Kyra, wo schmerzt es?“, fragte der Heiler besorgt.

„Überall“, knirschte ich zwischen zusammengebissenen Zähnen. „Derselbe Schmerz wie heute Morgen.“

Der junge Mann entflammte sofort seine Hände und legte sie auf meinen Körper. Als sein Feuer meinen eiskalten Körper berührte, fühlte es sich an, als würde er mich lebendig verbrennen. Tausend gefühlte Nadelstiche ... Es schien, als durchbohre man mich an jeder Stelle, an der man mich berührte.

Doch nach einem kurzen Moment wich der Schmerz dem Gefühl der Heilung und unendliche Erleichterung machte sich in mir breit. Ich konnte wieder regelmäßig atmen und mein Herzschlag beruhigte sich.

„Du darfst dich nicht so schnell aufregen", murmelte Samu mir ins Ohr, sodass es nur ich hören konnte. „Vergiss' nicht, dass Runa mit dieser Technik bereits Erfahrung gemacht hat, vielleicht möchte sie dich absichtlich in Rage versetzen, um dir zu schaden."

Er sprach genau das aus, was ich mir auch schon gedacht hatte. Es passte Runa sicherlich ganz gut, dass Akita sich von mir getrennt hatte. Allerdings schien ihr das noch nicht zu reichen. Möglicherweise wollte sie mich ganz aus dem Weg räumen.

Ich nickte Samu zu und richtete mich wieder auf. Als ich einen Blick in die Runde warf, erkannte ich die Irritation in der Gruppe. Ich beobachtete ganz unterschiedliche Gesichtsausdrücke. Misha sah mich besorgt an, Runas Lippen formten ein kaum merkbares Lächeln, sie hatte wohl Gefallen an meinem Leiden gefunden. Akita hatte jedoch eine undurchdringliche Maske aufgesetzt, die jegliche Emotion verbarg.

Ich wandte meinen Blick ab und bedankte mich bei Samu.

„Wir sollten uns auf den Weg machen", schlug ich vor.

„Schaffst du das auch? Ich habe keine Lust, immer wieder für eine kleine Heilbehandlung anhalten zu müssen", stichelte Runa erneut.

„Halt endlich deine Klappe, Runa!"

Ich war erstaunt über Akitas scharfe Antwort. Runa schien ebenso überrascht, schwieg jedoch.

Die Prinzessin warf mir einen Blick zu, welcher in mir sofort wieder ein Bauchkribbeln verursachte. Das blitzende Gold ihrer Iris erinnerte mich an den Tag, an dem sie dem Soldaten gegenübergestanden hatte, welcher mich in der Kantine angegriffen hatte.

Was zur Hölle machte diese Frau nur mit mir? Sie verteidigte mich scheinbar immer noch, aber ich verstand einfach nicht warum.

„Lasst uns jetzt aufbrechen", ordnete sie an.

Ich nickte ihr zu und drehte mich um. Wir schickten unsere Drachen zurück in die Schwerter und liefen leise durch den dunklen Wald. Das Geäst knackte bei jedem Schritt.

Runa meinte, hier in der Nähe gäbe es ein gutes Versteck, von dem nicht viele wussten. Das war unser erster Anhaltspunkt. Ich hoffte so sehr, dass die Elite hier war, damit ich mich endlich an ihr rächen konnte.

Die Dunkelheit hüllte den gesamten Wald ein, ich konnte den Boden kaum erkennen. Wir wollten sämtliche Lichtquellen vermeiden, damit Saphira uns nicht sehen konnte, bevor wir da waren. Also mussten wir uns im Dunkeln durch das Dickicht schleichen.

Nach einer Stunde des Schleichens erreichten wir eine kleine Höhle, die vollkommen mit Moos bedeckt war. Hätte ich nicht direkt nach dieser Höhle gesucht, wäre sie mir womöglich nicht einmal aufgefallen. Es machte allerdings nicht den Anschein, als würde sich hier jemand aufhalten, wir durften aber nicht naiv sein. Gutgläubigkeit konnte den Tod bedeuten in diesen Zeiten.

Ich warf Akita einen Blick zu, welcher ihr zu verstehen gab, dass wir den Eingang genauer unter die Lupe nehmen sollten. Sie nickte und wir bewegten uns leise auf das schwarze Loch im Felsen zu.

Meine Muskeln spannten sich an, alle Sinne waren in höchster Alarmbereitschaft. Meine Physis und mein Verstand waren bereit. Mein Hörsinn bis zum Maximum geschärft. Meinen Augen entging keine Bewegung, ich wollte alles genauestens sehen. Wir näherten uns dem Eingang und verharrten an der kühlen Felswand, um zu lauschen. Als wir nichts hörten, gab mir Akita zu verstehen, dass ich als Erste reingehen sollte, sie würde mir Rückendeckung geben.

Ich atmete tief durch und formte zwei eisige Klingen an meinen Händen. Mit einer schnellen Bewegung rannte ich in die Höhle, Akita folgte mir augenblicklich. Ihre in Flammen stehenden Hände erleuchteten das Innere des kleinen Verstecks.

Die Spannung wich aus meinem Körper, denn die Höhle war leer. Keine Spuren eines ehemaligen Lagerplatzes, nichts ... Es wäre ja natürlich auch zu schön gewesen, gleich beim ersten Versuch Glück zu haben.

Ich seufzte enttäuscht, als ich nach draußen ging und den Rest der Truppe holte.

„Es ist niemand hier", klärte ich sie auf. „Wir sollten hier jedoch unsere erste Nachtruhe einlegen. Morgen Vormittag gehen wir durch die Wälder weiter in Richtung Grenze."

Die Gruppe verteilte sich in der Höhle, jeder suchte sich einen geeigneten Schlafplatz. Jeder, außer Akita und ich.

„Ich übernehme die erste Wache", bot Akita an und verschwand auch schon zum Eingang des Verstecks hin.

„Weck mich, wenn du eine Ablöse brauchst", schlug ich ihr noch vor, bevor auch ich mir einen Platz in einer Ecke suchte.

Schlaf war für mich allerdings nicht zu finden. Meine Gedanken waren viel zu laut, um mich schlafen zu lassen. Ich blickte nach draußen, wo Akita ihre Position eingenommen hatte. Sie hatte den Rücken zu mir gedreht, doch das helle Mondlicht, welches durch die Bäume fiel, spiegelte sich auf ihrer schwarzen Rüstung.

Ich fragte mich, was ihr wohl durch den Kopf ging. Vielleicht erging es ihr wie mir? Bereute sie ihre Aussage? Oder hatte sie jedes Wort ernst gemeint, und ich war ihr zu viel geworden?

Ich schüttelte den Kopf, denn es war sinnlos, darüber nachzudenken. Die Einzige, die Antworten auf diese Fragen hatte, war die Prinzessin.

Ich lehnte mich an die kühle Höhlenwand und starrte an die Decke. Ich hoffte, dass diese Reise schnellstmöglich vorbei sein würde. In Akitas Gegenwart zu sein, ohne wirklich mit ihr sprechen oder sie berühren zu können, war für mich unerträglich.

Ich schloss die Augen und hoffte auf etwas Schlaf, welcher mir jedoch verwehrt blieb.

Kapitel 8

Die Nacht fühlte sich an, als würde sie gar nicht mehr enden. Ich hatte die meiste Zeit damit verbracht, entweder die Decke oder Akita anzustarren. Ab und zu war ich eingenickt, doch meine beunruhigenden Gedanken ließen mich sofort wieder aufschrecken.

Ich war mehr als erleichtert, als die Sonne endlich am Horizont erschien. Die Prinzessin hatte sich die gesamte Nacht nicht von der Stelle bewegt, ich hatte schon befürchtet, dass sie eingeschlafen war. Doch die dunklen Ringe unter ihren Augen zeugten von einer ebenfalls schlaflosen Nacht.

Seufzend erhob ich mich von meinem Platz und lief zu Akita.

„Du hast die ganze Nacht nicht geschlafen, du solltest dich etwas ausruhen und deine Kraft sammeln", sprach ich sie vorsichtig an.

Ich war mir nicht sicher, ob sie mir überhaupt zuhören, geschweige denn antworten würde. Als keine Reaktion von ihr kam, setzte ich mich ein Stück entfernt neben sie. Der Rest der Truppe durfte ruhig noch eine Weile schlafen, dieser Tag würde lang genug werden.

Gedankenverloren betrachtete ich den Sonnenaufgang. Die Erinnerungen kamen erneut in mir hoch. Einen Tag vor unserem großen Angriff auf Aduro, hatten Akita und ich den Sonnenaufgang gemeinsam von dem Aussichtspunkt ihres Schiffes angesehen. Damals hatten wir darüber gesprochen, ob ich ihr ohne Hamakas Hilfe überhaupt so nah gekommen wäre. Wir waren beide überglücklich gewesen, dass die Frau mir den Stein mit der Macht des Feuers gegeben hatte.

Heute wusste ich nicht mehr, ob sie den Stein nicht lieber behalten hätte. Im Grunde war diese Situation allein meine Schuld. Ich wollte Akita damals bekämpfen, dann kam alles anders ... nur so ergab sich nach Höhen und Tiefen eine Beziehung mit ihr.

Ich seufzte leise und wollte gerade wieder in die Höhle gehen, doch als ich mich umdrehte, bemerkte ich Akitas Blick. Er ruhte auf mir. Ich verharrte noch einen Moment und sah ihr einfach nur in die Augen. Doch nach einigen Sekunden wandte die Prinzessin ihren Blick ab und sah angestrengt in die Ferne.

„Wie geht es dir?“, murmelte sie leise, ohne mich anzusehen.

„Wie soll es mir schon gehen. Du hast mein größtes Glück beendet, was denkst du, wie es mir geht?“, antwortete ich kaum hörbar.

„Es ist das Beste für uns, glaub mir“, entgegnete sie.

„Nein Akita, du weißt nicht, was das Beste für mich ist. Vielleicht ist es das für dich, aber sicherlich nicht für mich“, widersprach ich energisch.

„Wie hast du dir das vorgestellt? Wir bekämpfen Saphira und die Elite, anschließend leben wir friedlich bis an unser Lebensende?“

Sie hatte den Kopf in meine Richtung gedreht und sah mich direkt an; die Ironie in ihrer Stimme war jedoch kaum zu überhören.

„So in etwa. Ich war mir sicher, dass wir gemeinsam glücklich werden würden, doch scheinbar soll es nicht so sein“, flüsterte ich gekränkt.

Ich musste das Thema wechseln, bevor die Tränen wieder die Oberhand gewannen. Sie sollte nicht sehen, wie sehr mich ihre Worte doch verletzten. Doch eine letzte Frage musste ich ihr einfach stellen:

„Sag' mir nur einen wahren Grund, warum?", bat ich sie mit zitternder Stimme.

Akita blieb still. Sie drehte ihren Kopf wieder von mir fort, und ich konnte ihr Gesicht nicht mehr sehen. Ich wollte mich allerdings nicht so schnell von ihr abwimmeln lassen, also ging ich zu ihr herüber und setzte mich direkt neben sie.

Vorsichtig legte ich meine Hand auf die ihre, was mir sofort einen Stromschlag durch den ganzen Körper schickte. Die Prinzessin zog ihre Hand nicht weg, also wagte ich mich einen Schritt weiter, indem ich mit meiner anderen Hand ihren Kopf zu mir zu drehen versuchte.

Doch sie protestierte, wenn auch schwach. „Hör' auf", ihre Stimme klang, als würde sie jeden Moment brechen.

„Akita, bitte, sag' mir, warum du uns das antust", flehte ich.

Als sie mir ihr Gesicht wieder zuwandte, sahen mich ihre schönen Augen tränenerfüllt an.

„Es gibt kein 'uns' mehr. Ich ertrage es einfach nicht mehr", ihre Stimme versagte nun vollends, als einzelne Tränen über ihre Wangen liefen.

„Ich kann mich ändern! Sag' mir doch nur, was ich tun soll. Du weißt, dass ich alles für dich tun würde. Du bist doch die Liebe meines Lebens."

Ich konnte keine Worte mehr hinzufügen, denn meine Stimme versagte nun ebenfalls. Mir war nicht klar, warum sie die Beziehung beendet hatte, ohne auch nur ein Wort vorher an mich zu richten. Ich hätte mich geändert, zumindest hätte ich es versucht. Doch ihre Entscheidung kam so überraschend - sie hatte mir nicht einmal eine Chance gegeben, die Beziehung zu retten.

Akita gab mir jedoch keine Antwort mehr, sondern wischte sich die Tränen aus dem Gesicht und setzte ihre undurchdringliche Maske wieder auf. Es schien fast so, als könnte sie all ihre Gefühle mit einem einzigen Gedanken ausschalten.

„Wir sollten aufbrechen“, wechselte sie das Thema und stand auf.

Oh nein, so schnell würde sie mir nicht davonkommen.

Ich stand ebenfalls auf und hielt sie an ihrem Arm fest. Akita sah mich verwundert an, doch ihre Verwunderung wich dem Ärger.

„Kyra, was soll das?!“, rief sie.

„Ich werde dich in Ruhe lassen und dich nie wieder belästigen. Alles, was du dafür tun musst, ist, mir zu sagen, dass du mich nicht mehr liebst“, entgegnete ich verzweifelt.

Wenn ich es auf die sanfte Tour nicht aus ihr herausbekam, musste es eben die härtere Variante sein.

Meine Muskeln spannten sich vor Nervosität an, denn ihre Antwort schien eine Ewigkeit auf sich warten zu lassen. Mein Herz raste wie verrückt, aus Angst, sie würde den einen vernichtenden Satz tatsächlich aussprechen. Das Einzige, was ich hörte, war mein Herzschlag und das gleichmäßige Rauschen der Blätter im Wind. Doch

Akita konnte mir nicht einmal in die Augen sehen; sie drehte sich von mir weg.

„Lass' mich los, ich werde die anderen wecken", murmelte sie und befreite ihren Arm aus meinem Griff.

Mehr hatte sie dazu nicht zu sagen?

Ein kleiner Hoffnungsschimmer breitete sich in mir aus und ein leichtes Bauchkribbeln ließ mich verhalten lächeln. Sie konnte es nicht aussprechen. Das bedeutete, dass sie mich immer noch liebte. Oder nicht?

Mit etwas weniger Trauer als zuvor im Herzen startete ich in den Tag, denn die anderen waren jetzt auch wach. Vielleicht konnte ich meine Beziehung doch noch retten.

„Guten Morgen zusammen", begrüßte ich die Truppe. „Wir werden heute die Grenzen absuchen. Hierbei werden wir uns verdeckt halten müssen. Wir durchkämmen die anliegenden Dörfer und Städte. Akita hat bereits die genaue Beschreibung der fünf Feinde angefertigt. Zeigt sie den Dorfbewohnern, doch erregt nicht zu viel Aufmerksamkeit. Wir brechen in einer halben Stunde auf."

„Warum gibt SIE uns Befehle?", murmelte Runa Akita zu, doch ich hatte ihren Kommentar genau gehört.

„Was hast du für ein Problem? Hat irgendwer gesagt, dass sie keine Befehlsgewalt mehr hat?", zischte die Prinzessin zurück.

„Ich dachte, da sie nicht mehr deine Freundin ist, gilt sie auch nicht mehr als Oberhaupt", fügte Runa vorsichtig hinzu.

„Das ist ein Thema, was wir nach unserer Mission besprechen können. Außerdem liegt diese Entscheidung immer noch bei meinem Vater. Bis dahin hast du sie genauso zu akzeptieren wie mich, verstanden?“, raunte die Prinzessin gefährlich.

Die junge Frau nickte, doch Akitas Antwort schien ihr nicht sonderlich zu gefallen. Ich für meinen Teil musste jedoch schmunzeln, da die Prinzessin mich trotz allem noch in Schutz nahm.

Ich gesellte mich zu Misha und frühstückte mit ihr zusammen. Wir unterhielten uns ein wenig über die Mission, bevor die halbe Stunde vergangen war und wir aufbrechen wollten.

Wir hatten gerade unsere Sachen zusammengepackt, als Akita auf mich zukam. Mein Herz tat sofort einen Sprung, als sie mir näher kam.

„Ich habe über unser Gespräch nachgedacht“, begann sie ruhig, doch ich wusste, dass dieser Anfang nichts Gutes zu bedeuten hatte. „Ich denke, es wäre besser, wenn du abreist, sobald wir Saphira gefunden haben.“

Wie bitte? Ich musste mich wohl verhört haben!

„Warum willst du, dass ich abreise? Einen Teufel werde ich tun! Saphira gehört mir für das, was sie dir angetan hat!“, entgegnete ich wütend.

„Du bist mir nichts mehr schuldig. Ich möchte nicht, dass du dich meinetwegen in Gefahr bringst. Es ist mein Kampf, ich allein bin dafür verantwortlich, dass Saphira uns angreift“, erklärte sie energisch. Ich erkannte jedoch einen Anflug von Schuld in ihrer Stimme.

„Das ist schön und gut, aber du kannst mich nicht davon abhalten, dir zu folgen. Außerdem kämpfe ich nicht gegen sie, weil ich mich dir gegenüber in irgendeiner Schuld sehe, sondern weil ich diese kranken Verbrecher wieder dahin schicken möchte, wo sie herkommen“, antwortete ich energisch.

Sie sollte ruhig wissen, was mein Standpunkt war und, dass ich das alles nicht nur wegen ihr tat.

„Ich bleibe und werde dir im Kampf gegen diese Gruppe helfen. Also sind wir uns da einig?“, hakte ich nach.

Akita seufzte, nickte jedoch.

„Na gut, wie du willst. Aber bitte unterlasse irgendwelche waghalsigen Aktionen, nur um mich beschützen zu wollen“, fügte sie noch hinzu.

„Wer sagt, dass ich dich beschützen will? Du sagtest doch selbst, dass du mich dafür nicht brauchst.“

Ich sah ihr an, dass dieser Satz sie verletzte, doch ich sah es auch nicht ein, mich dafür zu entschuldigen. Es waren ihre Worte gewesen, also sollte sie auch dazu stehen.

„Du hast Recht. Wenn das jetzt geklärt ist, sollten wir uns auf den Weg machen“, beendete Akita das Gespräch und lief zum Rest der Gruppe zurück.

Ich schüttelte nur den Kopf, folgte ihr jedoch. Ich verstand diese Frau einfach nicht. Warum konnte sie den wahren Grund der Trennung nicht preisgeben? Mittlerweile war ich mir ziemlich sicher, dass mehr dahintersteckte, als sie mir sagen wollte. Sollten diese

Sticheleien zwischen uns nun die ganze Reise lang andauern? Wir könnten doch einfach über das Problem reden, anstatt es totzuschweigen. Irgendwann mussten wir das sowieso tun.

Aber scheinbar war jetzt noch nicht der richtige Zeitpunkt, also verbannte ich diese Gedanken aus meinem Kopf und gesellte mich zu Misha und Samu, welche bereits auf uns warteten. Runa lief natürlich sofort an Akitas Seite. Ich verdrehte nur die Augen, als ich die beiden sah.

„Wir sind noch nicht einmal einen Tag getrennt, und Runa schmeißt sich schon an Akita, als würde sie zu ihr gehören", murrte ich leise und sah Samu an.

Doch der junge Mann lachte nur und schüttelte seinen Kopf.

„Sie denkt wohl, sie hätte dich aus dem Weg geräumt. Doch da sollte sie sich nicht so sicher sein, habe ich recht?", schmunzelte er mir zu.

„Absolut! Ich werde für unsere Beziehung kämpfen, erhofft sich Runa auch nur ansatzweise Chancen bei Akita, muss sie sich warm anziehen."

Misha neben mir lachte und sah mich an, als hätte sie mich bei etwas ertappt.

„Was ist?", fragte ich verwirrt.

„Du klingst genauso wie an dem Tag, als du Akita im Auswahlverfahren herausgefordert hast. Du warst dir so siegessicher und hättest alles dafür getan, in die Armee der Prinzessin zu gelangen. Jetzt gerade hast du den gleichen Gesichtsausdruck“, erklärte sie mir schmunzelnd.

Ich bemerkte meine Anspannung, entspannte mich jedoch, als ich bemerkte, wie angriffslustig ich gestimmt war. Für Gedanken an einen Kampf war jedoch gerade nicht die richtige Zeit. Stattdessen schmunzelte ich in mich hinein und konzentrierte mich auf den langen Weg, welcher vor uns lag.

Wir liefen einige Stunden durch die Wälder, bevor wir die erste Stadt erreicht hatten, welche sich an der Grenze befand. Den Weg bewältigten wir überwiegend schweigend, ich bemerkte allerdings, dass Akita mir den ein oder anderen Blick zuwarf. Es schien fast so, als wollte sie sichergehen, dass ich immer noch da war.

In der Stadt angekommen erwartete uns Schockierendes: Die Häuser der Bewohner waren sehr stark beschädigt, verbranntes Holz, Schutt und Asche bedeckten den zum Teil blutgetränkten Boden. Es sah schrecklich aus, diese Verwüstung. Hier war viel Leid geschehen. Der Geruch von Krieg und Schmerz drängte sich förmlich auf.

Ich riss die Augen auf, als ich einige Soldaten erblickte, welche blutüberströmt auf uns zu wankten. Sie konnten sich kaum auf den Beinen halten, also rannte ich schnell zu ihnen.

„Was ist hier passiert?“, rief ich schockiert.

Das Sprechen fiel ihnen sichtlich schwer: „Sie kamen plötzlich aus allen Richtungen. Sie stürzten sich auf uns wie wilde Tiere und griffen ohne Vorwarnung an. Solch aggressive und ruchlose Menschen habe ich noch nie gesehen“, murmelte einer der Soldaten schwer atmend.

„Wer waren sie? Habt ihr sie erkannt?“, fragte ich weiter.

„Nein. Ich habe diese Leute noch nie zuvor gesehen. Doch sie trugen alle das gleiche Zeichen“, schnaufte er, während Samu begann, ihn zu heilen.

„Welches Zeichen?“, hakte Akita nach.

„Es war ein schwarzes kreisförmiges Emblem. In der Mitte des Kreises befand sich eine Flamme mit zwei gekreuzten Schwertern, eines blau, das andere Rot. Ich habe dieses Zeichen noch nie zuvor gesehen, doch die Soldaten, die es trugen, waren unheimlich stark. Wir hatten keine Chance“, erklärte er.

„Wie ist das möglich?“, fragte ich Akita leise. „Warum sollten einfache Bürger unsere Wachen angreifen und eine ganze Stadt in Schutt und Asche legen?“

„Was ist dann passiert?“, fragte die Prinzessin, ohne meine Frage zu beantworten.

„Sie haben fast alle von uns getötet, doch die Bewohner wurden größtenteils verschont. Sie nahmen sie gefangen und verschwanden so schnell, wie sie gekommen waren.“

Ich sah in Akitas Gesicht, welches sich zu einem grimmigen Ausdruck verhärtete. Das Gold ihrer Augen blitzte gefährlich auf, ihre Hände ballten sich zu Fäusten.

„Das kann doch alles nicht wahr sein! Wir haben schon genug Probleme“, schimpfte Runa plötzlich los. „Erst Saphira, dann die Attentäter, was soll noch alles kommen?“

Runa sah Akitas Gesicht nicht, doch als sie ihren Satz aussprach, erkannte ich ein deutliches Zucken in ihrem Gesicht. Die Prinzessin wurde hellhörig, doch sie ließ sich nichts anmerken, als sie sich zu Runa umdrehte.

„Attentäter?“, fragte sie ruhig nach, doch ich erkannte sofort die Kälte in ihrer Stimme.

„Die Gruppe, von der er gesprochen hat. Hast du ihm nicht zugehört?“, antwortete Runa verwirrt.

„Er hat nie etwas von Attentätern gesagt. Er kannte die Gruppe nicht“, korrigierte Akita sie.

Die nun ertappt wirkende Frau wich einen Schritt zurück, als Akita auf sie zukam.

„Was weißt du darüber?“, zischte die Prinzessin. „Sag es!“, befahl sie energisch.

Doch Runa gab keinen Laut von sich. Stattdessen versuchte sie, immer mehr Distanz zwischen sich und Akita zu bringen.

„Das könnte interessant werden“, dachte ich gespannt.

Wenn Runa etwas darüber wusste, würde Akita es aus ihr herausbringen, egal, wie lange sie dafür brauchen würde.

„Ich frage nicht zweimal!“, rief die Prinzessin scharf.

„Ich weiß nichts“, murmelte Runa, konnte Akita jedoch nicht in die Augen sehen.

Bei dieser Antwort packte Akita die junge Frau am Kragen und presste sie gegen eine der noch stehenden Wände, ihre freie Hand entflammte sich. Runas Augen weiteten sich vor Schreck, sie versuchte, sich aus Akitas Griff zu befreien.

„Hör' auf damit! Bist du komplett verrückt geworden!", schrie sie panisch, während sie versuchte, die Hand der Prinzessin von sich wegzuschlagen.

Doch Akita ließ sich nicht so einfach abwehren. Statt ihren Griff zu lockern, legte sie ihren gesamten Unterarm über Runas Kehle und schnürte ihr die Luft ab. Sie trat noch näher an die panisch zappelnde Frau heran, bis ihr eigenes Gesicht nur noch wenige Zentimeter von ihr entfernt war.

„Sag' mir, was du weißt oder ich schwöre dir, deine Reise endet hier und jetzt", drohte Akita gefährlich.

Ich bemerkte, wie Runa immer mehr damit zu kämpfen hatte, Luft zu bekommen. Sie röchelte und versuchte immer wieder, Akitas Arm von sich wegzuschieben. Allerdings wurde mir bewusst, dass Runa uns herzlich wenig nützen würde, wenn Akita sie töten würde. Also beschloss ich einzuschreiten, egal, welchen Ärger mir das wieder einbringen würde.

„Akita, lass sie los", rief ich der wütenden Prinzessin zu.

Ich erwartete einen scharfen Kommentar als Antwort, doch stattdessen ließ sie Runa tatsächlich los. Die Frau fiel schwach zu Boden und rang nach Atem. Sie hustete und krümmte sich auf dem staubigen Untergrund. Ich konnte ihr Gesicht nicht erkennen, da sie mit dem Rücken zu mir lag.

Beim Husten hatten sich ihre Haare aus dem Zopf gelöst und fielen nun ungeordnet nach vorne. Was ich hier sah, ließ meine inneren Alarmglocken schrillen. Direkt unter ihrem Haaransatz befand sich ein schwarzes Zeichen in Form eines Kreises. Ich konnte es nicht klar erkennen, doch es erinnerte mich stark an die Beschreibung des Mannes.

Mit einer schnellen Bewegung meiner Hände fror ich Runa an Ort und Stelle ein, sodass sie sich nicht mehr bewegen konnte.

„War es dieses Zeichen, was du gesehen hast?“, fragte ich den Soldaten, welcher mir zuvor das Emblem beschrieben hatte.

Ich zeigte auf Runas Nacken und lief zusammen mit dem Soldaten näher an sie heran. Der Schock im Gesicht des Mannes war Antwort genug. Er nickte und entfernte sich sofort wieder von Runa.

„Legt sie in Ketten, bis sie endlich redet“, befahl ich den beiden Soldaten, welche mir sofort gehorchten.

„Wartet! Es ist nicht so, wie ihr denkt!“, versuchte Runa sich zu verteidigen. „Ich erkläre euch alles, aber bitte sperrt mich nicht wieder ein!“

Ich warf einen Blick zu Akita hinüber, welche bisher kommentarlos neben uns gestanden hatte. Diese Entscheidung wollte ich ihr überlassen.

Doch die Prinzessin hatte einen Ausdruck in ihren Augen, welchen ich noch nie zuvor gesehen hatte. Eine Mischung aus Wut, Aggressivität und etwas ... Unbeschreiblichem. Zu gern hätte ich in diesem Moment gewusst, was in ihr vorging.

Was ich nun allerdings sah, ließ mir das Blut in den Adern gefrieren. Um Runas Körper legte sich eine violett-rote Flamme, welche sich immer weiter um sie zog. Die geschockte Frau stand auf, kam jedoch nicht weit, da sich genau hinter ihr die Wand befand. Als sich das Feuer komplett um sie gelegt hatte, durchbrach ein lautes Knistern die Stille um uns herum.

Was hatte Akita vor? Ich sah die Funken, welche sich um ihre Hände legten und ich wusste, dass das nichts Gutes zu bedeuten hatte. Doch anstatt ihre tödlichen Blitze auf Runa zu richten, verflochten sie sich mit der violetten Flamme um Runas Körper.

„Du wirst mir sofort sagen, was du weißt", murmelte die Prinzessin mit zu Schlitzen verengten Augen.

Eine weitere Drohung war in diesem Moment nicht notwendig, denn jeder wusste, dass Akita sie töten würde, wenn sie nicht sprach.

„Ich rede! Ich rede ja schon!", rief Runa panisch. „Doch bitte nimm dieses Feuer von mir weg!"

Akita lächelte nur böse, doch statt die Flamme von ihr zu nehmen, ließ sie das Feuer noch näher an Runas Körper heran.

„Okay ist ja gut! Ich war ein Mitglied der Attentäter! Es sind die gleichen Rebellen, welche ich angeführt hatte, doch ich dachte, du hast sie bereits alle vernichtet! Ich weiß nicht, warum sie diese Stadt angegriffen haben, der Krieg ist schließlich vorbei. Das war unser ursprüngliches Ziel", stotterte die gefangene Frau. „Akita, bitte glaub' mir! Mehr weiß ich nicht!"

Doch die Prinzessin schien sich mit dieser Antwort noch nicht zufriedenzugeben.

„Nein, weiter ...", murmelte sie mit eiskaltem Blick.

Sie starrte mit tödlichem Blick direkt in Runas Augen, welche diese vor Schreck weit aufgerissen hatten. Die Panik in ihrem Blick war nicht zu übersehen. Ich konnte mir also nicht vorstellen, dass sie nicht alles gesagt hatte, was sie wusste.

„Ich gebe dir genau zwei Atemzüge lang Zeit, bevor ich dich töte, außer du gibst mir die Antworten, die ich haben will", drohte die Prinzessin. „Eins, ..."

„Warte! Okay, es gab einen neuen Anführer nach mir! Er hatte einen neuen Plan, doch darüber weiß ich nichts. Nichts Genaues! Sie sprachen aber davon, die Länder zu vereinen und unter einen einzigen Herrscher zu stellen. Doch sie waren zu schwach, um so einen Plan ausführen zu können! Ich weiß nicht, wie sie nun so stark werden konnten, doch ich schätze, sie wollen diesen Plan jetzt doch ausführen", rief Runa mit Todesangst in der Stimme.

Um Akitas Lippen zeigten sich feine Lachfältchen; sie war zufrieden. Ich erkannte sie kaum wieder, denn ich dachte, ich hätte sie davon abgebracht, es zu genießen, andere leiden zu lassen. Doch genau in diesem Moment kam mir ihr Blick, dieser kalte, gefühlsarme Blick, nur allzu bekannt vor. Sie genoss es in vollen Zügen, Runa zu quälen. Die Frau musste enorme Schmerzen haben, denn die Brandblasen auf ihrer Haut sprachen ihre eigene Sprache. Und trotzdem ließ Akita sie nicht frei. Es schien fast, als hätte Akita die letzten Wochen aus ihrem Gedächtnis gestrichen und war nun wieder die kaltblütige, aggressive und tödliche Anführerin, welche sie vor unserer Beziehung gewesen war. Wohnten tatsächlich zwei Seelen in ihrer Brust?

Die Umstehenden waren still. Niemand wollte etwas sagen, aus Angst, ebenfalls ein Opfer von Akitas neuer gefährlicher und impulsiver Machtdemonstration zu werden. Ich konnte allerdings nicht mit ansehen, wie sich ihr altes Ich wieder in den Vordergrund schlich.

Doch bevor ich etwas sagen konnte, knisterte die Luft erneut, und das Feuer um Runas Körper umschloss sie vollständig. Mit einem lauten Schrei fiel die Frau regungslos zu Boden, die violette Flamme verschwand.

„Keine Angst, ich habe sie nicht getötet", sagte Akita lässig, als sie in unsere geschockten Gesichter sah. „Sie ist nur außer Gefecht gesetzt. Legt sie in Ketten und bringt sie zurück ins Gefängnis."

„Nein", widersprach ich ihr.

Akita warf mir einen bösen Blick zu, was mich in diesem Moment allerdings nicht störte.

„Legt ihr Ketten an, doch sperrt sie nicht wieder ins Gefängnis. Sie wird keine Gefahr für uns darstellen", befahl ich dem Soldaten.

„Du wagst es, mir zu widersprechen?", fuhr die Prinzessin mich an.

„Du hast richtig gehört. Noch habe ich ein Mitspracherecht, das hast du selbst gesagt. Runa hat uns beiden das Leben gerettet, vergiss das nicht. Ich weiß nicht, was genau das gerade war, doch ich werde nicht zulassen, dass du wieder zu der fürchterlichen Anführerin wirst, welche du selbst nie mehr sein wolltest", erklärte ich energisch.

„Samu, wärst du so nett und heilst sie?", wandte ich mich an den jungen Arzt.

„Du wirst deine Finger von ihr lassen!", warf Akita wütend ein.

Samu sah verwirrt von mir zu Akita und wieder zurück. Er wusste wohl nicht, auf wessen Befehl er nun hören sollte.

„Akita, was ist los mit dir! Willst du sie dafür leiden lassen, dass sie uns geholfen hat? Sie hat sich uns angeschlossen, weil sie Saphira ebenfalls besiegen möchte. Denkst du, sie hätte das getan, wenn sie uns die ganze Zeit hätte verraten wollen?“, schrie ich sie an.

Ich hatte genug von ihrer überheblichen Art. Es hatte mich so stolz gemacht, dass ich diese Eigenschaft aus ihr herausbekommen hatte, da würde ich es nicht zulassen, dass Akita wieder davon dominiert werden würde.

Die Prinzessin sah mich mit zusammengebissenen Zähnen an, ihre Fäuste ballten sich erneut. Ich sah das Feuer, welches sich langsam um ihre Hände legte, den gefährlichen Blick, welcher nun auf mich gerichtet war.

„Du wirst mir nicht wehtun, das willst du doch gar nicht“, beschwichtigte ich sie, nahm vorsichtshalber allerdings meine Kampfstellung ein.

„Ich werde mich nicht erneut verraten lassen“, knirschte sie zwischen zusammengebissenen Zähnen.

Plötzlich machte es Klick bei mir. Akita hatte keine Angst vor Runa, sondern davor, erneut verletzt und gekränkt zu werden. Sie wusste, dass Runa keine Gefahr für uns darstellen würde, doch wie üblich wollte sie auf Nummer sicher gehen.

Statt mich auf einen Angriff vorzubereiten, ließ ich meine Hände sinken und ging auf Akita zu.

„Bleib stehen!“, rief sie drohend, doch ich ging weiter in ihre Richtung.

Ich konnte mir nicht vorstellen, dass sie mich verletzen würde, doch als ihr Angriff mich erreichte, wurde ich eines Besseren belehrt. Die Attacke traf mich an der Schulter und ließ eine blutige Brandwunde zurück. Ich wusste nicht, was mich mehr verletzt hatte, die Wunde oder die Tatsache, dass Akita mich tatsächlich angegriffen hatte.

Misha sowie Samu rannten sofort zu mir herüber, ebenso überrascht wie ich. Der junge Arzt legte seine Hände auf meine Wunde und stoppte die Blutung. Es war keine schlimme Verletzung, deswegen konnte sie schnell geheilt werden, doch der Schock in mir saß tief.

Akitas Blick war undurchschaubar. Sie starrte mich an, als wäre ich einer ihrer Feinde, jederzeit bereit, mich niederzustrecken, wenn es sein musste.

„Weißt du was! Bestreite deinen Kampf selber! Ich habe es lang genug versucht, doch du scheinst genau das Monster zu sein, welches du schon immer warst! Du hattest dich geändert, aber scheinbar war diese Veränderung nur eine weitere Maske von dir!“, schrie ich sie verletzt an.

Meine Wut wuchs weiter, als sie sich nicht mal gegen meine Vorwürfe wehrte. Sie stand nur da und starrte mich an.

„Ich hoffe, du findest Saphira! Doch wage es nicht, um Hilfe zu bitten, wenn sie dich erneut schnappt und foltert!“

Als selbst dieser Wutausbruch meinerseits keine Emotion bei ihr weckte, schüttelte ich nur den Kopf und stand auf. Ich nickte Samu dankend zu, bevor ich meine Schwerter zog und Reiko erscheinen ließ.

„Wo willst du jetzt hin!“, rief Akita verärgert, doch ich ignorierte sie.

Mit einem Satz sprang ich auf Reikos Rücken, bereit, Akita und dieses Leben hinter mir zu lassen.

„Ich bin fertig mit dir“, rief ich ihr zu, anschließend erhob sich Reiko in die Luft.

Kapitel 9

„Wie kann sie in so kurzer Zeit nur wieder so kaltblütig werden?“, fragte ich Reiko verzweifelt, als wir bereits ein ganzes Stück geflogen waren, „Noch ein paar Stunden vorher schenkt sie mir Hoffnung und jetzt ist ihr altes Ich wieder da?“

Ich musste meine Wut und Verzweiflung zurückhalten; ich wollte nicht alles an Reiko auslassen.

„Kyra, ich verstehe deine Wut, doch ich kann dir leider keine Antwort darauf geben. Akita ist nun mal Akita. So leid es mir auch tut, das sagen zu müssen, aber vielleicht kennst du sie nicht so gut, wie du denkst“, erwiderte mein Drache.

Vielleicht hatte er recht. Vielleicht hatte Akita mir alles nur vorgespielt. Doch das konnte ich mir beim besten Willen nicht vorstellen. Nein, es musste noch etwas anderes sein, was sie dazu gebracht hatte, moralisch solch einen Rückschritt zu machen.

„Wenn sie doch nur mit mir reden würde“, murmelte ich leise vor mich hin.

„Sie hat ein gutes Herz, sonst hätte Xatar sie nicht akzeptiert. Was immer auch momentan mit ihr los ist, es wird für alles eine plausible Erklärung geben“, versuchte Reiko mich zu beruhigen.

Ich hoffte so sehr, dass er recht behalten würde.

Nach dem Streit mit Akita hatte ich Reiko aufgetragen, zum Palast zurückzufliegen. Ich wollte meine Sachen holen und endgültig diesen Platz verlassen. Als wir eintrafen, entdeckte ich jedoch schon aus der Ferne die Schiffe des Nordens in unserem Hafen.

Was wollte denn der Norden hier?

Wir landeten vor dem Palast. Als ich die Pforten des Tors öffnete und das Gebäude betrat, lief ich direkt in die Arme meines Vaters.

„Kyra, was machst du denn hier?“, fragte er mich überrascht.

„Das Gleiche könnte ich dich fragen. Ist alles in Ordnung?“, erwiderte ich.

„Nein, um ehrlich zu sein nicht. Wir haben Informationen darüber, dass all unseren Ländern Tumulte drohen; es formt sich ein Widerstand – gegen uns. Dörfer und Städte werden scheinbar grundlos angegriffen und vollkommen zerstört. Die Angreifer konnten bis jetzt noch nicht identifiziert werden, doch es heißt, es seien sehr mächtige Leute darunter. Deswegen bin ich hier, ich wollte mit euch sprechen“, informierte mich Rakia.

Er sah sich einen Moment um, als würde er etwas suchen.

„Wo ist Akita?“, fügte er hinzu, während er mich fragend ansah.

Ich seufzte tief, doch als ich den liebevollen Blick meines Vaters sah, brachen all meine Emotionen aus mir heraus. Ich konnte nicht anders, als mich in seine Arme zu stürzen und ihm unter Tränen die gesamte Geschichte zu erzählen.

„…jetzt scheint sie wieder voller Hass und Wut zu sein. Ich habe die Gruppe verlassen, da ich es nicht mehr ausgehalten habe“, beendete ich die Erzählung nach unserem einstündigen Gespräch.

Wir hatten uns in den Garten gesetzt, damit wir ungestört reden konnten.

„Das tut mir sehr leid, mein Schatz“, tröstete er mich und strich mir sanft über den Kopf.

„Was soll ich denn jetzt machen? Sie redet nicht mit mir, ist ein einziges Wrack und muss sich nun allein der Elite stellen, welche sie als Kind schon gebrochen hat. Meine Hilfe will sie aber allem Anschein nach nicht“, sagte ich verzweifelt.

„Das ist in der Tat eine sehr verzwickte Situation. Akita wird durch die Geschehnisse erneut mit ihrem Trauma konfrontiert. Ihre Gefühle in dieser schmerzvollen Vergangenheit werden wieder aufgewühlt, dadurch treten auch andere Eigenschaften ihrer selbst wieder ans Licht. Ich denke, sie will gar nicht so sein, doch irgendetwas zwingt sie dazu. Hast du schon einmal daran gedacht, dass Saphira sie vielleicht mit dir erpresst hat?“, rätselte mein Vater.

„Sie erpresst? Warum sollte sie sich darauf einlassen?“, fragte ich verwundert nach.

„Überleg' doch mal. Akita beendet eure Beziehung, obwohl sie dich immer noch liebt. Sie bittet dich, zu gehen, sobald ihr Saphira gefunden habt. Als das nicht funktioniert hat, greift sie dich an, da sie weiß, dass du ihr das sicher nie verzeihen wirst. Wenn mich jemand damit erpressen würde, dir etwas anzutun, würde ich dich auch so weit weg wie möglich von mir schieben, nur um dich zu schützen“, beendete Rakia die Erläuterung seiner Theorie. Das klang plausibel ...

Ich ließ mir seine Erklärung einen Moment lang durch den Kopf gehen. Es könnte tatsächlich etwas dran sein, doch warum hatte Akita es mir nicht einfach erzählt? Saphira musste schon etwas sehr Schreckliches mit mir geplant haben, wenn Akita sich auf einen solchen Deal einließ.

Ich schüttelte den Kopf. Nein, das war alles nur eine Ausrede für ihr Verhalten. Ich sollte aufhören, ständig eine Erklärung dafür zu suchen, warum Akita sich so grausam verhielt. Ich wollte sie doch nur in einem besseren Licht erscheinen lassen.

„Ich denke nicht, dass sie erpresst wurde. Akita würde sich niemals erpressen lassen. Ich vermute, dass sie es einfach nicht mehr ausgehalten hat, ihre Macht mit jemandem zu teilen. Sie hält es nicht aus, wenn sie nicht allein das Sagen hat“, erwiderte ich verbittert.

„Was auch immer der Grund für ihr Verhalten sein mag, es ist wichtig genug, um ihn vor dir zu verbergen“, antwortete mein Vater.

Es herrschte einen Moment Stille zwischen uns.

„Wirst du ihr trotzdem beistehen, wenn es hart auf hart kommt?“, fragte Rakia schließlich mit leiser Stimme.

„Ich habe versucht, dieses Thema für mich abzuschließen, doch ich kann es nicht. Mein Herz will sie einfach nicht gehen lassen, also habe ich wohl keine andere Wahl“, seufzte ich.

Mein Vater schenkte mir ein aufbauendes Lächeln und zog mich in seine starken Arme.

„Die Liebe ist nie leicht“, schmunzelte er.

„Wem sagst du das“, nuschelte ich gegen seine Brust.

„Rakia!“, rief plötzlich eine laute Stimme durch den Gang.

Mein Vater schaute sofort alarmiert hoch, auch ich richtete mich auf.

„Rakia, es ist Ernst!“, rief der Mann erneut.

Ich erkannte seine Stimme, es war Duman, ein loyaler Krieger des Nordens.

„Duman, was ist passiert?“, fragte mein Vater ernst.

„Vor den Toren der Mittelländer wartet eine komplette Armee! Unsere Truppen hatten keine Chance, gegen sie anzukommen, und sind schließlich geflohen. Doch das Schlimmste ist, diese Armee wird von zwei Mitgliedern der Elite, Kesar und Tala, angeführt. Sie müssten die Mittelländer in diesem Moment eingenommen haben“, klärte er uns auf.

Ein eiskalter Schauer überlief meinen Rücken. Akita und die anderen waren nicht weit von den Mittelländern entfernt und wussten rein gar nichts von der drohenden Gefahr.

Ein dumpfes Gefühl der Angst breitete sich in meiner Magengegend aus, als ich realisierte, dass dies ihr sicherer Tod wäre.

„Vater, ich muss sie warnen! Als ich die Gruppe verließ, wollten sie sich gerade auf den Weg zu den Mittelländern machen. Wir waren in einem Dorf nahe der Grenze, das heißt, es dauert nicht lange, bis sie dort ankommen werden“, klärte ich ihn auf.

„Geh! Ich schicke Verstärkung, sobald es möglich ist. Aber lasst euch auf keinen Kampf ein, sondern verschwindet bis wir mehr wissen!“, rief mir mein Vater noch zu, während ich bereits nach draußen lief.

„Reiko, bring’ mich zu Akita, schnell! Ich erzähle dir alles unterwegs“, forderte ich meinen Begleiter auf.

Ich hoffte nur, dass es noch nicht zu spät war.

Reiko schoss wie ein Pfeil in die Lüfte, der eiskalte Wind blies mir ins Gesicht und ließ mich frösteln. Mein Drache erkannte wohl die Dringlichkeit, denn wir flogen schneller als je zuvor.

„Ich habe Kontakt zu Xatar hergestellt, er hat mir den genauen Aufenthaltsort von Akita verraten. Ich habe ihn bereits gewarnt, dass sie nicht weiter gehen sollen, doch es ist ihm nicht möglich, Kontakt zu Akita aufzunehmen, solange er in den Schwertern steckt“, informierte mich mein Drache.

„Verdammt! Doch immerhin wissen wir jetzt, wo sie sind“, erwiderte ich.

Das Blut in meinen Adern pulsierte immer schneller, je näher wir unseren Verbündeten kamen. Kurz bevor wir den genannten Ort erreicht hatten, roch ich den Rauch, welcher aus der Ferne zu uns getragen wurde. Ich sah das Feuer, von welchem der Rauch ausging und für einen Moment stockte mir der Atem.

„Schneller, Reiko“, rief ich panisch.

Mein Begleiter flog, so schnell er konnte, und schoss in Windeseile auf die Bäume zu, zwischen denen wir landen wollten. Doch unser

Plan ging nicht ganz auf, denn als wir zur Landung ansetzten, flogen mehrere Pfeile auf uns zu.

Ich suchte nach der Stelle, aus der die Pfeile kamen und erkannte einen Mann, welcher uns im Visier hatte. Das musste Kesar sein.

„Vorsicht!“, schrie ich, als einer der Pfeile gefährlich nah an uns vorbei raste.

„Halt dich fest, das wird eine holprige Landung“, warnte mich Reiko, als er bei voller Geschwindigkeit auf die Bäume zu flog. „Ich werde nicht abbremsen können. Sobald ich nah genug am Boden bin, spring ab. Du musst mich allerdings sofort in die Schwerter rufen, sonst krache ich in die Bäume.“

„Ok, los geht's!“, antwortete ich und bereitete mich auf den Absprung vor, die Schwerter griffbereit.

Wir wichen den entgegenkommenden Pfeilen aus und steuerten direkt auf den Boden zu. Kurz nachdem wir zwischen die Bäume geflogen waren, rief Reiko „Jetzt!“ und ich sprang ab. Wie er es mir gesagt hatte, befahl ich ihm sofort, in den Schwertern zu verschwinden.

Da ich nun allerdings die Schwerter in meinen Händen hielt, hatte ich keine Chance, meinen Aufprall abzufedern. Glücklicherweise landete ich zwischen einigen Ästen, welche meine Landung etwas bremsten. Als ich auf dem Untergrund aufkam, presste sich sämtliche Luft aus meinen Lungen, doch ernsthaften Verletzungen konnte ich entgehen.

Nachdem ich meinen Atem wiedergefunden hatte, sprang ich auf und rannte zu Fuß weiter – direkt zu Akitas Aufenthaltsort. Leider war das Glück diesmal nicht auf meiner Seite, denn plötzlich stand eine schrecklich aussehende Frau direkt vor mir und versperrte mir den Weg.

Ihre langen schwarzen Haare und das blasse Gesicht, ihre ganze feindliche Ausstrahlung jagten mir eine tierische Angst ein. Sie war kaum größer als ich und trug die typischen blau-weißen Farben des Nordens. Ihr psychotischer Blick fixierte mich, graue Augen bohrten sich in meine.

Ich überlegte nicht lange, sondern schickte ihr sofort eine Reihe von eisigen Klingen entgegen, welche sie jedoch abfing.

„Du bist kein Fan großer Worte, habe ich Recht?“, säuselte sie mit unangenehm hoher Stimme.

Statt ihr zu antworten, attackierte ich sie erneut. Gerade, als ich einen härteren Angriff starten wollte, spürte ich den wohlbekannten alles ausblendenden Schmerz in meiner Brust aufkommen.

„Nein, nicht das auch noch“, dachte ich.

Ich versuchte, den Schmerz zu ignorieren, doch das war nicht so einfach, wie ich gehofft hatte.

„Kämpfe nicht dagegen an, es bringt dir eh nichts“, murmelte meine Gegnerin.

Ich verstand nicht genau, was sie damit meinte, denn sie konnte unmöglich wissen, dass dieser besondere Schmerz mich so einschränkte. Es sei denn, ...

Plötzlich dämmerte es mir! Das Stechen in meiner Brust war kein erneuter Anfall, sondern die berüchtigte Fähigkeit der Frau, die vor mir stand. Erst jetzt begriff ich, dass die Frau vor mir Tala war, die Eisherrscherin mit der Fähigkeit, das Blut im Körper gefrieren zu lassen.

„Tala“, murmelte ich unter Schmerzen.

„Schön, dich endlich persönlich kennenzulernen, Kyra“, schmunzelte sie. Sie musterte mich argwöhnisch.

Die Kälte in meinem gesamten Körper kroch Stück für Stück weiter, doch ich wusste bereits, was auf mich wartete. Es hatte sich genauso angefühlt, als ich die Technik von Hamaka ausprobiert hatte.

Ich versuchte angestrengt, die innere Kälte in meine Kraft einfließen zu lassen, sie zu verbinden, und es funktionierte tatsächlich: Je mehr Kraft ich aufbrachte, desto weniger schmerzte die Attacke der Eisherrscherin. Streitlustig sah ich in das erstaunte Gesicht von Tala.

„Du hast dir die Falsche ausgesucht“, schmunzelte ich und ließ meiner Kraft freien Lauf.

Eine immense Eiswelle schoss auf Tala zu und sie hatte sehr damit zu kämpfen, meiner Attacke auszuweichen.

„Das wirst du bereuen!“, kreischte sie und raste auf mich zu.

Ich formte zwei Eisklingen an meinen Händen und feuerte kleinere Eisspitzen auf die mir entgegenkommende Psychopathin ab. Eine der Spitzen durchbohrte ihre rechte Schulter, doch Tala ließ sich davon nicht aufhalten.

Bei mir angekommen, feuerte sie wütend eine Attacke nach der nächsten auf mich ab, was mich etwas in Bedrängnis geraten ließ. Die

Wut in ihrem Angriff machte mir sehr zu schaffen, doch es gelang mir, nicht schwer getroffen zu werden.

Fast am Ende meiner Kräfte reagierte ich allerdings nicht schnell genug, als Tala meine Beine einfror und mir einen großen Eisbrocken auf die Brust warf. Durch die Wucht des Aufpralls verlor ich das Gleichgewicht und fiel nach hinten um.

Höhnisch lachend stellte sich die Frau über mich und drückte mir mit ihrem Fuß die Luftröhre ab. Sie fror meine beiden Arme am Boden fest, damit ich mich nicht wehren konnte.

Röchelnd und nach Luft ringend versuchte ich, sie irgendwie von mir herunter zu bekommen, doch mein Versuch war vergeblich. Ich spürte das Brennen in meinen Lungen, den Druck in meinem Kopf, welcher mich schon jetzt fast ohnmächtig werden ließ.

„Nein, dieses Mal nicht!“, dachte ich energisch und sammelte so viel Kraft auf, wie ich nur konnte.

Ich spürte die Macht, welche rhythmisch in mir pulsierte. Mit allen verbliebenen Kräften versuchte ich, das Eis an meinen Armen zu brechen. Als das Knacken meiner kalten Fesseln ertönte, riss ich beide Arme nach oben. Währenddessen formte ich eine messerscharfe Spitze, welche ich meiner Angreiferin in das Bein rammte.

Mit einem lauten Schmerzensschrei sank die bis gerade eben noch wild triumphierende Frau auf die Erde. Ich spürte endlich die Luft zurück in meine Lungen strömen, wusste jedoch, dass ich mich beeilen musste, mit dem, was ich vorhatte, bevor Tala sich von ihren Schmerzen erholt hatte.

Mit brennenden Lungen und noch verschwommenen Blick versuchte ich, mich aufzurichten und meine Kräfte zu bündeln. Der Sauerstoff, welche wieder in meinen Körper strömte, verlieh mir neue Kraft, und ich konnte allmählich wieder klar sehen.

In diesem Moment wäre es mir allerdings lieber gewesen, nicht zu sehen, was gerade passierte. Kesar, der Reiko und mich kurz zuvor attackiert hatte, kam nämlich aus einiger Entfernung auf uns zu. Er war allerdings nicht allein, denn über seiner Schulter trug er Akita, gefesselt und geknebelt, blutverschmiert. Mein Körper erstarrte.

Meine Gedanken rasten, mein Körper funktionierte nur noch blind, instinktiv. Mir war klar: Ich konnte es unmöglich mit zwei dieser verrückten Psychopathen aufnehmen. Reflexartig drehte ich mich zu der noch immer am Boden liegenden Eisherrscherin um und rammte ihr meine zuvor blitzschnell geformte Klinge aus Eis tief in die Brust.

„Das ist für Akita", zischte ich, als mich langsam erstarrende Augen schockerfüllt ansahen.

Kesars Aufschrei war herzzerreißend. Er sah genau wie ich das Blut, welches langsam unter der Frau herauslief. Meine Eisklinge steckte noch immer bis zum Schaft in der Brust von Tala; ich zog sie heraus. Ein letztes Mal atmete sie geräuschvoll aus, bevor die Augen der Eisherrscherin nach hinten rollten und das Leben ihren Körper endgültig verließ.

„Nein!", schrie Kesar immer wieder voller Verzweiflung, während er auf seine getötete Freundin zulief.

Vor Schreck hatte er Akita fallen gelassen. Sie lag nun auf dem Boden, konnte sich jedoch nicht selbst befreien.

Ich nutzte den Moment, um den Bogenschützen, der uns bedrohte, mittels einiger leichter Attacken abzuwehren, und rannte, so schnell ich konnte, zu Akita hin. Schon während ich auf sie zulief, feuerte ich zwei Eisspitzen auf sie ab und zerschnitt damit präzise das Seil, welches fest um ihre Hände und Füße gewickelt war.

Akita war bereits auf den Beinen, als ich sie erreichte. So schnell es ging, flohen wir und ließen einen am Boden zerstörten Kesar zurück.

„Das werdet ihr mir büßen!", waren die letzten Worte, die wir hörten und die noch lange durch den Wald hallten.

„Wo sind die anderen?", fragte ich keuchend, während ich weiterlief.

„In Sicherheit. Ich habe sie versteckt, als der Angriff begann."

Ich nickte und rief Reiko, welcher sofort erschien und uns aus dem Wald brachte.

Es dauerte nicht lange, bis wir das Versteck der restlichen Truppenmitglieder erreicht hatten. Wir landeten im Schutz der Bäume, kurz vor einer kleinen Höhle, welche als Unterschlupf diente.

Samu und Misha sahen mich überrascht an.

„Kyra, was machst du denn hier? Was ist passiert? Habt ihr den Angriff beendet?", schossen die Fragen aus Mishas Mund.

„Langsam Misha, ich erkläre gleich alles", unterbrach ich sie.

„Warum bist du hier?", fragte Akita leise, ohne mir in die Augen zu sehen.

„Ich war im Palast und wollte meine Sachen holen, als mir mein Vater entgegenkam. Ich erzählte ihm alles, doch wir wurden von einem seiner Krieger unterbrochen. Duman informierte uns über den Angriff, also bin ich zu euch gekommen, um euch darüber zu informieren. Ich konnte euch doch nicht einfach ins Verderben laufen lassen ... Lange Rede kurzer Sinn, ich bin hier, weil ich euch warnen wollte. Doch jetzt, da ihr erstmal in Sicherheit seid, werde ich wieder gehen“, erklärte ich ruhig.

Ich wollte mich gerade umdrehen und wieder auf Reikos Rücken springen, als mich eine Hand festhielt. Überrascht sah ich auf und bemerkte, dass die Hand zu Akita gehörte.

„Warte“, murmelte sie leise.

Ich zog meinen Arm weg, wartete jedoch, was sie zu sagen hatte. Sie sah in die Ferne, geradewegs so, als ob sie es nicht schaffte, mir in die Augen zu sehen. Schließlich seufzte sie und sah mich an.

„Danke“, ihre Stimme war nur ein Flüstern. „Wärst du nicht gekommen, wüsste ich nicht, wo ich nun wäre.“

Ich nickte ihr zu, wusste jedoch nicht, was ich darauf antworten sollte. Als sie nichts mehr sagte, wandte ich mich Reiko wieder zu, doch Akita stoppte mich erneut.

„Es tut mir leid. Alles. Es war nicht richtig, wie ich mit dir umgegangen bin. Ich wollte dich nicht verletzen, doch ich konnte nicht anders. Du bist zurückgekommen, obwohl ich dich angegriffen habe, hast Tala für mich getötet und mein Leben gerettet. Das werde ich dir nie vergessen“, sagte sie.

Ihre Entschuldigung kam allerdings zu spät. Sie hatte den Bogen schon lange überspannt gehabt und nun wollte sie sich entschuldigen?

„Ich habe Tala nicht für dich getötet. Ich hatte die Wahl: Entweder ich töte sie oder ich werde getötet. Nun gut, vielleicht werde ich niemals aufhören, dich zu lieben, doch du hast es eindeutig übertrieben. Du hattest oft genug die Chance, mir die Wahrheit zu erzählen, aber du hast es niemals getan. Ich habe es ernst gemeint, als ich sagte, ich bin fertig mit dir“, erwiderte ich unnachgiebig.

Mein Herz zerbrach, ich weinte innerlich, als ich diese Worte aussprach, doch wie Akita es selbst gesagt hatte: Es war womöglich besser für uns beide.

„Kyra, bitte denk nach, bevor du sprichst“, ermahnte mich Reiko telepathisch.

„Nein, das Ganze muss endlich aufhören! Sie hatte mich lang genug in ihrem Bann. Sie hat mit mir gespielt, mich bloßgestellt und angegriffen! Ich bin tief verletzt. Wie soll ich ihr jemals wieder vertrauen? Ich werde das nicht noch einmal mitmachen“, entgegnete ich still.

„Du hast damals zu mir gesagt, dass jeder eine zweite Chance verdient. Akita hat dir diese Chance damals gegeben, vielleicht bist du nun an der Reihe. Versuche es, sollte es nicht funktionieren, werde ich dir persönlich helfen, so viel Distanz wie möglich zwischen euch zu bringen“, versuchte er es erneut.

Ich musste zugeben: Er hatte recht. Als Akita damals von meiner wahren Identität erfahren hatte, gab sie mir noch eine Chance, um zu beweisen, dass ich sie nicht bei allem angelogen hatte. Es wäre nur fair, diese großzügige Geste nun zu erwidern.

Ich seufzte laut aus.

„Ich kann verstehen, wenn du mich jetzt verlässt, aber du ..."

„Ok, ich bleibe", unterbrach ich die Prinzessin. „Ich werde euch helfen, diese verrückten Kriminellen aufzuhalten. Wenn ich allerdings nur ansatzweise spüre, dass du den gleichen Mist noch einmal abziehen möchtest, bin ich weg. Hast du das verstanden?"

Meine Stimme klang etwas aggressiver, als ich es wollte, vielleicht war es aber auch gut so. Akita sollte spüren, dass ich nicht mit mir spielen ließ. Wenn diese Mission erfolgreich verlaufen sollte, mussten wir alle Unklarheiten beseitigt haben. Im Vorfeld. Jetzt.

Ich sah, wie die Prinzessin sich einen Moment über meine Stimmlage ärgerte, ihre Wut jedoch herunterschluckte und zustimmend nickte.

„Ich danke dir", antwortete sie mit einem tiefen Blick in meine Augen.

Misha und Samu kamen auf mich zu und umarmten mich. Sie freuten sich scheinbar wahnsinnig, mich wieder mit an Bord zu haben.

„Es war die richtige Entscheidung", bestätigte Reiko, ohne dass es jemand außer mir hörte.

Ich grinste einen Moment, bevor ich Akita ansah, und sie ebenfalls in unsere Umarmung zog.

„Mach' es bitte nicht wieder kaputt", flüsterte ich in ihr Ohr, als ich sie umarmte.

„Ich gebe mein Bestes."

Ihre Antwort enthielt mehr Reue, als ich erwartet hatte. Nun musste ich nur noch den wahren Grund unserer Trennung herausfinden, vielleicht gab es ja anschließend noch eine Liebesbeziehung zu retten. Doch dieser Grund musste es wirklich in sich haben, damit ich all das vergessen konnte.

Innerlich hoffte ich, dass es eine gute Erklärung gab und sich dadurch alle Schwierigkeiten auflösen würden.

Aber es gab vorerst drängendere Probleme, um die wir uns zu kümmern hatten: Eins der fünf Mitglieder war zwar erledigt, doch selbst zu viert waren die Schurken noch mehr als stark genug, um uns zu besiegen.

Wir sollten uns also schleunigst einen neuen Plan zurechtlegen.

Kapitel 10

Wir entschieden uns, vorerst in dem Versteck zu bleiben und uns etwas von dem vorangegangenen Kampf auszuruhen. Direkt neben der Höhle befand sich ein kleiner Fluss, welcher uns die Gelegenheit für eine kleine Abkühlung bot.

Akita saß am Ufer und betrachtete das klare Wasser. Es machte den Eindruck, dass sie über irgendetwas nachdachte. Misha und Samu badeten im Fluss; sie kühlten sich ab und genossen es sichtlich.

Ich haderte etwas mit mir, ob ich zu Akita gehen sollte oder nicht, entschied mich allerdings dazu, mich ein wenig zu ihr zu setzen. Langsam ging ich hinüber zu ihr und nahm wortlos neben ihr Platz. Sie war die Erste, welche das Schweigen zwischen uns brach.

„Warum bist du zurückgekommen?", murmelte sie leise, ohne mich anzusehen.

„Ich habe dir gesagt, was passiert ist. Mein Vater bekam die Information über die Kämpfe und drohenden Tumulte in den Mittelländern", antwortete ich in neutralem Ton.

„Das hast du bereits gesagt; ich möchte allerdings wissen, warum du wirklich zurückgekommen bist. Es hätte dir egal sein können, was mit uns passiert", erwiderte sie, den Blick auf das bläulich schimmernde Wasser gerichtet.

Ich ließ die Worte für einen Moment in der Luft hängen. Ich wusste selber nicht genau, warum ich ihr zur Hilfe geeilt war. War es tatsächlich nur, um sie alle zu warnen, oder hätte ich es einfach nicht übers Herz gebracht, Akita im Stich zu lassen. Meine Gedanken waren mal wieder ein einziges Chaos.

„Ich weiß es nicht", seufzte ich leise.

„Wie haben sie euch überhaupt gefunden?", wechselte ich das Thema.

„Wir sind ihnen direkt in die Arme gelaufen. So gesehen war es ein unglücklicher Zufall", antwortete die Prinzessin.

Es herrschte wieder Stille zwischen uns und ich hing meinen Gedanken hinterher. Akitas Frage hatte mich erneut ins Grübeln gebracht. Warum war ich zu ihr zurückgekommen? Weil ich sie immer noch liebte? Weil ich sie beschützen wollte?

Mein Magen krampfte sich zusammen, als ich daran dachte, was passiert wäre, wenn ich nicht gekommen wäre. Akita wäre jetzt vielleicht schon tot. Diesen Schmerz hätte ich wohl nicht noch einmal ertragen können. Das war wohl die Antwort auf meine innere Frage.

„Du bedeutest mir einfach noch zu viel. Ich denke nicht, dass ich es mir jemals verzeihen könnte, wenn dir wegen mir etwas passieren würde. Egal, was du mir die letzten Tage angetan hast, ich konnte dich einfach nicht im Stich lassen", sprach ich – mehr zu mir selbst, als zu ihr. Doch Akita konnte mich deutlich verstehen.

Die Prinzessin drehte endlich ihren Kopf und sah mich an. Ich konnte den Schmerz in ihren Augen lesen, sie bereute ihre Fehler. Das Problem daran war nur, dass sie ihre Taten und Worte nicht mehr zurücknehmen konnte.

„Es hört sich vielleicht verrückt an, aber ich bin froh, dass ich es nicht geschafft habe, dich von mir wegzuschieben. Leider merke ich erst jetzt, was es für ein Fehler war, dich so zu behandeln“, gestand sie.

Ich runzelte die Stirn und sah sie verwirrt an. Was meinte sie damit? Es klang fast so, als hätte sie diese Entscheidung nicht freiwillig getroffen.

„Wann möchtest du eigentlich damit anfangen, mir die Wahrheit zu erzählen? Ich kann deine Rätsel langsam nicht mehr hören“, forderte ich gereizt.

Warum konnte sie mir nicht klar und deutlich sagen, was wirklich los war? Dachte sie, ich würde es nicht verstehen? Dachte sie, die Wahrheit würde mich umbringen? Oder ich wäre zu dumm, sie zu verstehen?

Doch Akita schüttelte nur den Kopf, ein ironisches Lächeln formte sich auf ihren Lippen.

„Ich wünschte, es wäre so einfach. Ich kann dir nur eins sagen: Ich wünschte, dass ich dir diese Qualen hätte ersparen können. Nein, das ist nicht richtig, ich wünschte, ich könnte uns diese Qualen ersparen“, ihre Stimme klang liebevoll und verzweifelt zugleich.

Ich seufzte resigniert und wollte gerade aufstehen. Diese Konversation begann, sich erneut im Kreis zu drehen. Lieber sollte ich gehen, bevor es wieder eskalieren würde. Als ich Akitas Hand allerdings auf meiner spürte, entschied ich mich dagegen.

Ich sah ihr in die Augen und bemerkte den ernsten, verletzten und gequälten Ausdruck in ihrem sonst so glänzenden Goldblick, der mir jedes Mal unter die Haut ging. Sie biss sich leicht auf die Unterlippe, als würde sie etwas zurückhalten, doch sie konnte es scheinbar nicht länger für sich behalten. Meine Nervosität stieg ins Unermessliche, bis sie endlich ihre Lippen öffnete und zu sprechen begann.

„Kyra, glaub' mir bitte, wenn ich dir sage, dass es mir genauso schwerfällt wie dir. Ich habe mich einem Menschen noch nie so geöffnet wie dir und doch muss ich diese Wahrheit für mich behalten. Ich habe versucht, mich hinter einer Maske zu verstecken, so gleichgültig wie möglich zu wirken, aber als du mich heute gerettet hast, ist diese Fassade eingestürzt. Ich kann und möchte mich nicht mehr vor dir verstellen, und trotzdem bleibt mir keine andere Wahl", sie schluckte einen schweren Kloß in ihrem Hals herunter, bevor sie leise weitersprach. „Ich liebe dich mehr, als alles andere auf dieser Welt und genau deswegen kann ich nicht mehr mit dir zusammen sein."

Sie wollte ihre Hand von meiner zu nehmen, ich hielt sie allerdings fest, so gut ich konnte. Ich sah ihr an, wie sehr es sie drängte, mir die Wahrheit zu sagen. Ihr gequälter Blick brach mir schier das Herz.

„Warum denkst du nur, dass ich das, was auch immer du verheimlichst, nicht verstünde? Wir haben gemeinsam einen Krieg gewonnen, das Unmögliche möglich gemacht, als wir den Norden und den Süden vereint haben und trotzdem denkst du so von mir?" Ich machte eine kurze Pause und atmete tief durch.

Ich wollte ihr nicht nur Vorwürfe machen, das brachte sowieso nichts. Also holte ich tief Luft, bevor ich ruhiger weitersprach.

„Siehst du nicht, wie ich daran zerbreche? Du sagst selbst, dass du mich noch liebst, du aber nicht mit mir zusammen sein kannst. Es tut mir leid, aber das verstehe ich einfach nicht. Bitte rede endlich mit mir“, meine letzten Worte waren mehr ein Flehen als ein Drohen.

Die Prinzessin schüttelte nur traurig den Kopf und wandte sich von mir ab. Ich wollte sie allerdings noch nicht gehen lassen, also rutschte ich ein Stück näher an sie heran und legte meine Hand auf ihre Wange. Mit sanftem Druck drehte ich ihren Kopf wieder zu mir, so dass sie mir in die Augen sehen musste.

„Akita, ich bitte dich ...“, flüsterte ich eindringlich.

Ich konnte ihren flachen, schnellen Atem auf meiner Haut spüren; meine Nähe machte sie allem Anschein nach ziemlich nervös. Ihr Blick wanderte innerhalb von Sekunden immer wieder von meinen Augen zu meinen Lippen, an mir vorbei und wieder zurück.

„Hör' auf, ich kann nicht ...“, raunte sie kaum hörbar.

Selbst mir fiel es äußerst schwer, ihrer Nähe zu widerstehen. Mein Herz klopfte wie wild, die Schmetterlinge in meinem Bauch flatterten wie verrückt. Ich wollte sie nicht loslassen, also legte ich meine andere Hand in ihren Nacken.

„Ich kann nicht ohne dich, das halte ich nicht mehr aus“, versuchte ich es erneut.

Wir waren uns mittlerweile so nah, dass sich unsere Köpfe berührten und nur noch wenige Millimeter unsere Lippen voneinander trennten. Ich konnte der Versuchung nicht länger widerstehen, so sehr ich mich auch dagegen wehrte. Mit geschlossenen Augen schloss ich die Lücke zwischen uns und drückte meine Lippen auf ihre.

Für einen Moment schien meine Welt innezuhalten; die Zeit schien stehenzubleiben. Die sanfte Berührung zwischen uns löste eine Explosion an Gefühlen in mir aus. Wie lange hatte ich mich danach gesehnt, sie endlich wieder berühren und küssen zu dürfen! Ein warmes Kribbeln schoss ausgehend von meinen Lippen durch meinen gesamten Körper.

Doch diese Intensität hielt sich nicht lange. Mit einem Ruck löste sich Akita von mir.

„Es tut mir leid, ich kann nicht", murmelte sie verletzt und stand auf, so schnell sie konnte.

Ich wollte ihr hinterherrufen, mir war jedoch bewusst, dass es keinen Sinn hatte. Diesmal war ich zu weit gegangen.

„Warum bin ich nur so dumm und egoistisch?", schimpfte ich mich selbst.

Wie hatte ich nur erwarten können, dass sich irgendetwas an unserer Situation geändert hatte? Warum konnte ich nicht einmal etwas als gegeben akzeptieren? Sie hatte sich endlich ansatzweise geöffnet, und ich musste sofort wieder alles kaputt machen.

Kopfschüttelnd und frustriert ging ich die wenigen Schritte zum Flussufer hinunter und ließ mich einfach ins kühle Nass hineinfallen. Das kalte Wasser umschloss mich sofort, als würde es mich mit seiner kühlen Umarmung trösten wollen. Als auch mein Kopf unter Wasser war, beobachtete ich abwesend die Luftbläschen, welche aus meinem Mund aufstiegen. Am liebsten wäre ich einfach hier unten geblieben, dort, wo ich Akita nicht mehr unter die Augen treten musste und niemandem irgendetwas erklären musste.

Für einen Moment spielte ich tatsächlich mit diesem Gedanken, doch der fehlende Sauerstoff zwang mich dazu, aufzutauchen. Als mein Kopf aus dem Wasser auftauchte, sahen mich vier verwirrt und sorgenvoll dreinblickende Augen an.

„Gehst du immer mit deiner Rüstung schwimmen?", fragte mich Misha mit einem erleichterten Schmunzeln auf den Lippen, als mein Kopf wieder vollends über Wasser war.

Samu, welcher ein Stück weiter hinten im flachen Wasser stand, sah ebenso verwirrt drein.

„Gelegentlich", antwortete ich, um die seltsame Situation etwas aufzulockern.

Ich begann jedoch laut auf zu lachen, als mir bewusst wurde, wie komisch ich gerade aussehen musste. Kurz darauf stimmten die anderen beiden mit ein. Die Stimmung lockerte sich.

Aus dem Augenwinkel konnte ich Akita sehen, welche uns aus der Ferne beobachtete, selbst sie hatte ein Grinsen auf den Lippen, während sie meine tropfnasse Rüstung musterte.

Nachdem wir uns alle wieder beruhigt hatten, wechselten wir noch einige belanglose Worte und ich schwamm zum Ufer zurück, um meine Rüstung trocknen zu lassen. Da die Sonne herrlich warm war, fror es mich nicht, auch wenn ich nur leicht bekleidet dastand.

Ich sah die beiden im Wasser schwimmen und folgte meinem Gefühl: Ich sprang kurzentschlossen noch einmal in den Fluss, da die Abkühlung und etwas Spaß mit Misha und Samu sicher nicht schaden würden. Wir drei alberten herum wie Kinder; wir genossen den

Moment, da wir uns ausnahmsweise einmal nicht mit verrückten Kriminellen und deren Festsetzung beschäftigen mussten.

Wir bespritzten uns gegenseitig mit Wasser, jagten einander und veranstalteten eine regelrechte Wasserschlacht. Es machte unbeschreiblich viel Spaß, einfach mal wieder ein wenig Unsinn zu machen und seine Probleme zu vergessen.

Nach einer Weile waren wir ausgepowert und ließen uns im Wasser treiben. Misha kam an meine Seite, um sich mit mir zu unterhalten.

„Ist alles okay bei dir? Du schienst vorhin so frustriert zu sein", begann sie.

„Ich hatte mich nur über mich selbst geärgert, nichts Schlimmes", seufzte ich, als ich an den Kuss zurückdachte.

„Willst du darüber reden?", fragte sie hilfsbereit.

„Weißt du, ich war einfach egoistisch. Akita hatte sich endlich ansatzweise geöffnet, und ich habe es gleich wieder zerstört", teilte ich ihr seufzend mit.

„Was hast du denn angestellt? Sie bedroht oder eingefroren?", hakte sie lachend nach.

„Ich habe sie geküsst", äußerte ich leise.

Mishas Gesichtszüge wurden sofort ernst. Ihr Ausdruck wechselte von überrascht zu grinsend.

„Das ist doch gut, oder nicht? Sie hat es zugelassen, oder?", fragte sie zuversichtlich.

„Nein, das ist nicht gut. Okay, sie hat es zugelassen, aber sie hat sich auch sofort wieder von mir gelöst und ist gegangen. Ich wüsste nicht, was daran gut sein soll“, erwiderte ich frustriert.

„Ach, hätte sie es nicht gewollt, wäre es nicht zu dem Kuss gekommen. Sieh es positiv, es ist zumindest ein Anfang“, ermutigte mich die junge Frau.

„Ich weiß nicht“, murmelte ich skeptisch.

Misha gab mir jedoch keine Antwort, sondern sah an mir vorbei. Grinsend schwamm sie nach links fort.

„Frag sie doch einfach selbst“, flüsterte sie mir schmunzelnd zu, bevor sie zurück zum Ufer schwamm.

Verwirrt drehte ich mich um und erblickte Akita, welche direkt in meine Richtung schwamm. Sie hatte ihre Rüstung ebenfalls abgelegt, sodass ihre restliche Kleidung nur wenig Raum für Fantasie ließ. Ich schluckte, als ich versuchte, vergeblich meinen errötenden Kopf von ihr abzuwenden.

Für einen Moment war ich überwältigt. Ich überlegte, ob sie sich mir mit Absicht so freizügig zeigte, doch mir blieb keine Zeit, diesen Gedanken weiter zu verfolgen. Ich zuckte zusammen, als ich Akitas Hand auf meiner Schulter spürte.

Ich richtete mich auf und suchte mit meinen Füßen festen Halt am Boden, damit ich gut und sicher stehen konnte, denn ich hatte das Gefühl, gleich umzukippen. Mein Rücken war immer noch zu Akita gedreht, denn ich war noch nicht bereit, ihr nach meiner vorherigen Aktion in die Augen zu sehen.

Mein Herz begann zu rasen, als die Hände der Prinzessin sanft über meine Arme streiften. Trotz des Wasserfilms auf meiner Haut bildete sich eine Gänsehaut auf meinem Körper. Ich fragte mich, warum sie plötzlich so offen für Berührungen war und was generell in sie gefahren war, mich so zu überraschen.

Es schien Akita jedoch nicht im Geringsten zu interessieren, dass ich kurz davor war, durchzudrehen. Sie kam immer näher an mich heran, bis ich ihren Körper an meinem spüren konnte. Die Intensität dieser Berührung ließ mich kurz unkontrolliert nach Luft schnappen.

„Es tut mir leid, dass ich vorhin einfach weggegangen bin."

Ihre Lippen direkt neben meinem Ohr, ihr Atem, welcher meinen Nacken kitzelte, all das machte mir das Denken unmöglich. Ich wusste nicht, was ich in diesem Augenblick tun sollte, meine Gefühle und Emotionen schienen mich zu überrollen. Ich wusste nur, dass ich schnellsten etwas tun musste, bevor ich die Kontrolle verlor.

„Was tust du da?", fragte ich atemlos.

Doch statt mir eine Antwort zu geben, legte sie ihre Arme um meinen Bauch und zog mich noch dichter an sich heran. Das Feuer in meinem Bauch fühlte sich an, als würde es mich innerlich verbrennen. Akita musste meinen unnatürlich schnellen Herzschlag bemerkt haben, denn sie lockerte ihren Griff etwas.

„Ich wollte mich nur für meinen Abgang gerade entschuldigen", murmelte sie in meinen Nacken, ich hörte das Schmunzeln in ihrer Stimme.

Bevor ich allerdings was sagen konnte, löste sie ihre Arme wieder von mir. Ich drehte meinen Kopf, um zu sehen, was sie tat, doch alles was ich erblickte, war die davon schwimmende Prinzessin.

Ich wusste nicht mehr, wo mir der Kopf stand. Was zur Hölle war das gerade? Wenn das eine kleine Entschuldigung sein sollte, wusste ich auch nicht weiter. Ich spürte Akitas sanfte Berührung immer noch auf mir. Sie hatte nun endgültig geschafft, dass ich sie nicht mehr verstand. Ich war hin- und hergerissen.

Eines aber war sicher: Was auch immer diese Frau vorhatte, ich würde es schon noch erfahren. Für mich stand allerdings fest, dass ich das Ganze vorerst nicht hinterfragen würde.

Gedankenverloren schwamm ich langsam zum Ufer zurück und trocknete mich ab. Das Grinsen auf meinen Lippen verließ mich allerdings nicht.

Die Sonne verzog sich allmählich hinter den tief hängenden Wolken und tauchte den Himmel in ein wunderschönes Orange. Ich saß auf einer kleinen Lichtung über unserer Höhle. Meine Gedanken verloren sich im Sonnenuntergang, als ich in den Himmel sah.

„Was für ein Tag“, dachte ich.

Akita wäre heute fast gefangen genommen worden, ich hatte jemanden absichtlich getötet und die Gefahr durch die kaltblütige Eisherrscherin war gebannt.

„Du hast sie geküsst“, schoss es mir plötzlich durch den Kopf.

Beim Gedanken an den Kuss mit Akita, spürte ich die heiße Röte, welche sich augenblicklich in mein Gesicht schlich. Es hatte sich so unglaublich gut angefühlt, ihre Lippen wieder auf meinen zu spüren! Umso schmerzhafter war es, zu wissen, dass dieser Kuss die große Ausnahme gewesen war. Zumindest für eine lange Zeit. Denn ich konnte mir nicht vorstellen, dass Akita keine Gefühle mehr für mich hatte. Doch niemand wusste, was uns bevorstand.

Ich seufzte und beschloss, mich langsam zurück zur Gruppe zu begeben, damit wir uns auf die Nacht vorbereiten konnten. In der Höhle angekommen saßen Misha, Samu und Akita bereits um ein kleines Feuer herum, welches eine wohltuende Wärme spendete.

Ich überlegte einen Moment, ob ich mich neben Akita setzen sollte, entschied mich allerdings dafür, ihr den Freiraum zu geben, den sie so schätzte. Also nahm ich neben Misha Platz, gegenüber von der Prinzessin.

„Wir haben gerade darüber gesprochen, wohin wir als Nächstes gehen", klärte mich das junge Mädchen auf.

„Habt ihr schon einen Plan?", fragte ich neugierig nach.

„Akita meinte, wir sollten uns vorsichtig in die Mittelländer begeben und den großen Kampf verhindern, welcher sich dort gerade zusammenbraut", erwiderte Samu ruhig.

Ich sah die Prinzessin an, welche mich aufmerksam fixierte. Ihre goldenen Augen funkelten, als ihr Blick mich schier zu durchbohren schien. Sie wandte ihren Blick auch nicht ab, als meiner auf ihren traf und standhielt.

Für einen Moment hatte ich das Gefühl, dass die Zeit stehen bleiben würde. Ihr Ausdruck hatte etwas Gefährliches und gleichzeitig war er so sanft, dass ich mich darin verlor. Ich bemerkte, wie sie ihre

Mundwinkel kurz zu einem Grinsen hob, in der nächsten Sekunde setzte sie allerdings sofort wieder einen neutralen Gesichtsausdruck auf.

„Wir werden morgen in den frühen Morgenstunden aufbrechen und uns so unauffällig wie möglich in die Mittelländer schleichen“, begann sie ihre Ausführungen. „Die Soldaten dort werden uns erwarten, also sollten wir sehr vorsichtig sein. Ich möchte einen derartigen Überraschungsangriff wie heute gerne vermeiden.“

Ich nickte, und damit war das Thema beendet. Misha versuchte, sich mit mir zu unterhalten, und wurde nicht müde, zu betonen, wie viel Spaß wir doch heute zusammen gehabt hatten. Und wie froh sie war, dass ich sie alle vor Kesar und Tala gerettet hatte. Ich konnte ihr jedoch nur mit einem Ohr zuhören, da Akita mich die ganze Zeit wortlos beobachtete. Sie verwirrte mich sehr, doch ich wollte auch nicht nachgeben und sie ansprechen.

„Das habe ich doch gerne gemacht“, antwortete ich halbherzig.

Plötzlich stand Akita auf und warf mir einen vielsagenden Blick zu. Sie verließ die Höhle, ohne ein Wort zu sagen. Sollte ich ihr folgen? Erwartete sie, dass ich ihr folgte? Ich war unsicher.

Misha sah wohl die Verwirrung in meinem Gesicht, denn sie begann plötzlich zu kichern.

„Was ist?“, fragte ich unbeholfen.

„Na los, geh ihr nach“, antwortete sie auffordernd. „Ihr solltet endlich klären, was auch immer zwischen euch steht.“

„Misha, was denkst du, was ich die ganze Zeit versuche? Sie blockt ab, sobald ich etwas sage“, seufzte ich leise.

„War das jetzt nicht deutlich genug? Erst starrt sie dich eine gefühlte Ewigkeit an, und jetzt verlässt sie die Höhle – das ist ein Zeichen. Wenn ich mich nicht täusche, bedeutet das ‘Folge mir’“, bemerkte die Frau und deutete hinaus. „Los jetzt!“

Ich seufzte, nickte jedoch entschlossen und stand auf. Misha hatte recht: Wenn Akita mir zu verstehen geben wollte, dass sie für ein Gespräch bereit war, dann sollte ich die Chance nutzen.

Die mittlerweile kühle Nachtluft schlug mir entgegen, als ich die vom Feuer erwärmte Höhle verließ. Ich sah mich kurz nach Akita um und fand sie auf der kleinen Lichtung. Langsam ging ich auf sie zu und setzte mich wortlos neben sie. Dieses Mal war sie an der Reihe, den ersten Schritt zu machen, doch sie hatte ihren Blick in die dunkle Nacht gerichtet.

„Was ist los? Hattest du Sehnsucht nach mir?“, fragte sie ironisch, ohne ihren Kopf zu drehen.

Ich konnte nicht anders, als genervt meine Augen zu verdrehen. Ihre Arroganz war zurückgekehrt. Doch ich nahm ihre Aussage mit Humor.

„Ich weiß nicht, du hast mich die ganze Zeit angestarrt. Ich dachte, du hättest vielleicht etwas auf der Seele, über das du sprechen willst“, antwortete ich leise, ohne auf ihren flapsigen Kommentar einzugehen.

Akita schwieg, so als ob sie sich nicht sicher war, ob sie mit mir reden sollte oder nicht. Also versuchte ich, die Situation etwas aufzulockern.

„Außerdem habe ich immer Sehnsucht nach dir, das weißt du doch“, fügte ich liebevoll und leise lachend hinzu.

Ich bemerkte das Lächeln, welches die Lippen der Prinzessin umspielte. Das war schon einmal ein gutes Zeichen.

„Ich wollte diesen schönen Ausblick einfach nur mit dir teilen“, murmelte sie unentschlossen.

Die Schmetterlinge in meinem Bauch führten einen Freudentanz auf, als ich ihre Worte vernahm. Sie wollte mich an ihrer Seite haben! Wortlos rutschte ich ein Stück näher an sie heran und legte meinen Kopf an ihre Schulter.

Nachdem sie sich nicht dagegen wehrte, blickte ich sie von der Seite an, um festzustellen, ob diese Nähe Unbehagen bei ihr verursachte. Doch ich konnte nichts dergleichen erkennen.

„Ist das okay für dich?“, fragte ich leise.

Ich hatte das Gefühl, als würde sie mit sich selbst kämpfen. Die eine Seite wollte mich wegschieben, doch die andere Seite wollte, dass ich blieb. Die Prinzessin seufzte und nickte geschlagen.

„Ich kann dich auch allein lassen, wenn du das möchtest“, entgegnete ich und hob meinen Kopf.

„Nein“, rief sie etwas lauter, als ich erwartet hatte.

Sie schüttelte ihren Kopf und atmete tief durch.

„Ich meine, es wäre schön, wenn du noch ein wenig bei mir bleiben würdest“, sagte sie leiser als zuvor.

Ich nickte und legte meinen Kopf wieder auf ihre Schulter. Ein warmer Schauer lief über meinen Rücken, als ich ihren Arm spürte, welcher sich sanft um meine Hüfte legte. Akita schmiegte ihr Gesicht an meinen Kopf und entspannte endlich auch den Rest ihres Körpers.

Ich genoss diesen Moment so sehr, ihre Wärme, ihre Berührung, einfach alles. Diese Nähe war genau das, was ich so lange vermisst hatte. Die Tage ohne sie kamen mir wie eine Ewigkeit vor, umso schöner war es nun, diesen Moment zu genießen.

Wir saßen still, es schien fast, als würde keiner von uns diesen Moment zerstören wollen. Doch ich hatte bereits erwartet, dass Akita sich als Erste lösen würde.

„Wir sollten langsam wieder rein gehen“, flüsterte sie kaum hörbar.

„Wenn du möchtest, können wir die erste Wache auch gemeinsam übernehmen. Ich verspreche dir auch, dich nicht mit irgendwelchen Themen zu belästigen, die du nicht ansprechen möchtest“, bot ich ihr an.

Ich hatte eigentlich erwartet, dass sie mir widersprach, umso mehr freute es mich, als sie meinem Vorschlag zustimmte. Vergebens versuchte ich, das gewaltige Grinsen, welches sich über mein gesamtes Gesicht ausbreiten wollte, zurückzuhalten.

Nach einer Weile brach ich erneut das Schweigen zwischen uns, da ich das Gefühl hatte, das Akita sich mit mir unterhalten wollte, jedoch nicht wusste, welches Thema sie ansprechen sollte.

„Darf ich dich was fragen?“, begann ich leise.

Sie nickte und sah mich eindringlich an, um mich an mein Versprechen zu erinnern. Doch ihre Sorge war unbegründet, denn ich wollte nicht über unsere Trennung sprechen.

„Zeigst du mir dein Feuer? Nicht die normale Flamme, sondern das violett-rote Feuer, welches du bei Runa benutzt hast.“

Meine Frage schien die Prinzessin zu überraschen, doch sie schien sichtlich erleichtert zu sein, dass ich nicht wieder mit dem Thema unserer Beziehung begonnen hatte. Sie setzte sich aufrecht hin und legte ihre Handfläche auf ihre Oberschenkel. Ich sah, wie sie tief einatmete und plötzlich eine strahlend violette Flamme in ihren Händen hielt.

Aus der Nähe sah das Feuer noch schöner aus als heute Morgen. Ich betrachtete das tiefe Violett mit großem Erstaunen. Doch Akita war noch nicht fertig. Sie grinste mich schelmisch an, so als ob sie noch etwas vorhatte. Bevor ich nur ahnen konnte, was auf mich zukam, wuchs die Flamme in ihrer Hand und ein leises Knistern durchbrach die stille Nacht. Im nächsten Moment erhellte sich das Feuer, ein heller Blitz in der Mitte der Flammen erschien und blendete mich. Es sah fast so aus, als würde das heiße Violett den Blitz gefangen halten.

Mit großen Augen betrachtete ich die sicher tödliche Waffe direkt vor mir. Die Prinzessin hatte allerdings alles unter Kontrolle und kurz darauf verschwand die Flamme wieder.

„Das ist unglaublich“, äußerte ich erstaunt. „Seit wann kannst du das?“

Akita lachte über meinen überraschten Ausdruck, erklärte mir anschließend jedoch den Grund für ihr neues Können.

„Erinnerst du dich daran, als ich den Splitter des Ursprungssteins auf dem Berg berührt habe? Nun, er hat mir wohl diese Macht verliehen", klärte sie mich auf, doch ihre Stimme wurde leiser. „Bevor ich Runa angegriffen habe, wusste ich selbst jedoch nichts von dieser Kraft. Erst als ich Xatars Stimme in meinem Kopf gehört habe, konnte ich das Feuer loslassen. Er hatte mich davor gewarnt, diese Technik nicht bei Wut anzuwenden."

Akita schien zu bereuen, was sie Runa angetan hatte. Ich erinnerte mich daran, wie sich ihr Gesichtsausdruck so verändert hatte, wie ich ihn noch nie vorher gesehen hatte. Diese blinde Wut, welche die Prinzessin verzehrt und ihre Gesichtszüge verzerrt hatte, ließ mir jetzt noch eine Gänsehaut über den Körper laufen.

„Diese Art des Feuers verstärkt jede Emotion, welche in diesem Moment präsent ist. Ob gut oder schlecht, dabei gibt es keinen Unterschied. Wenn ich wütend bin, werde ich rasend, wenn ich traurig bin, werde ich verzweifelt und nun ja, wenn ich jemanden begehre, wird daraus brennendes Verlangen", fügte sie noch hinzu, wobei ihre letzten Worte ein nur allzu bekanntes Ziehen in meiner Magengegend auslösten.

„Gut zu wissen", murmelte ich unsicher.

Ich sah sie wieder an. Akitas Blick machte mich wahnsinnig, denn ihre goldenen Augen leuchteten ... fordernd. Nein, ich durfte nicht zulassen, dass sie immer noch so eine Macht über mich hatte.

„Was ist eigentlich mit Runa passiert?“, fragte ich, um das Thema zu wechseln und wieder Herr über meine Sinne zu werden. So leicht wollte ich es ihr nicht machen.

Die Prinzessin schien sichtlich enttäuscht, dass ich nicht auf ihren Wunsch nach mehr eingegangen war.

„Ich wollte sie wieder ins Gefängnis stecken, doch die Wachen hatten sich von ihr täuschen lassen, wodurch sie die Männer überwältigt hatte, welche auf sie aufpassen sollten. Sie wird irgendwo da draußen sein und wohl nur auf ihre Rache warten“, erklärte Akita grimmig.

Ich dachte nicht, dass die Rebellin Rachegedanken hegte, dafür war sie anfänglich zu hilfsbereit gewesen. Doch Akita würde mir jetzt sowieso nicht glauben, also beließ ich es bei einem Nicken.

Wir genossen den Rest der Nacht, die Stille, den leichten Wind, der die Blätter zum Rascheln brachte. Jeder hing seinen Gedanken nach. Die Müdigkeit holte mich ein, doch ich hatte der Prinzessin versprochen, die erste Wache mit ihr zusammen zu übernehmen. Einige Stunden später erschien Samu, welcher uns ablöste.

Müde und erschöpft von diesem Tag, legte ich mich in der Höhle schlafen, um wieder neue Kräfte tanken zu können. Akita tat es mir gleich und kurz darauf träumte ich.

Kapitel 11

Als ich aufwachte, war es immer noch dunkel. Irgendetwas hatte mich aufgeweckt, doch ich konnte nicht genau sagen, was es gewesen war. Verschlafen rieb ich mir die Augen und blickte mich in der Höhle um. Mir fiel auf, dass Akita nicht an ihrem Platz war. Alarmiert war ich sofort hellwach und sprang auf.

Ich beruhigte mich allerdings schnell wieder, als ich ihre Stimme draußen vor der Höhle hörte.

„Was soll ich denn deiner Meinung nach machen?“, fragte sie gerade völlig aufgelöst.

Mit wem sie wohl sprach? Doch dann erkannte ich: Die männliche Stimme, welche ihr antwortete, gehörte eindeutig zu Samu.

„Du musst ihr endlich die Wahrheit sagen. Ich sehe doch, wie sehr du leidest. Wie du bald an deiner Maske, der Lüge, zerbrichst. Es wird nicht mehr lange dauern, bis sie es sowieso herausfinden wird. Lieber hört sie es von dir, als von irgendwem anders“, antwortete der junge Mann beruhigend aber nachdrücklich.

Es herrschte einen Moment Stille und ich befürchtete schon, dass sie mich bemerkt hatten. Ich hielt reflexartig die Luft an, wobei ich eigentlich wusste, dass mein Atem niemals laut genug sein konnte, um mich zu verraten.

„Ich kann das nicht mehr, Samu“, murmelte die Prinzessin mit dünner Stimme.

Worüber sprachen sie? Wusste Samu die ganze Zeit Bescheid? Ich konnte es nicht fassen! Er hatte die gesamte Reise versucht, mich aufzuheitern, dabei wusste er genau, was Akitas Problem war. Und er hatte mir nichts gesagt ...

Die Wut in meinem Bauch verschwand, als ich die nachfolgenden Worte der Prinzessin vernahm:

„Kyra wird mich töten, wenn sie die Wahrheit erfährt, das weißt du."

„Akita, wenn sie dich wirklich liebt, wird sie das niemals tun. Rede dir nicht so einen Unsinn ein. Fakt ist, dass du nicht mehr lange so weitermachen kannst. Es frisst dich ja jetzt schon auf", bemerkte der junge Arzt.

„Sag' es endlich", dachte ich erwartungsvoll. „Sag' mir endlich den Grund. Sprich es aus."

„Nein. Ich kann es einfach nicht. Sollte sie je erfahren, was Saphira von mir verlangte, würde sie mich hassen. Wenn sie allerdings erfahren würde, dass ich tatsächlich tue, was Saphira verlangt, wird sie mich töten."

Ich hörte die Verzweiflung in ihrer Stimme. Was mich mehr verletzte, wusste ich nicht: War es die Tatsache, dass sie tatsächlich annahm, ich würde sie töten - für was auch immer - oder der Fakt, dass sie mir nicht anvertraute, womit Saphira sie scheinbar unter Kontrolle hatte.

Ich war hin- und hergerissen: Sollte ich einfach nach draußen gehen und sie zur Rede stellen oder so tun, als hätte ich nie etwas gehört? Doch meine Gedanken wurden jäh unterbrochen, als Samu erneut sprach.

„Würdest du sie dafür töten?“, hakte Samu ernst nach.

„Nein, natürlich nicht! Ich würde sie aufhalten und alles dafür tun, dass es nicht soweit kommen müsste. Du kannst sie allerdings nicht mit mir vergleichen. Kyra war nie wie ich, und sie wird es auch nie sein, das hoffe ich zumindest. Sie würde niemals freiwillig so ein Monster sein, wie ich es war.“

„Akita, ich frage dich noch einmal: Würdest du Kyra töten, wenn sie so werden würde, wie du es anfänglich warst? Würdest du sie hassen, wenn sie dir zuliebe auf Saphiras Erpressung eingehen würde, nur um dich zu beschützen? Sei ehrlich zu dir selbst!“, seine letzten Worte waren wohl zu laut, denn selbst Misha brummte nun unwillig neben mir im Schlaf.

Doch die Frau wachte nicht auf, sondern drehte sich um und schlief weiter.

„Ich würde wahrscheinlich genau das tun, was sie versuchen würde, zu vermeiden. So wie ich mich kenne, würde ich auf Saphira losgehen und versuchen, diese endlich zu töten. Genau das erwartet Saphira aber, und dann wird sie Kyra dasselbe antun, was sie mir vor Jahren angetan hat. Bevor ich zulasse, dass Kyra solch eine Folter erleidet, würde ich mich selbst opfern. Und genau aus diesem Grund, stehen wir jetzt wieder am Anfang meines Problems. Entweder werde ich wieder die kaltblütige, mörderische Prinzessin, welche ich früher war oder Kyra wird gefoltert, so wie es mir vor Jahren erging. Lieber ersticke ich all meine Gefühle und werde zu einem Monster, bevor Kyra etwas geschieht.“

Ich war baff. Ich hatte wirklich alles erwartet, nur nicht das. Wenn ich diese Unterhaltung richtig verstanden hatte, beschützte Akita mich vor Saphira, welche angedroht hatte, mich zu foltern, wenn Akita nicht ihr altes Ich wieder annehmen würde.

Aber warum? Warum verlangte sie so etwas von ihr? Was hatte Saphira davon, wenn Akita sich wieder in diese gefühllose Hülle von damals verwandeln würde? Und warum dachte die Prinzessin, dass ich es nicht mit Saphira aufnehmen könnte?

Ein eiskalter Schauer lief mir über den Rücken, als ich begriff, worum es hier wirklich ging. Saphira wusste genau, dass ich Akita aufhalten würde und nicht tatenlos zusehen würde, wie sie ihre alte Persönlichkeit wieder annahm. Die Frau wusste wohl ebenfalls, dass es uns auseinanderbringen würde, und dass dies die größte Strafe für die Prinzessin wäre: mich zu verlieren ...

„Dieses verdammte Miststück", fluchte ich innerlich.

Die Strategie der Feuerherrscherin war wirklich ausgeklügelt. So wie sie es sich ausgedacht hatte, würden Akita und ich uns in jedem Fall trennen: Entweder tat Akita, was sie forderte oder ich erlitt die gleiche Folter, welche Akita vor Jahren schon fast den Verstand geraubt hatte.

Allmählich konnte ich das Verhalten von Akita wenn nicht verstehen, so doch nachvollziehen. Wenn ich an ihrer Stelle wäre, würde ich mich auch lieber selbst zerstören, bevor ich ihr, meiner Liebe, etwas antat. Das Schlimmste an der ganzen Sache war allerdings, dass ich nun zwar den Grund für ihr merkwürdiges Verhalten kannte, doch eine Lösung für das Problem war nicht in Sicht. Es war zu verzwickt.

Sollte ich nun der Prinzessin erzählen, dass ich den Grund kannte? Sie würde sicher alles abstreiten und sich nur noch mehr darauf konzentrieren, mich von sich wegzustoßen und Distanz zu schaffen, um mich zu schützen. Sollte ich mein Wissen jedoch für mich behalten, würde Akita trotzdem weiter an diesem Geheimnis leiden, wenn nicht schlussendlich sogar daran zerbrechen. Ich musste ihr irgendwie klarmachen, dass ich sie verstand und ihre Entscheidung akzeptierte. Wir mussten eine Lösung finden, um Saphiras Plan zu verhindern!

Ich schrak zusammen, als ich von draußen Schritte hörte, die sich rasch der Höhle näherten. Schnell legte ich mich zurück auf meinen Platz, um nicht entdeckt zu werden. Akita durfte vorerst nicht erfahren, dass ich nun von ihrem kleinen Geheimnis wusste.

Ich versuchte, so gleichmäßig ich konnte, zu atmen, um mich schlafend zu stellen. Auch wenn alles in mir danach schrie, die Prinzessin tröstend in den Arm zu nehmen und ihr zu versichern, dass alles gut sein würde, durfte ich mir noch nichts anmerken lassen.

Nun war ich es, die aufgewühlt war und verbissen nach einer Lösung suchte.

Der Morgen brach endlich nach einer gefühlten Ewigkeit an. Ich hatte den Rest der Nacht wach gelegen und versucht, Akita zu verstehen, zu verzeihen und vor allem eine Lösung für dieses Dilemma zu finden. Doch es war vergeblich gewesen. Je mehr Gedanken ich mir machte, desto stärker wurde mir meine Hilflosigkeit bewusst und meine Verzweiflung wuchs.

„Guten Morgen“, begrüßte mich Akita. Sie sah genauso müde aus, wie ich mich fühlte.

„Guten Morgen“, murmelte ich. „Konntest du nicht schlafen? Du siehst müde aus.“

Akita warf mir statt einer Antwort nur einen verwunderten Blick zu.

„Wir hatten die erste Wache, schon vergessen? Da ist es klar, dass der Schlaf zu kurz kommt, oder nicht?“, warf sie noch ein, bevor sie die Höhle kopfschüttelnd verließ.

Verdammt, ich musste aufpassen, dass mein Verhalten mich nicht verraten würde. Ich seufzte kurz und streckte mich ausgiebig. Nach einem kurzen Moment beschloss ich, ebenfalls nach draußen zu gehen und ein wenig zu meditieren. Vielleicht würde mir dann etwas einfallen.

Die kühle Morgenluft erfrischte mich, als ich die Höhle verließ. Es war kälter als gestern und die Wolken hingen tief am Himmel. Das dunkle Grau verriet, dass es heute wohl noch regnen würde.

Ich setzte mich auf die Lichtung, auf welcher ich noch vor einigen Stunden mit Akita gesessen hatte. Auf meine Atmung konzentriert schloss ich meine Augen und lauschte dem Rauschen des Windes in den Bäumen. Aufgeregtes Vogelzwitschern mischte sich mit dem Geräusch des Fließgewässers in der Nähe. Mein innerer Friede wurde jedoch von lauten Schritten unterbrochen, welche sich schnell in meine Richtung bewegten.

Als ich die Augen wieder öffnete, erblickte ich Samu, welcher plötzlich etwas unbeholfen auf mich zukam.

„Guten Morgen Samu, ist alles in Ordnung?“, begrüßte ich den Lockenkopf.

„Das sollte ich eher dich fragen“, flüsterte er unsicher.

„Was meinst du?“, fragte ich, so unwissend ich konnte.

Samu seufzte und setzte sich auf das vom Morgentau überzogene Gras neben mir. Er sah mich eindringlich an und legte eine Hand sanft auf meine.

„Kyra, Akita mag es vielleicht nicht mitbekommen haben, doch ich schon. Ich habe dich heute Nacht bemerkt, deshalb weiß ich auch, dass du nun die Wahrheit kennst“, seufzte er.

Ich runzelte die Augenbrauen und überlegte einen Moment, ob ich die Unwissende spielen sollte. Allerdings wusste ich, dass Samu mich sofort durchschauen würde. Also entschied ich mich dafür, ehrlich zu ihm zu sein.

„Du wusstest es die ganze Zeit, warum hast du es mir nicht erzählt?“, fragte ich gekränkt. „Ich dachte, wir können einander vertrauen.“

„Es tut mir so leid, aber du musstest es von ihr hören. Es stand mir nicht zu, dieses Wissen mit dir zu teilen. Doch ich wollte auch, dass du es endlich erfährst, deshalb habe ich Akita nichts gesagt“, erklärte er.

Kopfschüttelnd sah ich ihn an. Das sollte also seine Entschuldigung dafür sein? Er hatte genau gewusst, wie es mir mit der ganzen Situation ging und seine einzige Entgegnung war, dass ich es von Akita erfahren sollte?

„Was willst du jetzt von mir?“, fragte ich zorniger, als ich wollte.

„Bitte versteh doch, ich möchte euch nur helfen. Akita geht es auch nicht gut mit dieser Sache. Sie ist verzweifelt und braucht dich", versuchte er zu erklären, doch ich unterbrach ihn barsch.

„Nein, Samu, wenn sie Hilfe brauchen würde, dann wäre sie ehrlich zu mir. Ich kann nicht fassen, dass sie denkt, ich könnte ihr jemals etwas antun. Das könnte sie vielleicht, aber ich sicher nicht. Akita hat sich für ihren Weg entschieden und so, wie ich das sehe, gibt sie Saphiras Forderung nach. Wenn sie unbedingt die Person von früher werden möchte, bitteschön, ich werde sie nicht aufhalten. Was mich allerdings wirklich kränkt, ist ihre Annahme, dass ich mich nicht verteidigen könnte." Ich schluckte die aufkommenden Tränen herunter, bevor ich weitersprach, „Sie opfert sich für mich. Weiß sie denn nicht, dass mein Leben ohne sie keinen Sinn macht? Dann könnte sie mich genauso Saphira ausliefern."

Ich wandte mein Gesicht ab, damit Samu meine Tränen nicht sehen konnte. Woher dieser Gefühlsausbruch plötzlich kam, wusste ich nicht genau. Oder doch ...? Ich war enttäuscht, gekränkt und wütend. Warum ich es an Samu ausließ, war mir nur nicht klar. Ihn traf so gesehen die geringste Schuld.

„Ich kann dich sehr gut verstehen, aber du musst versuchen, Akita ebenfalls zu verstehen. Sie möchte dich doch nur beschützen", versuchte der junge Mann es erneut.

„Ich will aber nicht beschützt werden! Wenn jemand Schutz bräuchte, dann Akita!", schrie ich ihn verzweifelt an.

Es war mir in diesem Moment egal, ob Akita uns hören konnte oder nicht. Warum wollte mich immer jeder schützen? Ich konnte sehr gut auf mich allein aufpassen, wäre dem nicht so, hätte ich es nicht einmal in Akitas Nähe geschafft.

„Ich bin stärker, als sie denkt", flüsterte ich mehr mir selbst zu als Samu.

Der junge Arzt legte sanft seinen Arm um meine Schultern und drückte mich an sich. Er wollte nur für mich da sein, das verstand ich, sein Mitleid wollte ich in diesem Moment allerdings nicht.

„Bitte lass` mich jetzt allein. Ich muss meine Gedanken sortieren, bevor ich komplett den Verstand verliere", murmelte ich und löste mich aus seiner Umarmung.

Er nickte nur und kurz darauf war ich wieder allein.

Ich wischte mir die Tränen aus dem Gesicht, welche sich mit dem beginnenden Regenschauer vermischten. Die kühlen Tropfen kühlten mein heißes Gesicht, und ich konnte mich langsam sammeln.

Da mir der Regen nichts ausmachte, versuchte ich nun in aller Ruhe noch einmal, mich zu konzentrieren. Das Prasseln des Regens erleichterte es mir, meine innere Ruhe wieder zu finden. Gerade, als ich einen friedlicheren Gemütszustand erreicht hatte, vernahm ich erneut Schritte in meiner Nähe.

Dieses Mal wurde ich wütend. Es konnte doch nicht sein, dass man nicht einmal in Ruhe meditieren konnte, ohne gestört zu werden. Hatte Samu nicht begriffen, dass ich für mich sein wollte?

„Hatte ich dir nicht gesagt, dass ich alleine sein will?", rief ich gereizt, ohne mich umzudrehen.

„Jedenfalls nicht mir", ertönte Akitas Stimme hinter mir.

Rasch drehte ich mich um, verwirrt, unsicher, was ich nun sagen sollte.

„Wenn du allein sein möchtest, gehe ich wieder“, erklärte die Prinzessin und wollte gerade wieder umkehren.

„Nein, warte. Es tut mir leid, ich dachte, du wärst Samu. Du kannst gern bleiben, wenn du möchtest“, entgegnete ich schnell.

Die Prinzessin grinste und lief langsam auf mich zu. Dieser Gesichtsausdruck beunruhigte mich, auch das Kribbeln in meinem Bauch war wieder da. Was hatte sie vor? Dieses Grinsen setzte sie in der Regel nur auf, wenn sie den Plan verfolgte, mich verrückt zu machen ...

„Was ist?“, fragte ich nervös.

„Ich dachte mir, wir könnten mal wieder gemeinsam trainieren. Du weißt schon, wie in alten Zeiten“, murmelte sie mit einem verschmitzten Lachen.

Mit ‘alten Zeiten’ meinte sie wohl die Zeit vor unserer Beziehung. Ich erinnere mich genau daran, wie wir das erste Mal im Regen trainiert hatten. Damals besaß ich noch die Macht, das Feuer zu beherrschen und Akita hatte mir gezeigt, wie man Blitze kontrollierte. Dieser Moment war einer von vielen, in denen ich ihr voll und ganz verfallen war.

Ich war verwirrt. Was wollte sie damit bezwecken? Wollte sie mich vielleicht einfach verwirren? Ablenken? Oder vorbereiten?

„Na komm schon, ich werde auch lieb sein“, stichelte sie.

Ich versuchte, mich zusammenzureißen, und die aufkommende Röte in meinem Gesicht zu unterdrücken. Diese ließ sich allerdings nicht zurückhalten, als ich Akita genauer musterte. Da sie ihre Rüstung noch nicht trug, ließ ihre bereits vom Regen durchnässte Kleidung mehr erahnen, als ich verkraften konnte. Der nasse Stoff hatte sich an jede ihrer Kurven geschmiegt; ihr muskulöser Körper war deutlich darunter zu erkennen.

Ich schluckte, als ich mit aller Gewalt versuchte, meinen Blick abzuwenden. Doch als ich das goldene Blitzen ihrer Augen sah, verstärkte sich mein Bauchkribbeln sowie die damit aufkommende Nervosität nur.

„Ist das ein Ja?“, fragte sie aufreizend, als ich mich vor ihr in Kampfposition brachte.

Plötzlich unsicher, ob es eine gute Idee war, mit der Prinzessin zusammen zu trainieren, nickte ich und bereitete mich auf den ersten Angriff vor.

„Es ist nur eine Trainingseinheit“, sprach ich mir selbst Mut zu.

Fokussiert auf meine Atmung ließ ich die Kraft in mich strömen und bildete das erste Eis an meinen Fingern. Ich starrte Akita direkt in die Augen, auch ihr Blick sagte mehr als tausend Worte. All die aufgestauten Gefühle kamen plötzlich mit voller Wucht hervor, als ich meine erste Attacke abfeuerte.

Die gefährlichen Eissplitter rasten auf die Prinzessin zu, doch sie machte keine Anstalten, sich zu bewegen oder zu kontern. Überrascht sah ich dabei zu, wie sich ohne eine sichtbare Bewegung durch Akita eine riesige violette Feuerwand vor ihr erhob und meine Eisattacke abwehrte.

Mit offenem Mund starrte ich sie an. Mir war bewusst, dass sie mit viel Anstrengung in der Lage war, ihr Feuer durch reine Gedankenkraft zu beherrschen, dass sie es allerdings schaffte, ihre neu erlernte Macht so schnell auf diese Art einzusetzen, verblüffte mich doch sehr.

„Erstaunt?“, fragte sie neckisch, ein freches Lachen auf den Lippen.

„Nein“, log ich nüchtern.

Ich wusste nur allzu gut, dass ich in diesem Kampf auf alles gefasst sein musste. Das violette Feuer verstärkte Akitas Gefühle, also war sie wohl zu allem fähig. Sie hatte mich damit auch schon angegriffen und verletzt. Sollten ihre Emotionen zu stark werden, könnte das einer der schwierigsten Kämpfe meines Lebens werden.

Akitas Gesichtsausdruck wirkte gefährlich, so sehr, wie ich es noch nie bei ihr bemerkt hatte. Ihre goldenen Augen blitzten auf, als sie nun endlich ihre Kampfstellung einnahm.

„Dann will ich das mal ändern“, stichelte sie und schleuderte einen Feuerball auf mich zu.

Das lila Feuer zischte knapp an meinem Gesicht vorbei, als ich mich zur Seite drehte. Das war kein Training mehr. Es war mehr ein wilder Gefühlsausbruch, ein Orkan, welcher mich in ziemliche Schwierigkeiten brachte.

Akita war unfassbar schnell, ihre Attacken kamen fast ohne Pause schnell nacheinander auf mich zu. Ich hatte kaum eine Chance, zu kontern. Ich wich aus, so gut ich konnte, doch einen Gegenangriff konnte ich nicht starten, dafür blieb keine Zeit. Ihre letzte Attacke warf mich zu Boden, da ich nicht schnell genug war, auszuweichen.

Der harte, nasse Boden unter mir ließ mich frösteln. Die Feuchtigkeit durchdrang rasch meine Kleidung. Mit dem Gesicht im Dreck liegend, versuchte ich, meine Kräfte erneut zu mobilisieren. Meine Ausdauer ließ aktuell zu wünschen übrig; ich atmete bereits schwer. Gerade als ich mich einigermaßen gesammelt hatte, hörte ich ein Knistern in der Luft.

Ich wusste genau, was nun kam. Der Regen um uns herum schien sich elektrisch aufgeladen zu haben, denn die Luft stand wortwörtlich unter Strom. Ich fühlte das Kribbeln auf meiner Haut; die Spannung in der Luft ließ mich einen Moment innehalten.

„Das ist nicht dein Ernst", sagte ich mehr zu mir als zu Akita.

Mein gesamter Körper erstarrte vor Schreck, als ich die Prinzessin erblickte. Ihre Silhouette war von einem knisternden Blitz, welcher von einer violetten Flamme umhüllt war, umgeben. Jeglicher Muskel in ihr schien angespannt zu sein, ihre Augen funkelten gefährlich, mordlüstern.

„Akita, nein!", schrie ich laut, doch es war bereits zu spät.

Mein Blut gefror, als ihr Blitz auf mich zuschoss. Meine Welt schien stehen zu bleiben, alles bewegte sich im Zeitlupentempo. Dieser Attacke konnte ich nicht ausweichen, dafür war es zu spät.

Warum tat sie mir das an? Hatte sie solch eine Wut auf mich, dass sie mich töten wollte? Diese Attacke würde dies auf jeden Fall zur Folge haben. Was hatte ich ihr nur getan? Für diese Gedanken war es allerdings viel zu spät. Ich wandte meinen Kopf ab und wartete auf das Ende.

Doch es kam nicht.

Kurz bevor der Blitz alles Leben in mir auslöschen würde, verschwand er plötzlich im Nichts. Ich begriff nicht, was gerade passiert war. War es vorbei? Hatte sie mich getötet? Nein, ich befand mich immer noch auf dem gleichen Fleckchen Erde.

Langsam drehte ich mich wieder zu Akita um. Die Prinzessin hatte ihre Position nicht verändert, sie stand jedoch nun unkontrolliert zitternd vor mir. Ihre Fingerspitzen rauchten, doch der Blitz war nicht mehr zu sehen. Sie sah mich nicht an, sondern blickte gebannt auf etwas hinter mir.

„Nein, das hat sie nicht!“, schrie Akita plötzlich.

Verwirrt sah ich sie an. Mit wem sprach sie da?

„Das kannst du nicht entscheiden!“, rief sie erneut.

Ich drehte mich um und erblickte Xatar, welcher sich hinter mir befand. Seine feurigen Augen fixierten die Prinzessin, sein Maul war geöffnet, als würde er jeden Moment Feuer speien.

Mit ihm sprach sie also. Hatte er ihre Attacke aufgehalten?

„Xatar, was ist hier los?“, fragte ich telepathisch und versuchte so, Kontakt zu ihm herzustellen.

Es funktionierte tatsächlich, und er gewährte mir Einblick in die Konversation zwischen ihm und Akita.

„Du hast nicht das Recht, sie so zu behandeln. Zügle dich und deine Gewalt! Die Wut, welche du auf Saphira hast, hat nichts mit Kyra zu tun“, sprach er.

„Natürlich hat sie etwas damit zu tun! Dank ihr stecke ich in diesem Schlamassel! Hätte sie mich nicht überredet, Aduro zu besiegen, wären Saphira und ihre Elite nie ausgebrochen. Wäre sie nicht gewesen, hätte ich mich nie in diese feinfühlige und verletzliche Person verwandelt. Ich bin nun schwach, zu nichts zu gebrauchen!“, fauchte Akita telepathisch, sie wusste nicht, dass ich das Gespräch mithören konnte.

„Das bist nicht du. Du weißt, das Fulgor aus dir spricht, nicht du selbst“, erwähnte Xatar.

Fulgor? Wer war das denn? Meinte Xatar damit vielleicht ihre neu erhaltene Kraft?

„Fulgor hat damit nichts zu tun! Du hast mir seine Kraft gegeben, also hättest du um die Konsequenzen wissen müssen“, entgegnete sie hart.

„Akita sei ehrlich zu dir selbst. Willst du wirklich Kyra die Schuld für dein Verhalten geben?“, versuchte er es erneut.

Ich sah zu ihr hinüber und bemerkte, wie sehr sie mit sich selbst kämpfte. Das Zittern, welches ihren Körper vollständig beherrschte, schien noch stärker zu werden.

„Ja“, zischte sie zwischen zusammengepressten Lippen hervor.

„Selbst wenn ich es könnte, würde ich es nicht rückgängig machen“, schaltete ich mich in das Gespräch ein.

Die Prinzessin erschrak beim Klang meiner Stimme. Sie starrte mich fassungslos an, anschließend warf sie Xatar einen wütenden Blick zu.

„Du hast sie mithören lassen?“, fuhr sie ihn an.

„Hör auf, auf Xatar wütend zu sein. Wenn jemand das Recht hat, wütend zu sein, dann bin ich es!“, antwortete ich anstelle des Drachen.

„Kyra, hör mir zu, ich ...“

„Nein, du hörst mir jetzt mal zu!“, unterbrach ich sie. „Du verschweigst mir den wahren Grund unserer Trennung, verhältst dich wütender als je zuvor, willst mir die Schuld geben - und das alles für was? Damit du beruhigter bist? Damit du wieder die sein kannst, die du früher warst? Bitte, ich werde dich nicht davon abhalten. Doch ich werde nicht zulassen, dass du mir die Schuld für Saphiras Ausbruch in die Schuhe schiebst! Du hast dich aus freien Stücken dafür entschieden, Aduro zu stürzen. Du hattest immer eine Wahl! Selbst als ich dir meine Gefühle offenbart habe! Tu nicht so, als hätte ich dich zu etwas gezwungen!“

Meine Stimme wurde lauter und lauter, all meine Wut trat nun zutage.

„Sei dir allerdings sicher, solltest du wieder zu einem brutalen Monster mutieren, werde ich alles tun, um dich zu retten. Du wirst mich niemals loswerden, dafür musst du mich schon töten. Wobei du scheinbar selbst davor nicht mehr zurückschreckst“, meine Stimme versagte, als ich die letzten Worte aussprach.

Ein dumpfer Schmerz breitete sich in meiner Brust aus, als mir klar wurde, wie weit sie bereits gegangen war. Saphira hatte sie fast da, wo sie sie haben wollte. Das Monstrum in ihr trat immer deutlicher hervor.

Akita hatte auf meine Vorwürfe nichts zu entgegnen, also redete ich weiter auf sie ein.

„Ich gebe dir jetzt eine letzte Chance, mir zu sagen, was los ist. Überlege dir deine Antwort gut, denn ich kann für nichts garantieren. Wenn du mich erneut vertrösten willst, ist es aus. Egal, was es auch ist, ich werde es verstehen, aber rede mit mir! Wir können all das vergessen - das funktioniert aber nur, wenn du endlich ehrlich zu mir bist."

Ich wusste, dass ich mich mit dieser Forderung weit aus dem Fenster gelehnt hatte, aber ich sah keinen anderen Weg mehr. Wir mussten endlich anfangen, gemeinsam an dieser Sache zu arbeiten, bevor wir uns gegenseitig zerstören würden.

Innerlich flehte ich, dass sie endlich mit mir reden würde. Akita schien ebenfalls mit sich im inneren Konflikt zu stehen. Sie sah mich nicht an, sondern wich meinem forschenden Blick aus.

„Sie wird nicht mit mir reden", dachte ich enttäuscht.

„Na gut", murmelte die Prinzessin. Und fügte leise hinzu: „Ich kann nicht mehr anders."

Hatte ich richtig gehört? Sie wollte mit mir reden? Doch noch? Jetzt?
Nein, womöglich hatte ich mich verhört. Ich musste unbedingt sichergehen.

„Du erzählst mir also, was los ist?“, hakte ich nach.

Die Prinzessin nickte, ihr Körper entspannte sich nun merklich, doch ihr Blick blieb weiterhin auf den Boden gerichtet. Ich konnte es nicht fassen. Ein immenses Glücksgefühl breitete sich in meiner Brust aus.

„Okay, dann höre ich dir zu“, antwortete ich erleichtert und setzte mich im Schneidersitz auf die nasse Erde. Mir war alles egal. Hauptsache, sie sprach endlich mit mir.

Der Regen hatte aufgehört und warme Sonnenstrahlen kämpften sich wie auf Zuruf durch den wolkenverhangenen Himmel. Es schien fast so, als würde die Sonne nur für uns beide herauskommen.

Ich dankte Xatar still, bevor er uns allein ließ und hinter den Bäumen verschwand. Akita stattdessen setzte sich neben mich und atmete tief ein und aus.

„Egal, was du mir gleich sagen wirst, ich werde dich nicht dafür hassen“, versuchte ich sie zu beruhigen.

Die Prinzessin nickte erneut und sah mir tief in die Augen. Ein letzter tiefer Atemzug, und sie begann zu erzählen.

„Runa hat Saphira nicht besiegt, sie ist freiwillig gegangen“, begann Akita leise und mit zitternder Stimme. „Runa hatte zwar ihre Schulter verletzt, doch gegangen ist sie aus freien Stücken. Nachdem sie dich ohnmächtig geschlagen hatte, ging sie zu mir und machte mir ein Angebot. Sie würde uns beide am Leben lassen, wenn ich wieder die Anführerin von früher werden würde. Erst verstand ich nicht genau, was sie damit erreichen wollte, aber ich stellte keine Fragen. Saphira meinte, entweder ich würde wieder gefühlskalt, stark und unbarmherzig als Kriegerin werden oder sie würde dich mitnehmen und foltern, so wie sie es bei mir getan hatte. Ich stimmte dem faulen Deal zu, denn ich sah keine andere Möglichkeit: Ich wusste, sie würde es wahrmachen, würde dich mitnehmen, wenn ich widersprach. Ich dachte, es würde uns schon beizeiten etwas einfallen, diesem Miststück den Garaus zu machen. Ich lag so unglaublich falsch ..."

Die Prinzessin schluckte schwer, bevor sie weitersprach.

„Trotz meiner Zustimmung begann sie ihrer Drohung Nachdruck zu verleihen: Sie schlug immer wieder auf mich ein. Ich durfte keinen Laut von mir geben. Sie erklärte mir, dass dies die „sanfte Art" war, den Pakt zu besiegeln. Wenn ich jedoch versuchen würde, sie zu hintergehen, würde meine Strafe deutlich schlimmer ausfallen. Ihre Schläge waren hart und schienen aus dem Nichts zu kommen; ich konnte nicht ausweichen. Kurz bevor ich ohnmächtig wurde, flüsterte sie in mein Ohr, dass ich früher oder später sowieso wieder ein Monster werden würde – so oder so", sie sah mir tief in die Augen, ihr Blick voller Trauer. „Das war auch der Grund, warum ich dich gebeten hatte, mich zu töten. Ich begann ihr zu glauben ..."

Mein Herz zerbrach förmlich in zwei Teile, als ich die Prinzessin so verletzlich vor mir sah. Ich wollte mir nicht einmal ausmalen, was Saphira ihr an diesem Abend angetan hatte. Doch statt etwas zu sagen, legte ich verständnisvoll und als Zeichen meiner Zuneigung meine Hand auf Akitas.

„Als ich wieder auf den Beinen war, fand ich einen Brief in meiner Unterkunft. Darin stand, dass ich einen Tag Zeit hatte, mich endgültig zu entscheiden. Sollte ich versuchen, sie zu hintergehen, würde sie uns finden und dich mitnehmen, um dich zu Tode zu quälen. Ich möchte dir nicht erzählen, welche Foltermethoden sie in diesem Brief aufgezählt hatte. Sofort war meine alte Angst wieder da. Für mich stand fest, dass ich dich um jeden Preis beschützen musste. Ich hatte gehofft, nein gebetet, dass du mich nicht dafür hassen würdest, denn ich hasste mich selbst schon genug dafür, dass ich dir diese Trennung ohne jegliche Erklärung zumuten musste."

Damit beendete sie ihren Bericht. Einerseits war ich erleichtert, dass sie mir nun endlich den Grund für all die Verwirrung genannt hatte, andererseits war ich sehr schockiert über Saphiras Vorgehensweise. Ich wusste nicht, was ich an Akitas Stelle getan hätte.

„Ich verstehe dich, aber warum hast du nicht daran gedacht, dass wir sie gemeinsam besiegen können? Warum gehst du davon aus, dass sie mich in die Finger bekommt?", fragte ich leise und vorsichtig nach. War da noch etwas, das ich wissen musste?

„Es ist so: Saphira kriegt immer, was sie will, ganz egal wie. Dieses Risiko wollte ich nicht eingehen. Du hast doch selbst gesehen, wie schnell sie uns besiegt hat. Wir waren machtlos und sind es vielleicht noch immer. Für mich war es die einzige Möglichkeit, dich zu beschützen. Auch wenn du mich dafür gehasst hast, vielleicht sogar getötet hättest, wärst du immerhin in Sicherheit gewesen", murmelte sie niedergeschlagen.

„Ich hasse dich nicht, das würde ich nie", antwortete ich.

Bei diesen Worten fiel Akitas Maske. Ich sah in ihr schönes Gesicht, das so viel Schmerz und Sorge spiegelte. Sie legte ihre Arme um mich und zog mich fröstelnd an sich.

„Es tut mir so leid. Ich hatte gehofft, dass du mich verlassen würdest und ein neues, normales Leben irgendwo anders anfangen könntest. Ich habe einfach das Gefühl, dass du mit mir zusammen stetig in Gefahr schwebst“, fügte sie noch hinzu.

„Ich würde nirgendwo lieber sein, als an deiner Seite, ganz egal, wie schwer es auch sein wird. Aber bitte versuche nie wieder, mich von dir wegzustoßen. Wir finden einen Weg, um mit Saphira zurechtzukommen. Doch diesen Weg müssen wir gemeinsam finden“, versicherte ich ihr.

Akita schüttelte jedoch ihren Kopf. Dann nickte sie. Ich war verwirrt.

„Nein, also ja ... Meine Meinung dazu hat sich nicht geändert. Ich werde dich nicht in Gefahr bringen, nur weil ein paar Psychopathen mich jagen. Ich kann das einfach nicht zulassen, dazu liebe ich dich viel zu sehr.

Ich habe nur eine Bitte an dich: Versprich mir, dass du dich immer an die guten Seiten von mir erinnern wirst.“

Moment mal, wie bitte?! Was sollte das denn heißen? Das war nicht ihr Ernst, oder?

Kapitel 12

„Ok, nur um das klar zu stellen. Ich werde nicht zulassen, dass diese Verrückte so viel Macht über dich hat. Ich werde dir dabei helfen, sie zu besiegen! Darüber werde ich nicht mit dir streiten. Versuche nur, mich aufzuhalten, das wirst du nicht schaffen. Ich stehe zu dir, ganz egal, wie kompliziert die ganze Sache ist, verstehst du das nicht? Und ob Saphira eine große Gefahr für mich darstellt, entscheide immer noch ich!"

Meine Stimme klang dunkel vor Wut. Wir hatten uns gerade erst ausgesprochen und nun zeigte sich die Prinzessin doch wieder uneinsichtig. Das konnte nicht wahr sein. Ich wusste ja, dass sie stur sein konnte, aber dass sie auch noch so naiv war, zu glauben, ich würde sie allein lassen, enttäuschte mich. Kannte sie mich so schlecht?

Akita gab mir keine Antwort, was meine Wut nur noch verstärkte. Die Prinzessin sah schon wieder in die Ferne, als würde sie mir nicht einmal mehr zuhören. Intuitiv packte ich sie an beiden Armen und zwang sie dazu, mich anzusehen.

„Hast du mir nicht zugehört? Ich werde dich nicht allein lassen! Wir haben es schon einmal geschafft, einen schwierigen Gegner zu bezwingen. Wir haben uns zwischen zwei verfeindete Länder gestellt, weil wir nicht ohne einander sein konnten, und du möchtest jetzt alles aufgeben, nur weil Saphira es dir sagt? Erinnere dich an unsere

Anfänge, im Gegensatz dazu ist Saphira ein Kinderspiel“, versuchte ich ihr erneut klar zu machen.

Mein letzter Satz hatte sie scheinbar berührt. Ihr vorher noch so ängstlicher und besorgter Blick wandelte sich zu einem liebevollen Ausdruck. Die Prinzessin legte ihre Hand an meine Wange und streichelte sanft mit dem Daumen darüber. Sie wandte ihren Blick jedoch ab und sah für einen Moment zu Boden.

„Bist du dir sicher?“, fragte sie, ohne ihren Kopf zu heben.

Ich musste tatsächlich staunen. Sie war gerade dabei, über ihren eigenen Schatten zu springen! Ich wurde einfach nicht schlau aus ihr.

„Natürlich bin ich das. Wir haben doch bis jetzt alles gemeinsam geschafft“, antwortete ich eindringlich und legte meine Hand auf ihre Schulter.

„Na gut, ich hoffe nur, du bist dir im Klaren, was passieren könnte. Wenn dir etwas passiert, ...“

Ich unterbrach sie, bevor sie ihren Satz überhaupt zu Ende sprechen konnte: „Denk nicht daran, was sein könnte, sondern daran, wie wir alles schnellstmöglich beenden können.“

Akita nickte und sah mich mit einem schwachen Lächeln an.

„Du hast recht. Es tut mir leid, wie ich mich verhalten habe. Ich wollte dich nie verletzen“, entschuldigte sie sich leise.

„Schon ok. Jetzt weiß ich ja, warum du so gehandelt hast“, erwiderte ich und zog sie an mich.

Ich gab ihr einen Kuss auf die Wange und legte meinen Arm ganz um sie.

„Ist dann wieder alles in Ordnung zwischen uns?“, fragte ich nervös.

Auch wenn wir das große Geheimnis nun gelüftet hatten, ich wusste noch immer nicht sicher, ob Akita trotz allem noch mit mir zusammen sein wollte. Sollte sie jetzt widersprechen, hatten wir diese Beziehung letztendlich zerstört.

„Wenn du immer noch mit mir zusammen sein möchtest“, murmelte sie.

„Ich glaube, meine Antwort kennst du bereits“, antwortete ich schmunzelnd.

Mir fiel ein immenser Stein vom Herzen, als ich realisierte, dass ich Akita nun endlich wieder an meiner Seite wusste. Die Zeit ohne sie war die reinste Hölle für mich gewesen. Erst jetzt bemerkte ich, wie sehr ich doch unter dieser Trennung gelitten hatte. Egal, wie oft ich versucht hatte, all die Schmerzen herunterzuspielen, sie waren trotzdem da gewesen. Jetzt, nachdem alles geklärt war, konnte ich endlich wieder mit der Liebe meines Lebens zusammen sein.

Überglücklich nahm ich sie in die Arme und drückte sie, so fest ich konnte. Ein paar Freudentränen bahnten sich den Weg über mein Gesicht, denn ich konnte und wollte meine Emotionen jetzt nicht mehr kontrollieren.

„Ich habe dich so sehr vermisst, weißt du das eigentlich?“, flüsterte ich in ihren Nacken.

Akitas Umarmung wurde fester, als würde sie mich nie mehr loslassen wollen.

„Mir ging es nicht anders", antwortete sie und küsste mich auf den Hals. „Ich liebe dich, und das werde ich immer tun. Ganz gleich, was kommt."

Innerlich strahlte ich bei diesen Worten. Ich löste mich sanft von ihr, um ihr direkt in die Augen sehen zu können, welche ebenfalls mit Tränen gefüllt waren. Das tiefe Gold strahlte jedoch voller Freude, auch wenn der Funken Reue nicht zu übersehen war.

„Ich liebe dich auch. Ganz egal, was passiert, ich werde dich immer lieben", murmelte ich leidenschaftlich.

Mein ganzer Körper war mit Freude, Glück und Wärme geflutet. Eine Horde Schmetterlinge flog in meinem Bauch auf, als Akita mich küsste. Es war kein gequälter Kuss sowie vor Kurzem, sondern ein Kuss voller echter Leidenschaft und Liebe. Ich hatte die Hoffnung schon fast verloren gehabt, sie jemals wieder so sinnlich küssen zu dürfen, doch in dieser Sekunde hatten sich all meine Sorgen in Luft aufgelöst. Ich versank in diesem Moment, als würde mein Leben davon abhängen.

Nach einer gefühlten Ewigkeit trennten sich unsere Körper wieder voneinander, und wir sahen einander einfach nur an. Unsere Blicke versprachen Freude, Loyalität und Hingabe. Ich wusste, dass sie bereute, was sie getan hatte, doch nachdem sie mir alles erklärt hatte, verstand ich ihr Verhalten einigermaßen. Sie musste sich keine Vorwürfe machen, ich konnte nicht einmal genau sagen, wie ich in dieser Situation gehandelt hätte.

„Wir sollten langsam zu den anderen gehen“, unterbrach Akita meinen Gedankenstrom.

Ich nickte und wir liefen gemeinsam zurück zur Höhle.

Dort angekommen wurden wir bereits erwartet und mit neugierigen Blicken bedacht. Ich grinste und nahm Akitas Hand in meine. Auch sie konnte sich ein Lächeln nicht verkneifen.

Misha sprang quietschend vor Freude auf mich und warf mich dabei fast um.

„Ihr habt es endlich geschafft“, quiekte sie voller Freude. „Ihr habt wieder zueinandergefunden.“

Ich lachte nur und drückte sie ein Stück von mir weg, bevor mich ihre Umarmung noch erdrückte.

„Ihr seid doch wieder zusammen, oder?“, fragte sie sicherheitshalber nach.

„Ja, wir sind wieder zusammen“, antwortete ich lachend.

Sie umarmte mich erneut, ihre Augen strahlten. Ich blickte kurz zu Akita hinüber, welche von Samu in den Arm genommen wurde.

„Hast du ihr endlich die Wahrheit gesagt?“, fragte er nach.

Sie nickte und Samu legte ihr anerkennend eine Hand auf die Schulter.

„Gut gemacht. Ich habe dir doch gesagt, sie wird es verstehen. Sie ist klug und einfühlsam.“

„Genug der Erklärungen“, begann Akita nun in geschäftsmäßigerem Ton, das Lächeln auf ihren Lippen verschwand jedoch nicht: „Ich denke, wir haben uns nun genug ausgeruht. Wir sollten allmählich aufbrechen und weiter nach Saphira suchen. Vergesst allerdings nicht, dass Runa auch irgendwo da draußen ist.“

„Wie sieht der Plan aus?“, fragte ich.

„Nun, ich denke, wir sollten zu den Städten gehen, welche Saphira angegriffen hat. Dort haben wir die größten Chancen, eine Spur zu finden“, antwortete Akita. „Packt eure Sachen, wir werden bald aufbrechen.“

Wir machten uns daran, unsere restlichen Sachen einzupacken. Währenddessen löcherte mich Misha mit Fragen zu der Prinzessin und unserer Aussprache. Ich versuchte, sie so gut es ging, abzuwimmeln, da ich es für klug hielt, wenn so wenig Leute wie möglich davon wussten.

Es funktionierte tatsächlich und Misha lenkte das Thema recht schnell wieder auf sich selbst. Sie erzählte mir davon, was sie tun würde, wenn wir Saphira und ihre Elite besiegt hätten. Ich schmunzelte über ihren Optimismus und wünschte, es würde so leicht gehen, wie sie es sich vorstellte.

Schon bald hatten wir alles eingepackt. Ich rief Reiko, da der Weg zu Fuß doch viel Zeit in Anspruch nehmen würde. Ich setzte mich nach vorne, Akita direkt hinter mich. Samu und Misha bildeten das Schlusslicht auf dem Drachenrücken. Mit einem kräftigen Flügelschlag erhoben wir uns in die Lüfte. Es war herrlich, ich würde mich nie ans Fliegen gewöhnen, es war einfach zu schön.

Ich bemerkte, wie Akita sich dicht an mich drückte und ihre Arme um meine Hüfte legte. Sofort durchfuhr mich ein leichtes Kribbeln. Ich hatte ihre Berührungen so sehr vermisst. Ihre Wärme und ihre Nähe jetzt wieder spüren zu können, erfüllte mich mit immensen Glücksgefühlen.

Akita legte ihren Kopf auf meine Schulter. Ihr warmer Atem kitzelte mich im Nacken und verursachte eine Gänsehaut.

„Erinnerst du dich an unseren ersten Flug?“, murmelte sie leise.

Beim Gedanken daran musste ich schmunzeln. Akita hatte zuvor noch nie einen Drachen gesehen, geschweige denn von ihrer Existenz gewusst. Ihr Gesicht, als ich ihr Reiko vorgestellt hatte, werde ich wohl nie vergessen.

„Wie könnte ich das vergessen“, antwortete ich mit einem Grinsen auf den Lippen.

Als ich ihr meinen Drachen gezeigt hatte, hatte dies auch Hingabe bedeutet: Es war der erste Schritt gewesen, ihr mein ganzes Vertrauen entgegenzubringen. Das war kurz, nachdem Runa uns angegriffen hatte. Beim Gedanken an Runa wurde mir gleich etwas mulmig. Niemand wusste, wo sie aktuell war, geschweige denn auf welcher Seite sie gerade stand.

„Kann ich dich etwas fragen?“, wechselte ich das Thema.

„Natürlich. Bedrückt dich etwas?“

Ich überlegte einen Moment, ob ich Akita auf Runa ansprechen sollte oder nicht. Ich entschied mich dafür.

„Was denkst du, macht Runa? Wird sie noch auf unserer Seite sein, nachdem, du weißt schon.“

„Nein, ich denke nicht“, antwortete die Prinzessin kühl. „Was ich ihr angetan habe, ist unverzeihlich. Ich möchte sie ehrlich gesagt ohnehin auch nicht mehr in meiner Nähe sehen.“

Akitas kühler Ton beunruhigte mich, doch ich musste ihre Meinung akzeptieren. Also nickte ich nur und schwieg.

„Würdest du mir verzeihen, wenn ich dir Derartiges angetan hätte?“, murmelte sie nach einer stillen Minute.

Ich atmete tief ein. Sie traf in diesem Fall leider die ganze Schuld, ich konnte allerdings nicht sagen, ob ich ihr an Runas Stelle verzeihen würde. Sie hatte Runa fast getötet, schlimmer noch, sie hatte sie zuvor gefoltert. Selbst als Runa völlig verzweifelt beteuerte, sie wüsste nicht mehr, hatte Akita nicht aufgehört, sie zu quälen.

„Sie hat es überlebt, das ist alles, was zählt“, raunte ich kaum hörbar zurück.

Ich hätte sie lieber nicht auf die ehemalige Leibwache ansprechen sollen. Die Erinnerung war noch zu frisch und ihre Schuldgefühle zu tief. Wir beide fühlten uns unbehaglich.

„Kyra, dort unten bewegt sich etwas“, hörte ich plötzlich Reikos tiefe Stimme in meinem Kopf.

Aus meinen Gedanken gerissen starrte ich nach unten, konnte jedoch nichts erkennen. Es schien alles friedlich zu sein, die Bäume bewegten sich mit dem Wind, Vögel zwitscherten melodisch. Mein Drache musste sich geirrt haben oder die Bewegung eines Tieres gesehen haben. Da wir allerdings schon eine Weile unterwegs waren und die Dämmerung bereits hereinbrach, konnte ich nicht alles genau erkennen.

„Akita, Reiko meint ..."

Weiter kam ich nicht. Ich vernahm ein Zischen, gefolgt von einem Pfeil, der sich schmerzhaft unter mein Schlüsselbein bohrte, zu rasch, um reagieren zu können. Ein brennender Schmerz breitete sich um die getroffene Stelle aus wie Wellen um einen ins Wasser geworfenen Stein. Der Schmerz raste durch meinen gesamten Arm und Oberkörper.

„Kyra!", Akitas Stimme klang panisch. „Vorsicht. Wir werden angegriffen!"

Plötzlich wurde alles sehr chaotisch. Die bis gerade noch so friedlich daliegende Welt unter uns wurde von spitzen Pfeilen gesäumt, welche in rasender Geschwindigkeit genau auf uns zukamen. Ich riss mit einem Schrei den fingertief eingedrungenen Pfeil aus meiner Schulter und versuchte, die auf uns zuhaltenden Pfeile abzuwehren. Das Adrenalin schoss durch meine Adern, und ich konnte mein eigenes Blut in meinen Ohren rauschen hören. In Sekundenschnelle waren alle Anwesenden kampfbereit und feuerten zurück: Sie schossen ihr Feuer in Richtung der bisher nicht erkennbaren Angreifer.

„Reiko, runter!", brüllte ich meinen Begleiter an, als ein brennender Pfeil direkt auf uns zuschoss. „Festhalten!"

Der Drache setzte zu einem Sturzflug direkt auf die Bäume an. Wir mussten die Angreifer identifizieren, vor allem aber lokalisieren. Doch dies war nicht mal so einfach. Akita und der Rest der Truppe wehrten den Angriff, so gut es ging, ab.

Es mussten ein paar Dutzend Bogenschützen sein, welche uns unter Beschuss nahmen. Es gelang uns schließlich irgendwie, Schutz in den Bäumen zu finden. Als wir uns nach den Angreifern umsahen, waren sie allerdings wie vom Erdboden verschluckt.

„Seid vorsichtig, sie müssen hier in der Nähe sein“, warnte Akita uns.

Meine Sinne waren bis aufs Äußerste geschärft, als ich mich umsah und vorsichtig einen Schritt nach dem anderen tat. Reiko hatte ich vorsichtshalber in die Schwerter geschickt, damit wir nicht zu leicht zu entdecken waren.

Plötzlich ein Rascheln. Ich fuhr herum und wollte gerade mein Eis auf die Stelle schießen, als ich meinen Namen hörte. Die Stimme kam mir nur allzu bekannt vor.

„Kyra, was zur Hölle machst du hier?“, schimpfte diese warme, tiefe Stimme.

„Vater?“

Ich war sehr überrascht, hier auf meinen Vater zu treffen. Ich hatte angenommen, er wäre noch immer im Palast und plante seine nächsten Schritte. Doch Zeit für Erklärungen war nicht, denn genau in diesem Augenblick durchbohrte ein weiterer Pfeil meine Brust. Mir stockte der Atem, als der Schmerz mein Gehirn erreichte. Wie in Trance sah ich an mir herunter, sah das Blut, welches dick und dunkel an meiner Rüstung herunterfloss. Ich wollte atmen, meine Lungen konnten mir allerdings keinen Sauerstoff zur Verfügung stellen. Ein metallischer Geschmack breitete sich in meinem Mund aus. Ich zog den Pfeil mit einem Ruck aus mir heraus, nur um ihn anschließend auf den Boden zu fallen zu lassen. Ich sank hinterher: Meine Beine konnten mich nicht mehr halten, also gaben sie einfach nach.

Ich bemerkte zwar schwach den tobenden Kampf um mich herum, wirklich realisieren konnte ich das Geschehen allerdings nicht mehr. Ich sah Akita an meiner Seite, sie schien irgendetwas zu sagen. Ihre panischen hin- und herschauenden Augen sagten genug der stummen Worte: Ich sah den Schrecken, die Angst um mich in ihrem Blick, ich verstand sie auch wortlos. Ich sah erneut an mir herunter, versuchte die Blutung mit meinen Händen zu stoppen, doch alles was ich spürte, war die aufkommende Kälte in meinem Körper, welche selbst dem Blut an meinen Fingern die Wärme nahm.

Eine einzelne Träne fiel, bevor sich alles vor meinen Augen zu drehen begann, und ich auf dem bereits rot gefärbten Waldboden zusammensackte. Das Letzte, was ich sah, war das Tattoo des Mannes, welcher in einiger Entfernung neben mir lag. Das Zeichen der Attentäter.

Es dauerte nicht lang, bis ich die mir nur allzu bekannten, wärmenden Hände auf meiner Haut spürte. Ich hatte es irgendwie geahnt, ich wusste, dass Akita mich heilen würde. Was mich allerdings überraschte war die Tatsache, dass der Kampf noch immer nicht beendet war. Es waren mittlerweile jedoch mehr in den Kampf verwickelt als zu dem Zeitpunkt, an dem ich zusammengebrochen war. Ich erkannte die Uniformen der Eisherrscher und der Kämpfer des Nordens. Schreie zerrissen die Luft, als ich meine Umgebung wieder komplett wahrnehmen konnte. Es war grausam, wie sich die Gegner verhielten, wie so viele Menschen um mich herum verletzt und getötet wurden. Wann würde es endlich keinen Kampf, keinen Krieg mehr geben? Ich war so müde. Am liebsten hätte ich die Augen gleich wieder geschlossen.

„Kyra, bist du ok?" Das Zittern in Akitas Stimme war nicht zu überhören. Ich zwang mich, da zu bleiben und der Wirklichkeit ins Auge zu sehen, so schmerzhaft sie auch war.

Ich nickte, wappnete mich innerlich und versuchte aufzustehen. Die Prinzessin drückte mich allerdings sofort wieder zu Boden. Das war Glück, denn es geschah, kurz bevor ein weiteres Dutzend Pfeile an unseren Köpfen vorbeiflog.

„Los, komm schnell!", rief sie mir zu und half mir, mich aufzurichten.

Der Schmerz in meiner Brust war noch deutlich zu spüren, es war allerdings aushaltbar. Ich wunderte mich, wie die Prinzessin es geschafft hatte, meine tiefe Wunde in so kurze Zeit zu heilen, doch es war der falsche Zeitpunkt, dies zu hinterfragen. Akita stützte mich, als wir ein Stück weit vom Schlachtfeld fortliefen.

„Sie lebt noch!", schrie plötzlich eine verärgerte männliche Stimme.

Ich wusste nicht, wie mir geschah: Ein Angriff, der offensichtlich mir galt. Männer mit schwarzen Masken auf den Köpfen rannten auf mich zu; ihre scharfen Schwerter blitzten in der untergehenden Sonne gefährlich auf. Ein regelrechter Pfeilregen drohte auf mich herab zu gerade prasseln, als plötzlich alles in ein violettes Licht getaucht wurde. Die spitzen Pfeile verglühten, - alles, was auf mir landete, waren verkohlte Holzstückchen.

„Es reicht!“, rief Akita laut und bestimmend.

Ich sah zu ihr auf und bemerkte, dass das violette Licht von ihrer Flamme stammte. Sie hatte uns komplett darin eingehüllt. Mit einer schnellen Bewegung ließ sie ihr Feuer auf unsere Angreifer los, welche an Ort und Stelle innehielten, denn die Flamme schien todbringender als alles, was ich und die Gruppe zuvor je gesehen hatte. Was zurückblieb, waren verkohlte Körper. Rauch stieg von ihnen auf. Mein Erstaunen wich jedoch schnell Angst, als ich die Prinzessin auf ein Knie fallen sah, das Atmen fiel ihr sichtlich schwer.

„Akita, was ist los?“, rief ich ahnungsvoll, denn ich meinte zu wissen, was auf einmal los war.

„Es geht mir gut“, raunte sie atemlos. „Gib’ mir einen Moment.“

Die Prinzessin versuchte aufzustehen, ihr ganzer Körper aber bebte allerdings bei diesem Versuch. Schnell lief ich zu ihr, mein eigener Schmerz war vergessen. Auch Samu hatte sie wohl beobachtet, denn er kam ebenfalls zu Hilfe geeilt.

„Es geht mir gut“, wiederholte Akita, dieses Mal schon etwas überzeugender.

Sie schaffte es tatsächlich, alleine aufzustehen, auch wenn sie noch sehr wacklig auf den Beinen war. Nach ein paar tiefen Atemzügen stand sie wieder fest auf beiden Beinen. Die verbliebenen Männer des Nordens sammelten sich allmählich um uns herum, unter ihnen mein Vater.

„Kyra, geht es dir gut? Was macht ihr überhaupt hier?“

Ich warf noch einen Blick auf Akita, dann wandte ich mich ihm zu: „Das Gleiche könnte ich dich auch fragen. Wir waren auf dem Weg zu den Dörfern, als wir angegriffen wurden“, antwortete ich meinem Vater.

„Wir hatten diese Männer von den Dörfern aus verfolgt, sie hatten uns nicht bemerkt, bis ihr aufgetaucht seid. Als der Angriff begann, konnten wir jedoch nicht schnell genug handeln. Die Leute wissen, wie man sich versteckt und genau das wurde uns zum Verhängnis. Es tut mir leid, dass wir euch nicht schneller helfen konnten.“

„Wir dürfen uns nicht erneut von diesen Attentätern überraschen lassen“, warf Akita ein.

„Ihr wisst, wer das war?“, fragte mein Vater überrascht.

Ich nickte und klärte ihn auf. Ich erzählte von Runas Geschichte und dass die Männer, von denen ich ihm im Palast erzählt hatte, zu jenen Attentätern gehörten. Rakia hörte aufmerksam zu, während ich ihn und seine Krieger auf den neuesten Stand brachte. In der Zwischenzeit sicherten einige Eisherrscher die Umgebung und hielten Ausschau, ob sich noch irgendwo Angreifer befanden.

„Wir haben hier in der Nähe unser Lager aufgeschlagen. Dort sollten wir uns erst einmal sammeln und ausruhen“, schlug mein Vater vor, als ich meine kurze Ausführung beendet hatte.

Ich nickte dankend, denn der Schmerz in meiner Brust war zurückgekehrt, und ich konnte nichts dagegen tun, als mich etwas auszuruhen. Akita machte mir allerdings mehr Sorgen. Sie schien zwar in Ordnung zu sein, doch ihr Kräftemangel vorhin gab mir zu denken. Dieser Kampf hätte für uns alle auch ganz anders ausgehen können.

Hätte Akita nicht diese neue Macht gehabt, wären wir womöglich nicht mehr am Leben.

Ich beschloss jedoch, diese beunruhigenden Gedanken vorerst vorbeiziehen zu lassen. Es gab Dringenderes, vor allem einige Fragen, die nach diesem Kampf noch offen waren. Da gab es keinen Platz für ein Was-wäre-wenn. Zuerst mussten wir im Hier und Jetzt handeln. Ich lief also meinem Vater nach, wessen Lager zum Glück nicht weit entfernt war. Nach einem kurzen Fußmarsch war ich heilfroh, die blau-weißen Zelte zu sehen. Der Weg hierhin wurde größtenteils schweigend zurückgelegt; jeder hing seinen eigenen Gedanken nach, doch nun im Lager angekommen, wurden die Stimmen lauter und die Gespräche untereinander wieder aufgenommen.

Mein Vater machte Akita, der restlichen Truppe und mir verständlich, in das Zelt zu gehen, auf welches er zeigte.

„Ruht euch aus, morgen werden wir alles Weitere besprechen."

Mit diesen Worten verabschiedete er sich und verschwand in die bereits tiefblaue Nacht, die sich über das Lager gesenkt hatte.

„Was für ein Tag", murmelte Misha, welche sich erschöpft auf ihre Matte legte.

Ich nickte nur stumm und sah zu Akita hinüber. Ihr Blick ging wieder einmal gedankenverloren ins Leere. Was ihr wohl durch den Kopf ging?

„Wir sollten uns alle ausruhen. Wer weiß, wann uns der nächste Kampf bevorsteht", bemerkte die Prinzessin.

Samu und Misha hatten sich bereits hingelegt, ich hingegen wollte warten, bis sich Akita einen Platz im Zelt gesucht hatte. Doch statt sich ebenfalls auszuruhen, nickte sie mir nur kurz zu und verschwand nach draußen. Ihr Verhalten beunruhigte mich allmählich. Vielleicht machte ihr der vorherige Vorfall Sorgen? Ohne lang zu überlegen, folgte ich ihr in die kühle Nachtluft.

Draußen angekommen lief ich fast in Akita hinein. Sie stand doch tatsächlich nur einen Meter vom Eingang des Zeltes entfernt! Bevor ich fragen konnte, was sie hier tat, begann sie auch schon zu sprechen.

„Ich möchte mit dir reden."

Der kühle Ton ihrer Stimme jagte mir einen Schauder über den Rücken. Das dumpfe Gefühl in meiner Magengegend verstärkte meine Angst zusätzlich. Mein Herz raste, doch ich wollte mir nichts anmerken lassen und folgte ihr stumm, als sie zum Wasser lief. Der schmale Fluss vor unserem Lager hatte eine friedliche Ausstrahlung.

„Über was möchtest du sprechen?", unterbrach ich die Stille zwischen uns, als Akita endlich stehengeblieben war.

Die Prinzessin hatte den Rücken zu mir gedreht, sodass ich ihr Gesicht nicht sehen konnte. Doch das war auch nicht nötig. Mit großen Augen beobachtete ich, wie sich Akitas Finger in violette Flammen hüllten, welche gefährlich um ihre Hände züngelten.

„Akita?", fragte ich vorsichtig. „Was wird das?"

Ihre Silhouette wurde vom violetten Licht ihrer Flamme erhellt. Die Prinzessin bewegte sich allerdings kein Stück. Mir wurde immer unwohler, als ich meine Freundin so sah. Ich wollte mir einreden, dass sie mir nichts antun würde, doch eine leise Stimme in meinem Kopf flüsterte genau das Gegenteil.

„Nein, sie wird mich nicht angreifen!", dachte ich überzeugt und ging vorsichtig einen Schritt auf sie zu.

Mein gesamter Körper zitterte, sogar meine Füße wurden bei jedem Schritt schwerer. Ich zwang mich, weiterzugehen, bis ich direkt hinter ihr stand.

„Egal, was dir gerade durch den Kopf geht, es ist in Ordnung", beschwichtigte ich sie.

Es kam erneut keine Antwort. Ich atmete tief ein und versuchte, meine eigene Angst herunterzuschlucken.

„Du wirst mich nicht verletzen", setze ich erneut an.

Ich wusste zwar nicht, ob dieser Satz der Wahrheit entsprach, doch er beruhigte mich tatsächlich selbst.

„Diese Kraft ist zerstörerischer, als ich es je zuvor gespürt habe", hörte ich Akita plötzlich.

Das ging ihr also durch den Kopf ... Ich hatte mir schon etwas in dieser Art gedacht. Bevor ich es mir anders überlegen konnte, legte ich meine Arme um ihre Hüfte und zog die Prinzessin an mich.

„Was ist, wenn ich mich nicht mehr kontrollieren kann? Ich spüre, wie diese Kraft zu mir spricht. Irgendwann werde ich sie nicht mehr aufhalten können", murmelte sie zerknirscht.

Ich wusste nicht, was ich darauf erwidern sollte, denn sie sprach das aus, was ich gehofft hatte, nie zu hören.

„Wir werden einen Weg finden, das verspreche ich dir. Ich werde dich immer unterstützen, das weißt du“, antwortete ich so zuversichtlich, wie ich konnte.

Ich drückte die Prinzessin fester an mich und gab ihr einen sanften Kuss auf den Hinterkopf.

„Wir schaffen das, ich verspreche es dir“, flüsterte ich leise.

In diesem Moment wurde die Flamme kleiner, bis sie schließlich gänzlich erlosch. Vorsichtig nahm ich ihre bis gerade noch in Flammen stehende Hand in meine und drückte sie fest.

„Magst du mir davon erzählen, wie du zu dieser neuen Kraft gekommen bist?“, fragte ich einfühlsam.

Akita seufzte und nickte.

„Nachdem ich von Saphira angegriffen wurde, hatte ich mit Xatar gesprochen. Ich wusste einfach nicht, wie ich Saphira aufhalten konnte. Er erklärte mir, dass er eine uralte Macht in sich trug, welche er an mich weitergeben konnte. Er warnte mich allerdings davor, dass nicht jeder diese Kraft beherrschen könnte. Mir waren die Risiken egal, da ich keine andere Möglichkeit gesehen hatte. Xatar erzählte mir außerdem von Fulgor. Er war der erste Feuerherrscher, der diese Macht benutzt hatte. Sein Geist war immer noch mit der Kraft verbunden. Für ihn ging es allerdings nicht allzu gut aus.“

Ich spürte Akitas Körper in meinen Armen, welcher sich bei diesen Worten anspannte.

„Fulgor möchte die Kraft nutzen, um sich zu rächen. Jedes Mal, wenn die lila Flamme erscheint, spüre ich seinen rachsüchtigen Geist in mir. Das ist auch der Grund, warum meine Gefühle verstärkt werden. Schon allein der Gedanke an ihn, lässt mich eine starke Anspannung fühlen“, beendete sie ihre Erklärung.

Ihr Körper entspannte sich wieder, als sie kurz tief und bewusst ein- und ausatmete.

„Was ist Fulgor zugestoßen?“, hakte ich nach.

„Er wurde von einem Eisherrscher ermordet. Sein damaliger bester Freund ist ihm in den Rücken gefallen und verriet ihn an die Wachen der nördlichen Kolonien. Sein bester Freund war eifersüchtig auf seine Feuerkraft gewesen und wollte Fulgor aus dem Weg räumen. Die Soldaten haben ihn anschließend festgenommen, mit der Begründung, er würde die Drachen erzürnen und Unglück in die Kolonien bringen. Ihm wurde ein fairer Prozess versprochen, doch bevor es dazu kam, ermordete ihn einer der Soldaten im Schlaf.“

Moment mal? Die Kolonien?

„Akita, bist du dir sicher, dass er die Kolonien meinte?“, fragte ich ungläubig.

Sie nickte: „Fulgor lebte in den Kolonien vor 670 Jahren.“

Das war unfassbar! Ich konnte nicht glauben, was Akita da aussprach.

„Also nur, damit ich das richtig verstehe: Du trägst eine Macht in dir, welche zuletzt vor 670 Jahren benutzt wurde, und ein rachsüchtiger Geist versucht, dich damit zu kontrollieren?“, fasste ich zusammen.

„Kurz gesagt: Ja.“

Ich hatte mit allem gerechnet, doch damit nicht.

„Was passiert, wenn er die Kontrolle erlangt?“

Ich wollte die Antwort eigentlich gar nicht hören, doch ich musste wissen, was uns erwarten würde.

„Sollte es uns nicht gelingen, ihn aufzuhalten, dann ...“, Akita verstummte für einen Moment.

„Dann?“

„Dann werde ich euch alle töten, und es nicht aufhalten können.“

Kapitel 13

Ich konnte schlichtweg nicht glauben, was ich da gehört hatte. Wie sollten wir einen fast 700-jährigen Geist aufhalten oder kontrollieren?

„Woher willst du das wissen? Dein Wille ist viel zu stark, um von einem rachsüchtigen Geist übernommen zu werden!“, ermutigte ich sie.

„Nein, ich spüre es, - ich weiß, dass ich ihn nicht aufhalten kann.“

„Akita, wir werden einen Weg finden, damit das nicht passiert. Wir haben schon viele Lösungen für scheinbar unlösbare Probleme gefunden.“

Die Prinzessin seufzte nur und ließ den Kopf hängen. Ich hatte gehofft, dass wir unsere Probleme endlich im Griff hatten, doch scheinbar war dem nicht so. Wie sollten wir mit all dem umgehen? Erst Aduro, dann Saphira und nun Fulgor? Ich spürte förmlich den aufkommenden Tsunami an Gefühlen in mir.

„Lass uns allmählich zurückgehen. Die Nacht ist zu kalt, um noch ewig hier herum zu stehen.“

Akitas Stimme klang betrübt und ich konnte nichts tun, um ihre Stimmung aufzuheitern. Also nickte ich nur still und folgte der Prinzessin zurück zu den Zelten. Dort angekommen, legten wir uns hin und versuchten zu schlafen.

Meine Gedanken waren allerdings ein einziges Chaos. Ich war verwirrt, überfordert und allmählich mutlos: Ich konnte mich doch nicht um alles kümmern, - zumal meine eigene Gesundheit auch auf der Kippe stand. Wie sollte ich Akita vor sich selbst und gleichzeitig vor ihrer ehemaligen Entführerin beschützen, wenn ich selbst nicht einmal im vollen Besitz meiner Kräfte war? Ich befürchtete, dass unser Kampf nicht gut für uns ausgehen würde.

Nach einer gefühlten Ewigkeit fiel ich in einen unruhigen Schlaf.

Der aufkommende Sturm weckte mich am nächsten Morgen unsanft. Der Wind peitschte über unseren Lagerplatz und rüttelte am Zelt. Der Regen fiel in Sturzbächen vom Himmel und prasselte lautstark gegen die Wand unseres Zeltes.

Verschlafen richtete ich mich auf und rieb mir den Schlaf aus den Augen. Akita schien ebenfalls vom Wetter geweckt worden zu sein, denn sie sah genauso erschöpft aus wie ich.

„Wo kommt dieser Sturm denn plötzlich her?", murmelte sie.

Ich zuckte mit den Schultern und weckte Misha und Samu, welche neben mir noch im Tiefschlaf zu sein schienen. Nachdem auch die beiden wach waren, forderte ich die Truppe auf, nach draußen zu gehen.

„Lasst uns nachsehen, ob jemand Hilfe braucht."

Ich öffnete unser Zelt und wurde fast von den Füßen gerissen. Der mir entgegenkommende Regen schlug mir hart ins Gesicht und erschwerte es sehr, die Augen offen zu halten.

Um mich zu schützen, errichtete ich ein Schild aus Eis über meinem Kopf und hinderte so den Regen daran, mich augenblicklich komplett zu durchnässen.

Erst jetzt erkannte ich den Schaden, welchen das Unwetter bereits angerichtet hatte: Einige Zelte waren vom Wind bereits umgerissen worden. Unsere Krieger hatten alle damit zu kämpfen, sich auf den Beinen zu halten.

„Kyra!“

Die Stimme meines Vaters durchschnitt die Luft. Als ich ihn erblickte, eilte ich sofort auf ihn zu.

„Wo kommt dieser Sturm so plötzlich her?“, fragte ich ihn außer Atem.

„Ich weiß es nicht. Wir müssen zusehen, dass wir unsere Leute in Sicherheit bringen, bevor der Sturm uns mit sich reißt.“

„Tia, Nejla, kommt bitte kurz her!“, rief mein Vater den beiden vorbeieilenden Frauen zu.

Ich kannte die beiden bereits von unserem Sieg gegen Aduro. Wir hatten kurz vor dem großen Kampf noch miteinander trainiert.

„Bringt die Leute, so schnell es geht, in Richtung Berge. Dort kann uns der Sturm nicht so schnell mitreißen“, trug Rakia den beiden auf.

Sie nickten, riefen den umherlaufenden Menschen sofort einige Anweisungen zu und zeigten, wohin sie laufen sollten.

Plötzlich flog einer der ausgerissenen Holzpfosten auf Nejla zu.

„Vorsicht!“, schrie ich aus voller Kehle und rannte auf die junge Frau zu.

Doch Nejla konnte nicht schnell genug reagieren. Das vorn angespitzte Holz würde sie jeden Moment aufspießen und umbringen. Ich konnte das spritzende Blut schon vor meinem inneren Auge sehen, doch es passierte ... nichts. Als ich genauer hinsah, bemerkte ich Akita, die das Holz mit einer blitzschnellen Bewegung ihrer Hand verbrannte. Nejla bekam nur noch etwas Asche ins Gesicht. Akita hatte ihr das Leben gerettet.

„Geht's dir gut?“, rief Akita ihr besorgt zu. Sie musste gegen den Wind anschreien.

Nejla war geschockt, doch sie nickte der Prinzessin kurz zu, bevor sie mit den anderen in Richtung Berge rannte. Die restlichen Menschen hatten sich bereits versammelt und waren bereit, schnellstmöglich in die Berge zu gelangen.

Doch die Flucht musste noch warten. Der Himmel begann hell aufzuleuchten, als einige Blitze hindurchzuckten.

„Das musste jetzt noch sein, oder?“, murmelte ich vor mich hin.

Die Blitze schlugen vereinzelt in den Boden unseres Lagers ein, da rundum weder Bäume noch andere Dinge als Ziele standen.

„Kyra, geh in Deckung!“, schrie Akita plötzlich.

Einer der Blitze schlug unmittelbar vor mir ein und schleuderte mich einige Meter nach hinten. Durch den lauten Knall konnte ich einen kurzen Moment nur einen schrillen Pfeifton in meinen Ohren wahrnehmen. Benebelt lag ich auf dem durchnässten Boden, versuchte allerdings gleich, mich wieder aufzuraffen. Doch meine Beine wollten nicht das tun, was ich von ihnen wollte.

Der dunkle Himmel wurde immer wieder von Blitzen durchzogen. Ich wusste, wenn ich nicht aufstehen würde, dann träfe mich der nächste Blitz – oder der übernächste. Aus dem Augenwinkel sah ich die Prinzessin, welche so schnell sie konnte, auf mich zu rannte.

„Akita, bring dich in Sicherheit!“, schrie ich ihr lauthals entgegen, doch sie änderte ihre Richtung nicht.

Das Wetter machte mich allmählich panisch. Die restlichen Krieger hatten es fast geschafft, bei den Bergen anzukommen, nur vereinzelte Männer waren noch im Lager.

Meine Panik stieg, als ich bemerkte, dass ich meine Beine nicht bewegen konnte. Der Blitz musste mich wohl kurzzeitig gelähmt haben. Akita war nun bei mir angekommen und half mir in die Vertikale.

„Ist alles in Ordnung?“, fragte sie außer Atem.

„Ich kann meine Beine nicht bewegen“, informierte ich sie, während sie mir aufhalf.

„Wir müssen es irgendwie hier raus schaffen, dann kümmere ich mich darum“, versicherte die Prinzessin mir.

Wir waren mittlerweile die Letzten im Lager, die restlichen Krieger hatten es bereits in Sicherheit geschafft.

„Akita, Achtung!“, rief ich erschrocken, als ein Blitz direkt in unsere Richtung schoss.

Doch bevor ich etwas tun konnte, ließ Akita mich los, und ich fiel zu Boden.

Das Knistern in meinen Ohren ließ all meine Alarmglocken klingeln. Mit Entsetzen beobachtete ich, wie der Blitz direkt in Akita fuhr. Doch die Prinzessin fiel nicht leblos um, so wie ich es erwartet hatte. Stattdessen ließ sie einen lauten Kampfschrei los und ein strahlender violetter Blitz schoss in den Himmel zurück.

„Was passiert – was tut sie da?“, fragte ich mich selbst.

Das violette Licht breitete sich über den gesamten Himmel aus und die zuvor noch dunklen Wolken, erstrahlten in hellem, reinen Violett.

Kurz nachdem Akita den Blitz abgefeuert hatte, beruhigte sich das Wetter. Der Regen ließ nach und der noch kurz zuvor wild peitschende Wind legte sich.

Ich konnte meinen Augen nicht trauen, als ich realisierte, was die Prinzessin gerade getan hatte. Angesichts ihrer neuen Macht lief mir ein Schauer über den Rücken. Ich konnte jedoch nicht einordnen, ob ich ihre Kraft bewunderte oder mich davor fürchtete. Sie konnte das Wetter, die Naturgewalten beeinflussen ...

Noch bevor ich mich mit weiteren, derartigen Gedanken befassen konnte, sah ich Akita bereits vor mir knien, die Hände in Flammen gehüllt. Sie berührte meine Beine und das Gefühl in meinen Oberschenkeln kehrte zurück. Ich konnte in diesem Moment nicht anders, als sie fragend anzustarren. Ihre tiefgoldenen Augen zeigten keine Angst, es war eher eine liebevolle Wärme darin zu finden. Die schwarzen, durchnässten Haare hingen ihr im Gesicht, vereinzelte Tropfen davon landeten in meinem Gesicht.

„Geht es dir gut?“, hakte sie sanft und ruhig nach.

„Was ist da gerade passiert?“, fragte ich immer noch ungläubig.

„Das weiß ich nicht genau. Hauptsache es geht dir gut“, murmelte sie und strich mit einem Finger zärtlich über mein Gesicht.

Nachdem sich der Sturm so schlagartig gelegt hatte, kehrten die anderen Krieger ebenfalls ins Lager zurück und versammelten sich um Akita und mich.

Nachdem Akita meine Verletzung geheilt hatte, half sie mir hoch. Mein Vater war nun auch an meine Seite gekommen, ebenso fassungslos wie ich noch vor einigen Momenten.

„Was ist da gerade passiert? War das dein Werk, Akita?“

Die Prinzessin bejahte die Frage meines Vaters.

„Wie hast du das gemacht? Kannst du neuerdings das Wetter beeinflussen?“

„Ich weiß nicht, wie ich es gemacht habe. Ich habe den Blitz gesehen, welcher direkt auf uns zukam, und der Rest passierte automatisch.“

Akitas Bericht hörte sich zwischen den Zeilen so an, als würde sie ganz genau wissen, wie sie es gemacht hatte. Ich wollte sie allerdings nicht vor meinem Vater bloßstellen, also beließ ich es dabei, bei ihrer Antwort zu nicken. Ich würde sie später darauf ansprechen.

„Na gut, Hauptsache es ist nichts Schlimmeres passiert. Danke, dass du uns vor größerem Schaden bewahrt hast“, bedankte sich Rakia.

Mittlerweile war auch Nejla bei uns angekommen. Akita hatte sie vorhin gerettet, doch bedankt hatte sie sich nicht dafür. Auch jetzt machte sie keine Anstalten, Akita zu danken. Hatte sie es vergessen? War sie von all den Ereignissen überrumpelt?

„Kyra, geht es dir gut? Kannst du dich wieder bewegen?“, fragte sie stattdessen besorgt.

Ich runzelte die Augenbrauen. Warum war sie so besorgt um mich?

„Ja, Akita hat die Verletzung bereits geheilt. Ist bei dir alles in Ordnung?“

Sie nickte, beäugte Akita jedoch argwöhnisch.

„Wäre unsere werte Prinzessin mal schneller an deiner Seite gewesen, wäre DIR nichts passiert“, zischte Nejla leise.

Jetzt hatte sie Akitas Aufmerksamkeit.

„Wie bitte?“, fragte die Prinzessin mit hochgezogenen Augenbrauen.

Ich kannte diesen Blick und er bedeutete nichts Gutes. So hatte sie jene Soldaten angesehen, welche ihren Befehl in Frage gestellt hatten.

„Sie hat es bestimmt nicht so gemeint“, versuchte ich meine Freundin zu beschwichtigen.

„Ich habe es sehr wohl so gemeint. Wäre diese Killerin nicht hier, wären wir alle nicht in Gefahr. Dein Bruder hätte es beenden sollen, als er die Chance dazu hatte.“

Für einen Moment waren alle sprachlos. Ihre Worte waren pures Gift. Ich wagte einen vorsichtigen Blick in Richtung Akita. Ihre Muskeln waren sichtbar angespannt, ihre Lippen zusammengepresst. Das blitzende Gold durchbohrte die Eisherrscherin vor ihr, sie gab allerdings keinen Ton von sich. Noch nicht.

„Was fällt dir ein, so über Akita zu sprechen?! Sie hat ...“, griff ich ein, Akita unterbrach mich allerdings.

„Du denkst, ihr wärt besser dran, wenn ich tot wäre?“

„Hätte Aduro dich erledigt, müssten wir nicht in deinem Namen eine Gruppe Verrückte jagen.“

Akitas Lippen formten ein scharfes Lächeln, ihr Blick hingegen sprach für sich selbst. Nejla sollte sich mit ihren Anschuldigungen in Acht nehmen. Die Prinzessin trat einen Schritt näher an Nejla heran und baute sich in voller Größe vor ihr auf. Sie war ein Stück größer als Nejla, wodurch ihr Anblick noch gefährlicher wirkte.

„Wäre ich nicht hier, wärst du nun tot. Vermutlich wäre deine gesamte Familie, wenn nicht sogar dein gesamter Stamm tot. Du denkst, du bist mutig, indem du mich vor versammelter Mannschaft angehst, doch du bist ein Nichts. Diese Mission hat dir doch erst eine Aufgabe und deiner Existenz einen Sinn gegeben, nicht wahr? Ohne Kyra und die gesamte Gruppe hättest du keinen echten Zweck in deinem Leben zu verfolgen. Du wärst ein kleines, unbedeutendes Etwas in einem kleinen Dorf, ohne Hoffnung auf ein wenig Abwechslung, unbedeutend, ein Nichts ... Du solltest lieber darauf achtgeben, mit wem du dich anlegst. Mit einer Killerin spielt man keine Spielchen."

Akitas Stimme war leise, ihre Worte bohrten sich allerdings in Nejlas Kopf. Selbst mir lief ein Schauder über den Rücken, als ich den gefährlich tödlichen Blick in Akitas Augen sah. Wäre ich Nejla, würde ich ganz schnell leise sein. Doch die Eisherrscherin wollte es nicht dabei belassen.

„Du kannst dich glücklich schätzen, dass Kyra an deiner Seite ist. Andernfalls würde ich zweimal nachsehen, wer zu meinen sogenannten Vertrauten gehört. Nicht dass sich ein Attentäter zufällig in deine Unterkunft verläuft ...", drohte sie.

Nejla wollte einfach nicht aufhören, zu sticheln. Bei dieser Drohung kochte mein Blut hoch, die Prinzessin jedoch blieb ruhig.

„Wenn du so große Sprüche klopfst, macht es dir sicher auch nichts aus, dich mit mir zu duellieren, nicht wahr? Denn ich bin mir ziemlich sicher, dass ein Angriff aus dem Hinterhalt nicht in deinem Sinne liegt, ist es nicht so? Also, wagst du es? Andernfalls würde ich dir raten, deinen Mund zu halten."

Bei dieser Aussage wich aus Nejlas Gesicht jegliche Farbe. Sie wusste genau, dass sie keine Chance gegen Akita hatte. Sie starrte die Prinzessin zornig an, presste ihre Lippen jedoch zusammen und blieb stumm.

„So ist es brav", säuselte Akita arrogant und löste endlich ihren tödlichen Blick von Nejla.

„Das gilt auch für alle anderen. Wer etwas gegen mich oder meine Vorgehensweise hat, wird nicht daran gehindert, zu gehen. Ihr seid freiwillig hier, und ich zwinge niemanden, in meinem Namen zu kämpfen. Haltet ihr zu mir und erweist euch als loyal, werde ich euch auf ewig dankbar sein und belohnen. Verdient euch euren Ruhm und die Ehre, eure Familien und euer eigenes Land vor gefährlichen Killern zu beschützen!"

Die Menge raunte und bekundete schon bald lautstark ihre Zustimmung. Das wollten sie hören. Sie jubelten ihr zu und die Soldaten stapften laut auf den Boden und erwiesen Akita somit die Ehre: Sie wollten ihr ihren Respekt und ihre Loyalität beweisen.

Akita warf einen letzten Blick auf Nejla, welche sich wortlos umdrehte und in Richtung ihres Zelts lief.

„Komm, wir müssen ein Lager wieder aufbauen", schlug Akita vor.

Sie gab mir allerdings zu verstehen, ihr in die andere Richtung zu folgen. Als wir einige Schritte von der Menge entfernt waren, begann ich zu sprechen.

„Was denkt sie sich dabei, dich so anzufahren?", fragte ich verärgert angesichts Nejlas Dreistigkeit.

Akita schmunzelte jedoch nur und sah mich erstaunt an.

„Bist du blind?", fragte sie mit einem leisen Lachen auf den Lippen.

Ich verstand nicht, was sie meinte. Solch eine Aussage rechtfertigte kein Grund, der mir auf Anhieb einfiel. Also sah ich die Prinzessin nur verwirrt an.

„Du siehst es wirklich nicht", stellte sie überrascht fest. „Nejla hat ein Auge auf dich geworfen. Sie ist eifersüchtig auf mich."

Mein Kiefer klappte auf. Natürlich, warum war mir das nicht selbst eingefallen? Erst das Flirten vor unserem großen Kampf gegen Aduro und dann das besorgte Verhalten, als ich verletzt war.

Ich schüttelte den Kopf und schlug mir mit meiner Hand gegen die Stirn. Das hätte mir wirklich selbst einfallen können. Akita hingegen lachte nur.

„Nun, da dir jetzt bewusst ist, dass eine andere Frau ein Auge auf dich geworfen hat, muss ich mir nun Sorgen machen?", fragte sie gespielt besorgt.

Ich boxte sie leicht gegen die Schulter, doch Akita lachte abermals. Als ob sie nicht wüsste, dass ich ausschließlich mit ihr zusammen sein wollte. Doch die Prinzessin trat einen Schritt näher an mich heran, ihr Blick wurde ernst.

„Nicht, dass ich dich verteidigen muss. Ich mag es nämlich nicht, wenn man mir mein Ein und Alles nehmen möchte", flüsterte sie ganz nah vor meinem Gesicht.

Bei diesem Satz machte mein Herz einen Sprung. Das schiefe Lächeln auf ihren Lippen machte mich plötzlich nervös. Ich fühlte mich so, wie an dem Tag, als sie mir das erste Mal ein Kompliment gemacht hatte. Die Röte in meinem Gesicht musste ihr wohl gezeigt haben, wie geschmeichelt ich mich fühlte. Die Prinzessin gab mir einen Kuss auf die Lippen und strich mir sanft über die Wange.

„Du weißt, dass ich dich nie kampflos aufgeben würde", flüsterte sie liebevoll.

„Da bin ich mir sicher."

Ich sah in Akitas leuchtende Augen. Wie lange hatte ich dieses Strahlen vermisst.

„Ich liebe dich", murmelte ich träumerisch und lehnte meine Stirn an ihre.

„Ich liebe dich auch."

Wir verharrten eine Weile in dieser Position, bevor wir uns auf den Weg zurück zum Lager machten.

„Was denkst du, wie ich mit Nejla umgehen soll? Meinst du, ich soll sie auf ihr Verhalten ansprechen?", fragte ich die Prinzessin nachdenklich.

Akita schüttelte den Kopf. „Nein, ich denke nicht, dass sie sich entschuldigen würde. Nejla würde mich nur noch mehr hassen, das könnte ausarten. Wir haben wichtigere Angelegenheiten zu klären, anschließend können wir uns um Nejla kümmern."

„Na gut, wenn du das für richtig hältst."

Ich konnte mir zwar nicht erklären, woher Nejlas Gefühle kommen sollten: Wir hatten uns bisher nur einmal gesehen und zusammen trainiert. Doch bevor ich mich weiterhin diesen Gedanken widmen konnte, zog etwas anderes meine Aufmerksamkeit auf sich.

Vor dem Zelt meines Vaters hatten sich einige Krieger versammelt und schienen sich zu besprechen.

„Wir können nicht blindlings dort hineinlaufen. Das ist eine offensichtliche Falle!", rief mein Vater gerade, als wir zu der Gruppe stießen.

Nejla und Tia waren ebenfalls dabei. Als sie mich und Akita erblickte, verzog sie ihr Gesicht.

„Was ist eine offensichtliche Falle?“, unterbrach ich Rakia.

„Unsere Späher haben einige Attentäter ein paar Dörfer weiter ausgemacht. Sie sind unbewaffnet und verstecken sich nicht. Es scheint so, als würden sie nur darauf warten, uns zu überraschen und dann aus dem Hinterhalt anzugreifen.“

Ich runzelte nachdenklich die Stirn. Mein Vater hatte Recht, diese Gelegenheit schien zu einladend.

„Rakia, wir müssen unsere Chance nutzen! Sollte es uns gelingen, einige dieser Kriminellen gefangen zu nehmen, könnten wir ihnen Informationen entlocken. Das ist unsere beste Chance aktuell.“

Duman war schon immer ein angriffslustiger Soldat, der gerne hitzköpfig wurde. Doch in dieser Sache hatte er nicht unbedingt unrecht.

„Ihr habt beide Recht. Wir müssen allerdings klug vorgehen. Duman, es ist offensichtlich, dass das eine Falle ist. Ich gebe dir allerdings recht, dass das unsere beste Gelegenheit ist. Deshalb schlage ich vor, dass wir uns in das Dorf schleichen und uns ruhig verhalten und abwarten. Die Attentäter werden unvorsichtig werden, da sie denken, ihr Trick hätte nicht funktioniert. Sie werden offener untereinander reden, das gibt uns die Möglichkeit, wertvolle Informationen zu erhalten.“

Ich warf einen vorsichtigen Blick zu Akita, denn ich wusste nicht, was sie von meinem nächsten Vorschlag halten würde.

„Deshalb schlage ich vor, dass wir ein Team zusammenstellen, um uns in das Dorf zu schleichen."

Akita spürte die leichte Anspannung in meiner Stimme, denn sie sah mich verwirrt an. Ich atmete kurz tief durch, bevor ich mit fester Stimme fortfuhr.

„Für diese Mission brauchen wir ausschließlich Eisherrscher, da die Attentäter sofort misstrauisch werden würden, falls Feuerherrscher Teil unseres Teams sind. Sie wissen, dass nur die Suchtruppe aus Eis- und Feuerherrschern besteht."

„Nein, das kommt nicht in Frage! Egal, was du vorhast, ich werde dich begleiten", unterbrach mich die Prinzessin.

„Akita, du weißt, dass ich Recht habe. Die Attentäter kennen dich, doch mich haben nur die wenigsten gesehen. Ich werde aufpassen, das verspreche ich dir. "

Bevor sie mich erneut unterbrechen konnte, warf ich ihr einen vielsagenden Blick zu und sprach weiter. „Ich werde nicht allein sein."

Mein Blick richtete sich nun auf Nejla, welche bisher aufmerksam zugehört hatte.

„Nejla, würdest du mich begleiten? Ich weiß, dass du deine Kräfte gut im Griff hast und sehr wohl in der Lage wärst, dich zu verteidigen. Gemeinsam würden wir im schlimmsten Fall gegen die Attentäter ankommen."

Ich hatte erwartet, dass Nejla sich freuen würde, doch dass ihre nussbraunen Augen derart begeistert leuchten würden, damit hatte ich nicht gerechnet.

„Es wäre mir eine Ehre, Kyra", erwiderte sie freundlich, fast demütig.

Ich nickte und wandte mich an meinen Vater und Duman. „Wäre das für euch beide in Ordnung?"

Die beiden Männer sahen sich kurz an, anschließend nickten sie.

„Passt bitte auf euch auf. Ihr wisst beide, wie verrückt Saphira und ihre Truppe sind. Sollte etwas schief gehen, werden wir euch unterstützen. Wir treffen uns drei Tage nach eurer Abreise wieder hier. Solltet ihr nicht da sein, stürmen wir das Dorf."

Mein Vater machte sich Sorgen, das merkte ich, doch es war die einzige Möglichkeit, Saphira endlich einen Schritt voraus zu sein.

Ich traute mich kaum, in Akitas Gesicht zu sehen, denn ich konnte mir sehr wohl vorstellen, dass sie nicht gerade begeistert von meiner Idee war. Doch ich wollte mir auch von ihr die Zustimmung dafür holen.

„Akita?", fragte ich vorsichtig und sah sie dabei direkt an.

Selbst durch ihre zusammengepressten Lippen konnte ich sehen, wie sehr sie mit sich zu kämpfen hatte. Sie starrte auf den Boden, statt mich anzusehen. Doch diese Entscheidung musste sie allein treffen. Als Anführerin gehörte es dazu, auch mal ein Risiko einzugehen, wobei sie sich womöglich doch mehr Sorgen darum machte, mich an Nejla verlieren können. Auch wenn das absurd war.

Schließlich nahm sie einen tiefen Atemzug, straffte die Schultern und sah mich an. „Wenn du es für das Richtige hältst, werde ich dich gehen lassen."

Erst jetzt realisierte ich, dass ich die Luft angehalten hatte. Ich atmete tief und erleichtert aus.

„Danke.“

„Gut, dann ist es entschieden. Ihr werdet heute Nacht aufbrechen und euch so unbemerkt in das Dorf schleichen. In drei Tagen treffen wir uns wieder hier“, wies uns Rakia an.

Nachdem sich die Versammlung aufgelöst hatte, folgte ich Akita, welche sich ziemlich schnell entfernen wollte.

„Akita, warte bitte!“, rief ich ihr hinterher.

„Musste das unbedingt sein?“, fuhr sie mich sofort an. „Du hättest jeden auswählen können, warum unbedingt sie?“

Aus der Prinzessin sprach die pure Eifersucht. Es brachte mich fast zum Schmunzeln, als ich sie so sah.

„Warum so eifersüchtig?“, stichelte ich.

„Kyra, ich meine es Ernst! Du hättest genauso gut deinen Vater oder Duman mitnehmen können!“ Es folgte eine kurze Pause. „Außerdem bin ich nicht eifersüchtig!“

Spätestens jetzt konnte ich mir ein Lachen nicht mehr verkneifen. Akita sah mich allerdings böse an.

„Es tut mir leid, aber du bist so süß, wenn du eifersüchtig bist. Diese Seite kenne ich gar nicht an dir“, merkte ich lachend.

„Nein, im Ernst Akita.“, begann ich erneut, dieses Mal ernster. „Du weißt, es geht nicht anders. Dir ist doch klar, dass die Attentäter meinen Vater und Duman kennen. Sie würden uns entlarven, sobald wir das Dorf betreten würden. Du musst dir keine Sorgen um mich machen. Ich liebe dich, und zwar nur dich. Niemand wird mich dir wegnehmen können, das verspreche ich dir.“ Ihre Miene war undurchdringlich, doch dann schien sie einen Entschluss zu fassen ...

Akitas Gesicht entspannte sich zusehends. Sie sah mich aber ernst an, als sie sagte: „Du weißt, dass ich sie töte, sollte sie dich auch nur berühren, oder?“ So dramatisch kannte ich Akita ...

Schmunzelnd gab ich ihr einen Kuss auf die Wange. „Gut, dass das nicht passieren wird.“

Die Prinzessin grinste und legte einen Arm um meinen Nacken. So ganz schien ihr mein Plan noch nicht zu gefallen, aber sie fügte sich ins Unvermeidliche.

„Bitte versprich mir, vorsichtig zu sein. Du weißt, ich würde es nicht ertragen, wenn Saphira ...“ Ihre Stimme versagte.

„Hey, das wird nicht passieren. Saphira wird nicht einmal in unsere Nähe kommen, okay? Ich versichere dir: Ich werde mich vorsehen“, versicherte ich ihr liebevoll.

Sie seufzte und gab mir einen Kuss. Ich wusste, dass es ihr nicht leichtfallen würde, mich gehen zu lassen; es war ihr allerdings ebenso klar, dass es unsere einzige reelle Chance war.

„Dann lass uns mal alles vorbereiten“, schlug ich vor.

Akita stimmte zu, und wir liefen gemeinsam zu unserer Unterkunft. Gemeinsam informierten wir Misha und Samu. Beide waren ebenso wenig begeistert wie Akita, stimmten mir allerdings zu, dass es die beste Chance für uns wäre, als ich meinen Plan erklärte.

Nachdem ich ein paar Sachen zusammengepackt hatte, übergab ich meine Schwerter an die Prinzessin.

„Bitte pass darauf auf. Da ich sie nicht mitnehmen kann, möchte ich Reiko und die Schwerter in Sicherheit wissen.“

Akita nahm die Doppelklingen an sich und drückte sie gegen ihre Brust.

„Ich werde gut darauf achtgeben“, versicherte sie leise.

Kurz darauf hörte ich ein Räuspern vor unserem Zelt. Ich öffnete das Vorzelt und erblickte Nejla.

„Hey, ich wollte nur nachfragen, ob wir etwas Bestimmtes mitnehmen sollen“, erklärte sie.

„Nein, ich denke nicht, dass wir viel brauchen. Nimm nur die nötigsten Sachen mit, leichtes Gepäck ist vonnöten.“

Ich bemerkte allerdings, dass das unmöglich der wahre Grund sein konnte, warum sie hier war. Ihr Blick fiel auf Akita, welche sie aufmerksam beobachtete.

„Können wir kurz sprechen?“, fragte sie die Prinzessin.

Akita nickte und Nejla trat nun gänzlich in unser Zelt hinein.

„Ich wollte mich für mein Verhalten entschuldigen. Es stand mir nicht zu, so mit der Anführerin des Südens zu sprechen.“, stammelte die Eisherrscherin mit sichtbarem Unbehagen. Ein unangenehmes Schweigen stellte sich ein.

Akita musterte sie. „Ich kann verstehen, warum du so reagiert hast. Sollte diese Art der Diskussion allerdings erneut stattfinden, werde ich dich nicht so leicht davonkommen lassen, hast du das verstanden?“

„Ja, Prinzessin.“

Ich warf Akita einen Blick zu, der ihr vermitteln sollte, etwas nachsichtiger mit Nejla umzugehen.

„Versprich mir nur, gut auf Kyra aufzupassen. Ich vermute, es liegt ebenso in deinem Interesse, sie zu beschützen, wie in meinem“, fuhr die Prinzessin nun etwas weniger streng fort.

Nejlas errötetes Gesicht sprach für sich. Die junge Frau war nicht in der Lage, Akita in die Augen zu sehen. Sie fühlte sich ertappt, das war deutlich spürbar. Bevor sie allerdings antworten konnte, sprach die Prinzessin weiter.

„Es ist mir egal, was deine Beweggründe für den Schutz Kyras sind. Solange wir in diesem Punkt der gleichen Meinung sind, können wir alles Weitere später besprechen. Nur bring sie mir heil wieder hierher.“

„Ich verspreche, dass ich mein Bestmögliches tun werde, um sie zu beschützen“, versicherte Nejla mit fester Stimme.

Akita nickte ihr anerkennend zu. „Ihr solltet euch nun ausruhen. Die Nacht lässt nicht mehr lang auf sich warten. Beginnt eure Mission ausgeruht.“

„Gute Idee“, erwiderte ich. Die Situation war mir etwas unangenehm.

Nejla dankte der Prinzessin erneut und verließ anschließend das Zelt.

„Du liebst es, deinen Standpunkt so deutlich klar zu stellen, habe ich Recht?“, neckte ich meine Freundin, nachdem wir wieder allein waren.

„Vielleicht ein bisschen“, antwortete sie mit zuckenden Schultern.

Kopfschüttelnd ging ich auf sie zu und gab ihr einen langen Kuss auf die Wange. „Du bist unmöglich.“

„Ich werde mich jetzt allerdings wirklich ausruhen. Die nächsten drei Tage werden nicht einfach“, fügte ich noch hinzu.

Ich legte mich auf den gleichen Platz wie am Abend zuvor, Akita gesellte sich zu mir. Es dauerte nicht lange, bis ich aufgrund meines Schlafmangels erschöpft einschlief.

Als ich das nächste Mal die Augen öffnete, war die Nacht bereits angebrochen. Akita stand in unserem Zelt, meine zusammengepackten Sachen unter ihrem Arm.

Nachdem ich wieder wach war, nahm ich ihr die Tasche ab und sah sie wehmütig an. „Es wird Zeit“, murmelte ich leise.

Die Prinzessin nickte und öffnete das Zelt für mich. Wir liefen gemeinsam nach draußen, wo Nejla bereits wartete.

„Wir sehen uns dann in drei Tagen.“

Akitas Stimme war jetzt schon von Sehnsucht erfüllt. Ich gab ihr einen liebevollen innigen Kuss auf die Lippen.

„Wir sehen uns in drei Tagen.“

Mein Herz begann allerdings schon nach der Prinzessin zu schreien, als ich mit Nejla zusammen im Wald verschwand.

Kapitel 14

Der Weg verlief in gewundenen Pfaden quer durch den Wald. Wir schwiegen. Nejla schien sich wegen Akitas Zurechtweisung etwas unwohl in meiner Gegenwart zu fühlen. Ich für meinen Teil vermisste Akita jetzt schon. Doch unsere Gedanken für uns zu behalten, war auch nicht gerade förderlich. Also versuchte ich, die junge Eisherrscherin in ein Gespräch zu verwickeln.

„Was ist unsere Tarnung, wenn wir gleich in diesem Dorf ankommen werden?“

Nejla schien in ihren Gedanken versunken zu sein, denn sie gab mir keine Antwort.

„Nejla?“, hakte ich nach.

„Was? Entschuldige, ich war in Gedanken.“

„Was geht dir durch den Kopf?“, erkundigte ich mich, anstatt meine ursprüngliche Frage zu wiederholen.

„Es ist nichts. Ich meine, wir stehen vor einer Mission, ich bin nur etwas nervös“, stammelte sie unbehaglich.

„Warst du schon einmal auf so einer Mission? Außer gegen Aduro versteht sich.“

„Ja, als die Armee des Südens in unser Dorf einfallen wollte. Wir haben uns vorher in das Lager geschlichen und die Soldaten überlistet. Solche Schleichmissionen sind mir also nicht fremd."

„Warum bist du dann nervös?"

Nejla schrak vor der Frage zurück, als hätte ich sie bei etwas ertappt. Sie versuchte, sich herauszureden, bemerkte jedoch schnell, dass es keinen Sinn hatte.

„Was ist wirklich los?", hakte ich nach. „Geht es um Akita?"

Die junge Frau sah mich verunsichert an, schüttelte jedoch den Kopf.

„Was ist es dann?"

Ich wollte die Wahrheit einfach aus ihrem Mund hören.

„Wenn es die Prinzessin weiß, wirst du es sicherlich auch wissen", murmelte sie leise.

„Das stimmt, aber was bedrückt dich daran? Wenn wir gemeinsam auf diese Mission gehen, müssen wir uns vertrauen können. Gefühle dürfen hier nicht im Weg stehen."

„Nein, das ist es nicht. An dem Tag, als ich dich das erste Mal getroffen habe, wollte ich dich hassen. Du warst die Leibwache der Person, die mein Dorf vernichten wollte. Akita war für mich das pure Böse, warum solltest du anders sein? Doch ich konnte dich nicht hassen. Es geschah genau das Gegenteil."

Nejla machte eine kurze Atempause, bevor sie fortfuhr.

„Du hast mich einfach überwältigt. Das machte es noch schwieriger, dich an Akitas Seite zu sehen. Allerdings warst du maßgeblich daran beteiligt, den Krieg zu beenden. Ich kann dich nicht dafür verurteilen, dass du die Prinzessin gewählt hast, und doch ist es für mich nicht zu begreifen. Hätten wir uns früher kennengelernt, wäre die ganze Sache vielleicht jetzt anders ..." Sie wagte nicht, den Blick zu heben.

Ich verstand sie. Nejla machte Akita für alles Schlechte verantwortlich. Auch wenn sie genau wusste, dass die Prinzessin dieses Grauen beendet hatte.

„Hey, ich werde dir etwas sagen: Ich wollte mich nicht in Akita verlieben. Unsere erste Begegnung fand statt, als sie mein Dorf angegriffen hat. Wir haben miteinander gekämpft und doch hat sie mein Herz eingenommen. Akita wollte mir damals alles nehmen, was ich hatte. Ab einem gewissen Zeitpunkt war es jedoch genau andersherum: Sie war plötzlich mein ‚alles'. Erst, nachdem ich sie besser kennengelernt hatte, erkannte ich, wer sie wirklich war. Vielleicht würde dir das auch helfen. Lerne sie kennen und möglicherweise schaffst du es dann, deinen Frieden damit zu finden."

Nejla sah mich nachdenklich an. Als ich in der Dunkelheit schließlich ein Lächeln auf ihren Lippen sah, wusste ich, dass sie es versuchen würde.

„Nun sollten wir uns voll auf die Mission konzentrieren", wechselte ich das Thema.

Während wir uns einen Plan zurechtlegten, kamen wir dem Dorf immer näher. Als wir die Lichter der Häuser sahen, bewegten wir uns bedachter, vorsichtiger als zuvor.

„Dort können wir unbemerkt in das Dorf gelangen", stellte meine Begleiterin fest und zeigte auf ein scheinbar verlassenes Gebäude.

Ich ließ meinen Blick kurz über die ruhige Landschaft gleiten. Es war eine sternenklare Nacht. Es schien alles friedlich zu sein, doch meine Intuition sagte mir etwas anderes. Und die trog mich selten ...

„Nein, ich denke, das ist keine gute Idee. Dieses Haus wäre ebenso ein gutes Versteck für die Attentäter. Sie hatten diese Art von Unterkunft in der Vergangenheit bevorzugt."

Nejla überlegte wohl einen Moment, doch kurz darauf zeigte sie nun auf einen kleinen Gasthof. „Was hältst du davon, wenn wir uns dort nach einem Zimmer umsehen. Wir könnten sagen, dass wir Reisende sind."

Ich nickte und wir liefen gemeinsam zu dem kleinen Gebäude hin. Da es schon spät in der Nacht war, liefen uns keine anderen Dorfbewohner über den Weg. Ich klopfte an die schwere Holztür und wartete darauf, dass jemand öffnete. Kurz darauf wurde die Tür mit einem lauten Quietschen geöffnet und zwei freundliche blaue Augen lächelten uns an.

„Willkommen in meinem bescheidenen Hof. Wie kann ich euch beiden helfen?", fragte der alte Mann, welcher wohl der Besitzer des Gasthofs war.

„Verzeihung für die späte Störung. Wir sind auf der Durchreise, doch unsere Beine sind müde, und wir würden uns gern etwas ausruhen. Gibt es hier noch ein freies Zimmer?", fragte Nejla höflich.

Der alte Mann nickte und bat uns, ihm zu folgen. Schon bald öffnete er die Tür zu einem weiteren Zimmer. Es war klein und rustikal eingerichtet, freundliche Farben verliehen dem Raum etwas Gemütliches.

„Hier könnt ihr euch ausruhen. Sollte ich euch etwas bringen können, lasst es mich wissen.“

Wir nickten ihm dankend zu, worauf er das Zimmer verließ. Ich seufzte. In meinem Kopf hatten sich viele Szenarien abgespielt, welche Schwierigkeiten uns in den Weg gestellt werden könnten. Dagegen verlief nun unser Eindringen in das Dorf vorerst einfacher, als ich erwartet hatte. War das ein gutes Zeichen?

„Gut, den ersten Teil hätten wir schon einmal erledigt. Lass uns etwas ausruhen, damit wir morgen mit allen Kräften unsere wahre Mission beginnen können“, schlug Nejla vor.

„Du hast Recht. Lass uns schlafen gehen, doch wir sollten ab sofort nicht mehr über unseren eigentlichen Plan sprechen. Wir wissen nicht, wo oder ob uns vielleicht jemand zuhören könnte.“

„Natürlich. Tut mir leid“, murmelte meine Begleiterin nur.

Warum entschuldigte sie sich? Das wunderte mich etwas, doch ich wollte nicht weiter darauf eingehen. Wobei es mich etwas verunsicherte, das Zimmer zum ersten Mal mit einer anderen Frau als Akita zu teilen. Das musste ich mir eingestehen. Zum Glück gab es zwei getrennte Betten, und wir mussten uns nicht eins teilen.

Nachdem ich meine Tasche auf den Boden gelegt hatte, ging ich in das kleine Badezimmer, um mich etwas frisch zu machen. Ich wusch mein Gesicht mit kaltem, klaren Wasser und betrachtete mich einen Moment in dem kleinen Spiegel, welcher bereits einige Sprünge aufwies.

Das gesprungene Glas vor mir zeigte die schwarzen Augenringe unter meinen eisblauen Augen erbarmungslos. Meine sonst so glänzenden Haare fielen in schlaffen mattbraunen Strähnen an meinem Gesicht herunter. Erst jetzt wurde mir bewusst, wie mich die letzten Tage ermüdet hatten. Ich seufzte und wandte meinen Blick von der nicht wiederzuerkennenden Kreatur im Spiegel ab.

Als ich mich gewaschen hatte, schlüpfte ich in die kurzen Shorts und das knappe Oberteil, welches direkt unter der Brust endete. Als ich meine Kleidung für die Reise eingepackt hatte, dachte ich noch, ich würde alleine schlafen. Hätte ich gewusst, dass ich ein Zimmer mit Nejla teilen würde, hätte ich mir wohl weniger kurze Sachen mitgenommen. Nun gut, ich konnte es nicht mehr ändern. Schulterzuckend warf ich meinem Spiegelbild einen letzten Blick zu, bevor ich das Bad verließ.

Draußen angekommen verschlug es mir einen Moment die Sprache. Nejla hatte mir den Rücken zugewandt, zog sich allerdings genau in dieser Sekunde ihr Top über den Kopf. Da sie ihre braunen Haare nach oben gebunden hatte, war ihr anmutiger Rücken zu sehen. Es erstaunte mich jedoch nicht ihr durchtrainierter, junger Körper, sondern die lange Narbe, welche einmal schräg vom Hals abwärts bis über die Hüfte verlief. Feine, rote Linien hatten sich von der Narbe seitlich über die helle Haut ausgebreitet. Die verheilte Verletzung bedeckte ihren halben Rücken. Zuerst dachte ich, es wäre eine Verbrennung, doch diese Narbe sah anders aus.

Bevor ich jedoch mehr erkennen konnte, hatte Nejla ihr Top wieder nach unten gezogen. Ich räusperte mich kurz, um mich bemerkbar zu machen. Die junge Frau zuckte kurz zusammen und drehte sich zu mir um. Ich musste ein Kichern unterdrücken, als sich ihre Wangen bei meinem Anblick röteten.

„Das Badezimmer wäre jetzt frei“, murmelte ich nur und versuchte, sie nicht direkt anzusehen.

Ich wollte Nejla nicht noch mehr in Verlegenheit bringen, als sie es scheinbar ohnehin schon war.

„Ok, ist gut“, antwortete sie und verschwand sofort im Bad.

Ich entschied mich für das Bett auf der linken Seite des Zimmers und legte mich auf die einladend weiche Matratze. Mir ging die Verbrennung oder was es auch war, was ich auf Nejlas Rücken gesehen hatte, nicht aus dem Kopf. Sie hatte erwähnt, dass es in ihrem Dorf einen Überfall gegeben hatte, doch sie hatte ebenfalls erwähnt, dass sie die Angreifer überlistet hatte, bevor es größere Kämpfe gab. Hatte es womöglich noch einen weiteren Kampf gegeben, von welchem ich nichts wusste? Bevor ich allerdings weiter darüber nachdenken konnte, öffnete sich die Badezimmertür und Nejla kam zurück in das Zimmer. Ohne weitere Worte legte auch sie sich in ihr Bett.

„Gute Nacht“, murmelte ich leise, als ich das Licht löschte.

„Gute Nacht, Kyra.“

Als ich nun so in der Dunkelheit lag, allein mit meinen Gedanken, dachte ich an Akita. Ich war gerade einmal ein paar Stunden von ihr getrennt, es fühlte sich allerdings an wie eine Ewigkeit. Ich unterdrückte die aufkommende Sehnsucht in mir und versuchte, meinen Kopf abzuschalten. Nach einer Weile holte mich die Müdigkeit ein, und ich glitt in einen traumlosen Schlaf.

Ein lauter Schrei ließ mich aufschrecken. Ich war sofort hellwach und bereit, einen möglichen Angriff abzuwehren. Als ich mich jedoch im Zimmer umsah, waren weder fremde Menschen noch irgendwelche Angreifer zu sehen. Stattdessen nahm ich einen weiteren Schrei wahr, welcher von Nejlas Bett kam. Hatte sie einen Albtraum?

„Verschwinde!", schrie sie plötzlich.

Ich sah zu ihr hinüber, prüfte, ob jemand bei ihr war. Es war allerdings niemand zu sehen. Nejla warf sich in ihrem Bett hin und her, schlug um sich und schien eine unsichtbare Gestalt zu bekämpfen. Mein Instinkt schlug Alarm, als ich das Eis an der schlafenden Frau bemerkte.

„Nejla, wach auf!", rief ich, während ich aufstand und zu ihr hinüberging.

Sie schien mich allerdings nicht zu hören und schlug stattdessen weiter wild um sich. Das Eis um ihre Finger hatte bereits einen Teil ihrer Hände bedeckt. Sollte sie sich nicht kontrollieren können, würde sie ihre gesamte Kraft durch den Raum schießen.

„Nejla!", rief ich erneut, dieses Mal lauter.

„Fass mich nicht an!"

Bevor ich reagieren konnte, schnellte ein Eissplitter auf mich zu. Glücklicherweise konnte ich die Attacke abfangen. Ich musste etwas tun, bevor sie sich oder mich verletzen konnte! Also tat ich, was mir als Erstes einfiel. Ich ging auf sie zu und rüttelte ihre Schultern. Die Schweißperlen auf Nejlas Stirn bestätigten meine Vermutung eines Albtraums, doch auch das Rütteln weckte sie nicht auf. Plötzlich spürte ich die Kälte ihrer Hände an einem meiner Handgelenke. Die eiskalte Berührung begann unweigerlich zu schmerzen.

„Verdammt, wach auf!“, schrie ich sie an und gab ihr intuitiv eine Ohrfeige.

Der Oberkörper der bis gerade eben noch träumenden Frau schnellte nach oben. Die Augen weit aufgerissen, starrte sie mich an. Ich konnte die panische Angst in ihrem Blick erkennen.

„Hey, es ist alles gut“, versuchte ich sie zu beruhigen.

Ihr Griff um meine Handgelenke löste sich augenblicklich. Nejlas Atmung war schnell und flach, ihre Hände zitterten gewaltig.

„Ich ... Wo ... Was ist passiert?“, stotterte die verzweifelte Frau leise.

„Du hattest einen Albtraum. Geht es dir gut?“

Die Eisherrscherin schüttelte den Kopf und legte ihr Gesicht in ihre Hände, Tränen fluteten ihre Wangen.

„Nejla, es ist alles okay. Ich bin bei dir“, beruhigte ich sie und legte schützend einen Arm um ihre Schultern.

Doch statt sich zu beruhigen, warf sie sich gegen meinen Oberkörper und schluchzte lauthals weiter. Es tat mir so wahnsinnig leid, sie so zu sehen, also umarmte ich Nejla und strich ihr sanft über den Rücken. Nur langsam beruhigte sich die schluchzende Frau wieder.

„Es tut mir leid“, murmelte sie unter Tränen.

„Ist schon in Ordnung. Magst du mir vielleicht davon erzählen?“

Nejla atmete tief ein, löste sich langsam aus meiner Umarmung. Sie wischte sich einmal über das nasse Gesicht, um die letzten Tränen verschwinden zu lassen. Es fiel ihr allerdings schwer, den Anfang zu machen.

Ich überlegte einen Moment, ob es wohl etwas mit ihrer Verletzung zu tun hatte. Da es ihr sichtlich schwerfiel, versuchte ich mich vorsichtig an das Thema heranzutasten.

„Hat es etwas mit deiner Narbe zu tun?“, fragte ich so sensibel, wie ich konnte.

Nejlas Augen weiteten sich einen Moment, doch sie seufzte schließlich ergeben.

„Wann hast du sie gesehen?“, murmelte sie leise.

„Es tut mir leid, ich wollte nicht neugierig sein.“ Nachdem keine Reaktion kam, fuhr ich fort, „Als du dich vorhin umgezogen hattest, habe ich sie gesehen.“

Sie sah mich an, gab sich einen Ruck. „Ich habe dir nicht die ganze Wahrheit erzählt. Ich war 14, als die Armee des Südens mein Dorf angegriffen hat. Es war ein Überraschungsangriff, wir hatten sie einfach zu spät bemerkt. Noch bevor wir uns verteidigen konnten, wurden die ersten Männer und Frauen abgeschlachtet, verbrannt und vom Feuer getötet ... Ich werde den Geruch von verbranntem Fleisch nie vergessen.“ Nejlas Blick schweifte aus dem Fenster, sie war vollkommen in ihrer Erinnerung versunken.

„Die Soldaten haben die ersten Eisherrscher gefangen genommen und sind ziemlich schnell wieder verschwunden. Sie hatten allerdings meine Mutter mitgenommen, also bin ich ihnen hinterhergelaufen.

Ich hätte einfach in meinem Haus bleiben sollen. Ich konnte nicht sehen, wer mich angegriffen hatte, doch es war ein so helles Licht, wie ich es noch nie zuvor gesehen hatte. Erst vier Jahre später, sollte ich erfahren, was dieses Licht ausstrahlt."

Nejla verstummte. Ihre Fäuste waren zusammengekrampft, sodass ich ihre weißen Knöchel erkennen konnte. Sie begann erneut zu zittern und presste die Lippen zu einem schmalen Strich zusammen. Nach einem tiefen Atemzug sah sie mir direkt in die Augen.

„Ich sah das gleiche Licht, als uns dieser General fast entdeckt hatte, kurz vor dem großen Kampf gegen Aduro. Da wusste ich, dass es Akita gewesen war, die mich fast getötet hatte. Kyra, das Licht stammte von einem solchen Blitz."

Mein Magen verkrampfte sich augenblicklich. Ich konnte den Schmerz in Nejlas Stimme deutlich hören und dieses Gefühl nur allzu gut nachvollziehen. Akita hatte mich ebenfalls verletzt, als ich damals ihre Gefangene war. Deshalb zweifelte ich auch nicht an Nejlas Aussage, obwohl ich nichts lieber als das tun würde.

„Warum hast du mir nicht schon vorhin davon erzählt?", fragte ich leise.

„Hättest du mir geglaubt? Es hätte doch sicher so geklungen, als würde ich Akita schlecht reden wollen, sobald sie nicht mehr in deiner Nähe ist. Die Wahrheit ist, ich habe mit eigenen Augen gesehen, dass sie sich geändert hat. Sie hätte mein Leben damals fast beendet, doch sie hat mich vor einigen Stunden davor bewahrt, von einem Holzpfahl durchbohrt zu werden. Einfach so. Grundlos. Ihre Schuld ist so gesehen beglichen." Die letzten Worte waren nur noch ein leises Murmeln.

„Es tut mir so leid, was Akita dir angetan hat. Ich weiß, sie war früher eine komplett andere Person als heute, das rechtfertigt ihre Taten jedoch nicht."

„Diese Albträume verfolgen mich seit dem Kampf mit Aduro. Ich sehe immer wieder Akita vor mir, wie sie mich böse anlacht und anschließend den Blitz in meinen Rücken einschlagen lässt. Es war in letzter Zeit etwas besser, doch der heutige Tag hat die Erinnerungen scheinbar erneut aufleben lassen. Es tut mir leid, dass ich dich erschreckt habe."

„Ich kann es dir nicht verübeln. So etwas verarbeitet man nicht so schnell. Jetzt erklärt sich natürlich einiges: zum Beispiel unser erstes Gespräch, damals vor dem Kampf. Du hast Akita als Killerin betitelt und wolltest mich da schon von ihr trennen. Dein Verhalten heute erklärt sich somit."

Nejla nickte nur stumm und starrte erneut ins Leere. Ich legte meine Hand auf ihre. „Ich kann dich verstehen und glaub mir, ich verurteile dich für nichts. Ich kenne Akitas andere Seite ebenso. Doch gib ihr die Chance, dir zu zeigen, dass sie nicht mehr der Mensch von früher ist. Vielleicht kannst du ihr eines Tages verzeihen."

„Ich denke nicht, dass ich ihr verzeihen kann, aber ich werde versuchen, sie als den Menschen zu akzeptieren, der sie jetzt ist."

„Das ist doch schon einmal ein Anfang." Ich lächelte sie aufmunternd an, bemerkte dabei, wie es in unserem Zimmer langsam heller wurde.

„Jetzt habe ich dich auch noch um den Schlaf gebracht", murmelte Nejla verärgert, als sie die ersten Sonnenstrahlen am Himmel sah.

„Ach, das ist nicht schlimm. Ich sehe den Sonnenaufgang in letzter Zeit sowieso viel zu selten. Soll ich etwas zu frühstücken holen? Dann könnten wir unseren ersten Tag gut gestärkt beginnen."

„Das hört sich gut an", erwiderte Nejla, ihre Stimmung war sofort etwas besser.

Ich nickte und begann, mir etwas überzuziehen. Als ich in Richtung Tür lief, hielt mich Nejla erneut kurz auf.

„Kyra?"

Ich blickte über die Schulter und sah sie fragend an.

„Danke. Dafür, dass du mir zugehört hast. Und auch, dass du mir glaubst, das schätze ich sehr."

„Natürlich, das machen Freunde doch, oder?", erwiderte ich grinsend.

Auf die Lippen meines Gegenübers legte sich ein Lächeln. Sie nickte mir zu und ich verschwand aus der Tür.

Ich besorgte uns Frühstück. Der nette Besitzer des Gasthofes war schon aufgestanden. Er reichte mir zwei Teller mit Frühstücksleckereien und ich kehrte rasch zurück in unser Zimmer. Nejla hatte sich in der Zwischenzeit ebenfalls angezogen und wartete mit großen Augen und leerem Magen auf das Essen. Wir aßen, unterhielten uns und lachten viel. Die junge Frau entpuppte sich als gute Zuhörerin und eine ebenso gute Gesprächspartnerin. Sie war locker, hatte eine ähnliche Sicht auf die Welt wie ich - und sie mochte Algenreis genauso gerne wie ich.

„Wenn all das hier vorbei ist, lade ich dich zu meiner Mutter zum Essen ein. Sie macht einfach den besten Algenreis der Welt!", lachte ich.

„Das wäre schön, doch ich bezweifle, dass Akita mich weiterhin in deine Nähe lässt, nachdem wir all das beendet haben."

Nejlas Stimme wurde ruhiger, fast schon traurig. Ich wusste nicht so recht, was ich antworten sollte.

„Hey, das ist in Ordnung. Wir sollten allerdings langsam aufbrechen. Die Straßen füllen sich langsam mit den Dorfbewohnern, vielleicht können wir etwas aufschnappen", warf sie dann ein.

„Das klingt nach einem guten Plan. Los, lass uns gehen", forderte ich sie auf.

Auf dem Weg nach draußen kam uns der Gasthofbesitzer entgegen.

„Na, habt ihr beiden gut geschlafen? Ihr wollt sicher auf die Versammlung, habe ich Recht?", begrüßte er uns.

„Ja, wir haben angenehm geschlafen. Welche Versammlung?", hakte Nejla nach und warf mir einen verwirrten Blick zu.

„Oh, natürlich, woher sollt ihr auch davon wissen? Es gibt heute eine große Versammlung auf dem Marktplatz. Die Dorfältesten wollen die Bürger über die aktuelle Lage informieren. Es heißt, es wurden spezielle Gäste eingeladen."

Spezielle Gäste? Redete er etwa von den Attentätern?

„Das klingt sehr interessant. Vielen Dank für die Auskunft“, bedankte ich mich und gab Nejla zu verstehen, mir zu folgen.

Wir verließen den Gasthof und entfernten uns ein Stück, bevor ich zu sprechen begann. „Denkst du das gleiche wie ich?“, fragte Nejla leise.

Ich nickte. „Wir sollten uns unbedingt diese ‚speziellen Gäste‘ ansehen.“

Wir machten uns auf den Weg Richtung Marktplatz. Es war nicht schwer, den Platz zu finden, da sich schon viele Dorfbewohner dort versammelt hatten. Ein nervöses Raunen ging durch die Menge, als eine alte Frau das hölzerne Podest in der Mitte des Marktes bestieg.

„Hallo! Bitte beruhigt euch! Wie ihr wisst, ist die aktuelle Lage sehr angespannt. Unsere umliegenden Nachbardörfer wurden angegriffen, allerdings haben die Angreifer nur die Soldaten vertrieben. Wir sind ein friedliches Dorf, Soldaten gibt es schon lange nicht mehr. Dennoch möchte die Gruppe, welche sich zu den Angriffen bekennt, zu uns sprechen.“

Die Frau trat zurück und machte Platz für jemand anderen. Die zierliche Person war mit einem schwarzen Mantel und gleichfarbiger Kapuze bekleidet. Darauf erkannte ich ... das Zeichen der Attentäter. Erst als sie oben auf dem Podium stand, nahm sie ihre Kapuze ab. Mein Herz pausierte einen Moment.

„Nejla, das ist Runa“, raunte ich der Frau neben mir so leise, wie ich nur konnte, zu.

„Wer ist Runa?“, fragte sie ebenso leise.

„Die Kurzfassung: Akitas ehemalige Leibwache und Anhängerin der Attentäter. Wir haben sie aus dem Gefängnis befreit, da wir dachten, sie könnte uns helfen. Sagen wir es so, die Sache ist etwas eskaliert und Runa konnte flüchten.“

„Ist sie dann gut oder schlecht für uns?“, hakte Nejla nach.

„Das kann ich dir im Moment nicht genau sagen. Fakt ist, sie kennt mich, mein Aussehen und das könnte unsere gesamte Mission gefährden.“

Bevor wir weitersprechen konnten, begann Runa mit ihrer Rede.

„Liebe Bürger, mein Name ist Runa. Ich gehöre zur Elitegruppe, welche die Welt von Tyrannen wie den Oberhäuptern des Nordens und des Südens befreien will. Wie ihr alle wisst, haben wir eure Nachbardörfer angegriffen, doch wir haben außer den Soldaten niemanden verletzt oder getötet. Es ist nicht in unserem Sinne, euch zu schaden. Wir fordern lediglich die Unabhängigkeit der einzelnen Staaten. Die Prinzessin lässt uns jagen, damit wir euch nicht befreien können. Sie will es um jeden Preis verhindern. Das allein zeigt schon die Tyrannei, die unsere sogenannten Anführer, regieren nennen.“

Durch die Menge ging ein zustimmendes Murmeln. Nervosität stieg in mir auf. Runa schien die Leute anstacheln zu wollen.

„Bitte, beruhigt euch! Wir, die Befreier eurer Dörfer, bieten euch die Möglichkeit, euch selbst zu befreien. Schließt euch uns an und euch wird nichts passieren. Sobald dieser Kampf beendet ist, könnt ihr ein unabhängiges Leben führen, stets nach dem Leitbild unseres großen Vorbilds, Saphira. Helft uns, die Prinzessin und das Oberhaupt des Nordens, Rakia, von der Bildfläche verschwinden zu lassen, und ihr werdet frei sein."

Ich ballte meine Fäuste, Eis bedeckte Stück für Stück meine Hände.

„Kyra, beruhige dich. Du verrätst uns noch, wenn du dich nicht zusammenreißt!", ermahnte mich Nejla.

„Ich werde dieses Miststück in der Luft zerreißen, sobald ich die Chance dazu habe", drohte ich zwischen zusammengepressten Lippen.

„Was ist, wenn wir uns nicht anschließen wollen?", rief ein junger Mann aus der Menge.

„Genau! Wir hatten nie ein Problem mit der Prinzessin, warum sollten wir gegen sie kämpfen?", rief ein anderer.

Runas Blick in diesem Moment war eiskalt und drohend. „Nun, wenn ihr euch nicht anschließen wollt, können wir für den Schutz eures Dorfes nicht garantieren. Die Prinzessin wird früher oder später denken, dass ihr so seid wie wir, und euer kleines Dorf dem Erdboden gleichmachen. Schließt euch uns an und euch wird nichts passieren! Tut ihr das nicht, nun ..." Sie legte eine kleine Pause ein und fuhr mit einem teuflischen Lächeln fort. „Dann werdet ihr es sicher bereuen."

Mit diesen Worten verließ sie das Podium. Die alte Frau von vorher betrat das Podest erneut und bat um Ruhe.

„Ihr wisst, dass wir ein friedliches Dorf sind. Doch denen unter euch, welche die alten Legenden kennen, sollte gesagt werden, dass Fulgors Macht entfesselt wurde. Ihr wisst, was das heißt ... Seine Kraft fließt nun durch die Adern von Prinzessin Akita. Wir wissen, wie es damals für die Kolonien ausging, als sie auf ihn getroffen sind. Seine

Macht und ebenso die der Prinzessin sind ein ernstzunehmendes Problem. Wir bekommen eine Bedenkzeit von drei Tagen, dann müssen wir ihnen unsere Entscheidung mitteilen. Wählt klug, denkt an die Zukunft eurer Kinder."

Ich konnte das entsetzte Rufen der Menge deutlich hören, als die Frau den Namen Fulgor erwähnte. Die Bürger wussten scheinbar genau, was er zu bedeuten hatte.

„Ich verstehe nur Bahnhof? Warum sind die Menschen plötzlich so verängstigt?", flüsterte Nejla zu mir.

„Weil sie allen Grund dazu haben. Die Dorfälteste spricht die Wahrheit", gestand ich leise.

„Das musst du mir aber bitte nochmal erklären. Wer ist Fulgor und was hat er mit Akita zu tun?"

„Nicht jetzt, Nejla. Wir sollten zusehen, dass Runa uns nicht entdeckt."

Wir liefen, so unauffällig es ging, zum Gasthof zurück. Sollte Runa uns jetzt entdecken, wäre unsere Mission gescheitert.

Plötzlich hielt Nejla mich zurück und drückte mich mit dem Rücken gegen eine Hauswand. Ich wusste nicht, was los war, als sie ihre Arme um meinen Nacken legte und ihr Gesicht nur noch Millimeter von meinem entfernt war.

„Kein Wort, vertrau mir", nuschelte sie nur, während sie in dieser Position verharrte.

Mein Herz raste, das Adrenalin schoss nur so durch meine Venen. Diese Nähe behagte mir gar nicht, doch ich musste der Eisherrscherin vertrauen. Ich starrte direkt in ihre hellen braunen Augen, die Art von Blick darin konnte ich nicht zuordnen. Hätte ich es nicht besser gewusst, hätte ich vermutet, dass sie über mich herfallen wollte, doch sie tat nichts dergleichen. Kurz bevor ich dachte, es nicht mehr länger aushalten zu können, löste sich Nejla von mir.

„Schnell, komm mit", murmelte sie und schlich Richtung Gasthof.

Erst, als wir dort angekommen waren, und die Tür unseres Zimmers hinter uns geschlossen hatten, konnte ich aufatmen.

„Was zur Hölle war das denn?", fuhr ich Nejla an.

„Kyra, beruhige dich. Es ..."

„Beruhigen? Du drückst mich gegen eine Wand und hast mich fast geküsst! Und da soll ich mich beruhigen?" Das Adrenalin in mir zirkulierte noch immer durch die Blutbahnen. Ich wusste nicht einmal genau, warum ich so aufgebracht war, doch das Zittern meiner Hände war ein eindeutiges Zeichen für meine immense Aufregung.

„Kyra, halt die Klappe!", unterbrach sie mich scharf. „Runa stand direkt vor dem Gasthof! Hätte ich dein Gesicht nicht verdeckt, hätte sie dich höchstwahrscheinlich entdeckt. Und jetzt beruhige dich bitte."

Ich wollte gerade weitersprechen, als ich das Gesagte endlich verstand.

„Moment mal, du wolltest mich also nur schützen?"

Nejla nickte und ich bemerkte, wie mir die Röte ins Gesicht stieg. Was hatte ich mir dabei nur gedacht?

„Es tut mir leid, ich dachte nur ... Nun ja, du warst mir so nah, ich wusste nicht ...“ Meine Sätze wollten einfach keinen Sinn ergeben. „Es tut mir leid, dass ich dich so angegangen bin. Ich konnte ja nicht wissen, dass du Runa gesehen hattest.“

„Ist schon okay. Runa ist auf jeden Fall weg, und wir sollten auch schleunigst hier verschwinden. Wir hatten Glück, dass sie uns nicht gesehen hat. Wir müssen Akita und deinen Vater warnen, denn ich bin mir sicher, dass dieses Dorf nicht das einzige ist, welches diesen erpresserischen Vorschlag von Runa unterbreitet bekommen hat. Wer weiß, wie viele Leute bereits nach Akita und Rakia suchen.“

Ich runzelte die Stirn. Nejla hatte mit ihrer Annahme recht, doch ich war mir ziemlich sicher, dass es noch weitere Informationen herauszufinden gab. Akita wusste, wie sie auf sich aufpassen konnte, ebenso mein Vater. Wir könnten sicherlich noch einen Tag bleiben und erst dann zum Lager zurückkehren.

„Nein, lass uns noch einen Tag hierbleiben. Ich bin mir sicher, dass die beiden bis dahin allein klarkommen. Hier gibt es noch mehr Informationen, wir müssen nur dranbleiben. Außerdem denke ich, dass sich Saphira irgendwo in der Nähe aufhalten wird. Das wäre unsere Chance.“ Ich war fest entschlossen. Wir waren nah dran, das konnte ich spüren.

„Na gut, wenn du das für das Richtige hältst“, stimmte Nejla ohne weitere Einwände zu. „Lass uns aber noch ein wenig warten, nur um sicher zu sein, dass Runa das Dorf verlassen hat.“

Gerade als Nejla ihren Satz beendet hatte, klopfte es an unserer Zimmertür. Wir tauschten einen fragenden Blick. Ich konnte mir allerdings nur vorstellen, dass es der alte Mann des Gasthofs war, der vor der Tür stand. Also ging ich langsam zur Tür und drückte die Klinke nach unten. Mein Herz hämmerte gegen meine Brust, als ich die Person vor der Tür erkannte.

„Hallo Kyra, lange nicht gesehen." Auch wenn es nur ein Murmeln war, diese Stimme fuhr mir durch Mark und Bein.

Noch bevor ich etwas sagte, formte ich zwei Eisklingen in meinen Händen und kreuzte sie über der Kehle meines Gegenübers.

„Was willst du hier, Runa?"

Kapitel 15

Nejla nahm ebenfalls ihre Kampfposition ein und stellte sich neben mich. Ich konnte nicht glauben, dass Runa tatsächlich vor mir stand. Nejla hatte doch gesagt, sie hätte sich wieder vom Gasthof entfernt.

Die Attentäterin vor mir hob ergeben ihre Hände. Ihre weit aufgerissenen Augen starrten mich an. Ich konnte die Panik in diesem satten Grün sehen.

„Kyra, bitte hör mich an. Ich möchte dir nichts tun, doch ich muss dich warnen!"

„Warum sollte ich dir auch nur einen Funken Vertrauen schenken? Du bist eine Attentäterin!", zischte ich.

„Ich habe nicht lange Zeit. Entweder du lässt es mich erklären oder Akita wird sterben!"

Bei diesen Worten bekam ich sofort Gänsehaut. Wie konnte es diese Frau wagen, Akita zu drohen?

„Du drohst Akita? Und das in deiner aktuellen Position?" Die Klingen über Runas Hals hinterließen bereits blutige Striemen. Wie gern würde ich ihr gerade jetzt einfach die Kehle aufschlitzen ...

„Ich drohe ihr nicht! Hör mir doch einfach zu!", rief sie flehend.

Nejla, welche bisher still gewesen war, trat einen Schritt auf mich zu und legte eine Hand auf meine Schulter. „Vielleicht sollten wir sie anhören. Wir sind zu zweit gegen sie, ich denke nicht, dass sie allein gekommen wäre, wenn sie uns hätte angreifen wollen. Lass sie mich fesseln, und du blockierst ihre Kraft, damit sie sich nicht befreien kann“, flüsterte sie mir zu.

Ich war ganz und gar nicht von der Idee begeistert; sie schien allerdings ein vernünftiger Vorschlag zu sein.

„Na gut“, stimmte ich widerwillig zu.

Nejla holte ein Seil und fesselte Runas Hände. Die Feuerherrscherin ließ sich ohne Widerstand in Fesseln legen, doch ich ließ sie dabei keinen Moment aus den Augen.

„Versuch auch nur, uns anzugreifen, und ich töte dich ohne Vorwarnung“, drohte ich ihr missmutig.

Als Runa ihren Blick von mir abwandte, verringerte ich den Druck meiner Klingen an ihrem Hals. Die Stelle, an welcher mein Eis ihre Haut berührt hatte, blutete. Nejla brachte sie zu einem Stuhl und band sie dort zusätzlich fest. Sie war festgesetzt, jetzt konnten wir reden.

„Dann sag uns, was du zu sagen hast“, forderte ich Runa ohne weiteres Drumherumreden auf.

„Ich kann verstehen, dass du mir nicht glaubst, doch vergiss nicht, wer Akita gerettet hat“, begann sie.

Ihre ersten Worte ließen die Wut in mir sofort wieder hochkochen. Auch wenn sie Akitas Leben gerettet hatte, gab ihr das nicht das Privileg, automatisch mein Vertrauen zu genießen. Nejla bemerkte meine Anspannung wohl, denn sie kam zu mir herüber.

„Lass dich nicht provozieren. Vergiss nicht, sie ist unser Feind; sie muss das tun“, versuchte sie mich zu beruhigen.

„Das tut nichts zur Sache. Sag mir, warum ich dich nicht sofort töten sollte“, richtete ich mich an die junge Frau vor mir.

„Saphira ist in der Nähe. Sie weiß, dass ihr euer Lager nicht weit von hier aufgeschlagen habt. Sobald dieses Dorf sich uns anschließt, wird sie das Lager niederbrennen.“

„Warum solltest du uns vor ihr warnen? Du bist doch ein Teil ihrer Elite“, fragte ich scharf. Ihre Ausführungen überzeugten mich keineswegs.

„Kyra, du weißt, was Akita mir bedeutet. Nachdem sie mich fast getötet hatte, bin ich geflohen und habe mich den Attentätern wieder angeschlossen. Ich wusste, dass ich der Prinzessin nur helfen kann, wenn ich mich in die feindlichen Reihen schleiche und somit Informationen für sie sammeln kann, direkt vor Ort. Akita hätte mir niemals geglaubt, wenn ich geblieben wäre.“

Ich glaubte dieser Frau hier auch kein Wort. Sie hatte uns schon einmal verraten, warum sollte sie es jetzt nicht wieder tun?

„Du lügst“, zischte ich und ließ erneut das Eis durch meine Hände gleiten.

Die Klinge, welche ich in den Händen hielt, war scharf und bereit, sich durch alles zu bohren, was sie vorfand.

„Kyra, warte!“, riefen Runa und Nejla fast im gleichen Moment.

Ich sah erst Nejla, dann Runa verwirrt und böse an. Ich verstand, warum Runa mich aufhalten wollte, aber warum auch Nejla?

„Warum? Es ist offensichtlich, dass sie uns in eine Falle locken will. Auf dem Weg zurück in unser Lager würde Saphira dort auf uns warten - und uns bei einem Überraschungsangriff beseitigen! Ist es nicht so?“ Mein Blick durchbohrte Runa.

„Würde ich euch an Saphira verraten wollen, hätte ich es schon längst getan. Warum denkst du, bin ich allein hier? Hätte Saphira gewusst, dass ihr hier seid, wärt ihr schon lange tot! Glaub mir oder auch nicht, Fakt ist, dass Saphira euer Lager in spätestens drei Tagen angreifen wird.“

Ich versuchte, einen klaren Gedanken zu fassen, doch mit all meiner Wut im Bauch gelang mir das nicht wirklich. Was, wenn ich Runa vertrauen würde und sich dann herausstellte, dass sie uns doch nur in eine Falle gelockt hatte? Andererseits könnte ich viele Leben aufs Spiel setzen, falls sie Recht behielt. Drei Tage würden uns einen Vorsprung geben. Damit wären wir außerhalb Saphiras Reichweite. Ich überlegte, welche Anweisung ich geben sollte.

„Kyra, ich wollte euch nie verletzen. Anfangs vielleicht, aber jetzt nicht mehr. Auch wenn es dir nicht gefällt, ich würde niemals zulassen, dass Akita etwas passiert. Und ich würde auch nicht zulassen, dass dir etwas geschieht. Ich weiß, wie wichtig du der Prinzessin bist.“

Ich seufzte und ließ das Eis an meinen Fingern verschwinden. Ich sah es ein: Ich musste es wagen und Runa vertrauen.

„Wo ist Saphira gerade?“, fragte ich ruhig.

„Warum? Es wäre keine gute Idee, sie ..."

„Wo ist sie?", unterbrach ich Runa barsch.

„Die Attentäter haben ein Versteck in den Bergen nicht weit von hier. Saphira, Aduro, Belial und Kesar sind ebenfalls dort. Es wäre allerdings unklug, sie jetzt anzugreifen. Die Attentäter haben bereits eine hohe Zahl an Anhängern versammelt."

„Ich habe nicht vor, sie anzugreifen. Ich wollte nur wissen, wo sie sind", antwortete ich kühl.

„Aber eins verstehe ich noch nicht ganz", bemerkte Nejla, „Warum hast du dich dazu entschieden, Saphira den Rücken zu kehren? Ich bin mir sicher, du weißt was passiert, sollte sie dich ertappen. Und erzähl mir nicht, es wäre alles nur für Akita."

Bei dieser Bemerkung schluckte Runa schwer, sie hatte wohl nicht damit gerechnet, dass sie ihr dies vorhielt. Als ich sie scharf ansah, wurde sie zunehmend nervös. War doch alles eine Lüge?

„Spuck es aus, Runa!", forderte ich bezugnehmend auf Nejlas Aussage.

„Ich weiß genau, was mit mir passiert, sollte Saphira es herausfinden. Doch ich weiß auch, was sie mit Akita und euch allen vorhat, sollte sie euer Lager angreifen. Ich möchte weniger ins Detail gehen, doch diese Art des Todes wünsche ich nicht einmal meinen schlimmsten Feinden", murmelte Runa leise.

Ich schluckte schwer, als ich Runas Aussage vernahm. Ich kannte einen Teil von Saphiras Foltermethoden durch Akitas Erzählungen.

Deshalb glaubte ich der Feuerherrscherin, dass sie nicht tiefer auf das grausame Thema eingehen wollte.

„Was genau hat sie mit Akita vor?“, fragte Nejla nach.

„Das willst du nicht wissen“, antwortete ich anstelle von Runa. „Wenn wir dich losbinden, wirst du uns dann angreifen?“ Meine Frage war an Runa gerichtet.

Sie schüttelte den Kopf und ich löste ihre Fesseln. Die junge Frau rieb sich die Handgelenke, rote Abdrücke waren auf der Haut zu sehen.

„Was wirst du jetzt tun?“, fragte ich ruhig.

„Ich weiß es nicht. Saphira wird merken, dass ich euch gewarnt habe. Spätestens wenn sie das Lager angreifen will und niemand dort ist, wird ihr mein Verrat bewusst werden.“

Ich bemerkte, dass Runa Angst davor hatte, zu Saphira zurückzukehren. Meine nächsten Worte ließ ich mir deshalb vorher genau durch den Kopf gehen.

„Ich schätze, wir können dankbar sein, dass du uns gewarnt hast. Es wäre äußerst respektlos, wenn wir dich nun einfach Saphiras Willkür überlassen.“ Ich zögerte einen Moment, bevor ich meine Frage formulierte: „Möchtest du uns helfen, Saphira zu besiegen?“

Runas Augen leuchteten auf. Trotzdem schien meine Frage sie zu verwirren.

„Ist das ein ernst gemeintes Angebot?“, fragte sie vorsichtig nach, was ich bejahte.

„Ich kann Akita sicher überzeugen, dass du wieder in unsere Gruppe aufgenommen wirst. Vorausgesetzt, Saphira greift das Lager tatsächlich an. Sollte dies nicht der Fall sein, töte ich dich höchstpersönlich. Aber das weißt du ja."

„Ich würde es sehr schätzen, doch ich befürchte, dass Saphira merken wird, dass ich bei euch bin - und dann das nächste Mal eher angreift als geplant. Vielleicht wäre es schlauer, wenn ich sie weiterhin beschatte und euch regelmäßig informiere ..."

Das war klug. Doch so gut mir diese Idee auch gefiel, wusste ich doch, dass sie nicht funktionieren würde. Wie wir vorhin bereits festgestellt hatten, würde Saphira Runas Verrat schnell bemerken. Es war also keine Option, die Feuerherrscherin wieder zurück zu Saphira zu schicken.

„Nein, das wäre zu riskant. Wenn du es wirklich ernst meinst, komm mit uns und unterstütze uns im Kampf gegen die Gruppe. Jetzt."

„Kyra, kann ich dich einen Moment sprechen?", unterbrach Nejla und deutete mit dem Kopf Richtung Tür.

Ich folgte meiner Begleiterin und schloss die Tür hinter mir, als wir draußen waren.

„Du kannst Runa nicht einfach mit in das Lager nehmen. Was, wenn es die ganze Zeit ihr Plan war, mit uns ins Lager zu gelangen? Es tut mir leid, aber ich vertraue ihr noch immer nicht."

Noch bevor ich etwas sagen konnte, hörte ich das Klirren von zerbrechendem Glas. Ich stürmte sofort zurück ins Zimmer. Scherben lagen am Fußboden, direkt vor dem nun leeren Fensterrahmen. Von Runa war keine Spur mehr zu sehen.

„Dieses Miststück!“, schimpfte ich, während ich die lodernden Flammen am Fenster erstickte.

„Was machen wir jetzt? Sollen wir ihr hinterher?“, fragte Nejla.

„Nein, ich denke, sie ist mittlerweile weg. Sie sollte aber spätestens in drei Tagen wieder hier sein, um die Entscheidung des Dorfes anzuhören. Wir können also einfach abwarten.“

„Ist das nicht zu riskant? Was, wenn Saphira das Lager schon früher angreift? Sollten wir Akita und die restlichen Krieger nicht vorwarnen?“ Nejlas Stimme klang etwas hektisch.

„Beruhige dich, wir werden uns schon einen Plan ausdenken. Bis dahin sollten wir die Füße stillhalten.“

Ich war mir allerdings nicht so sicher, ob ich meine Ausführung auch selbst glauben konnte. Sollte Runa die Wahrheit gesagt haben, wäre das Lager tatsächlich in ernster Gefahr.

„Kyra, was, wenn sie die Wahrheit gesprochen hat und gerade auf direktem Weg zu Saphira ist?“, murmelte Nejla.

Ich schüttelte ratlos den Kopf. Warum war Runa abgehauen? Ich war mir fast sicher, dass es echte Angst in ihren Augen gewesen war, die ich sah, als sie von Saphiras drohender Strafe gesprochen hatte. Sie schien auch ehrlich erleichtert gewesen zu sein, als ich ihr angeboten hatte, mit uns zu kommen. Was hatte sie also davon abgehalten?

„Wir können nicht zum Lager zurück. Wir wissen zwar, wo Saphira ist, doch es könnte auch eine Falle sein."

„Es könnte genauso gut eine Falle sein, dass sie unser Lager erst in drei Tagen angreifen will!" Nejlas Stimme wurde zunehmend lauter.

„Das ist mir auch bewusst!", entgegnete ich lautstark.

Gereizt strich ich mir durch die Haare. Was sollten wir nun tun?

„Es bringt nichts, wenn wir uns jetzt auch noch streiten", versuchte ich es erneut, dieses Mal ruhiger.

Nejla nickte einsichtig. Uns blieben genau genommen zwei Möglichkeiten: Entweder wir würden zum Lager zurückkehren oder wir blieben in der Stadt. Sollten wir umkehren, würden uns mögliche Informationen entgehen und unsere Mission würde wenig erfolgreich sein. Wenn wir hierbleiben würden, bestünde aber die Gefahr, das Leben unserer Truppen aufs Spiel zu setzen.

Ich seufzte und versuchte, meine Gedanken zu ordnen. Es musste doch eine plausible Erklärung für das Ganze und damit auch eine umsetzbare Lösung geben!

Plötzlich kam mir ein Gedanke!

„Nejla, ich weiß, wie wir Akita und das Lager warnen können, ohne zurückkehren zu müssen!"

Nejla sah mich verwirrt an.

„Ich kann Reiko informieren. Meine Schwerter sind bei Akita, er könnte ihr also erscheinen und ihr so die Informationen übermitteln. Somit wäre das Lager nicht in Gefahr, und wir könnten hier noch ein paar Informationen sammeln. Was denkst du?“ Dank der speziellen Verbindung zwischen Reiko und mir war es möglich, auch ohne die Schwerter mit ihm zu kommunizieren.

„Du kannst mit Reiko sprechen, ohne dass er hier ist?“, fragte sie ungläubig nach. „Das wäre natürlich eine gute Lösung.“ Ich nickte.

Kurzerhand konzentrierte ich mich auf meinen Drachen. Es dauerte nicht lang, bis ich seine Stimme in meinem Kopf hörte.

„Kyra, du hast mich gerufen? Ist alles in Ordnung?“

Es freute mich immer wieder, wenn ich seine Stimme hörte. Ich klärte ihn über unser Treffen mit Runa auf und bat ihn, Akita diese Informationen zu überbringen.

„Natürlich. Und du denkst, es ist weiterhin sicher für euch? Runa könnte zurückkehren und euch angreifen“, entgegnete er.

„Uns wird schon nichts passieren. Hätte Runa uns angreifen wollen, hätte sie es zuvor schon getan. Ich denke, uns droht aktuell keine Gefahr von ihr.“

„Na gut. Solltest du Hilfe brauchen, rufe nach mir, und ich werde sofort kommen.“

„Danke Reiko“, erwiderte ich dankbar.

Ich wusste es stets zu schätzen, dass ich mich jederzeit auf ihn verlassen konnte.

„Sag Akita, dass ich sie vermisse“, fügte ich noch leise hinzu.

„Natürlich, Kyra. Ich weiß, dass sie dich auch vermisst. Wir sehen uns bald alle wieder. Bis dahin, pass bitte gut auf dich auf.“

Wir planten, wo und wann wir uns treffen würden und unterhielten uns noch ein kleinwenig über die aktuelle Situation im Lager. Nachdem alles geklärt war, neigte sich das Gespräch dem Ende zu.

„Wir sehen uns dann in 2 Tagen“, verabschiedete ich mich von meinem Begleiter. Ich hoffte, dass es nicht noch länger dauern würde.

Nachdem Reiko verschwunden war, informierte ich Nejla über das Gespräch. Sie hörte aufmerksam zu, als ich ihr den vorläufigen Plan erklärte.

„Das hört sich gut an. Wenn alles klappt, werden wir also in 2 Tagen auf unsere Truppe treffen, richtig?“

Ich nickte, um ihre Aussage zu bestätigen.

„Und was machen wir bis dahin?“, fragte sie nachdenklich. „Runa ist weg, wollen wir uns in der Stadt noch weiter umhören?“

Ich überlegte einen Moment. Die Attentäter könnten sich überall aufhalten. Sollten sie mich erkennen, würde unser gesamter Plan auffliegen. Es war allerdings unsere einzige Möglichkeit, an Informationen zu gelangen. Kurzerhand entschied ich mich, dass wir uns trotz der Gefahr in der Stadt umhören sollten.

„Lass uns zurück zum Marktplatz gehen. Vielleicht bekommen wir von der Dorfältesten einige Informationen“, erwiderte ich.

Wir brachen auf und schlenderten langsam zur Mitte des Städtchens. Meine Umgebung ließ ich dabei zu keiner Zeit aus den Augen. Schon bald wurden wir fündig.

„Dort ist sie!“, bemerkte Nejla.

Ich richtete meinen Blick auf die alte Frau von vorhin, welche sich gerade mit einigen anderen Bürgern unterhielt. Sie schien immer noch etwas aufgebracht zu sein, denn ihren ergrauten Augen funkelten zornig.

„Wir können dieser Aufforderung nicht nachkommen!“, rief gerade einer der Männer, welche neben der Frau standen.

„Adeon, wir können uns nicht gegen diese Gruppe stellen. Du hast selbst gehört was passiert, wenn wir uns nicht anschließen. Das ist Selbstmord. Und vergiss die Prinzessin nicht. Wenn sie tatsächlich mit Fulgor verbunden ist, droht uns eine noch größere Gefahr von ihrer Seite. Du hast sicherlich nicht vergessen, dass unsere Generation für seine unbändige Wut verantwortlich ist“, mahnte die Frau.

Der Mann, den die Frau eben Adeon genannt hatte, schüttelte seinen Kopf, wobei die braunen Locken nur so flogen.

„Nalani, das ist hunderte von Jahren her!“, antwortete Adeon und sah zu der alten Frau hinüber.

„670 Jahre, um genau zu sein“, mischte ich mich in das Gespräch ein.

Nalani und Adeon sahen mich verdutzt an, die Augen der alten Frau verengten sich allerdings augenblicklich, als sie mich erblickte.

„Wer bist du?“, murmelte sie misstrauisch.

„Mein Name ist Kyra. Ihr kennt mich sicher auch als Oberhaupt des Südens“, stellte ich mich vor.

Nejla sah mich fragend an. „Denkst du, das ist so eine gute Idee, deine wahre Identität preiszugeben?“, flüsterte sie kaum vernehmbar.

Ich ignorierte ihre Bedenken. Das Dorf sollte ruhig wissen, dass es nicht nur die Attentäter in ihrer Stadt gab.

„Nanu, was macht die First Lady der Prinzessin in unserer bescheidenen Stadt?“, säuselte Adeon, welcher mich sichtlich nicht ernst nahm, „Wir hatten bereits viele hier, welche sich als angebliches Oberhaupt des Südens ausgegeben haben.“

Ich war verwirrt. Warum sollten sich andere für mich ausgeben? Ich wollte den Mann allerdings nicht so einfach davonkommen lassen. Sein Kommentar war mehr als unhöflich gewesen.

„Sag mir, bist du ein Feuerherrscher?“, fragte ich mit gespieltem Interesse.

Er lachte und nickte. Ich grinste nur schelmisch.

„Ach tatsächlich? Dann würde es dir sicher nichts ausmachen, mir dein Feuer zu zeigen, oder etwa doch?“, antwortete ich schmunzelnd.

Nejla grinste kaum merklich, sie konnte sich wohl vorstellen, was ich vorhatte. Sobald er sein Feuer benutzen wollte, würde ich seine Flamme blockieren und ihm damit etwas Angst einjagen. Der Lockenkopf lachte erneut und sah mich anschließend herausfordernd an.

„Du willst also das Feuer des besten Feuerherrschers der Stadt sehen? Dann überzeug dich davon!“

Kaum dass er den letzten Satz ausgesprochen hatte, legte er seine Hände auch schon in Angriffsposition, doch nicht einmal ein einziger Funken verließ seine Hände. Überrascht sah er auf seine Hände, welche nicht in Flammen standen, so wie er es erwartet hatte.

„Nun? Ich warte“, stichelte ich etwas.

Er versuchte es erneut, doch seine Flamme erschien nicht. Es war ein Leichtes für mich, seine Kraft zu blockieren.

„Was passiert hier?", rief er mit einem Anflug Verzweiflung in der Stimme.

„Adeon, sie ist es wirklich, zügel dich", murmelte die alte Frau, welche meine Macht wohl erkannt hatte. „Weißt du denn nicht, dass nur die First Lady die Macht hat, das Feuer von anderen Herrschern zu blockieren?"

Der Mann versuchte immer noch angestrengt, seine Hände in Flammen zu setzen. Ich grinste und warf einen vielsagenden Blick zu Nejla hinüber. Ich forderte sie wortlos auf, einen Schritt zur Seite zu gehen. Nachdem auch ich ein Stück von ihm weggegangen war, beendete ich meine kleine Demonstration. Adeon, welcher mit so viel Kraft, wie er hatte, versuchte, eine Flamme zu kreieren, wurde von der Wucht der nun plötzlich erscheinenden Flamme ein Stück nach hinten geworfen. Nejla konnte sich das Lachen nicht verkneifen, als der Mann mit einem Schrei nach hinten flog und auf seinem runden Hintern landete. Sein verwunderter Blick in diesem Moment war Gold wert.

„Hast du es nun verstanden?", fragte ich ihn herausfordernd.

Er sah noch immer von einer Hand zur anderen und versuchte, zu verstehen, was gerade passiert war.

„Es tut mir leid, Lady Kyra, doch wir haben mittlerweile so viele Betrüger gesehen, dass es mir schwerfällt, die echte Kyra zu erkennen", murmelte er verlegen und gesenkten Hauptes, als ihm sein Irrtum klar wurde.

„Was tut Ihr hier?“, fragte nun Nalani. „Nicht, dass wir es nicht begrüßen würden, Euch in unserer Stadt willkommen zu heißen. Es ist nur etwas überraschend. Was führt Euch hierher?“

„Wir sind den Attentätern auf der Spur. Sie haben uns direkt in diese Stadt geführt. Meine Freundin Nejla und ich haben das Gespräch der Attentäterin vorhin mitbekommen und wollten unsere Unterstützung anbieten“, klärte ich die Frau auf.

Nalani runzelte die Stirn. Sie schien mir nicht zu vertrauen, auch wenn sie sehr höflich war.

„Ich verstehe gut, dass ihr uns nicht gleich vertraut. Doch ich kann euch versichern, dass wir nichts Böses im Sinn haben. Die Anführerin der Attentäter, Saphira, ist hinter Akita her. Wir sind genauso wie ihr daran interessiert, sie festzusetzen und wieder hinter Gitter bringen.“

Die Frau schaute skeptisch, hörte aber aufmerksam zu. „Ihr hattet vorhin Fulgor erwähnt. Erlaubt mir zu fragen, was Ihr darüber wisst“, erwiderte Nalani forsch.

„Runa hat Recht, Akita trägt tatsächlich Fulgors Macht in sich, doch sie kann ihn bändigen. Sie hält seinen Geist unter Kontrolle. Seine Kraft lässt Akita zwar noch mächtiger werden, als sie eh schon ist, doch sie setzt diese Kraft nur ein, um Gutes zu tun.“

„Aber Fulgor lässt sich nicht kontrollieren“, mischte sich nun Adeon ein, der sich von seinem Schock erholt hatte.

Fragend sah ich ihn an.

„Es gibt Legenden über Feuerherrscher, welche von seinem Geist besetzt wurden. Anfangs war jeder in der Lage, diesen mächtigen Geist zu kontrollieren, doch früher oder später konnte ihn niemand mehr bändigen. Er hat jeden noch so klaren Kopf vergiftet, und die

Leute in den Wahnsinn getrieben, bis sie taten, was er wollte. Seine Übernahme hat bisher immer in einem Massaker geendet. Prinzessin Akita wird dieses Schicksal auch bald teilen."

Ich bemerkte den schockierten Blick in Nalanis Augen.

„Du hattest vorhin erwähnt, dass eure Generation für seine Wut verantwortlich sei. Was meintest du damit?", wollte ich wissen.

Die Frau seufzte und sah mich eindringlich an.

„Unsere Generation hat ihn vor knapp 700 Jahren verraten. Immer, wenn sein Geist dann freigelassen wurde, gab es in unserer Stadt ein Massaker. Fulgor kann einfach nicht begreifen, dass es nicht unsere Schuld war, dass er getötet wurde. Die Eisherrscher dieser Stadt haben ihn stets mit Ehrfurcht behandelt. Erst als der Fremde kam, wandte sich Fulgor gegen uns und warf den Bürgern vor, ihn verraten zu haben. Die Legende besagt, dass der Fremde seinen Geist vergiftet hatte und ihn so in den Wahnsinn getrieben hat. Fulgor verlor jeglichen Bezug zur Realität und wurde letztendlich irr vor Wut. Nachdem er nicht mehr zu beruhigen war, sperrten ihn meine Vorfahren ein. Eines Tages wurde er tot in seiner Zelle gefunden."

Das war also die Geschichte. Doch eins war mir noch nicht so recht klar.

„Akita erzählte mir, dass Fulgor in den nördlichen Kolonien gelebt hatte. Soweit ich weiß, liegen diese allerdings in einer komplett anderen Richtung als diese Stadt. Was ist passiert?"

„Unsere Vorfahren dachten, der Ort sei möglicherweise verflucht, also siedelten sie sich einige Zeit nach Fulgors Tod woanders an. Es war allerdings egal, wie weit sie zogen, Fulgor verfolgte uns überall hin", erwiderte Adeon.

„Sobald Fulgor in unserer Nähe ist, wird sein Geist stärker. Er wird sich von seinen inneren Fesseln befreien, sobald er in der Nähe eines direkten Nachfahren ist. Ich bin froh, dass der Palast weit genug von uns entfernt liegt." Nalanis Körper entspannte sich nun etwas, meiner stand jedoch augenblicklich unter Spannung. Ich ahnte Böses ...

„Kyra, wir müssen zu ihr!", rief Nejla nun; sie hatte genau das erkannt, was ich gerade begriffen hatte.

„Nalani, hör mir zu! Akita und unser Lager befinden sich nur wenige Stunden von dieser Stadt entfernt. Ich muss sofort zu ihr! Was kann ich tun, um zu verhindern, dass Fulgor die Kontrolle übernimmt?", fragte ich hektisch.

Die Augen von Adeon und Nalani zeigten augenblicklich Panik.

„Warum sagt Ihr das erst jetzt?", schrie die Frau aufgebracht.

„Was kann ich tun?!", rief ich erneut, diesmal noch nachdrücklicher.

„Nichts! Fulgor kann nicht aufgehalten werden. Das Beste wäre, Ihr gebt die Prinzessin auf und versucht, euch selbst rechtzeitig zu retten!"

Das durfte doch nicht wahr sein! Irgendetwas musste ich doch tun können?

„Reiko!", rief ich in die Luft.

„Was habt Ihr jetzt vor?", fragte Nalani gestresst.

„Ich weiß es nicht, aber ich werde Akita sicherlich nicht allein mit diesem rachsüchtigen Geist lassen. Ich werde versuchen, sie so weit es geht, von dieser Stadt wegzuholen- , bevor Fulgor seine volle Macht demonstrieren kann."

„Wartet, ich habe eine Idee!“, rief Adeon plötzlich. Er rannte in Windeseile davon, nur um einige Momente später, mit einem Armband zurückzukehren. „Dieses Armband wurde von einem Schamanen angefertigt, als Fulgor verhaftet wurde. Es ist in der Lage, die Macht von Fulgor zu dämmen, zumindest teilweise. Es wurde damals eigentlich geschaffen, um seine große Feuerkraft zu regulieren, doch möglicherweise hilft es der Prinzessin, damit Fulgor auch innerlich zu schwächen.“

Ich dankte ihm und erblickte Reiko in diesem Moment am Himmel.

„Nejla, wir müssen uns beeilen“, wies ich meine Begleiterin an.

Es zählte jede Minute. Sollte Fulgor Besitz von Akita ergreifen, würde es möglicherweise zu spät sein, sie noch zu retten. Nejla und ich sprangen, so schnell es ging, auf Reikos Rücken und flogen sofort Richtung Lager.

„Kyra, was ist denn los? Du warst so panisch, als du mich gerufen hattest“, fragte mein Drache.

Ich klärte ihn auf, wobei mein Herz nicht aufhören wollte, fast aus meiner Brust zu springen. Ich würde es mir nie verzeihen, wenn ich Akita im Stich lassen würde.

„Bitte beeil dich, Reiko“, bat ich meinen Drachen schon fast krank vor Sorge.

Es dauerte glücklicherweise nicht lang, bis wir das Lager erreicht hatten. Als Reiko gelandet war, stürmte ich sofort zu Akitas Zelt. Die Willkommensrufe der anderen Krieger hörte ich nicht. Mein einziger Gedanke galt Akita.

Völlig außer Atem erreichte ich das Zelt, in welchem sich Akita aufhalten sollte. Mit einem Ruck warf ich die Eingangsplane zurück und betrat das Innere.

Die Prinzessin sah mich überrascht an. „Kyra, was machst du denn hier?“

Tränen vor Glück füllten meine Augen. „Dem Himmel sei Dank, es geht dir gut!“

Ich fühlte, wie ein riesiger Stein von meinem Herzen fiel. Ohne große Erklärungen ging ich auf sie zu, das Armband fest zwischen meinen Fingern. Als ihr Blick auf das Armband fiel, sah ich einen kurzen Funken Angst in ihren Augen.

„Was ist das?“, fragte sie und trat einen Schritt zurück.

„Lass es mich dir anlegen, ich erkläre dir später seinen Sinn“, erwiderte ich sanft.

Akita ging jedoch einen weiteren Schritt zurück. Verwundert sah ich sie an. Doch in diesem Moment fiel mir der violette Stich in ihren Augen auf.

„Akita, was hast du ...“, murmelte ich und trat nun ebenfalls ein Stück zurück.

Auf Akitas Lippen machte sich plötzlich ein böses Grinsen breit, und sie schien wie ausgewechselt.

„Herzlichen Glückwunsch, du hast es also herausgefunden“, sprach sie mit einer mir unbekannten tiefen, bedrohlichen Stimme. „Darf ich mich vorstellen? Mein Name ist Fulgor, und ich freue mich, endlich offiziell deine Bekanntschaft zu machen.“

Mein Atem stockte. Ich kam zu spät, Fulgor war bereits in ihr; er hatte Körper und Geist übernommen. Ich hatte versagt. Ein lähmendes Gefühl der Panik übermannte mich.

Kapitel 16

„Fulgor!“, rief ich voller Entsetzen. „Was hast du mit ihr gemacht?“

„Haha. Keine Angst Liebes, Akita geht es gut. Sie hat mir nur netterweise ihren Körper überlassen, damit ich meine langersehnte Rache endlich ausüben kann.“

Ich konnte nicht fassen, dass Fulgor Akitas Körper eingenommen hatte. Äußerlich schien sie noch dieselbe zu sein, doch ihre Stimme war nun deutlich tiefer und ihre sonst so strahlenden goldenen Augen hatten eine violette Färbung angenommen. Es schien fast so, als würde sie sich Stück für Stück in ein Monster verwandeln.

„Gib sie frei! Akita hat nichts mit deiner Rache zu tun, also lass sie gehen!“ Meine Stimme überschlug sich fast vor Panik.

„Ich werde sie gehen lassen, doch vorher muss ich noch ein paar Eisherrscher töten“, seine Augen verengten sich gefährlich. „Und mit dir fange ich an!“

Bevor ich mich versah, schoss ein gewaltiger violetter Feuerball auf mich zu. Ich konnte gerade so ausweichen, landete allerdings mit voller Wucht auf dem Boden. Fulgor schien es ernst zu meinen. Er erzeugte, dank Akitas Fähigkeit, das Feuer aus reiner Willenskraft beherrschen zu können, eine Attacke nach der anderen. Gekonnt wich ich ihnen aus, doch einige Angriffe blieben nicht folgenlos: Sie streiften mich, was mir einen grimmigen Blick von Fulgor einbrachte und mir eine Ahnung der Schmerzen bei einem Volltreffer.

„Du bist flink. Doch deine Ausdauer wird nicht ewig anhalten“, zischte das Wesen vor mir.

Er hatte Recht, meine Kraft ging allmählich dem Ende zu. Was sollte ich nur tun? Wenn ich ihn angriff, würde ich auch Akita damit schaden. Ich konnte allerdings nicht ewig ausweichen, ohne zu kontern. Plötzlich kam mir eine Idee! Vielleicht war es mir möglich, seine Flamme zu blockieren. Kurzerhand konzentrierte ich mich auf sein inneres Feuer und zog Stück für Stück die Kraft aus seiner Flamme.

„Ich kann vielleicht nicht ewig ausweichen, das muss ich aber auch nicht, wenn dir die Feuerkraft ausgeht!“, antwortete ich energisch.

Fulgor versuchte erneut, seine Attacken fortzusetzen, doch alles, was seine Finger verließ, waren kleine Funken.

„Was erlaubst du dir?!“, zischte er erzürnt.

Ich nutzte diese Gelegenheit und sprang, so schnell ich konnte, auf ihn, um ihn zu Boden zu ringen. Fulgor schien mit dieser Attacke nicht gerechnet zu haben, denn er reagierte viel zu langsam. Noch bevor er wieder bei Sinnen war, zog ich das Armband aus meiner Jackentasche und brachte es an seinem Handgelenk an.

„Was hast du getan! Das wirst du bereuen!“, schrie er wütend.

Ich spürte, wie sich der Körper unter mir langsam entspannte. Mit jeder Sekunde verblich die violette Farbe. Immer mehr trat Akitas ursprüngliche Augenfarbe hervor, bis sie letztlich wieder in ihrem alten Glanz erstrahlten.

Vorsichtig begann ich zu sprechen: „Akita? Kannst du mich hören?“

Als sie mich verwundert ansah, wusste ich, dass die Prinzessin wieder zurückgekehrt war.

„Kyra, was ist denn passiert? Oh, ich hatte so einen verrückten Traum. Ich habe diesen Fulgor gesehen und er ...“

„Das war kein Traum! Akita geht es dir gut?“, unterbrach ich sie rasch. „Fulgor hatte deinen Körper unter Kontrolle und hat mich angegriffen. Kannst du dich daran erinnern?“

Die Prinzessin rieb sich ihre Stirn und versuchte, sich aufzurichten.

„Du meinst, das ist wirklich passiert? Das Letzte, woran ich mich erinnern kann, ist, dass du aufgebrochen bist, um in diese Stadt zu gehen. Der Rest ist ziemlich verschwommen.“

Ich konnte nicht glauben, was hier gerade passierte!

„Komm erst einmal zu dir. Danach kläre ich dich über das Geschehene auf. Doch du musst mir eins versprechen. Dieses Armband, welches du trägst, darfst du niemals ablegen! Solltest du es doch tun, wird Fulgor erneut die Macht über dich erlangen. Hast du das verstanden?“, erklärte ich laut und deutlich.

Die Prinzessin nickte. Erst jetzt bemerkte ich, dass ich am ganzen Leib zitterte. Ich hätte Akita um ein Haar an diesen verrückten Geist verloren. Zum Glück hatte Adeon mir das Armband gegeben, mit welchem ich Fulgor unter Kontrolle halten konnte. Das war knapp gewesen. Nachdem das Adrenalin langsam meinen Körper verlassen hatte, sackte ich erschöpft auf dem Boden zusammen. In diesem Moment stürzten auch schon Nejla, mein Vater und Duman in das Zelt.

„Was ist denn hier passiert?“, fragten alle drei fast gleichzeitig.

„Geht es euch beiden gut?“, fragte Nejla geschockt. „Warum habt ihr einander bekämpft? Hier drinnen sieht es ja aus, als hätte eine Bombe eingeschlagen!“

Ich ließ meinen Blick durch das verwüstete Zelt wandern und bemerkte erst jetzt das Chaos, welches unser Kampf angerichtet hatte. Die Wände im Inneren des Zelts waren verbrannt, selbst der Boden hatte Kampfspuren abbekommen.

Als ich keine Antwort gab, kam Nejla neben mich und strich vorsichtig über meinen Kopf.

„Du blutest ja“, bemerkte sie leise.

Ich hatte die offene Wunde in meinem Gesicht nicht bemerkt, erst jetzt, als Nejla darüberstrich, fühlte ich den Schmerz. Akita hatte keine einzige Schramme abbekommen, da ich im Kampf nicht gekontert hatte.

„Es geht schon, danke Nejla“, murmelte ich und schob ihre Hand von meinem Kopf fort.

Ich holte einmal tief Luft, bevor ich den Rest der Truppe und Akita darüber aufklärte, was gerade passiert war. Ich erzählte Duman und meinem Vater von Fulgor, da sie bis jetzt nicht gewusst hatten, dass Akita mit einem uralten rachsüchtigen Geist verbunden war. Die Gesichter der beiden Männer spiegelten deutlich ihr Erstaunen. Sie ließen mich allerdings zu Ende erzählen, ohne Fragen zu stellen.

„Als Nejla und ich in der Stadt waren, haben wir die Geschichte hinter Fulgors Absichten erfahren. Die Dorfälteste, Nalani, und ein

Mann namens Adeon haben uns erzählt, dass Fulgor sich von seinen inneren Fesseln befreien kann, wenn er nur nahe genug an diese Stadt herankommt. Adeon gab mir ein Armband, welches Fulgor schwächen würde."

Ich zeigte auf das verschnörkelte, metallene Armband, welches mit violetten Steinen versehen war. Die kleinen Juwele funkelten nur so. Man sah ihnen ihre Kraft an. Ich erklärte, dass Fulgor nun gebannt sein würde, solange Akita das Armband trug.

„Ich weiß allerdings nicht, ob dieses Band ewig halten wird. Wir müssen also versuchen, Akita so schnell wie möglich von dieser Stadt wegzubringen", beendete ich meine kurze Ausführung.

„Das ist unglaublich", murmelte mein Vater.

„Wir hatten es schon schwer genug, gegen Saphira und ihre Truppe anzukommen, und jetzt sollen wir uns auch noch über einen rachsüchtigen Geist Sorgen machen?", bemerkte Duman zwischen zusammengepressten Lippen. „Versteh mich nicht falsch, das ist kein Vorwurf." Ich sah die steile Sorgenfalte auf seiner Stirn.

„Duman, wir sollten auf Kyra hören. Versammle die Krieger, wir werden noch heute aufbrechen. Wer weiß, wie lange das Armband ihn in Schach halten wird", bemerkte mein Vater.

Duman nickte und verließ kurz darauf das Zelt.

„Nejla, würdest du dich Duman bitte anschließen und die Truppe informieren?", richtete ich mich an sie.

Die junge Frau nickte. Mein Vater schloss sich ihr ebenfalls an und beide verließen das Zelt. Nach einem kurzen Moment der Stille begann Akita zu sprechen.

„Kyra, es tut mir so leid. Ich wollte dich nicht verletzen. Hätte ich gewusst, welche Gefahr Fulgor mit sich bringt, hätte ich dieser Macht nie zugestimmt“, murmelte sie leise.

„Es ist schon in Ordnung. Du konntest es ja nicht wissen“, antwortete ich nachsichtig.

„Lass mich dich wenigstens verarzten“, bot sie an, doch ich schüttelte den Kopf.

Ich musste erst noch verdauen, was gerade passiert war. Ich hätte es spüren müssen, dass etwas nicht mit ihr stimmte. Ich hätte sie davor beschützen müssen. Saphira war uns näher als je zuvor, und nun mussten wir zusätzlich auch noch darauf achten, dass Fulgor nicht erneut die Macht über Akita übernahm. Was, wenn er es erneut schaffen würde, und ich es nicht bemerkte? Hätte ich das Armband nicht gehabt, würde ich vielleicht immer noch nicht wissen, dass Fulgor in Akita gewesen war.

„Ich glaube, ich brauche einen Moment frische Luft“, murmelte ich und verließ das Zelt, ohne eine Antwort abzuwarten.

Draußen angekommen bemerkte ich, dass es langsam dunkel wurde und die letzten Sonnenstrahlen hinter den Bergen verschwanden. Die Farbe des Himmels hatte sich in ein wunderschönes Orangerot verwandelt und füllte das gesamte Land mit seiner friedlichen Ausstrahlung. Ich seufzte und lief gedankenlos durch das Lager. Als ich stehen blieb, bemerkte ich, dass ich direkt vor Nejla stand.

„Kyra, ist alles in Ordnung?“, fragte sie mitfühlend.

Ich schüttelte den Kopf und versuchte, die aufkommenden Tränen zu unterdrücken. Meine Verzweiflung wuchs mit jeder Sekunde und ich hatte das Gefühl, komplett hilflos zu sein.

„Er hatte die Kontrolle“, murmelte ich mit nun versagender Stimme.

Nejla legte sanft ihre Hand auf meine Schulter, ich zog sie stattdessen in eine Umarmung und ließ meiner Verzweiflung freien Lauf. Die junge Frau strich sanft über meinen Rücken und versuchte, mich zu beruhigen. Dabei bemerkte ich das leichte Zittern ihrer Hände, da sie scheinbar nicht mit so viel Nähe gerechnet hatte.

„Es wird alles wieder gut. Du hast es ja rechtzeitig bemerkt, und Fulgor wieder eingesperrt. Akita ist erst einmal in Sicherheit“, besänftige sie mich.

„Ich kann das einfach nicht allein durchstehen. Erst Saphira und nun auch noch Fulgor ... Ich weiß einfach nicht weiter. Ich kann keinen so mächtigen Gegner besiegen, wenn ich mir andauernd Sorgen um Akita machen muss. Vielleicht sollte ich einsehen, dass wir diesen Kampf nicht gewinnen können.“

„Sag so etwas nicht. Du bist nicht allein. Du hast deinen Vater, Duman, mich und die gesamte restliche Truppe, die dir den Rücken stärken werden. Niemand hat gesagt, dass es leicht wird, doch willst du jetzt einfach aufgeben? Erinnere dich an den Abend vor der großen Schlacht gegen Aduro. Es schien aussichtslos, doch du hast uns alle motiviert, nicht aufzugeben. Und nun willst du selbst aufgeben, obwohl wir noch so viele Chancen haben?“

Ich ließ mir ihre Worte einen Moment durch den Kopf gehen und versuchte, meinen Glauben an mich selbst wiederzufinden. Nejla schob mich ein wenig von sich weg und nahm mein Gesicht zwischen ihre Hände, sodass ich sie direkt ansehen musste.

„Hör zu, du hast damals einen Krieg beendet, obwohl niemand daran geglaubt hatte. Du hast dich gegen Hunderte von Soldaten gestellt, obwohl du nicht wusstest, wie es ausgehen würde. Selbst als es aussichtslos schien, hast du nicht aufgegeben. Und jetzt willst du dich von so einem lächerlichen Geist niedermachen lassen? Ich bitte dich, er hat keine Ahnung, mit wem er sich da anlegt. Die Kyra, die ich kenne, würde ihm eine gehörige Lektion erteilen!“ Ein Schmunzeln stahl sich auf Nejlas Lippen, als sie so mit mir sprach.

Ich musste tatsächlich ein wenig lachen, als ich Nejlas Gesicht sah. Sie verstand es, Menschen wiederaufzubauen.

„Du hast recht. Fulgor sollte lieber aufpassen!“, stimmte ich ihrer Zusammenfassung mit neugewonnener Kraft zu. Ich werde bereit sein und mich diesem Kampf stellen.

„Und ... Ich werde immer an deiner Seite sein, wenn du mich brauchst. Vergiss das bitte nicht“, merkte Nejla an.

„Danke, das weiß ich wirklich zu schätzen“, bedankte ich mich und drückte sie erneut.

„Natürlich gerne“, erwiderte sie. „Du solltest nun wieder zu Akita gehen. Ich denke, sie kann auch noch nicht so gut mit der Situation umgehen.“

Ich nickte und bedankte mich erneut, bevor ich mich auf den Weg zurück zu der Prinzessin machte. Doch ich musste nicht einmal bis zum Zelt gehen, denn Akita stand an der gleichen Stelle wie am Abend, bevor ich mich in die Stadt begeben hatte.

Ich näherte mich behutsam, um sie nicht zu erschrecken. Bei ihr angekommen, legte ich sanft meine Arme um ihre Hüfte und meinen Kopf auf ihre Schulter.

„Was machst du hier draußen?“, fragte ich mit rauer Stimme.

„Ich denke nach.“ Ihre Stimme war kraftlos.

Ich konnte deutlich hören, dass es ihr scheinbar nicht anders ging als mir. Sie machte sich wohl ebenso viele Gedanken über unsere aktuelle Situation wie ich.

Ich strich sachte über ihren Arm und versuchte, die nächsten Worte zu finden.

„Erinnerst du dich an den Abend, bevor wir in die Mittelländer gereist sind? Damals, nach unserer ersten Nacht?“

„Wie könnte ich das vergessen“, murmelte Akita mit nun deutlich wärmerer Stimme.

„Ich hatte solche Angst davor, mit dir die Eisherrscher zu jagen. Du wusstest zu diesem Zeitpunkt noch nicht, wer ich wirklich war, zumindest war das meine Ansicht. Ich habe mir den Kopf darüber zerbrochen, wie ich dir klarmachen sollte, wer ich bin. Ich wusste, dass ich keinen meiner Leute angreifen geschweige denn töten könnte. Ich wusste auch, dass du genau das von mir verlangen würdest.“ Ich machte eine kleine Pause.

„Worauf willst du hinaus?“, fragte die Prinzessin etwas verwirrt.

„Ich hatte damals solche Angst, aber es war mir egal, solange ich bei dir sein konnte. Ich habe mich meiner Angst gestellt, obwohl es ein Leichtes gewesen wäre, abzuhauen und dich sowie alles andere hinter mir zu lassen. Du weißt nicht, was es mich an Überwindung gekostet hatte, zu bleiben, doch du warst es mir wert. Was ich damit sagen möchte, ist, dass wir uns gemeinsam unserer Angst stellen können, weil wir einander haben. Ich musste damals allein durch meine Angst hindurch, und ich habe es geschafft. Nun sind wir zu zweit und können gemeinsam gegen die Angst ankämpfen. Egal, wie gefährlich unsere Gegner sind oder wie groß die Bedrohung scheint, ich bin mir sicher: Gemeinsam schaffen wir alles.“

Akita hatte sich mittlerweile zu mir umgedreht und sah mir direkt in die Augen.

„Ich verspreche dir, dass ich dich niemals allein lassen werde. Wir sind nicht allein, auch unsere Truppe wird jederzeit hinter uns stehen. Gemeinsam können wir es mit Fulgor und auch mit Saphira aufnehmen, wir dürfen nur nicht aufgeben.“

Die Prinzessin hörte mir immer noch zu, ohne eine Antwort zu geben. Ich bemerkte allerdings die Kraft und Zuversicht, welche ihre Augen allmählich wieder ausstrahlten.

„Danke Kyra, ich denke, du hast recht. Es wird nicht einfach, doch gemeinsam schaffen wir das“, erwiderte sie motiviert.

Ich nickte und warf ihr ein aufmunterndes Lächeln zu.

„Wir sollten nun allerdings langsam zur Truppe zurück und aufbrechen.“

Akita nickte, ich drehte mich um und wollte gerade Richtung Lagerplatz laufen, als mich eine Hand an meinem Arm zurückhielt.

„Kyra, warte“, rief Akita und zog mich noch einmal zu sich heran.

Ohne weitere Worte nahm sie mein Gesicht in ihre Hände und gab mir einen innigen Kuss. Diese Intensität verursachte ein Bauchkribbeln, als würde sie mich das erste Mal küssen. Ich schloss meine Augen und ließ diesen Moment einfach zu. Saphira, Fulgor und all die anderen Probleme waren für diesen einen Kuss komplett vergessen.

„Ich danke dir von ganzem Herzen“, begann sie, als wir uns wieder voneinander lösten. „Dafür, dass du immer für mich da bist und die richtigen Worte findest. Das ist eine der Eigenschaften an dir, welche ich so sehr liebe.“

Mein Herz klopfte wie verrückt, als ich in die strahlend goldenen Augen der Prinzessin sah. Ihre Worte wärmten meinen gesamten Körper und ich wäre am liebsten genau so stehen geblieben und hätte diesen Moment auf ewig verlängert. Doch die Zeit drängte. Meine Liebste strich mir ein letztes Mal sanft über die Wange und gab mir einen Kuss auf die weiche Haut dicht neben meinem Mund.

„Wir sollten nun wirklich los“, bemerkte sie und deutete auf die Krieger, welche bereits warteten.

Ich nickte nur, da mir immer noch die Worte fehlten. Meine Beine fühlten sich an wie Wackelpudding, als ich versuchte, mit Akita Schritt zu halten. Das Grinsen auf meinen Lippen verließ mich noch eine ganze Zeit nicht. Ich genoss jeden Augenblick der noch so frischen Erinnerung an ihre Zärtlichkeit.

Die Realität holte mich jedoch schnell ein: Bei der Gruppe angekommen erklärte Akita, dass wir uns auf den Weg nach Midenia machen würden, um dort weitere Nachforschungen anzustellen. Der Fußmarsch würde einige Tage dauern, sie informierte die Truppe darüber, dass Samu, Misha, Tia, Nejla sowie sie selbst und ich bereits vorausfliegen würden, um mit der Informationsbeschaffung schnellstmöglich beginnen zu können.

Mein Vater nickte zustimmend der Prinzessin zu und wir verabschiedeten uns vorerst vom Rest der Krieger. Akita und ich riefen unsere Drachen und starteten unseren Flug Richtung Midenia. Die Stadt war mir bereits bekannt, da ich dort auf meiner Reise zu Akita mein Aussehen verändern gelassen hatte. Ich fragte mich, ob der nette Verkäufer von damals mein Gesicht wohl wiedererkennen würde ...

Der Flug in die große Hauptstadt der Mittelländer dauerte einige Stunden, verlief jedoch ohne Probleme. Wir landeten kurz vor Sonnenaufgang vor den Stadttoren.

Die Soldaten, welche die Tore bewachten, begrüßten uns mit einer höflichen Verbeugung. „Herzlich willkommen in Midenia."

Wir erwiderten die Begrüßung und liefen in die Innenstadt. Unser erstes Ziel war eine passende Unterkunft zu suchen, welche wir auch schnell fanden. Das Haus, welches Akita für uns ausgesucht hatte, war mit einer freundlichen Holzeinrichtung ausgestattet. Die hellen, mintfarbenen Wände waren mit einigen Wandmalereien versehen. Das Haus hatte einen großen Wohnbereich sowie drei Schlafzimmer und ein großzügig eingerichtetes Badezimmer. Im Großen und Ganzen schien das Haus sehr aufwendig gestaltet und eingerichtet worden zu sein. Ich beanspruchte das Schlafzimmer im Obergeschoss des Hauses für Akita und mich. Samu und Misha teilten sich das Schlafzimmer im Erdgeschoss, Nejla und Tia richteten sich auf der gegenüberliegenden Seite im Erdgeschoss ein.

„Nun gut, wir sollten uns etwas ausruhen, bevor wir in die Stadt gehen", entschied ich. Alle waren meiner Meinung.

Nachdem ich mich auf die weiche Matratze neben Akita legte, machte sich meine Erschöpfung bemerkbar. Ich kuschelte mich vertrauensvoll an die Frau neben mir, und es dauerte nicht lang, bis ich selig einschlief.

Frisch und erholt wachte ich einige Stunden später wieder auf. Die Prinzessin war bereits wach und sah mich liebevoll an.

„Guten Morgen, Sonnenschein", begrüßte sie mich.

„Guten Morgen", erwiderte ich lächelnd.

Nachdem auch der Rest unserer Gruppe wieder wach war, berieten wir uns, denn unser Plan war noch nicht voll ausgereift ...

Die Aufgabenverteilung aber war schnell klar: „Samu, Misha, ihr solltet euch bei den Soldaten umhören, ob in letzter Zeit ungewöhnliche Aktivitäten aufgefallen sind. Tia, Nejla, ihr geht in die Stadt und hört euch bei den Bürgern um. Kyra und ich werden zu dem Verkäufer gehen, welcher die Identitätsänderungen anbietet und hören uns bei ihm um."

Jeder wusste, was er zu tun hatte und schon bald verließen wir in Zweiergruppen das Haus. Als Akita und ich durch die Straßen liefen, musste ich unwillkürlich grinsen.

„Als ich das letzte Mal hier war, habe ich mir den Kopf darüber zerbrochen, wie ich am besten zu dir kommen würde“, erzählte ich der Prinzessin. „Wusstest du, dass ich mich extra in eine Matschpfütze geworfen hatte, damit mich niemand anhand meiner Kleidung erkennen würde?“

Akita sah mich verwundert an, lachte allerdings über meine kleine Anekdote.

„Das hast du nicht wirklich getan, oder?“, lachte sie.

„Natürlich. Ich musste ja aufpassen, dass mich niemand erkennt und dich alarmiert. Ich dachte, du hättest Steckbriefe ausgehängt und Kopfgeldjäger auf mich angesetzt“, erwiderte ich schmunzelnd.

„Daran hatte ich gar nicht gedacht. Fürs nächste Mal merke ich mir das“, bemerkte sie grinsend.

„Ich hoffe doch sehr stark, dass ich nicht mehr vor dir weglaufen muss“, stichelte ich lachend.

„Wer weiß, vielleicht mache ich dir dein Leben zur Hölle und du hältst es nicht mehr mit solch einer Verrückten wie mir aus.“

Ich lachte ausgelassen und gab ihr einen feuchten Kuss auf die Wange.

„Um das zu erreichen müsstest du dich schon sehr anstrengen.“

Sie lachte ebenfalls und wir liefen Arm in Arm weiter.

„Akita, da vorne. Das ist der Laden, in welchem ich mein Aussehen verändern lassen habe“, informierte ich die Prinzessin und deutete auf das bekannte Schild mit der Aufschrift „Bereit für Veränderung“.

Wir betraten den Laden, welcher genau wie bei meinem ersten Besuch einen unheimlichen Eindruck machte.

„Lina, wie schön dich wiederzusehen. Es ist mir eine ...“, begrüßte mich derselbe Verkäufer wie damals. „Prinzessin Akita!“, fügte er überrascht hinzu.

Das perplexe Gesicht des Mannes sprach Bände.

„Prinzessin, was kann ich für Euch tun?“, fragte der Mann deutlich verwirrt, verbeugte sich jedoch höflich.

„Wir suchen nach auffälligen Aktivitäten. Dass du mit diesem Laden gegen meine Regeln verstößt, lasse ich erst einmal beiseite. Das hast du Kyra zu verdanken, da du ihr geholfen hast, ihren Weg zu mir zu finden. Ich bitte dich, meine First Lady mit ihrem wahren Namen anzusprechen“, entgegnete sie dem Verkäufer.

Ich errötete etwas, als sie mich als ihre First Lady bezeichnete. Er sah verwirrt zwischen mir und der Prinzessin hin und her und begann dann, etwas Unverständliches vor sich hin zu stammeln.

Dann fasste er sich: „Natürlich, Verzeihung Prinzessin. Nach was genau sucht Ihr? Wie kann ich Euch behilflich sein?“

„Wir sind einer Gruppe von Entflohenen auf der Spur. Ich hatte Akita den Tipp gegeben, dass sich hier ein Laden befindet, welcher es den Leuten möglich macht, ihr Aussehen zu verändern. Wir dachten, vielleicht wissen auch andere von deinem Geschäft“, klärte ich den Mann auf.

Ich beschrieb ihm Saphira und die restlichen Mitglieder ihrer Eliteeinheit. Dem Mann schien jedoch keine der Beschreibungen etwas zu sagen.

„Verzeiht mir, Lady Kyra, doch keiner dieser Leute hat meinen Laden besucht. Es tut mir leid, dass ich Euch nicht weiterhelfen kann."

Ich seufzte, diese Spur verlief also im Nichts. Ich bedankte mich trotzdem für die Zeit, welche der Mann uns geschenkt hatte.

„Ich erwarte im Übrigen, dass dieser Laden keine der aktuell angebotenen Veränderungen mehr anbietet, wenn ich das nächste Mal hier bin", bemerkte Akita noch, bevor wir den Laden verließen.

„Natürlich Prinzessin", versicherte der Mann eifrig. „Ich danke Euch für Eure Nachsicht", fügte er hinzu, allerdings ohne Akita dabei in die Augen sehen zu können.

Ich musste ein Grinsen unterdrücken. Akita wusste, wie man solche Dinge handhaben musste. Dieser Mann hatte augenscheinlich sehr großen Respekt, möglicherweise sogar etwas Angst vor ihr.

Als wir den Laden verlassen hatten, stupste ich Akita lachend in die Seite. „Du musst aber auch immer deine Macht demonstrieren, oder?", scherzte ich.

„Natürlich. Die Leute sollen ja ihren Respekt nicht verlieren. Er verstößt gegen die Regeln, das wollte ich ihm nur noch einmal bewusst machen", erwiderte sie mit einem Schulterzucken.

„Selbstverständlich, die große, mächtige Prinzessin muss ihren Standpunkt klarmachen", stichelte ich erneut.

Jetzt lachte selbst Akita. „Es tut mir leid, so bin ich nun mal. Lass uns zurück zum Haus gehen und sehen, ob die anderen mehr Glück hatten."

Ich nickte und lief gemeinsam mit der Prinzessin zurück zum Haus. Samu und Misha waren ebenfalls wieder da und berichteten, dass die Soldaten tatsächlich einige seltsame Aktivitäten wahrgenommen hatten. Eine Gruppe, auf die genau die Beschreibung passte, hatte vor einem Tag Vorräte eingekauft, jedoch nicht mit Geld, sondern mit Raritäten bezahlt. Doch bevor die Soldaten die Leute ausfindig machen konnten, sind wir bereits eingetroffen. Sollte diese Gruppe tatsächlich Saphiras Elite sein, könnten wir einen wertvollen Wissensvorsprung haben und dementsprechend das Überraschungsmoment klug nutzen, sobald wir sie gefunden hatten. Die Soldaten meinten jedoch, dass Aduro nicht Teil dieser Gruppe war.

„Na gut, warten wir noch auf Nejla und Tia und begeben uns dann auf die Suche nach dieser dubiosen Gruppe", erklärte Akita.

Wir stimmten zu und warteten geduldig auf die Rückkehr der beiden Frauen. Es dauerte auch nicht lange, bis Nejla zur Tür hereinkam. Ich war verwundert, dass sie allein war.

„Nejla, wo hast du Tia gelassen?", fragte ich verdutzt.

„Ist sie noch nicht hier? Wir hatten ausgemacht, dass wir uns hier treffen. Sie sollte eine Gruppe Männer auf dem Markt befragen, ich bin in der Zwischenzeit in ein Geschäft gegangen. Als ich herauskam, war sie bereits weg, also dachte ich, sie sei bereits zurückgegangen."

Ich runzelte die Stirn. Mein Gefühl sagte mir, dass etwas nicht stimmte.

„Wir sollten sie suchen. Ich habe das Gefühl, da ist etwas faul", murmelte ich zu Akita.

Sie nickte. Gerade als wir zur Tür gehen wollten, öffnete sich diese. Erleichterung machte sich in mir breit, als ich Tia sah, welche die Tür geöffnet hatte.

„Hallo Leute, ich habe hier jemanden, der weiß, wo sich die Elite aufhält. Er sagt, er hätte ein Lager etwas außerhalb der Stadt gesehen, welches noch nicht lange dort sei", informierte sie uns glücklich.

Der Mann, welcher neben ihr stand, war groß und breit gebaut und hatte einen glattrasierten Kopf. Er trug einen langen Mantel, welcher seinen beeindruckenden Körperbau gut versteckte. Doch seine Augen zeigten ein böses Funkeln. Dieser Unbekannte hatte definitiv nichts Gutes im Sinn.

Akita sah den Mann ebenso unbehaglich an. „Tia, kommst du kurz zu mir?", fragte sie, doch ich hörte die Anspannung in ihrer Stimme.

Der Mann begann plötzlich höhnisch zu lachen und legte blitzschnell seinen Arm um Tias Kehle.

„Das hättest du wohl gern, Prinzessin", raunte er teuflisch grinsend.

„Belial, ...", murmelte Akita grimmig.

„Überraschung!", rief er.

Noch bevor jemand von uns reagieren konnte, packte er Tias Kopf mit der Hand, mit welcher er sie eben noch festgehalten hatte. Mit einem heftigen Ruck riss er ihren Kopf nach links, was ein lautes Knacken zur Folge hatte. Auf der anderen Seite in Tias Nacken erkannte man deutlich die gebrochenen, unter der Haut hervortretenden, unförmigen Knochen. Es sah furchtbar aus. Die junge Frau glitt augenblicklich zu Boden, ihr Genick gebrochen von dem Mann, welchen sie voller Hoffnung zu uns geführt hatte.

„Tia!“, schrie Nejla und rannte auf ihre tote Freundin zu.

„Nejla, nein!“, brüllte ich, doch es war bereits zu spät.

Nejla formte das Eis an ihren Händen und rannte laut schreiend auf Belial zu. Dieser grinste jedoch nur und wich ihrem Angriff geschickt aus. Mit einer schnellen Bewegung zog er ein Schwert mit schwarzer Klinge aus seinem Mantel und bohrte es entschlossen durch den Körper der jungen Frau. Ich sah die blutverschmierte Spitze des Schwertes, welche auf der anderen Seite wieder herauskam. Nejlas Rücken war gekrümmt. Ihr warmes Blut lief sofort in Strömen an ihr herunter.

Ich war einen Moment lang wie gelähmt, Akita, Samu und Misha eröffneten jedoch augenblicklich den Kampf. Belial wich einem Schlag nach dem anderen aus und versuchte rasch, aus dem Haus zu entkommen. Er stürzte zur Tür hinaus, noch bevor ich wirklich erfasst hatte, was gerade alles geschehen war. Akita folgte ihm, Samu und Misha taten es ihr gleich. Ich rannte stattdessen zu Nejla hin, welche röchelnd am Boden lag.

„Nejla, nein! Alles wird gut!“, versuchte ich beruhigend auf sie einzureden. Doch sie wusste, was mit ihr geschah.

Die Eisherrscherin griff nach meiner Hand und drückte diese, so fest sie konnte. Ihre Augen waren weit aufgerissen, während sie angestrengt versuchte, nach Luft zu schnappen.

„Ich bin bei dir. Verlass mich bitte nicht!“, bettelte ich, während ich meine Hände auf die stark blutende Wunde drückte. Sie stöhnte auf.

Der warme, rote Saft des Lebens quoll allerdings schnell und unaufhaltsam durch meine Finger hindurch, Nejlas Gesicht wurde immer blasser.

„Kyra“, röchelte sie.

„Ich bin bei dir, es wird alles gut!“, wiederholte ich, doch die Panik in meiner Stimme besagte genau das Gegenteil.

„Ich verzeihe ihr“, flüsterte sie unter scheinbar großen Schmerzen.

„Sag das nicht! Ich werde dich nicht sterben lassen!“

„Ich verzeihe Akita, sag ihr das bitte“, flüsterte sie mit kaum mehr wahrnehmbarer Stimme. „Versprich es mir.“

Die Tränen, welche über mein Gesicht flossen, ließen meine Sicht verschwimmen. Reflexartig versuchte ich, diese aus meinen Augen zu wischen, schmierte mir stattdessen allerdings nur Nejlas Blut ins Gesicht.

„Nejla, bitte bleib, verlass mich nicht“, schluchzte ich, merkte allerdings, dass es sinnlos war.

Sie hatte bereits zu viel Blut verloren. Selbst wenn Akita sofort mit der Heilung begonnen hätte, wäre es wohl zu spät gewesen. Ich drückte erneut auf die Wunde, spürte jedoch, wie Nejlas Griff an meiner Hand immer schwächer wurde.

„Versprich es mir“, stammelte sie mit bereits dunkel werdendem Blick.

„Ich verspreche es dir“, antwortete ich mit kratziger Stimme, die Tränen und mein Schluchzen machten es mir fast unmöglich, zu sprechen.

Nejlas Griff löste sich letztlich ganz, und ihre leblose Hand glitt zu Boden. Ihre Augen zeigten nur noch einen leeren Blick. Weinend schloss ich behutsam ihre Augen und lehnte meine Stirn einen Moment an die ihre.

„Ich werde dich nicht vergessen“, schluchzte ich leise.

Akita war ebenso zurückgekehrt, Samu und Misha folgten ihr. Sie atmeten schwer, als sie das Haus betraten. Ich fühlte Akitas Hand auf meinem Rücken.

„Sie ist tot“, weinte ich und warf mich in Akitas Arme.

„Sssht, ist ja gut“, versuchte sie mich zu beruhigen. Sie fuhr mit der Hand sanft mein Rückgrat nach, dann fügte sie hinzu:

„Wir haben ihn dafür bezahlen lassen, was er den beiden angetan hat“, murmelte sie in meine Haare.

„Belial ist tot.“

Kapitel 17

„Er hat sie eiskalt ermordet“, weinte ich in Akitas Schulter.

Warum musste es ausgerechnet Nejla erwischen? Warum war Belial überhaupt hier gewesen? Und wieso hatte Tia ihn direkt zu uns gebracht?

Meine Gedanken wurden unterbrochen, als Akita mich langsam nach oben zog. Ich hatte keine Kraft, mich von allein aufzurichten, geschweige denn zu stehen.

„Kyra, wir sollten sie von hier wegbringen. Wir sind hier nicht länger sicher“, murmelte Akita vorsichtig.

Ich schüttelte den Kopf, wusste allerdings nicht, wohin mit meinen Gedanken. Als die Prinzessin mich langsam nach oben zog, konnte ich mich nicht einmal wehren.

„Bringt sie nach draußen, ich werde die beiden mit Xatar zum Palast fliegen“, sprach sie zu Samu und Misha.

„Kyra, du musst stark sein. Ich weiß, wie schwer es ist, jemanden zu verlieren, der einem nahe steht. Doch du musst es für sie tun. Ihr Tod war umsonst, wenn wir hier nicht schleunigst verschwinden.“

Akita versuchte, so behutsam aber auch eindringlich wie möglich auf mich einzureden.

„Sie hat dir verziehen“, schluchzte ich, woraufhin mich die Prinzessin nur verwirrt ansah.

„Was meinst du?“

„Vor einiger Zeit hast du ihr Dorf angegriffen. Sie wollte ihre Familie retten und ist dir deshalb nachgelaufen, doch du hast sie mit einem Blitz attackiert. Dabei wäre sie fast gestorben. Nejlas letzte Worte waren, dass sie dir verzeiht“, erklärte ich mit immer noch brüchiger Stimme.

Akitas Augen weiteten sich, als sie diese Geschichte hörte. Ihr überraschter Blick zeigte allerdings schnell danach Reue, als sie sich erinnerte.

„Ich hatte ja keine Ahnung“, murmelte sie nur leise. Sie schien betroffen.

„Sie erzählte mir davon, als wir in der Stadt waren, kurz bevor Fulgor von dir Besitz ergriffen hatte.“

Die Prinzessin seufzte, wusste scheinbar wohl keine passende Antwort darauf.

„Prinzessin? Wir wären soweit“, ertönte plötzlich Samus Stimme.

„Kyra, hör mir zu. Ich werde Tia und Nejla zurück zu deinem Vater fliegen. Er soll Truppen losschicken und die beiden zum Palast zurückbringen, wo sie anständig beerdigt werden können. Ich möchte, dass du hier auf mich wartest. Samu wird in der Zwischenzeit für dich da sein, Misha soll mich begleiten, falls es Probleme geben sollte. Ich werde, so schnell es geht, wieder bei dir sein.“

Ich nickte nur geistesabwesend. Akita gab mir einen Kuss auf die Stirn und löste sich langsam von mir.

„Kümmere dich gut um sie“, sprach sie noch zu Samu, bevor sie auf Xatar wegflog.

Ich versuchte immer noch, zu begreifen, was hier eben geschehen war. Meine Tränen waren allmählich versiegt, als Samu auf mich zulief.

„Ich werde uns etwas zu essen holen. Möchtest du mich begleiten?“, fragte der junge Mann sanft.

„Nein, ich denke, ich werde lieber hierbleiben.“ Ich konnte nicht einmal an Essen denken. Auch wenn ich wusste, dass er recht hatte: Wir mussten bei Kräften bleiben. Sonst wäre alles umsonst gewesen.

Samu nickte und verließ das Haus, nachdem er mir versichert hatte, so schnell wie möglich wieder hier bei mir zu sein.

Ich setzte mich auf einen der hölzernen Stühle, welche im Raum standen. Allmählich sammelten sich meine wirren Gedanken wie in einer schlammigen Pfütze, und ich grübelte darüber nach, warum Belial uns so offensichtlich angegriffen hatte. Warum waren Saphira und Kesar nicht bei ihm gewesen? Ich konnte verstehen, dass Aduro nicht hier war, er wäre zu schnell erkannt worden, aber warum war Belial allein? Das ergab keinen Sinn. Es sei denn ...

Plötzlich dämmerte es mir! Saphira würde niemals einen Angriff starten, ohne ein bestimmtes Ziel zu verfolgen. Sie wusste wohl, dass jemand die Gefallenen zurückbringen würde. Sie wusste also, dass sie uns damit trennen würde! Das war ihr Plan!

„Akita!“, schoss es mir plötzlich in den Kopf.

Oh nein, ich würde sie nicht auch noch am gleichen Tag wie Nejla verlieren können! Sollte Saphira sie jetzt angreifen, wäre sie machtlos.

Panik breitete sich in mir aus. Ich musste sie warnen! Ich konnte nur hoffen, dass Reiko rechtzeitig Kontakt mit Xatar aufnehmen konnte. Doch gerade, als ich ihn rufen wollte, öffnete sich die Tür.

„Samu, ich weiß, was Saphira vorhat!“, rief ich, während sich die Tür öffnete.

Doch es war nicht Samu, welcher das Haus betrat.

„Ach, und das wäre?“, säuselte eine nur allzu bekannte, gefährliche Stimme, „Würdest du meinen Plan tatsächlich kennen, wärst du nicht mehr hier.“

Saphira und Kesar bauten sich vor mir auf. Der großgebaute Mann hatte seinen Bogen gespannt auf mich gerichtet, das gefährliche Funkeln in seinen dunkelbraunen Augen unter seinen langen, braunen Haaren durchbohrte mich förmlich. Die Muskeln unter seinem grünen Hemd waren deutlich angespannt.

„Saphira, was ...“

Bevor ich meinen Satz allerdings zu Ende sprechen konnte, hörte ich das Zischen von Kesars Pfeil. Meine Reaktion war nicht hilfreich, ich war nicht schnell genug, - sein Pfeil bohrte sich direkt durch meine rechte Schulter.

Der stechende Schmerz breitete sich schnell in meinem Körper aus, doch es war nicht nur meine Schulter, welche zu schmerzen begann. Mein gesamter Körper begann zu brennen und mein Umfeld verschwamm langsam vor mir.

„Was hast du mit mir gemacht", stammelte ich, während ich zurück auf die Rückenlehne des Stuhls sank.

Ich versuchte, mein Eis gegen die beiden Angreifer zu richten, doch alles drehte sich wie verrückt. Saphiras höhnisches Lachen war das letzte, was ich sah, bevor meine Welt schwarz wurde und ich bewusstlos zu Boden fiel.

Ich hörte immer wieder Stimmen um mich herum, doch es war mir nicht möglich, zu sprechen oder meine Augen zu öffnen. Auch die Stimmen hörten sich seltsam verzerrt an. Hin und wieder spürte ich ein Stechen an der Stelle, wo mich Kesars Pfeil getroffen hatte. Mein Körper hatte jedoch keine Kraft, wach zu bleiben; ich driftete immer wieder weg.

Als ich endlich meine Augen öffnen konnte, fand ich mich in einem Wald nahe Midenia wieder. Ich kannte die Umgebung, da ich vor einigen Wochen durch genau diesen Wald gelaufen war. Sofort stellte ich mich auf, nahm, so gut es ging, eine Kampfposition ein, da ich Saphira, Kesar und Aduro zu sehen erwartet hatte, sobald ich die Augen öffnetet. Es war allerdings überhaupt niemand zu sehen. Um mich herum war es still. Ich war allein.

Wo zur Hölle war ich?

Und wie war ich hierhin gekommen? Ich hörte ein Geräusch. Ich war also doch nicht allein. Alarmiert spannte ich meine Muskeln an.

„Kyra?“, rief eine mir bekannte Stimme.

„Samu? Was machst du hier? Und wie bin ich hier gelandet?“

„Beruhige dich und höre mir zu: Saphira hatte dich geschnappt, doch Reiko hatte deine Worte gehört und die beiden Angreifer vertrieben. Ich wollte ihnen noch hinterher, doch sie sind spurlos verschwunden“, erklärte der junge Arzt.
Er sah mich besorgt an. „Wie geht es dir? Ich habe deinen Arm noch rasch notdürftig verarztet, bevor ich Saphira hinterhergerannt bin. Hast du Schmerzen?“

„Samu, langsam. Mein Kopf dröhnt ganz schön“, murmelte ich und strich dabei über meine Schulter, welche kurz zuvor noch schlimm verletzt war.

„Es geht mir gut, denke ich zumindest. Wie hast du mich überhaupt gefunden?“

„Nun, Reiko ist nicht zu übersehen. Ich bin ihm gefolgt und fand dich hier auf dem Boden. Als ich dich versorgt habe, ist Reiko Saphira gefolgt.“

Ich schüttelte den Kopf, da ich mich an rein gar nichts erinnern konnte. Ich versuchte, Reiko zu rufen, doch ich konnte mich einfach nicht konzentrieren. Erneut strich ich über die Stelle, an der mich Kesars Pfeil getroffen hatte. Es kam mir sehr seltsam vor, dass er nur meine Schulter getroffen hatte. Seine Angriffe waren sonst immer sehr präzise. Wenn er mich also hätte töten wollen, dann hätte er es auch geschafft.

Bevor ich mir darüber noch länger Gedanken machen konnte, sah ich Reiko auf uns zu fliegen. Seine Schuppen waren blutverklebt, doch er konnte unbehelligt davon fliegen.

„Reiko, was ist passiert?“, rief ich ihm erschrocken zu.

Er landete direkt vor Samu und mir, was es möglich machte, dass sich Samu augenblicklich um seine Verletzungen kümmern konnte.

„Ich habe Saphira und Kesar verfolgt. Sie liefen zu einem Versteck in den Bergen, wo sich auch Aduro aufhielt. Sie hatten versucht, mich zu töten, doch ich kam ihnen zuvor. Da ihr Versteck in einer Höhle war, habe ich diese eingefroren und den gesamten Berg einstürzen lassen. Ich nehme sehr stark an, dass sie das nicht überlebt haben.“

Ich war fassungslos. Reiko hatte es tatsächlich geschafft, Saphira, Kesar und Aduro zu besiegen? Und das vollkommen allein? Ich war sprachlos.

„Bist du dir sicher, dass sie tot sind?“, hakte ich vorsichtshalber nach.

„Ja, das bin ich. Kyra, wir haben gewonnen. Ich habe Xatar bereits informiert. Akita weiß also auch Bescheid.“

Ich konnte nicht glauben, was mein Drache zu berichten hatte. Wir hatten sie endlich besiegt! Freude breitete sich in meinem gesamten Körper aus. Es prickelte und ich fühlte, wie sich meine Lippen zu einem befreiten Lächeln formten.

„Samu! Reiko hat es geschafft! Saphira und ihre Truppe sind endlich besiegt!“

Ich fiel dem jungen Arzt um den Hals, da ich meine eigene Freude nicht mehr zurückhalten konnte. Und wollte. Auch seine Augen strahlten und das Grinsen auf seinen Lippen breitete sich über sein ganzes Gesicht aus.

„Kyra, Akita und die restlichen Krieger erwarten uns im Lager. Wir sollten los und unseren Sieg feiern", informierte mich Reiko.

Ich nickte und bemerkte erst jetzt, dass sich Tränen des Glücks den Weg über mein Gesicht gebahnt hatten. Endlich war dieser Alptraum vorbei und Akita und ich konnten endlich unser Leben leben, ohne uns Gedanken über verrückte Kriminelle zu machen. Das wäre doch schön, fast zu schön, um ... Ich schob meine dunklen Gedanken beiseite, jetzt war Zeit zum Feiern.

Freudestrahlend stieg ich auf Reikos Rücken und reichte Samu eine Hand, um ihm ebenfalls hoch zu helfen. Wir erhoben uns in die Lüfte, und es dauerte nicht lang, bevor wir das Lager erreichten.

Ich erblickte Akita, welche neben Xatar stand, mein Vater an ihrer Seite. Auch sie freuten sich sichtlich über unseren Sieg. Ich sprang von Reikos Rücken und lief sofort auf Akita zu. Überschwänglich umarmend, wegen meiner immensen Freude, hätte ich sie fast umgeworfen, als ich sie in die Arme nahm und wild umherwirbelte. Ich war wie von Sinnen; endlich war es geschafft. Wir waren frei!

„Wir haben es hinbekommen!", rief ich voller Glück.

Ich küsste Akita leidenschaftlich und strahlte sie an. Ihre Augen strahlten golden. Ich konnte mich nicht sattsehen.

„Ja, wir haben Saphira endlich besiegt. Wir sollten zum Palast zurückkehren und unseren Sieg gebührend feiern", bestätigte die Prinzessin.

Ich nickte ihr zu und umarmte meinen Vater ebenfalls. Er hatte gewartet, bis ich mich von Akita gelöst hatte.

„Ich bin so stolz auf dich!"

Die Stimme meines Vaters klang ebenso erleichtert, wie ich mich fühlte.

„Die Prinzessin hat allerdings recht, wir sollten nun alle zum Palast zurückkehren und unsere Befreiung dort angemessen feiern. Ich werde die Flotte startklar machen, damit wir uns sofort auf den Weg machen können. Akita und du könnt ja schon auf euren Drachen zur Hauptstadt zurückfliegen. Da wir nun ohne Sorgen in Ruhe Segel setzen können, werden wir wohl auch in einem Tag da sein", erklärte mein Vater.

Ich nickte und wandte mich an die Prinzessin: „Akita, wollen wir uns dann auf den Weg machen?"

Akitas Miene verhärtete sich plötzlich.

„Ja. Wir sollten gleich losfliegen, doch ich möchte, dass du deinen Vater vorher noch darüber aufklärst, was genau mit Saphira geschehen ist. Reiko wird dir sicherlich noch detaillierter Auskunft darüber geben können. Ich werde mich in der Zwischenzeit auf den Weg zum Palast machen und meinen Vater informieren."

Ich runzelte die Stirn, nickte jedoch. Kurz darauf rief Akita Xatar und erhob sich mit ihm in die Lüfte.

Mein Kopf formte Fragen: Was war los? Warum wollte sie nicht mit mir zusammen fliegen? Doch jetzt war nicht die Zeit dafür ...

Ich schüttelte den Kopf, um alles Unwichtige abzuschütteln, und wandte mich an meinen Vater.

„Ich kann dir alles erzählen, was Reiko mir mitgeteilt hat. Lass uns dazu in dein Zelt gehen, während sich die Truppe bereit macht, abzureisen", bemerkte ich.

Rakia stimmte zu und wir liefen gemeinsam in sein Zelt. Ich erklärte ihm, was Reiko mir schon erzählt hatte. Ich hatte allerdings das Gefühl, dass er mir nicht richtig zuhörte.

Unerwartet breitete sich ein Schwindelgefühl in mir aus, und ich hatte das Gefühl, dass die gesamte Welt zur Seite kippte. In diesem Moment spürte ich wieder ein Stechen in meiner Schulter. Es war die gleiche Stelle, an welcher ich von Kesars Pfeil getroffen worden war. Schmerzerfüllt verzog ich das Gesicht und strich über die besagte Stelle. Mein Schwindelgefühl verschwand einen Moment später.

„Das ist seltsam", dachte ich. „Samu hatte die Stelle doch geheilt, warum schmerzte sie immer wieder?"

Ich wunderte mich, hatte aber keine Kraft, diese Frage jetzt weiter zu verfolgen. Ich beschloss, mir darüber vorerst keine Gedanken mehr zu machen. Mein Vater erinnerte mich daran, dass wir bald aufbrechen sollten. Meine Erzählung hatte bereits einige Zeit in Anspruch genommen.

Ohne eine Antwort abzuwarten, erhob sich mein Vater und lief nach draußen. Die Truppen erwarteten uns bereits, fertig, die Fahrt nachhause anzutreten. Rakia wies die Krieger an, sich auf den Schiffen einzufinden.

„Kyra, du solltest jetzt auch los. Wir sehen uns dann in der Hauptstadt“, bemerkte er.

„Na gut, ich werde mich auf den Weg machen. Wir sehen uns in Kürze“, verabschiedete ich mich.

Kurzerhand rief ich Reiko, und wir flogen durch die Wolken.

Ich dachte an Akita und daran, warum sie unbedingt ohne mich hatte abreisen wollen. Ich wunderte mich auch darüber, warum mein Vater mir nicht wirklich zugehört hatte. Planten sie etwa wieder etwas, ohne dass ich davon wusste? Wollten sie mich schützen? Es wäre nicht das erste Mal.

„Reiko, weißt du, ob mein Vater etwas plant, wovon ich nichts weiß?“, fragte ich meinen Drachen.

„Nein, Kyra, tut mir leid“, antwortete dieser nur.

Ich seufzte und beschloss, mich etwas auszuruhen. Der heutige Tag war ziemlich anstrengend gewesen, und ich versuchte, etwas zu schlafen.

Mein Körper hatte die Ruhe wohl gebraucht, denn ich schlief, bis die Sonne am nächsten Tag bereits hoch am Himmel stand.

„Reiko, wo sind wir?“, fragte ich meinen Begleiter verschlafen.

„Wir sollten Sukana in ein paar Stunden erreichen“, informierte er mich.

Ich freute mich, bald wieder in der Hauptstadt anzukommen. Ich würde endlich in Ruhe mein Leben mit Akita gestalten können und mich voll und ganz auf unsere Beziehung konzentrieren können. Vielleicht würde Akita mich endlich mal in meine Heimat begleiten, und ich könnte ihr meine restliche Familie vorstellen.

Beim Gedanken daran musste ich grinsen. Ich stellte mir Akita in einem dicken Pelzmantel vor, ihre Haare voller Schneeflöckchen. Wie schön würde es sein, endlich wieder ein wenig Normalität zu spüren.

Ich ließ meine Gedanken noch etwas schweifen und malte mir meine gemeinsame Zukunft mit Akita aus, bevor Reiko mich informierte, dass wir den Palast bald erreichen würden.

Ich beugte mich über Reikos Hals und entdeckte den Hafen, welcher zum Palast gehörte. Kurz dahinter erstreckte sich der ausladende Palast. Mein Grinsen konnte ich nun gar nicht mehr unterdrücken. Ich fühlte mich mehr als erleichtert, endlich wieder hier zu sein.

Reiko landete direkt vor den Toren des großen Gebäudes. Freudestrahlend betrat ich den Palast, doch mein Blut gefror, als ich sah, wer sich noch im Gebäude befand.

„Akita, was macht sie denn hier?!“, fragte ich plötzlich außer mir.

Akita stand in der großen Eingangshalle und unterhielt sich vollkommen gelassen mit Runa.

„Kyra, schön dich endlich zu sehen. Ich habe Runa während meines Fluges getroffen. Nachdem wir miteinander gesprochen hatten, habe ich ihr angeboten, mich zum Palast zu begleiten. Sie hat sich natürlich dafür entschuldigt, sich Saphira angeschlossen zu haben“, klärte mich die Prinzessin auf.

Ich dachte, ich hörte nicht richtig.

„Du hast was?!“, fragte ich lautstark. „Sie hat uns verraten und Saphira womöglich zu uns geschickt. Und nun nimmst du sie einfach wieder auf, als wäre nichts geschehen?!“

Akita verdrehte nur ihre Augen und ließ mich mitten im Gespräch stehen. Sie lief zusammen mit Runa in Richtung ihrer Unterkunft. Es war eine Frechheit. Mich einfach stehen zu lassen ...

Was zur Hölle war mit ihr los? Wie konnte sie Runa einfach so wieder vertrauen? Ich musste sie unbedingt darauf ansprechen, doch vorher musste ich mich beruhigen. Da noch niemand sonst im Palast war, entschied ich mich, meine Wut draußen herauszulassen.

Ich lief zu unserem Trainingsplatz und schlug ein paar Mal in den Wind. Das Eis flog dabei nur so durch die Luft. Ich wusste auch nicht, warum ich mich nicht einfach über das Ende dieses Alptraums freuen konnte. Doch ohne Akita konnte ich noch nicht alles loslassen.

Kurz bevor ich mein Training beenden wollte, hörte ich Schritte hinter mir. Ich drehte mich um und erblickte Runa, welche auf mich zukam, ihre grünen Augen blitzten gefährlich auf.

„Was willst du hier?“, schnauzte ich die Frau an.

„Warum so unfreundlich?“, säuselte sie.

Meine Wut wuchs, und ich ballte meine Hände zu Fäusten. Am liebsten wollte ich sie hier und jetzt erledigen. Ich verstand nicht, warum Akita sie nicht direkt wieder in das Gefängnis gesteckt hatte, sie war uns nun keine Hilfe mehr.

„Ich frage nicht zweimal“, zischte ich mit zusammengebissenen Zähnen.

„Nun, Kyra, Saphira ist nun besiegt, die einstigen Attentäter verstreuen sich über alle Länder, und du hast deinen ersehnten Frieden endlich zurück. Und doch freust du dich nicht darüber?“ Sie machte eine Pause und zog dabei einen Mundwinkel nach oben, um ein arrogantes Lächeln aufzusetzen. „Liegt es vielleicht daran, dass Akita lieber bei mir ist, als bei dir?“, fragte sie spöttisch.

Okay, das war genug. Ich schoss zwei Eisspitzen in ihre Richtung ab, welchen Runa jedoch auswich. Statt zu kontern, lachte sie nur höhnisch.

„Hast du Angst, dass sie doch zu mir zurückkommt?“, stichelte sie weiter.

„Runa, halt deine Klappe oder du wirst es bereuen“, warnte ich mein Gegenüber.

„Ach komm, du könntest es nicht mit mir aufnehmen“, lachte sie arrogant.

Ohne auf meinen Verstand zu hören, beschoss ich Runa mit so viel Eis, wie ich nur konnte. Sie wich allerdings jedem Schlag aus und lachte immer wieder amüsiert auf.

Was war nur los mit mir? Warum konnte ich keinen Treffer landen?

Ich hatte das Gefühl, mein Körper würde innerlich in Flammen aufgehen, als ich schließlich in Rage verfiel. Schreiend rannte ich auf

Runa zu und riss sie zu Boden. Bevor ich jedoch reagieren konnte, schlug sie mir zwei schnelle Treffer gegen die Brust, was mir eine kurze Atemnot einbrachte.

Sie stand auf, als wäre nichts passiert, während ich keuchend auf dem Boden lag.

„Sieh es ein, Akita ist ohne dich besser dran. So einen Schwächling wie dich hat sie gar nicht verdient."

Runa versetzte mir noch einen letzten Tritt gegen die Rippen, bevor sie verschwand. Ich krümmte mich auf dem Boden und versuchte, wieder Luft zu bekommen. Nach einigen Minuten schaffte ich es, aufzustehen.

Ich musste zu Akita, und zwar sofort!

Zum Glück war es nicht weit, bis ich an ihrer Tür angekommen war. Ich klopfte, betrat jedoch den Raum, ohne auf eine Antwort zu warten.

„Akita?", rief ich in den Raum hinein, doch ich hörte nur ein leises Kichern.

Ich sah quer durch den Raum und entdeckte die Prinzessin, welche aus dem Nebenraum kam.

„Kyra, was gibt es?", fragte sie tonlos.

„Du musst mir zuhören! Runa manipuliert dich. Sie hat mich eben auf dem Trainingsplatz angegriffen. Ich will, dass sie wieder in das Gefängnis gesperrt wird", erklärte ich ihr.

„Ich wüsste nicht, warum sie dich angreifen sollte. Runa bereut, was sie getan hat. Sie sagte mir eben, dass sie dich beim Training gesehen hat und du wohl ausgerutscht und gegen einen der Holzbalken gefallen bist." So ein Blödsinn!

Das konnte doch nicht ihr Ernst sein? Was hatte all das zu bedeuten? Akita glaubte Runa mehr als mir?!

„Akita, verstehst du nicht, was ich sage? Runa hat mich angegriffen! Glaubst du ihr nun mehr als mir? Wo ist dieses Miststück, ich werde sie zwingen, dir die Wahrheit zu sagen!"

„Kannst du bitte damit aufhören? Runa hat Fehler gemacht, doch vergiss nicht, dass sie mir damals das Leben gerettet hat. Und: Ich erinnere mich sehr gut daran, dass ich dich im Gegensatz dazu immer wieder davor bewahren muss, nicht getötet zu werden", erklärte sie kalt.

Dieser Satz traf mich mitten ins Herz. Warum war sie nur so kalt mir gegenüber? Sie machte mir Vorwürfe für etwas, für das ich nichts konnte. Und was nicht der Wahrheit entsprach. Traurig ließ ich den Kopf hängen, denn ich hatte keine Lust, mich zu verteidigen, und auch kein wirklich gutes Argument dagegen. Ihre Ansicht würde sie nicht ändern, nur weil ich ihr meine Sicht der Dinge erklärte, das wurde mir nun klar. Statt einer Antwort kamen mir lediglich die Tränen und ich sah die Prinzessin verletzt an.

„Warum bist du so zu mir? Habe ich etwas getan, was dich so sehr verärgert hat, dass du dich so verhältst?"

„Bitte geh' einfach. Ich habe keine Lust auf diese Diskussion", erwiderte sie nur genervt.

Der Schmerz in meinem Herzen wurde immer schlimmer. Ich wusste nicht, was hier passierte. Ein lautes Schluchzen entfuhr meiner Kehle, doch ich drehte mich schnell um und rannte aus ihrer Unterkunft. Ich konnte nicht fassen, wie sie mich behandelte. Was war sie nur für ein Mensch ...! Oder lag es an mir?

Kurzerhand lief ich in meine eigene Unterkunft und warf mich verzweifelt auf das Bett, nur um meine Tränen in den Kissen zu ersticken. Nach einer gefühlten Unendlichkeit waren die Tränen versiegt und ich döste erschöpft ein.

Mitten in der Nacht wurde ich wach, da durch die Gänge ein lautes Lachen zu hören war. Ich murrte unwillig und setzte mich auf. Bei genauerem Hinhören erkannte ich das Gelächter: Es waren die Stimmen von Akita und Runa.

Das durfte doch nicht wahr sein!

Schlaftrunken lief ich zur Tür und wollte diese gerade öffnen, als ich Runas Stimme erneut vernahm.

„Weißt du eigentlich, dass ich nie aufgehört habe, dich zu lieben?“

Was bildete sich diese Frau ein?! Spätestens jetzt musste Akita doch klarstellen, dass sie keine Gefühle mehr für Runa hatte!

„Da sind wir schon zu zweit.“

Mein Atem stockte, als ich Akitas Worten lauschte. Nein, ich musste mich verhört haben ... Die beiden Stimmen waren allerdings schon zu weit weg, um mehr zu hören - ich konnte nichts mehr verstehen.

Nein, Akita würde so etwas nie sagen. Das durfte einfach nicht sein. Ich hatte mich verhört; das musste es ein. Ich versuchte, diese Gedanken aus meinem Kopf zu verbannen, und legte mich wieder in mein Bett.

Am nächsten Morgen erwachte ich sehr früh. Ich vermisste Akitas Nähe, ihre Wärme neben mir, vermisste ihren Körper an meiner Seite. Ich seufzte und machte mich fertig. Ich würde Akita heute auf ihr Verhalten ansprechen, auch wenn das bedeuten könnte, dass ich sie ganz verlieren würde.

Ich beschloss, mich auf den Weg zu Akita zu machen. Als ich die Tür hinter mir schloss, kam mir die Prinzessin bereits entgegen.

„Guten Morgen“, murmelte sie, „Ich denke, wir sollten reden.“

Ich seufzte und öffnete die Tür meiner Unterkunft noch einmal.

„Na gut, komm herein.“

„Kyra, hör mal, ich weiß nicht genau, wie ich es erklären soll“, stammelte die Prinzessin.

„Warte, lass mich zuerst sprechen“, unterbrach ich sie.

Mein Herz raste, als ich zu ihr aufsah. Das leuchtende Gold ihrer Augen ließ mich ausschließen, dass Fulgor Besitz von ihr ergriffen hatte. Ich hatte irgendwie gehofft, dass ihr Verhalten sein Werk war. Ich atmete ein letztes Mal tief ein, bevor ich zu sprechen begann.

„Ich habe dich heute Nacht mit Runa gehört. Du sagtest, dass du sie immer noch liebst. Ist das wahr?“, ich schluckte schwer. „Liebst du sie noch?“

„Das ist nicht so einfach. Ich hatte etwas getrunken und hatte mich selbst nicht mehr unter Kontrolle. Runa und ich haben gestern viel über unsere Vergangenheit gesprochen, da überkam es mich wohl. Es tut mir leid, dass du das gehört hast."

Ich wusste nicht, was ich darauf antworten sollte. Auch, wenn sie getrunken hatte, steckte in ihrem Geständnis Runa gegenüber ein Funken Wahrheit. Ich zuckte zusammen. Ich würde es nicht ertragen, Akita an Runa zu verlieren.

„Warum hast du dich so seltsam verhalten? Du wolltest getrennt nach Hause fliegen und kurz darauf finde ich dich mit Runa zusammen im Palast vor. Was hat das zu bedeuten?", fragte ich. Ich wollte die Wahrheit wissen, gleichzeitig fürchtete ich mich vor ihr.

„Das hat nichts zu bedeuten. Ich habe dir gestern schon gesagt, dass sie einiges bereut, und ich glaube ihr. Du sagtest einmal zu mir, dass jeder eine zweite Chance verdient hat."

Ich seufzte, sie hatte ja recht. Doch das rechtfertigte noch lange nicht Runas Verhalten. Sie hatte mich angegriffen, und doch hatte Akita ihr mehr geglaubt, als mir. Das ärgerte mich maßlos.

„Ich werde dir diese Frage genau einmal stellen. Ich möchte, dass du sie ehrlich beantwortest", begann ich schneidend. „Liebst du mich?" Ich sah sie ernst an.

Es folgte ein Moment der Stille. Akitas Gesicht schien ausdruckslos, doch recht schnell änderte sich ihre Mimik: Sie lächelte mich offen an und zog mich näher zu sich heran.

„Natürlich liebe ich dich. Es tut mir leid, dass ich mich daneben verhalten habe. Ich hoffe, du verzeihst mir."

Ich grinste nun und fühlte mich unendlich erleichtert. Es gab zwar noch einige Fragen, die offen waren, doch ich wollte mich nicht länger mit Akita streiten.

„Ich muss jetzt allerdings los. Treffen wir uns später?“, fragte sie.

Ich nickte und Akita verschwand aus meiner Unterkunft.

Mich wunderte es immer noch, dass sie nichts über den Sieg gegen Saphira hatte verlauten lassen, doch das war eines meiner kleinsten Probleme. Um meinen Kopf etwas frei zu bekommen, entschloss ich mich dazu, trainieren zu gehen.

Da ich etwas Ruhe wollte, besuchte ich Akitas privaten Übungsplatz, welcher direkt neben ihrer Unterkunft lag. Dort angekommen, wärmte ich mich auf. Ich streckte und dehnte meine Muskeln und ließ dabei meinen Blick zur Unterkunft der Prinzessin gleiten. Durch die Glasfront konnte ich das Innere ihres Zimmers erkennen. Ich erstarrte, als ich sah, dass Runa in ihrem Raum war. Sie war nicht allein. Die andere Person war ... Akita.

Ich lief ein Stück näher an die Fenster heran, um zu sehen, was die beiden taten. Runa hatte ihre Hand an Akitas Wange gelegt und sah die Prinzessin verträumt an. Da die Fenster einen Spalt geöffnet waren, konnte ich sie leise sprechen hören.

„Wie lange willst du es ihr noch verheimlichen?“, fragte Runa gerade eben.

„Du weißt, dass das nicht so leicht ist. Aber ich werde es ihr sagen, versprochen“, antwortete Akita.

Was ich als Nächstes sah, ließ mein Blut gefrieren. Akita beugte sich nach vorne und küsste Runa leidenschaftlich. Mein Herz zersprang in tausend Teile und meine Augen füllten sich mit salzigen Tränen.

Nein, das durfte nicht wahr sein!

Noch vor wenigen Momenten hatte Akita mir versichert, dass sie mich liebt. Und nun das! Lief die ganze Zeit schon etwas zwischen den beiden? Mein Körper fühlte sich taub an, so, als würde er seine eigene Last nicht mehr tragen können.

Doch plötzlich überkam mich heiße Wut. Wie konnte sie nur?!

Ich richtete mich auf und lief zu Akitas Tür. Mit einem gewaltigen Ruck riss ich die Glastür auf, welche in ihren Raum führte.

„Wie kannst du nur?!“, schrie ich sie voller Zorn an.

Beide Frauen erschraken und sahen mich erschrocken an.

„Kyra, was machst du denn hier?“, fragte die Prinzessin perplex.

„Wie lange geht das schon? Sag‘ es mir!“, schrie ich erneut.

Akita sah mich plötzlich schmunzelnd an.

„Du hast ganz schön lang gebraucht, um es herauszufinden“, murmelte sie höhnisch.

Ihre gesamte Haltung änderte sich in diesem Moment. Sie hatte sich vor mir aufgebaut, ihre goldenen Augen fixierten mich. In ihrer schwarzen Rüstung sah sie gefährlich aus, die streng nach hinten gebundenen Haare bekräftigten diesen bedrohlichen Ausdruck.

„Was soll das?“, murmelte ich verwirrt und verletzt.

Runa baute sich nun ebenfalls neben Akita auf. Ihre Muskulatur zeichnete sich deutlich unter dem grünen Top und der engen schwarzen Hose ab. Die grünen Augen blitzen ebenso gefährlich.

„Hast du es immer noch nicht verstanden? Akita hat mich auf dem Weg zurück mitgenommen, damit sie dich endlich in den Wind schießen kann. Es war ihr bereits klar, als sie mich aus dem Gefängnis geholt hatte. Sie musste nur noch Saphiras Truppe besiegen, da sie mit dir die besten Chancen auf einen Sieg gesehen hat.“

Runas Worte durchschnitten die Luft wie ein scharfes Schwert.

„Akita, sag mir, dass das nicht wahr ist“, sagte ich kaum hörbar. Ich war zu schwach für alles andere.

„Na los, verschwinde endlich. Niemand will dich hier noch haben“, säuselte die junge Frau gehässig.

Ich sah ein letztes Mal in Akitas Augen, in der Hoffnung, sie würde Runa widersprechen, doch ich hörte kein einziges Wort aus ihrem Mund.

Ich konnte nicht glauben, was hier gerade geschehen war. Mit gebrochenem Herzen, verwirrt und kraftlos verließ ich die Unterkunft. Akita hatte sich nicht geändert; sie war die kaltherzige, egoistische Herrscherin, die sie schon immer gewesen war. Ich hatte mir die ganze Zeit selbst etwas vorgemacht.

Kapitel 18

Ich konnte nicht glauben, dass Akita mich die ganze Zeit über belogen hatte! Warum hatte sie sich so plötzlich geändert? Hatte ich sie wirklich so falsch eingeschätzt? War ich so blind vor Liebe gewesen?

Ich wusste nicht, wohin ich gehen sollte, doch es war mir auch egal. Mit tränenüberströmtem Gesicht lief ich über den Trainingsplatz und verließ den Palast. Der Schmerz in meinem Herzen wollte einfach nicht nachlassen.

Ich wusste nicht, wohin ich lief, bis ich plötzlich das Rauschen der Wellen hörte. Ich konzentrierte mich wieder auf den Weg, achtete darauf, wo ich mich befand, und stellte fest, dass ich im Hafen stand. Die Wellen des Meeres schlugen gegen die Mauern des Hafens.

Meine Welt war zusammengebrochen. Ich hatte Akita verloren und meine größte Angst wurde wahr: Sie hatte sich gegen mich entschieden. Ich schüttelte den Kopf und vergrub mein Gesicht in meinen Händen.

Dann irgendwann hörte ich Schiffe, welche sich dem Hafen näherten. Das musste mein Vater mit der restlichen Gruppe sein. Wie sollte ich meinem Vater nur erklären, dass Akita mich betrogen und belogen hatte. Oh Gott! Er würde sie umbringen! Es führte allerdings kein Weg daran vorbei, es ihm zu sagen. Ich seufzte und ging näher an das Wasser, um die einlaufenden Schiffe willkommen zu heißen.

Kurz darauf legten diese an und mein Vater betrat als Erster den Hafen.

„Kyra, schön dich zu sehen!“, begrüßte er mich schon von Weitem. „Wo ist Akita?“

Beim Klang ihres Namens schluchzte ich.

„Was ist denn los? Ist etwas passiert?“, fragte Rakia alarmiert und sah sich prüfend um.

„Akita und ich ...“, begann ich, konnte meinen Satz jedoch nicht zu Ende sprechen. „Sie und Runa ...“

Ich konnte meine Tränen nicht mehr zurückhalten und sank kraftlos auf die Knie. Mein Vater beugte sich zu mir hinunter, setzte sich neben mich und legte schützend einen Arm um mich.

„Sie ist nun mit Runa zusammen“, flüsterte ich mit kaum hörbarer Stimme.

Er schwieg eine Weile. „Es tut mir leid, mein Schatz. Doch vielleicht ist es besser so. Ich hatte mir von Anfang an gedacht, dass diese Beziehung zum Scheitern verurteilt ist. Du solltest froh darüber sein.“

Das konnte nicht sein Ernst sein! Ich sollte froh darüber sein? Geschockt sah ich ihn an.

„Was redest du denn da? Ich liebe sie, Vater! Sie hat mich betrogen und mich die ganze Zeit angelogen!“

Rakia schüttelte jedoch nur seinen Kopf und stand auf.

„Ich muss leider los. Wir haben auf unserem Weg ein paar Attentäter gefangen genommen. Akita wird sie sicherlich sehen wollen und sie ihrer gerechten Strafe zuführen wollen“, murmelte er.

Bevor ich reagieren konnte, lief er zurück auf sein Schiff und begleitete etwa zehn Gefangene vom Schiff. Was hatte er nur vor? So kannte ich meinen Vater nicht. Er war stets gegen den Krieg gewesen. Ebenso wie für Gefangennahme. Und dann seine unsensible Art mir gegenüber ... Irgendwas war hier faul, ich wusste nur nicht was.

Nachdem Rakia mit den Gefangenen vom Schiff gegangen war, erblickte ich Samu und Misha. Vielleicht konnten die beiden mich ja verstehen.

„Samu, Misha!“, rief ich ihnen entgegen.

Die zwei liefen sofort auf mich zu.

„Kyra, was ist denn mit dir passiert? Ist alles in Ordnung?“, fragte der junge Arzt besorgt.

„Akita hat mich betrogen“, murmelte ich leise. „Sie hat Runa auf ihrem Weg getroffen und sie mit in den Palast genommen. Ich habe die beiden gerade erwischt, als sie sich geküsst haben.“

Mehr konnte ich nicht sagen; meine Stimme versagte erneut.

„Das tut mir sehr leid. So hatte ich die Prinzessin gar nicht eingeschätzt“, antwortete Misha nachdenklich. „Wir müssen allerdings nun auch zum Palast, dein Vater will ein paar Attentäter zu Akita bringen. Wir sollten dabei sein, denkst du nicht?“

heit“ mit Medikamenten oder mit Wegschneiden oder Wegsägen und dgl. zu vertreiben. Wir vertrauen ihr meistens unendlich und lassen darüber unsere enorm vielen eigenen Möglichkeiten, etwas Gutes für unsere Gesundheit und unser Wohlbefinden zu tun, ungenutzt. Nicht nur das allergrößte Interesse, sondern auch die allermeisten Möglichkeiten, beide zu erhalten, zu verbessern oder gar wiederherzustellen, haben wir selbst. Vergleichen wir uns im Krankheitsfall z. B. mit einem technischen Gerät mit defekter Antriebsscheibe. Würden wir bei diesem immer wieder nur den Keilriemen auswechseln lassen, während die Ursache, nämlich die defekte Antriebsscheibe, unbeachtet bliebe!? Oder begegnen wir einem technischen Defekt, der sich durch eine Kontrollleuchte bemerkbar macht, indem wir die Kontrollleuchte ausschalten oder zerstören?

Das **zur Schulmedizin Gesagte** soll sie nicht verunglimpfen oder gar ins Abseits stellen. Sie ist bedeutsam und hat beachtenswerte Erfolge vorzuweisen. In akuten Situationen ist sie sogar unverzichtbar. Ihre Möglichkeiten sind weit entwickelt und können ausgesprochen hilfreich sein. Die Methoden der Medizin haben uns Menschen immer schon beeindruckt. Wie kann es auch anders sein, wenn durch ärztliche und klinische Verrichtungen sowie eine Einnahme von Medikamenten gesundheitliche Beschwerden verringert werden oder gar verschwinden!? Unsere Faszination wird noch dadurch verstärkt, dass uns meistens der Einblick in die sich vollziehenden Vorgänge fehlt. Unser oftmals aber unkritischer Respekt gilt Denjenigen, die medizinische Verrichtungen vollziehen, uns dabei nicht selten mit einer gewissen Erhabenheit begegnen und zudem mit Fachbegriffen und -bezeichnungen umzugehen pflegen, mit denen wir in aller Regel nichts anzufangen wissen. Im Normalfall wird oftmals, wenn nicht gar aller meistens der Kern des Problems einer Krankheit, nämlich ihr jeweiliger Ursprung, gar nicht ermittelt und deswegen auch nicht in die Therapie einbezogen. Die Symptome medizinisch zu beseitigen, steht im Vordergrund. Sie aber sollten wir mehr als „Botschaft der Gesundheit“ verstehen, etwas zu verändern wie z. B. an einer der Grundlagen aller Gesundheit, nämlich unserer Ernährung. Unser Respekt vor der Medizin beeinträchtigt unsere grundsätzliche Einstellung und Haltung gegenüber anderen Methoden zur Gesundung aber äußerst stark. Für uns ist meistens die Medizin das A & O bei der Behebung gesundheitlicher Schwierigkeiten. Die Erwartungen an sie gehen sogar soweit, dass wir uns kaum noch bemühen, so zu leben, z. B. uns so zu ernähren, wie es gesundheitsprophylaktisch am sinnvollsten wäre. Wir lassen vielmehr dafür die medikamentöse und die chirurgische Medizin „in die Bresche springen". Ruediger Dahlke schreibt:

> *„Die Schöpfung zu verbessern, ist nicht leicht, und die Schulmedizin scheitert oft mit diesem hohen Anspruch und schadet, wo sie helfen wollte."*
>
> (**Dahlke, Ruediger:** „PEACE FOOD - Wie der Verzicht auf Fleisch und Milch Körper und Seele heilt" (S. 79), 4. Auflage, München, Gräfe und Unzer, 2012)

Medikamentöse Therapie wird überstrapaziert. In einer Studie der Ruhr-Universität Bochum ergab eine Befragung von rund 2.500 Patienten über 70 Jahren, dass im Durchschnitt jeder Befragte regelmäßig sechs verschiedene Medikamente zu sich nahm; bei einigen waren es sogar mehr als zehn. Am häufigsten handelte es sich um Blutdruck- und Blutfettsenker sowie Arzneien gegen Diabetes mellitus, also um solche gegen führende Zivilisationskrankheiten, die Folgen unseres unnatürlichen Lebens. Wie zudem die Forscher betonten, heben sich viele Medikamente gegenseitig auf oder beeinflussen andere vorhandene Erkrankungen negativ, von ihren vielfältigen, teils sogar gravierenden Nebenwirkungen ganz zu schweigen. Der Forschungsverbund PRISCUS (lat. „alt", „altehrwürdig") hat eine Liste potenziell inadäquater Medikamente herausgegeben. Sie nennt mehr als 80 Wirkstoffe, die für ältere Menschen ungeeignet sein können, beschreibt die häufigsten Nebenwirkungen und gibt Hinweise zu therapeutischen Alternativen.[162] Auch wenn sie sich auf eine Medikation älterer Menschen bezieht, geht sie von der jeweiligen grundlegend zwangsläufig riskanten Arzneimitteltherapie aus. Immer häufiger wird über eine ausufernde Entwicklung der chirurgischen Medizin berichtet. Sie scheint auch darauf zurückzuführen zu sein, dass Krankenhäuser ihre betriebswirtschaftlichen Ziele wie z. B. der Implantation künstlicher Gelenke ständig erhöhen, auch wenn eine solche Handhabung in einer von Humanität geprägten Einrichtung nichts zu suchen haben sollte. Im Übrigen müssen wir uns auch bezogen auf die Schulmedizin immer klar darüber sein, dass sie lediglich Heilungen begünstigen und nicht unmittelbar stattfinden lassen kann. So hat schon Paracelsus gesagt:

„Der Arzt pflegt/sorgt, die Natur heilt."

(**Paracelsus,** 1493 - 1541; u. a. Arzt mit legendären Heilerfolgen)

Die **Schulmedizin maßt sich aber an,** Krankheiten, gegen die sie keine nachhaltig wirkenden Mittel zur Verfügung hat, als „unheilbar" zu bezeichnen und überträgt das so in unser Gedankengut. Das ist unverantwortlich, weil Medizin bei weitem nicht das Einzige ist, was Krankheiten „beheben" kann. Unsere hohe Meinung von ihr verklärt uns aber viel zu häufig den Blick für andere Wege und lässt uns in dem Glauben der Unheilbarkeit so deklarierter Krankheiten. Mit einem solchen Glauben wird leider allzu oft ein verhängnisvoller Schaden angerichtet, denn unser „Glaube versetzt Berge", und zwar nicht nur im Positiven, sondern leider auch im Negativen. Schulmedizin ist kompetent, eine Krankheit als „medizinisch unheilbar", nicht aber als „unheilbar" schlechthin zu erklären, denn das ist eine sehr viel weitgehendere Aussage. Heilbar wird jede Krankheit sein, dazu hat aber z. B. die Schulmedizin noch nicht die nötigen Mittel entdeckt oder erfunden. Im Übrigen kann sie und können auch andere Heilmethoden zwar die Symptome von Krankheiten „heilen", besser gesagt beheben; die Ursachen können sie aber nicht beseitigen, es sei denn, sie sind in ihnen selbst gelegt. Das können nur wir selbst, soweit sie nicht durch äußere Einwirkungen wie Infektionen, unmittelbare Vergiftungen und Schädigungen oder Unfälle entstanden sind. Bei Verdauungs- und Stoffwechselkrankheiten können wir es in den allermeisten Fällen durch eine Umstellung unserer Ernährung erreichen. Überdies müsste unsere Gesundheit in die Situation, sich medizinisch „flankieren" zu lassen, häufig gar nicht erst kommen, wenn wir ihr ständig über unsere Nahrung diejenigen Stoffe zuführten, die durch die Natur dafür vorgesehen worden sind und die wir durch menschliches Einwirken nicht verdorben haben.

15. Wir lassen uns unentwegt täuschen und manipulieren

Optik und Bezeichnungen der uns angebotenen Nahrungsmittel, ihr Verpackungsdesign sowie die auf ihren Verpackungen enthaltenen Angaben haben eine geradezu dominierende Wirkung auf uns als potenzielle Käuferinnen und Käufer, weil sie auf unseren Appetit und Genuss, unser Schlankheitsstreben, unsere Gesundheit und unser Wohlbefinden, unsere knappe Zeit, die wir für unser Essen übrig haben, ihre Bekanntheit sowie ihre regionale als auch exotische Herkunft gerichtet sind. Damit wecken sie unser Interesse sowie unser Verlangen und regen beide an, aller meistens ohne dass uns dieser Zusammenhang bewusst ist. Und so lassen sich die Waren ideal absetzen. Sie suggerieren häufig ganz und gar falsche Vorstellungen hinsichtlich der Inhalte und/oder ihrer uns bekömmlichen Wirkung. Die Nahrungsmittelerzeuger, die industrielle Nahrungsmittelverarbeitung und der Handel sind ein gutes Stück davon entfernt, uns Waren anzubieten, die vorrangig nach ihrer Bekömmlichkeit und Gesundheit für uns erzeugt worden wären. Vielmehr geht es ihnen primär um ihren Profit. Mit ihm gehen eine möglichst kostengeringe, schnelle und in großen Mengen vorgenommene Herstellung einher. Verkaufen will man so viel, so teuer und so schnell wie möglich, denn das sind die betriebswirtschaftlichen Ziele, die immer höher gesteckt werden. Das von den USA auf uns übergeschwappte Controlling beinhaltet auf einem seiner praktizierten Irrwege immer höhere Zielsetzungen, so auch beim Warenumsatz. Um sie zu „erklimmen", sind Aufmachung, Begriffswahl, Beschreibung sowie Präsentation der Waren vor allem darauf ausgerichtet, uns zum Kauf zu stimulieren und zu manipulieren. Dazu wird erforscht, was bei uns Empfindungsreize auslöst, auf die wir „hereinfallen". Schon auf ein freundliches Gesicht oder eine vertrauensvoll wirkende Person sprechen wir nachhaltig an. Kinder sind dafür besonders empfänglich, was äußerst bewusst und ergiebig ausgenutzt wird, denn sie sind Konsu-

Ich nickte nur und ging langsam mit den beiden anderen zurück zum Palast.

„Samu, habe ich mich so in ihr geirrt? Kann es wirklich sein, dass sie mich die ganze Zeit über belogen hat?“, fragte ich den jungen Mann leise.

„Ich weiß es nicht. Akita ist manchmal sehr sprunghaft und sie kann viele Masken aufsetzen, doch ich habe wirklich gedacht, sie würde es ernst mit dir meinen.“ Er schien sehr verwundert zu sein.

„Ich kann es einfach nicht fassen. So sehr verstellen kann man sich doch nicht, oder? War ich so verliebt, dass ich es nicht gesehen habe?“

„Darauf habe ich leider keine Antwort.“

Ich sah ein: Es würde mich wohl nicht weiterbringen, Samu mit Fragen zu löchern, welche er selbst nicht beantworten konnte. Wie auch? Ich beschloss, es dabei zu belassen. Einige Zeit später erreichten wir den Palast. Einer der Soldaten meldete, dass Akita auf dem Trainingsplatz sei, um die Gefangenen in Empfang zu nehmen. Wir liefen sofort zum besagten Ort.

Dort angekommen erblickte ich Akita und auch Runa, welche erhobenen Hauptes neben ihr stand. Sofort drehte sich mein Magen um, und ich musste mich sehr zusammenreißen, um nicht auf der Stelle umzudrehen.

„Ihr seid also die Attentäter, welche mich an Saphira ausliefern wollten?“, sprach die Prinzessin die Vorgeführten an.

Ihre Stimme hatte dieselbe gefährliche Färbung angenommen wie damals, als sie mich gefangen genommen hatte. Ihre Augen blitzten diabolisch auf, als sie den ersten Gefangenen am Kragen packte und hochriss.

„Nun, ihr werdet diesen Fehler nicht zweimal machen“, zischte sie drohend.

Akita entflammte die Hand, mit welcher sie den Mann hochhielt. Da er gefesselt war, konnte er sich nicht gegen die Flammen wehren, welche seinen Hals und sein Gesicht verbrannten. Der Mann schrie auf und versuchte, sich aus Akitas Griff zu befreien, doch die Prinzessin grinste nur höhnisch und warf den brennenden Mann auf den Boden.

Ich wollte gerade auf die Prinzessin zustürmen, als ich Samus Hand an meinem Arm spürte. Er hielt mich fest und warf mir einen vielsagenden Blick zu.

„Tu das nicht. Wenn ich eines gelernt habe, dann ist es, dass sich niemand in Akitas Bestrafungen einmischen sollte“, flüsterte er warnend.

Ich konnte doch nicht zusehen, wie Akita diese Männer auf grausame Art und Weise quälte!

„Samu, lass mich los! Sie kann diese Leute nicht einfach umbringen!“

Ich riss mich von Samu los, kam jedoch nicht weit, als mein Vater mich mit festem Griff zurückhielt.

„Was tust du denn da?“, fragte ich aufgebracht.

„Diese Leute haben ihre Strafe verdient. Hör auf, sie beschützen zu wollen!“, schimpfte mein Vater zornig.

Der nächste Gefangene schrie auf, als Akita ihm sein Bein brach und mit flammenden Händen auf seinen Körper einschlug. Ich kannte die Miene, welche sie aufgesetzt hatte. Es spiegelte sich der grausame Genuss darin, andere leiden zu sehen. In diesem Moment erkannte ich die Frau, die ich so liebte, nicht wieder.

„Akita, hör auf!“, schrie ich aus vollem Halse, doch die Prinzessin sah mich nur verächtlich an.

Da mein Vater mich immer noch festhielt, konnte ich nicht zu ihr hin und sie eigenhändig davon abhalten, diese Leute zu verletzen. Sie sah mir direkt in die Augen, als sie den Mann, welchen sie eben attackiert hatte, in Flammen aufgehen ließ. Er schrie wie verrückt, doch Akita grinste nur diabolisch.

Sie hatte mich also die ganze Zeit belogen. Die Prinzessin hatte sich kein Stück geändert, sie war immer noch das brutale, gnadenlose Monster, das ich kennengelernt hatte. Sie war eine grandiose Schauspielerin.

„Du solltest lieber still sein, wenn dich nicht das gleiche Schicksal ereilen soll“, zischte sie drohend.

Ich schüttelte den Kopf und versuchte, mich aus dem Griff meines Vaters zu befreien.

„Lass‘ mich verdammt nochmal los!“, brüllte ich ihn an.

Akita quälte in der Zwischenzeit einen Gefangenen nach dem anderen. Sie ließ vereinzelte Blitze in die Männer einschlagen, welche vor Schmerzen schrien. Mein Vater lockerte seinen Griff erst, als auch der letzte Mann verbrannt und zu Tode gequält worden war, und ich nichts mehr für die Gefangenen tun konnte.

Akita sah mich noch einmal teuflisch grinsend an, bevor sie sich umdrehte und Runa einen leidenschaftlichen Kuss auf den Mund gab.

Das war zu viel. Voller Wut rannte ich auf sie zu, bereit, mein Eis in ihr Gesicht zu schmettern. Doch ich hatte die Rechnung ohne die aufkommende Kälte in mir gemacht, welche mir sämtliche Luft zum Atmen nahm. Der bekannte, stechende Schmerz in meiner Brust ließ mich aufkeuchen und kurz vor Akita zu Boden sinken. Verdammt! Das Stechen breitete sich in meinem gesamten Körper aus, doch ich wollte stark sein. Unter höllischen Schmerzen stand ich auf und stellte mich vor die Prinzessin.

„Du kannst dich nicht einmal auf den Beinen halten. Bist du dir sicher, dass du mich in deiner jetzigen Lage reizen möchtest?", fragte sie drohend.

Statt zu antworten, hüllte ich meine Hände in Eis und starrte die Frau an. Akita grinste nur und nahm eine Kampfstellung ein.

„Wie du willst", murmelte sie, bevor sie zwei gezielte Schläge auf meinem Brustkorb platzierte.

Ich hatte nicht damit gerechnet, dass sie mich tatsächlich angreifen würde, doch ich hatte mich wieder einmal in ihr getäuscht. Es reichte ihr jedoch noch nicht, denn sie setzte nach, dieses Mal mit flammenden Händen. Ich wich dem ersten Schlag aus, den zweiten konnte ich allerdings nicht kontern. Die Prinzessin warf mich zu Boden und stürzte sich auf mich.

„Du wirst nie begreifen, dass du keine Chance gegen mich hast“, zischte sie, bevor sie mir mit einem Arm die Luft abschnürte.

Ich keuchte, der Schmerz in meiner Brust war schon vorher schlimm genug gewesen, doch nun hatte ich das Gefühl, überhaupt keine Luft mehr zu bekommen.

„Akita, ...“, röchelte ich.

„Es hat Spaß gemacht, mit dir zu spielen, doch nun habe ich genug. Entweder du hältst dich von mir fern oder ich werde dich ebenso behandeln wie die Gefangenen. Überleg es dir gut.“

Das waren ihre letzten Worte, bevor alles vor meinen Augen verschwamm, und ich drohte, in Ohnmacht zu fallen. Bevor das allerdings geschah, spürte ich die Luft zurück in meine Lungen strömen und das Atmen schien mir wieder zu gelingen.

Ich hustete und versuchte, zu Atem zu kommen. Der Schmerz in meiner Brust ließ jedoch nicht nach, und so konnte ich nur unter höllischem Stechen einatmen. Ich sah meinen Vater neben mir, welcher nur enttäuscht den Kopf schüttelte und wortlos an mir vorbeilief. Es war mir nicht möglich, ihm nachzurufen, denn mein gesamter Körper zitterte vor Schmerz. Zum Glück spürte ich Samus warme Hände auf mir. Wenigstens er kam mir zu Hilfe.

Erneut spürte ich das Stechen in meiner Schulter, es war jedoch nur eine Nebenwirkung meiner inneren Kälte. Als Samus heilende Arbeit seine Wirkung zeigte, fiel mir das Atmen bereits leichter.

„Kyra, ich hatte dich doch gewarnt“, murmelte er.

Ich hätte auf ihn hören sollen. Doch es war sowieso egal. Ich hatte Akita verloren, mein Vater war enttäuscht von mir, konnte es noch schlimmer kommen?

„Danke Samu, das reicht", bemerkte ich und schob seine Hände von mir.

„Aber ich bin noch nicht ..."

„Es reicht. Danke", unterbrach ich ihn entschlossen.

Mein Körper schmerzte noch, doch was machte es für einen Unterschied. Warum sollte ich überhaupt noch hier sein? Akita brauchte mich nicht, mein Vater wollte mich sicher auch nicht sehen. Misha hatte Samu, welcher auf sie aufpassen konnte. Meine Arbeit hier war erledigt.

Betrübt stand ich auf und lief langsam aus dem Palast. Ich wollte hier nicht länger bleiben. Mein Herz war gebrochen, ich hatte meine Familie enttäuscht und ich wusste nicht, wohin ich sollte. Mir kam alles so sinnlos vor. Solch eine Leere hatte ich noch nie verspürt.

Bevor mich die Trauer restlos übermannte, rief ich Reiko und flog mit ihm davon. Ich erzählte ihm ausführlich, was gerade passiert war.

„Ich hatte gehofft, dass es nicht so kommen würde. Doch innerlich hatte ich mir so etwas gedacht, ehrlich gesagt", murmelte er.

„Schön, dass es jeder schon vor mir wusste! Gibt es sonst noch etwas, was ich wissen sollte?!"

Meine Gefühle waren ein einziges Chaos. Ich war wütend auf Runa, meinen Vater, Akita und vor allem auf mich selbst. Scheinbar hatte es jeder geahnt, doch niemand hielt es für wichtig, mir etwas von seinen Bedenken zu sagen. Es schien fast so, als wäre es bedeutungslos, wie ich damit umgehen würde. Sie alle hatten mich ins Verderben rennen lassen. Nein, das war ungerecht. Ich selbst war schuld gewesen und wollte das Offensichtliche nicht sehen.

„Reiko, kannst du dort unten bitte landen?“, bat ich meinen Drachen leise und zeigte auf eine Lichtung etwas abseits der Hauptstadt.

Er tat, worum ich ihn bat, und schon bald landeten wir auf der kleinen Lichtung dicht vor dem Waldrand. Der Platz lag nahe einer Klippe, welche an das offene Meer grenzte. Ich setzte mich für einen Moment an den Rand der Felsen und sah auf das Meer hinaus. Die Sonne ging bereits unter und ließ das Land in Dunkelheit zurück. Ich wunderte mich einen Moment, wie schnell der Tag vergangen war. Die Wellen schlugen gleichmäßig an die Felsen, Gischt schäumte auf, es hörte sich fast so an, als wären es die Schreie der Gequälten. Diese Geräusche ließen meine Gedanken zum gerade Geschehenen zurückkehren.

„Was mache ich hier nur“, fragte ich mich entmutigt.

Jeder Einzelne hatte mich verlassen, sich von mir abgewandt, und es war allein meine Schuld. Wäre ich achtsamer gewesen und hätte Akita nicht so schnell und gänzlich vertraut, hätte ich mir viel Ärger erspart. Es war nur eine Frage der Zeit gewesen, bis mich einer nach dem anderen verließ. Mein eigener Vater war bereits bitter enttäuscht und hatte mich auf dem Trainingsplatz liegen gelassen. Mich! Seine eigene Tochter!

Die Verzweiflung in mir wuchs. Bald würde mich jeder als die kleine, dumme, verzweifelte Ex-Freundin der Prinzessin ansehen. Und bemitleiden. Sie würden sich gegen mich wenden und niemand würde mir mehr Beachtung schenken. Oder auf meiner Seite stehen.

Ich beobachtete die Wellen in der Tiefe, welche an den spitzen Felsen zerbrachen.

„Vielleicht kann ich all das beenden", dachte ich verzweifelt.

Es war eh nur eine Frage der Zeit, bis mich meine Krankheit einholen würde. Warum sollte ich mich so lange quälen, wenn ich es selbst beenden könnte? Hier und jetzt?

Vereinzelte Tränen liefen über mein Gesicht, doch alles, was ich spürte, war eine tiefe große Leere, welche nur von meiner Verzweiflung überragt wurde.

Langsam ging ich auf die Klippe zu, bereit, meinem Leiden ein Ende zu bereiten. Der kühle Wind fuhr mir durch die Haare, während ich nach unten sah. Nur ein kleiner Schritt fehlte, um alles zu beenden. Das Wasser würde mir eine tödliche Begrüßung zuteil werden lassen. Und der Schmerz würde endlich enden.

Ich atmete tief ein und verabschiedete mich innerlich von dieser Welt.

„Kyra!"

Ich hörte diese Stimme in meinem Kopf, wollte sie allerdings nicht wahrnehmen. Ich wollte endlich Ruhe.

„Kyra, halte durch!"

Erneut war da dieses Rufen. Wieso konnte sie mich nicht einmal in meinen Gedanken in Ruhe lassen?

„Ich bin bei dir, bitte halte durch."

„Geh' aus meinem Kopf raus!", schrie ich verzweifelt ins Nichts. „Du hast mich von Anfang an belogen und betrogen! Lass mich endlich in Ruhe!"

Ich schrie meine gesamte Verzweiflung in den Wind, bevor ich voller Schmerz auf den Boden sank. Akita wollte mich wohl nicht einmal in Ruhe sterben lassen.

Ich musste mich umdrehen, um zu sehen, ob Akita hinter mir stand, doch als ich es tat, war dort niemand zu sehen. Verwirrt runzelte ich die Stirn und wischte mir die Tränen aus dem Gesicht. Ich hätte schwören können, dass ich sie hinter mir gehört hatte. Nicht nur in meinem Kopf.

„Ich werde dich retten, ich verspreche es."

Da war sie wieder. Akitas Stimme.

Ich verstand gar nichts mehr. Woher kamen diese Worte? Vielleicht hatte sie sich versteckt, sodass ich sie nicht sehen konnte. War das ihr böses Spiel? Oder, Hoffnung keimte auf, meinte sie es wirklich ernst? Aber was wollte sie mir damit sagen?

Ich beschloss, ein letztes Mal zum Palast zurückzukehren, nur um zu sehen, ob Akita dort war oder ob ich mir ihre Worte tatsächlich eingebildet hatte. Kurzerhand fasste ich neuen Mut und ließ mich von Reiko zum Palast fliegen. Dort angekommen suchte ich sofort nach der Prinzessin.

Es dauerte nicht lang, bis ich sie in ihrer Unterkunft fand. Glücklicherweise war sie allein. So sehr ich das auch hatte vermeiden wollen: Das Bauchkribbeln bei ihrem Anblick kehrte augenblicklich zurück. All die Verzweiflung wollte wieder aufkommen, aber ich hielt sie unter Verschluss, auch wenn es viel Kraft kostete. Ich musste sicher sein, dass die Prinzessin nicht bei mir an der Klippe gewesen war.

„Akita? Können wir kurz reden?“, fragte ich vorsichtig.

Die Prinzessin musterte mich nur argwöhnisch, drehte sich allerdings zu mir um und kam auf mich zu.

„Was willst du?“, bemerkte sie ohne Wärme in der Stimme.

Ich schluckte den dicken Kloß in meinem Hals herunter.

„Warum tust du das? Habe ich dir je etwas bedeutet?“

Sofort waren meine Tränen wieder da. Ich wollte sie eigentlich nur fragen, ob sie an der Klippe war, doch meine Gefühle hatten mich wieder überwältigt.

„Hast du es immer noch nicht verstanden? Du dachtest die ganze Zeit, ich hätte meine Maske abgelegt, doch die Wahrheit ist, ich habe sie aufgesetzt, als ich dich in den Palast gelassen und zu meiner Leibwache gemacht habe. Du warst einfach so herrlich naiv.“

„Nein, das glaube ich dir nicht“, antwortete ich mit dünner Stimme. „Du kannst mir nicht sagen, dass dir all das nichts bedeutet hat. Du bist mit uns in den Krieg gezogen, hast dich gegen Aduro gestellt und warst bereit, den Süden mit mir zusammen zu regieren. Warum hast du deine Meinung geändert? Habe ich irgendetwas falsch gemacht?“

Akita lächelte nur nachsichtig und kam einen Schritt näher auf mich zu. Ich wich automatisch einen Schritt zurück, doch die Wand in meinem Rücken hinderte mich daran, weiteren Abstand zwischen mich und Akita zu bringen. Die Prinzessin war mir so nah, dass ich ihren Atem in meinem Gesicht spüren konnte.

Mein Körper bebte, mein Herz raste und ihre Nähe raubte mir den Verstand, noch immer. Ich konnte nicht anders, als mich in ihren goldenen Augen zu verlieren.

„Bitte, hör auf ...“, flehte ich sie an.

„Du warst nichts außer Zeitvertreib für mich. Du hast mir nie etwas bedeutet, und du wirst mir nie etwas bedeuten. Es interessiert mich nicht, ob du lebst oder tot bist. Du bist ein Nichts“, zischte sie leise.

Jedes ihrer Worte war pures Gift. Ich spürte den Schmerz Stück für Stück in jeden Teil meines Körpers eindringen – wie Nadelstiche. Ich konnte es nicht mehr leugnen, Akita war nicht der Mensch, für welchen ich sie gehalten hatte. Es war vorbei. Endgültig.

„Verlasse diesen Palast und kehre nie wieder zurück.“

Voller Trauer und Wut schubste ich die Prinzessin von mir fort und rannte aus ihrer Unterkunft hinaus. Vor lauter Tränen sah ich den Weg kaum, doch ich schaffte es, das Gebäude zu verlassen. Ich rannte, bis ich keine Kraft mehr hatte und ich letztendlich laut schluchzend auf dem Boden zusammenbrach. Die Verzweiflung übermannte mich und ich bekam kaum noch Luft. Ich wollte nie, dass es so enden würde. Ich spürte, wie mich all meine Kraft verließ und meine Umwelt, die Gegenstände und Gebäude vor meinen Augen die Farbe verloren. Ich wehrte mich nicht dagegen, da es mir egal war.

Alles drehte sich, doch ich wurde nicht ohnmächtig. Stattdessen hing ich in dieser sich drehenden Welt fest. Mir war es nicht möglich, mich zu bewegen oder etwas zu sagen.

„Halte durch, ich hole dich hier raus", hörte ich erneut Akitas Stimme in meinem Kopf.

Was zur Hölle war hier los? Ich bekam es langsam mit der Angst zu tun, da ich nicht mehr Herr meiner selbst war. Plötzlich spürte ich einen Schmerz, welcher von meiner Schulter aus über meinen gesamten Körper hin ausstrahlte. Es fühlte sich an, als würde mich der Schmerz in zwei Teile reißen wollen.

Als meine Sicht wieder klarer wurde, befand ich mich plötzlich in einer Höhle. Akita stand tränenüberströmt neben mir, ihr Gesicht war von unzähligen Kratzern und Wunden übersät.

„Kyra, bist du wach? Kannst du mich hören?"

Die Stimme der Prinzessin hörte sich panisch an. Ihre Hände zitterten, als sie mir über den Kopf streichelte.

„Geh weg!", schrie ich sie an.

Ich wollte mich bewegen, doch mein Körper war wie gelähmt. Ich sah einen dünnen Schlauch, welcher in meinem Arm endete. In ihm befand sich eine grünliche Flüssigkeit.

„Beruhige dich, es ist vorbei. Saphira hat dich gefangen genommen. Ich weiß nicht, was sie dir angetan hat, doch das ist jetzt vorbei", versuchte Akita es erneut zu erklären.

Ich verstand die Welt nicht mehr. Mein Kopf dröhnte und erst jetzt bemerkte ich das Blut, welches an meinem Körper klebte.

„Prinzessin!“

Es war Samus Stimme, welche von außerhalb der Höhle zu kommen schien.

„Es ist ein Gift. Saphira hat Kyra vergiftet. Halte dich fern von ihr, ich weiß nicht, welche Wirkung es hat. Auch auf dich …“

„Kyra, ich bin es. Erkennst du mich denn nicht?“, fragte die Prinzessin voller Sorge.

Was zur Hölle war hier los? Was meinte Samu mit „vergiftet“? Eben noch hatte Akita mich endgültig verlassen und nun stand sie vor mir, als wäre nichts passiert? Saphira war tot, wie hätte sie mich vergiften sollen? Ich verstand die Welt nicht mehr.

„Geh weg von mir“, wiederholte ich, dieses Mal etwas leiser.

Ich sah die Tränen in Akitas Augen, doch ich wusste nicht, was hier geschah. Ich fühlte mich, als würde ich träumen.

„Akita, halte dich fern. Bitte höre auf mich“, versuchte es Samu erneut, welcher nun die Höhle betreten hatte.

„Ich verstehe das nicht“, murmelte sie und sah mich verletzt an.

Samu legte einen Arm um ihre Schultern und führte die Prinzessin aus der Höhle. Kurz darauf kehrte er zurück und nahm ein Stück von mir entfernt Platz.

„Samu, was ist hier los? Du erinnerst dich doch sicherlich daran, dass du mich vor Saphira beschützt hast und Reiko die gesamte Truppe getötet hat, oder nicht?“

Ich war kurz davor, den Verstand zu verlieren. Samu musste mir einfach zustimmen.

„Nein, das ist nie passiert. Bitte erzähle mir, was mit dir passiert ist. Was du glaubst, was passiert sei … Ich weiß, dass Saphira dich wohl vergiftet hat, doch welche Wirkung dieses Gift hatte, kann ich dir nicht sagen“, murmelte der Arzt.

Nein, das musste alles ein Traum sein. Akita hat mich mit Runa betrogen, mich die gesamte Zeit angelogen und selbst mein Vater verachtete mich. Ich musste einfach nur aufwachen, damit dieser Spuk endlich vorbei war.

Kopfschüttelnd sah ich den Arzt an.

„Samu, du verstehst mich nicht, das ist klar. Ich weiß, dass all das ein Traum ist, also muss ich nur aufwachen“, bemerkte ich trocken.

Eine andere Erklärung gab es nicht für mich.

„Es ist kein Traum. Ich denke eher, all das, was du für real gehalten hast, war ein Traum. Kannst du mir erzählen, was dir in der letzten Zeit passiert ist? Selbst wenn ich nur eine Figur deiner Fantasie bin, kannst du es mir in Ruhe erzählen.“

Ich seufzte. Er hatte recht, es würde nicht schaden. Mir konnte hier eh niemand etwas tun und sollte es doch der Fall sein, würde ich aufwachen und all das würde vorbei sein.

„Na gut. Wo soll ich anfangen? Es ist einfach so viel passiert."

„Erinnerst du dich daran, als wir in dem Haus in Midenia waren? Wir wurden angegriffen und kurz darauf ist Akita mit Xatar zum Palast zurückgeflogen", erinnerte er mich.

„Natürlich. An diesem Tag änderte sich alles. Du wolltest uns etwas zu essen holen, kurz darauf griffen Saphira und Kesar an. Ich wurde von einem Pfeil getroffen und wurde ohnmächtig. Als Nächstes wurde ich auf einer Wiese wach, da du mich gerettet hast. Reiko hatte Saphira und ihre Truppe getötet, und wir wollten unseren Sieg im Palast feiern, doch Akita hatte Runa aufgegriffen. Ab da wurde alles immer schlimmer: Es stellte sich heraus, dass Akita mich die ganze Zeit angelogen hatte und immer noch Gefühle für Runa hegte. Sie hatte mich die gesamte Zeit getäuscht und ist nun mit Runa zusammen. Die gefangen genommenen Attentäter, welche mein Vater zu ihr gebracht hatte, wurden alle grausam von ihr getötet, sie hat sogar mich angegriffen. Lange Rede, kurzer Sinn: Akita ist mit Runa zusammen, mein Vater verachtet mich und mein Leben hat keinen Sinn mehr."

Meine Stimme begann erneut zu zittern, als ich die Erlebnisse der vergangenen Tage in meinem Inneren erneut Revue passieren ließ.

„Kurz bevor ihr hier aufgetaucht seid, wollte ich mich von einer Klippe stürzen. Es hätte sowieso niemanden interessiert", beendete ich meine kurze Zusammenfassung.

Ich bemerkte, wie sich Samus Augen immer mehr weiteten, bis ich meine Erklärung beendet hatte.

„Nun weiß ich wohl, welche Wirkung das Gift hat. Es lässt dich in eine Scheinwelt eintauchen, welche deine schlimmsten Ängste wahrwerden lässt. Hattest du in dieser Zeit seltsame Schmerzen oder unerklärliche Gedanken?“

„Samu, was redest du denn da? Was gerade passiert, ist ein Traum, alles andere war real. Und ich hatte auch keine ...“, ich überlegte einen Moment, als mir einfiel, dass es doch etwas Ungewöhnliches gegeben hatte. „Warte, da war etwas. Ich hatte immer wieder Schmerzen in meinem Arm, genau an der Stelle, wo mich Kesars Pfeil getroffen hatte.“

Ich sah an meine Schulter und bemerkte, dass genau an der Stelle, an welcher ich immer wieder Schmerzen gehabt hatte, die Einstichstelle war. Dort hing die Nadel, welche mit dem Schlauch mit der seltsamen Flüssigkeit verbunden war. Hatte Samu vielleicht recht? Nein, dafür war alles zu real. Das konnte nicht sein. War ich die ganze Zeit unter Drogen gesetzt worden?

„Kyra, hör mir zu. Wie viel Zeit ist vergangen, von Saphiras Angriff bis jetzt?“, fragte der junge Mann mich eindringlich.

„Ich weiß es nicht genau, doch seit meinem Aufwachen auf der Wiese bis jetzt sind, denke ich, nur ein paar Tage vergangen. Wieso fragst du?“

Ich war wegen seiner Frage verwirrt, da es alles allmählich keinen Sinn mehr ergab. Warum stellte eine Figur aus meinem Traum solche seltsamen Fragen? Doch Samus Gesichtsausdruck war sehr ernst gewesen. Seine freundlichen Augen waren verengt, und ich sah selbst durch die braunen Löckchen das ausgeprägte Stirnrunzeln.

„Ich werde dir erzählen, was in dieser Welt passiert ist. Kurz nachdem ich das Haus verlassen hatte, hörte ich plötzlich Stimmen und kehrte um. Ich sah gerade noch, dass Saphira und Kesar dich forttrugen, doch ich war nicht schnell genug, sie einzuholen. Ich machte mich stattdessen, so schnell ich konnte, auf den Weg zu den Truppen, welche noch auf dem Weg nach Midenia waren."

„Und dann hast du mich gefunden, habe ich Recht?", unterbrach ich ihn.

Ich wollte mir seine Geschichte nur ungern noch länger anhören. Es war alles unlogisch plötzlich. Ich wusste nicht mehr, was echt war …

„Nein, ich habe deinen Vater getroffen und er hat umgehend eine Nachricht an den König geschickt, um Akita zu informieren. Die Prinzessin kam auch ein paar Tage später und wir machten uns auf die Suche nach dir. Doch es gab einige Schwierigkeiten. Akita wäre vor Sorge fast gestorben."

„Erzähl mir nicht, dass sie sich Sorgen gemacht hat. Sie hat sich wahrscheinlich gefreut, dass ich endlich aus dem Weg geräumt war", unterbrach ich ihn erneut.

Samu schüttelte den Kopf, so, als könnte er nicht verstehen, was ich sagte.

„Warum denkst du nur so? Akita liebt dich, ich wüsste nicht, was sich daran geändert hätte. Doch bitte höre mir bis zum Schluss zu."

Ich nickte und wartete wenn auch unwillig auf den Rest seiner Geschichte.

„Wir haben uns wie gesagt auf die Suche nach dir gemacht, doch wir konnten dich einfach nicht finden. Es gelang uns aber, ein paar Attentäter ausfindig zu machen und sie zu befragen. Sie haben uns eine ganz schön lange Zeit im Kreis geführt, doch Akita wurde zunehmend ungeduldiger. Ich heiße ihre Taten nicht gut, doch dank ihrer ziemlich direkten Art und Weise, gelang es uns schließlich, dich zu finden."

Ich erkannte langsam, dass sich seine Geschichte wirklicher anhörte, als das von mir Erlebte. Allerdings verwirrte mich der zeitliche Ablauf – das hatte alles deutlich länger gedauert.

„Samu, wie lang hat all das gedauert?", fragte ich skeptisch nach.

„Nun ja, von dem Tag, als Saphira dich verschleppt hat, bis heute, ist ziemlich viel Zeit vergangen."

„Wie viel Zeit?", hakte ich nach.

„Wir haben ungefähr drei Monate nach dir gesucht."

Kapitel 19

„Drei Monate?!“

Das konnte ich mir beim besten Willen nicht vorstellen. Es waren in meinem Kopf gerade einmal ein paar Tage vergangen.

„Samu, es tut mir leid, aber das kann unmöglich wahr sein.“

Samu schüttelte nur seinen Kopf. „Doch“, widersprach er.

„Glaub mir, ich wünschte, es wäre nicht wahr. Doch das ist es. Akita wäre vor Sorge fast gestorben und nun, da sie dich gefunden hat, du sie allerdings abweist ...“

Mein Kopf fühlte sich an, als würde er explodieren wollen. Ich wusste einfach nicht, was ich glauben sollte. Die letzten Tage waren der pure Horror für mich gewesen, doch es hatte sich alles so real angefühlt. Nun war Samu hier und behauptete, dass nichts davon der Wahrheit entsprach und alles Einbildung gewesen war. Ich musste mich entscheiden, was ich glauben sollte, ohne eine Ahnung zu haben, was ich noch glauben konnte.

„Wo ist sie?“, murmelte ich leise.

„Akita?“, hakte er nach, woraufhin ich nickte. „Sie wartet wohl draußen. Soll ich sie holen?“

Seine Stimme war einfühlsam. Er konnte sich sicher gut vorstellen, wie es mir ging. Ich wusste nicht, ob ich es ertragen könnte, Akita zu sehen, geschweige denn ihr nun noch einmal nach dem Geschehenen

– oder war es gar nicht geschehen? - zu vertrauen. Doch ich musste es versuchen. Ich brauchte Klarheit. Ich hoffte, sie in ihren Augen zu finden.

Ich schüttelte müde den Kopf und stand langsam auf. Mein Körper fühlte sich noch schwach an und Samu eilte zu mir hin, als er es sah, um mich zu stützen. Meine Beine fühlten sich an wie Wackelpudding, es gelang mir jedoch, selber zu stehen. Mit einem tiefen Seufzer ging ich vorsichtig einen Schritt nach dem anderen nach draußen, Samu wich dabei nicht von meiner Seite.

Je näher ich dem Ausgang der Höhle kam, desto lauter konnte ich die Stimmen von Akita und Misha wahrnehmen. Die Prinzessin schien sehr aufgebracht zu sein, denn ihre Stimme übertönte die von Misha deutlich. Ich hörte die Verzweiflung und das Zittern, als sie die Worte aussprach, die ich nicht glauben konnte ...

Draußen angekommen, musste ich einige Male blinzeln, da die Sonne mich stark blendete. Als ich Akita sah, durchfuhr mich sofort ein Schaudern. Das wohlbekannte, dieses Mal unangenehme Kribbeln breitete sich von meinem Bauch aus und wütete schließlich in meinem ganzen Körper. Ich spürte mein eigenes Herz rasen, als würde es mir gleich aus der Brust springen.

„Es ist alles in Ordnung", flüsterte Samu beruhigend in mein Ohr.

Meine Beine wollten mir allerdings nicht mehr gehorchen, denn sie verweilten an Ort und Stelle und es war mir nicht möglich, weiterzulaufen.

„Samu, ich glaube, ich kann das nicht. Sie wird mich wieder angreifen. Sie hatte mich gewarnt, dass sie mich das nächste Mal töten würde, wenn ich ihr unter die Augen treten würde."

Das Adrenalin schoss nur so durch meinen Körper. Ich wollte wegrennen, auf der Stelle umdrehen, und so schnell ich konnte davonlaufen. Als ich fühlte, dass ich mich immer noch nicht bewegen konnte, spürte ich Panik in mir aufkommen. Mein gesamter Körper zitterte und meine Atmung wurde schneller und flacher. Meine Körpersprache sagte alles. Samu griff mir behutsam unter die Arme.

„Samu ...“, hauchte ich, doch meine Stimme versagte gänzlich.

„Kyra, beruhige dich. Dir wird nichts passieren, ich verspreche es dir!“

Die verstörenden Bilder der vergangenen Tage blitzten vor meinem inneren Auge auf. Ich sah den Kampf, als Akita mich fast getötet hatte. Samu hatte mir zuvor versichert, dass sie sowas nie tun würde, und doch war es passiert. Ich hatte Todesangst verspürt, später dann Lebensüberdruss. Ich hatte eine Menge mitgemacht und mein Körper schien nicht willig, sich erneut irgendwelchen Gefahren oder Stresssituationen auszusetzen.

Mein Herz schien einen Moment stillzustehen, denn Akita hatte mich und Samu längst bemerkt. Ich sah direkt in ihr strahlendes Gold, ihr Blick löste allerdings weder Begehren noch Bewunderung, sondern einzig und allein pure Angst in mir aus.

„Lass nicht zu, dass sie mich tötet“, rief ich Samu verzweifelt zu, ohne meinen Blick von Akita abwenden zu können.

Ich krallte mich, so fest ich konnte, an Samus Arm, denn ich war unfähig, auch nur einen Schritt – weder vor noch zurück - zu tun.

„Akita, bleib wo du bist!“, rief Samu und die Prinzessin bewegte sich keinen Zentimeter, der Schmerz in ihren Augen war jedoch deutlich zu sehen.

Dieser Schmerz war in meinen Augen aber nur eine weitere Maske, eine Täuschung, um mich erneut verletzen zu können. Ich hatte zu viel gesehen, zu viel Enttäuschung und zu viel Grausamkeit erlebt, um ihr noch vertrauen zu können, und sei es auch nur für eine Sekunde ... Samu hatte ihren Wahnsinn und ihre Kälte nur noch nicht erkannt, doch Akita würde auch ihn früher oder später ebenfalls verraten. Dessen war ich mir sicher.

„Kyra, du musst mir jetzt ganz genau zuhören, hast du verstanden?“, richtete sich der junge Mann an mich. „Akita wird dich nicht verletzen. Die letzten Tage waren reine Illusion, die durch das dir verabreichte Gift erschaffen wurde. Deine tiefsten Ängste, deine dunkelsten Geheimnisse, deine größte Furcht und Scham – für all das wurde die Mixtur benutzt, um dich zu brechen, uns zu entfremden und deine Seele dauerhaft zu beschädigen. Dein Geist sollte in die Irre geführt werden, um deinen Körper zu besiegen. Ich möchte es dir gern beweisen, doch du musst es zulassen. Ohne dich geht es nicht. Ich weiß, das ist viel verlangt, doch bitte vertrau mir dieses eine Mal, und ich werde dich nie wieder um etwas bitten. Du musst mit Akita reden, nicht sofort, wenn du das nicht möchtest. Aber früher oder später ... Doch vorerst: Hör nur zu. Ich bitte dich, lass es zu!“

Samus Worte klangen mehr wie ein Flehen als ein Bitten.

Ich kämpfte mit mir selber und versuchte, meine Gedanken zu ordnen. Vielleicht hatte Samu recht, und ich musste es einfach zulassen. Sollte Akita mich töten wollen, würde sie es so oder so tun.

Diese resignierende Einsicht half mir erstaunlicherweise, über meinen Schatten zu springen und dem zuzustimmen, um was Samu mich bat.

Mit einem tiefen Seufzer nickte ich dem jungen Arzt zu und versuchte, meinen Körper etwas zu entspannen. Es war unmöglich, ich war überall verkrampft, aber das war auch keine Überraschung. Ich schloss meine Augen und atmete ein paar Mal tief ein und aus, konzentrierte mich auf den Luftstrom in meinen Lungen und ließ innerlich los. Es lag nicht mehr in meiner Hand. Entweder es war nun vorbei mit mir, oder aber ich würde es überleben und könnte endlich weglaufen. Ich musste nur aus dieser Situation herauskommen. Ich musste noch einmal durchhalten.

„Lass sie sprechen“, murmelte ich und öffnete langsam meine Augen.

„Was ist nur mit dir passiert?“, sprach sie mich leise an. Sie senkte schuldbewusst den Blick. „Ich hätte dich viel früher finden müssen. Es tut mir so unendlich leid, was Saphira dir angetan hat.“

Ihre Stimme zitterte stark, und ich bemerkte zu meinem Erstaunen Tränen, welche in ihren Augen glitzerten. Abgebrüht war sie ja und eine gute Schauspielerin: Eine Maske, dachte ich, nicht mehr und nicht weniger.

„Ich verspreche dir, dass ich dich nie wieder allein lassen werde. Saphira wird für das bezahlen, was sie dir angetan hat.“

Kühl musterte ich sie. „Wirst du sie ebenso leiden lassen, wie die Attentäter, welche du gefangen genommen hast?“, knirschte ich dann, ohne ihr in die Augen zu sehen.

„Wovon redest du?“, fragte sie überrascht, sah jedoch fragend zu Samu.

„Warum zeigst du nicht jedem hier endlich dein wahres Ich? Du wirst sie doch eh alle früher oder später verraten! Genau wie du mich verraten hast ...“, meine Stimme verweigerte für einen Moment den Dienst, als mich der Schmerz über ihren Verrat erneut übermannte. „Ich habe dich geliebt wie keinen anderen Menschen jemals zuvor. Und genau du hast mich zerstört. Mich, meine Familie und mein gesamtes Leben. Du bist und warst die ganze Zeit über das Monster, für das ich dich anfangs gehalten habe.“

Ich konnte nicht mehr sagen; die Tränen rannen in Strömen über mein Gesicht. Kein Wort dieser Welt konnte ausdrücken, wie ich mich fühlte, und was in mir vorging. Etwas in mir war zerbrochen, war verloren. Unwiederbringlich.

„Ich glaube, das ist genug“, unterbrach Samu und legte seinen Arm um meine Schulter.

Er führte mich zurück zu der Höhle, wo ich mich setzte und leise in meine Hände schluchzte. Ich wusste, dass es keine gute Idee gewesen war, Akita gegenüberzutreten.

„Samu, gibst du mir einen Moment?“, murmelte ich unter Tränen.

„Natürlich“, antwortete er sanft und verließ die Höhle.

Ich hing meinen Gedanken nach und versuchte, mich zu beruhigen, um mir einen Fluchtplan zu überlegen. Ich musste zu allererst aus dieser Höhle heraus und mich unbedingt von Akita fernhalten. So viel Distanz wie möglich zwischen sie und mich bringen. Schnellstmöglich. Sollte Saphira tatsächlich noch am Leben sein, musste ich sie finden und zur Rede stellen. Nur sie konnte mir Antworten auf meine Fragen geben. Doch vorher musste ich zu Kräften kommen und darauf achten, dass die Prinzessin mir nicht zu nah kam. Ich überlegte, wie ich meinen Plan am besten umsetzen konnte.

„Akita, warte!“, hörte ich plötzlich Samus laute Stimme. „Das ist keine gute Idee!“

Verdammt, die Prinzessin war auf dem Weg zu mir. Sie wollte sicherlich zu Ende bringen, was sie angefangen hatte. Erneut spürte ich die Angst in mir aufkommen. Es schnürte mir die Kehle zu. Bevor ich allerdings etwas tun konnte, stand die Prinzessin bereits vor mir.

„Du sagst, ich sei ein Monster?!“, schrie sie mich mit tränenerstickter Stimme an.

Ich drückte mich gegen die am weitesten entfernte Wand, doch es machte keinen Unterschied. Hinter mir ging es nicht mehr weiter und der einzige Weg nach draußen wurde von Akita versperrt. Mein Herz rutschte in meine Hose, als ich die blitzenden Schwerter in den Händen der Prinzessin sah.

Ihr Blick war voller Schmerz, Verzweiflung und Wut. Mir war nur nicht klar, warum. Sie hatte mich da, wo sie wollte, und konnte nun ihr Werk vollenden. Ich konnte weder davonrennen, noch mich gegen sie wehren.

„Dann töte mich, wenn du dir so sicher bist!“, rief sie erneut und warf die Schwerter vor meine Füße. „Ich werde mich nicht wehren“, fügte sie hinzu.

Bei genauerem Hinsehen erkannte ich, dass es meine eigenen Doppelschwerter waren, welche die Prinzessin vor mich hingeworfen hatte. Das war meine Chance! Mit ihnen konnte ich Reiko rufen und von hier verschwinden.

Ich sah Akita direkt in die Augen, als ich mich nach den Klingen streckte und sie aufhob. Die Prinzessin kam langsam auf mich zu, und ich hob die Schwerter in ihre Richtung.

„Komm nicht näher!“, warnte ich sie, meine Hände zitterten allerdings stark.

Akita ließ sich von meiner Warnung nicht abhalten, und ging weiter auf mich zu. Sie blieb erst stehen, als die Spitzen der Schwerter ihre Brust berührten.

„Ich sehe keine andere Möglichkeit, um dir zu beweisen, dass nichts von dem, was du erlebt hast, der Wahrheit entspricht. Ich liebe dich und könnte dich nie verletzen. Dein altes Ich weiß das. Wenn du aber der Meinung bist, dass ich ein Monster bin, dich verletzt habe und sogar töten wollte, dann habe ich es nicht anders verdient.“

Ich starrte sie nur an, bewegte mich jedoch kein bisschen. Was, wenn sie recht hatte? Was, wenn die letzten Tage wirklich nur reine Illusionen waren, fiese Vorstellungen, hervorgerufen von dem giftigen Gemisch, das sie mir in die Adern gejagt hatten? Die Prinzessin, welche ich in den letzten Tagen gesehen hatte, würde sich niemals von mir töten lassen. So sehr ich sie auch töten wollte, um mich selbst zu schützen und endlich zu entkommen - irgendetwas in mir wusste, dass es falsch sein würde. Ich war hin- und hergerissen.

„Akita, bitte geh. Lass mich einfach von hier verschwinden“, flüsterte ich kaum hörbar, sie schüttelte allerdings den Kopf.

„Wenn du verschwinden willst, musst du mich erst töten“, antwortete sie leise.

Ich wusste nicht, was ich tun sollte!

„Akita! Was tust du denn da?!“, schrie Samu plötzlich von der anderen Seite des Raums her.

Die Prinzessin reagierte allerdings nicht auf ihn. Stattdessen sah sie mir tief in die Augen und legte eine ihrer Hände auf die meine. Bei dieser Berührung zuckte ich augenblicklich zusammen und umklammerte den Schwertgriff noch fester.

„Kyra, egal, was dir durch den Kopf geht, lass uns darüber reden!“, rief Samu mir zu, doch auch ich wollte nicht auf sein Rufen eingehen. Das hier war eine Sache zwischen Akita und mir.

Ich konnte ihre Berührung nicht länger aushalten, also schlug ich ihre Hand von meiner herunter und legte eine der Klingen quer über ihre Kehle.

„Du hast mich innerlich zerstört“, zischte ich und drückte das Schwert fester gegen ihren Hals. „Du hast mir alles genommen.“

Ich sah das Blut, welches langsam an der Stelle, an welcher mein Schwert ihre Haut verletzte, an ihrem Hals herablief. Wenn ich sie jetzt töten würde, müsste ich nicht mehr davonlaufen.

„Kyra, tu es nicht!“, rief Samu erneut, doch ich konnte ihn nicht wirklich hören. Meine ganze Aufmerksamkeit galt der Frau vor mir, meiner größten Liebe oder meiner ärgsten Feindin ...

Was ich jedoch sehr wohl realisierte, war Akitas Blick, welcher weder Angst noch Furcht ausstrahlte. Alles, was ich sah, war purer Schmerz. Es fehlte nur ein kleines Stück und ich würde ihre Kehle durchtrennen können. Dann wäre alles vorbei.

Meine Hand begann stärker zu zittern, das Blut rauschte nur so durch meinen Körper. Jeder einzelne Muskel war angespannt und bereit, die finale Bewegung auszuführen. Alles, was fehlte, war mein Verstand, welcher den Befehl geben musste.

„Du hast mir alles genommen“, wiederholte ich leise.

„Und doch kann ich es nicht.“

Ich konnte es einfach nicht, dafür liebte ich sie immer noch zu sehr. Ich ließ die Schwerter auf den Boden fallen, wo sie mit einem lauten Klirren aufkamen. Ich wusste nicht, ob ich überrascht war. Ich fühlte nichts. Dann sah ich sie an.

„Ich kann dich nicht töten“, flüsterte ich und schaute zu Boden, die Tränen liefen erneut über mein Gesicht.

Ich spürte, wie kraftlos sich mein Körper plötzlich anfühlte. Die Anspannung und das Adrenalin waren komplett verschwunden. Alles, was ich spürte, waren Akitas Hände in meinem Nacken. Sie hielt meinen Kopf so, dass ich ihr in die Augen sehen musste.

„Ich weiß nicht, was mit dir passiert ist, doch ich werde mein Bestes geben, mit dir zusammen daran zu arbeiten, dass es wieder wird wie früher. Ich liebe dich, Kyra, egal, was passiert, das wird sich nie ändern."

Ich wusste nicht, was mit mir los war. Ich war so verwirrt, doch diesen Moment wollte ich einfach nur genießen. Wie lange hatte ich darauf gehofft, dass Akita mir wieder so nah sein würde. Auch, wenn es nur eine Maske war, genau jetzt, war es mir vollkommen egal. Ich wollte nur ein Fünkchen Hoffnung, an das ich mich klammern konnte.

Akita legte ihre Stirn an meine, und ich musste der Versuchung widerstehen, sie einfach zu küssen. Mein Herz schrie so laut nach ihr, dass ich fürchtete, es würde jeder in diesem Raum hören. Ich schaltete meinen Verstand für diesen Moment aus. Sollte sie mich doch töten, verletzen oder erneut mit ihren Worten zerstören. Schlimmer konnte es sowieso nicht mehr werden. Ich legte meine Arme um Akitas Nacken und küsste sie, ohne nachzudenken. Die Berührung ihrer Lippen jagte mir einen Stromschlag durch den gesamten Körper. Die Prinzessin schloss mich fester in ihre Arme und erneut spürte ich die Tränen, welche nun ihre Lippen benetzten. Unsere Münder fanden einander. Ich konnte die salzige Feuchtigkeit schmecken, und auch meine Tränen nicht mehr kontrollieren.

Ich musste mich schließlich schwer atmend von ihr lösen, um wieder Luft zu bekommen. Meine Gefühle überfluteten mich. Ich fühlte mich völlig hilflos, machtlos und handlungsunfähig. Und: Es machte mir nicht das Geringste aus.

„Ich liebe dich, Akita. Egal, was du mir antun wirst, daran kann sich nichts ändern", murmelte ich mit dünner Stimme. „Ich weiß nicht, was in der letzten Zeit passiert ist, und es wird sicher noch lange dauern, bis ich das weiß. Ich werde dir aber die Chance geben, mir zu zeigen, dass du anders bist, als ich es in den letzten Tagen gesehen habe. Und wenn es das Letzte ist, was ich tue."

„Ich danke dir", lächelte Akita. Sie schien so erleichtert ...

Nun kamen auch Samu und Misha zu uns. Samu betrachtete schockiert den Hals der Prinzessin, welcher blutverschmiert war. Das Blut hatte bereits den Saum ihrer Rüstung verfärbt. Doch es schien bereits zu gerinnen. Misha stattdessen, kam direkt auf mich zu und nahm mich fest in die Arme.

„Du solltest das verarzten", murmelte der junge Arzt Akita zu und zeigt auf ihren Hals.

Die Prinzessin nickte und kurz darauf legte sie die linke Hand auf die Wunde und entflammte sie. Als sie die Hand wieder wegnahm, war die Wunde verschwunden.

„Geht es dir besser?", fragte Misha und sah mich besorgt an. „Samu hat mir erzählt, was passiert ist. Es tut mir sehr leid, dass du das durchleben musstest."

„Danke Misha. Ich glaube allerdings langsam, dass ihr recht habt. Es fällt mir zwar sehr schwer, zu glauben, dass die letzten Tage nur Einbildung waren, doch ich werde es sicherlich irgendwann verstehen. Ich werde es lernen. Müssen."

Ich sah zu Akita hinüber, welche mir ein aufmunterndes Lächeln zuwarf. Selbst mit rot unterlaufenen Augen strahlte ihr Gold heller als je zuvor. Ich wischte die letzten Tränen weg und versuchte, mich zu sammeln.

Nach einigen Minuten ging es mir etwas besser.

„Was machen wir jetzt? So, wie ich das verstanden habe, lebt Saphira noch immer, ist das richtig?“, fragte ich.

Samu nickte und tauschte einen Blick mit Akita.

„Wir haben ehrlich gesagt noch keinen Plan. Unsere erste Priorität galt dir. Wir wissen, dass Saphira über die Berge geflüchtet ist. Sie hatte wohl nicht mit einem Angriff gerechnet, doch ich bin mir ziemlich sicher, dass sie es nicht so einfach hinnehmen wird, dass wir dich befreit haben. Sie wird auf Rache sinnen und Vergeltung für deine Befreiung fordern. Akita, wie sieht dein Plan aus?“

„Wir sollten uns erst einmal ausruhen. Es war ein langer Tag und die Sonne geht schon unter. Saphira wird nicht weit kommen, ohne Spuren zu hinterlassen. Alle Wachen sind in absoluter Warnbereitschaft, sie wird es also nicht schaffen, gänzlich unbemerkt zu fliehen.“

Ich seufzte und bemerkte, wie mein Körper erneut begann, heftig zu schmerzen. Eine Pause würde sicher guttun. In der Zwischenzeit konnte ich versuchen, komplett in der Realität anzukommen und mein Gedankenchaos zu ordnen. Ich war mir immer noch nicht sicher, ob das hier real war oder nur ein Traum. Mein Gefühl sagte mir zwar, dass es die Realität war, doch so ganz war ich mir da noch nicht sicher. Schließlich war ich schon einmal getäuscht worden.

Erschöpft ließ ich mich auf einem der hölzernen Schemel in der kleinen Höhle nieder. Es würde sicher etwas dauern, bis ich wieder zu Kräften kommen würde. Akita setzte sich ein wenig entfernt neben mich. Ihre Anwesenheit machte mich immer noch etwas nervös, doch ich konnte das Gefühl recht gut ausblenden.

„Geht es dir ein wenig besser?“, fragte sie sanft, woraufhin ich nickte.

„Magst du mir vielleicht erzählen, was passiert ist?“

Sofort bildete sich ein Kloß in meinem Hals, welchen ich jedoch herunterschluckte.

„Nein, ich glaube, das wird mir heute zu viel. Es tut mir leid, aber ich kann dir noch nicht zu hundert Prozent vertrauen. Gib mir ein wenig Zeit“, murmelte ich.

„Das verstehe ich natürlich. Lass dir so viel Zeit, wie du brauchst“, antwortete sie leise. „Ich werde ein kleines Feuer für uns machen und etwas zu essen holen.“

Ich stimmte zu und Akita verließ die Höhle, nur um wenig später mit einigen Lebensmitteln zurückzukehren. Sie entzündete ein Lagerfeuer in der Mitte der Höhle.

„Akita, kann ich dich kurz sprechen?“, hörte ich Samus Stimme.

„Natürlich“, bemerkte die Prinzessin und verließ zusammen mit Samu die Höhle.

„Misha?“, sprach ich die junge Frau an, welche mir gegenübersaß und in das Feuer starrte.

Sie sah kurz auf und blickte mich fragend an.

„Was ist passiert, als ich weg war? Samu hat mir bereits ein paar Details erzählt, aber nicht alles.“

Misha seufzte und starrte wieder in die Flammen.

„Als Akita und ich erfuhren, dass Saphira dich gefangen genommen hat, sind wir sofort zurückgeflogen. Akita war außer sich vor Sorge. Samu und sie hatten einen ziemlich heftigen Streit. Die Prinzessin hatte ihm vorgeworfen, dass er dich nicht ausreichend beschützt und somit ihr Vertrauen missbraucht hatte. Er hat sich die größten Vorwürfe gemacht. Nachdem dein Vater sich zusätzlich mit seinen eigenen Truppen auf die Suche nach dir gemacht hat, sind wir in das Dorf zurückgekehrt, in welchem du mit Nejla gewesen warst."

Bei der Erwähnung von Nejla überlief mich ein Schauder. Ich hatte fast vergessen, was mit ihr passiert war.

„Nalani hatte nicht sehr gastfreundlich auf Akita reagiert, doch sie konnte uns auch nicht weiterhelfen. Wir sind von Dorf zu Dorf gereist, Akita wurde dabei immer ungeduldiger. Samu hatte versucht, sie zu beruhigen, doch alles was er als Antwort bekommen hat, waren noch mehr Vorwürfe. Nach einigen Wochen der Suche eskalierte die Situation zwischen Akita und Samu.

Wir trafen auf einige Attentäter, und Akita hätte sie vor Wut fast in Stücke gerissen, als sie keine Informationen zu teilen hatten. Samu ging dazwischen und hatte die bereits schwer verletzten Männer verteidigt. Er versuchte, die Prinzessin zu beruhigen, doch sie ließ ihre Wut nun an ihm aus. Es kam zu einem Kampf, welchen Samu nie hätte gewinnen können. Erst als er auf dem Boden lag, blutüberströmt, ließ sie von ihm ab."

Misha schluckte schwer, als sie von diesem Kampf erzählte. Ich konnte allerdings nicht fassen, dass die Prinzessin auf Samu losgegangen war.

„Kyra, versteh mich nicht falsch, ich kann verstehen, dass Akita sich Sorgen gemacht hat, doch Samu war der Letzte, der etwas dafürkonnte. Erst als die Prinzessin bemerkt hatte, was sie Samu angetan hatte, kam sie wieder zu sich. Sie entschuldigte sich wortreich und beschämt und wollte ihn unbedingt heilen, doch Samu wehrte sie ab. Es war unverzeihlich, was sie getan hatte. Was folgte, war keine schöne Zeit. Nach diesem Kampf war alles anders. Samu hat seitdem nicht mehr mit ihr gesprochen, es sei denn, es ging um eine neue Spur, die zu dir führen könnte. Ich rechne ihm hoch an, dass er die Gruppe nicht verlassen hat. Das hätte nicht jeder getan."

„Misha, das tut mir wahnsinnig leid. Ich wollte euch nicht solche Probleme verursachen", murmelte ich.

„Das ist doch nicht deine Schuld!", protestierte die junge Frau. Dann fuhr sie fort:

„Als wir endlich eine Information zu deinem Aufenthaltsort erhalten hatten, war Akita nicht mehr zu bremsen. Sie hat die Attentäter, welche uns im Weg standen, wortwörtlich abgeschlachtet. Sie wollte, so schnell wie möglich, zu dir, und es konnte sie nichts und niemand mehr aufhalten. Als wir die Höhle endlich gefunden hatten, ließ sie all ihre Wut an Saphira und den anderen aus. Wir hatten das Überraschungsmoment auf unserer Seite, andernfalls wüsste ich nicht, ob wir es geschafft hätten, sie zu verjagen."

Misha wandte ihren Blick vom Feuer ab und sah mich direkt an.

„Ich bin nur froh, dass wir dich gefunden haben und du am Leben bist. Wie es zwischen Samu und Akita weitergehen wird, kann ich nicht sagen. Ich hoffe, sie können ihre Probleme aus der Welt schaffen. Sollte er allerdings gehen, werde ich mit ihm kommen“, bemerkte sie abschließend. Traurig sah sie mich an.

„Das kann ich verstehen. Ich würde es Samu nicht verübeln, wenn er geht. Danke, dass ihr mich nicht aufgegeben habt. Auch, wenn ich noch etwas neben der Spur bin, hoffe ich, dass ich bald wieder die Alte sein werde.“

„Das hoffe ich auch. Ich bin wirklich sehr froh, dass es dir soweit gut geht.“

Ich lächelte sie an und ging zu ihr hinüber, um sie zu umarmen. Misha erwiderte diese Umarmung und drückte mich freundschaftlich.

Kurz darauf kehrten Samu und Akita zurück. Misha stand augenblicklich auf.

„Beruhige dich, Misha“, begann der junge Mann mit einem Schmunzeln auf den Lippen. „Ich verlasse euch nicht. Wir haben unseren Streit beigelegt.“

Ich sah das Grinsen auf Mishas Lippen, und sie fiel dem Mann erleichtert um den Hals. Bei diesem Anblick musste ich lächeln. Misha schien etwas mehr für Samu zu empfinden, als sie zugab, schien mir. Sie wären sicher ein schönes Paar.

Mein Blick schweifte zu Akita hinüber, welche nicht so fröhlich dreinblickte.

„Ist alles in Ordnung?“, fragte ich sie.

Mein Körper sagte mir, dass ich die Distanz wahren sollte. Möglicherweise war sie sauer, und würde ihre Wut an mir auslassen. Es wäre nicht das erste Mal, ob in dieser oder jener Realität.

„Ja, mir geht es gut. Ich freue mich, dass wir dich endlich gefunden haben, ich wäre nur froh, wenn die Umstände etwas anders gewesen wären. Misha hat dir sicher erzählt, was zwischen mir und Samu vorgefallen ist.“

Ihre Worte klangen nach Reue. Es versetzte mir einen kurzen Stich ins Herz, als ich sie so niedergeschlagen sah. Ich konnte mir gut vorstellen, dass sie ihre Taten bereute und sich große Vorwürfe machte.

„Ja, Misha hat es mir bereits erzählt“, antwortete ich.

Akita wandte ihren Blick ab und sah den jungen Arzt an.

„Ich wollte ihm so etwas niemals antun. Ich war nur so in Sorge, dass ich vergessen habe, dass ich dich nicht allein suche und vermisse, dass ich verbittert und voller Zorn war. Doch als mir das bewusst wurde, war es bereits zu spät. Ich hatte die Kontrolle verloren. Dabei sollte mir das nie wieder passieren, hatte ich mir geschworen ...“

Ich nickte nur, da mir keine passende Antwort einfiel. Was hätte ich wohl in ihrer Lage gemacht? Wäre es andersherum gewesen, und sie wäre verschleppt worden, hätte ich nicht auch alles in Bewegung gesetzt, um sie zu finden? Wäre ich bei all dem Stress und der Angst ausgeflippt? Ich wusste es nicht.

„Aber jetzt ist wieder alles gut zwischen euch?“, fragte ich stattdessen.

„So gut es sein kann, ja. Er wird uns im Kampf gegen Saphira unterstützen, was danach passiert, kann ich dir nicht sagen.“

„Apropos Saphira, weißt du, wo wir mit unserer Suche nach ihr und den anderen anfangen?“, wechselte ich das Thema.

„Es gibt von hier aus nur einen Weg, welchen sie hätten nehmen können. Dieser Weg führt über die Berge zum nächsten Dorf. Sie sollten jedoch mindestens drei Tage bis dorthin unterwegs sein, in dieser Zeit können wir sie auf jeden Fall einholen. Vielleicht schon morgen. Wir werden dort beginnen und mit unseren Drachen über die Berge fliegen. Wenn wir Glück haben, können wir sie auf dem Kilana einkesseln. Es ist der höchste Berg in diesem Gebirge, und er lässt nur wenig Spielraum für eine Flucht.“

„Das klingt nach einem guten Plan“, bemerkte ich.

Sollte es morgen allerdings so weit sein, dass wir Saphira gegenüberstehen würden, sollte ich vorher mit Akita im Reinen sein. Es würde uns sowieso schon schwer genug fallen, gegen sie anzutreten. Ich musste wohl oder übel über meinen Schatten springen, und mit ihr reden.

Mit einem tiefen Seufzer stand ich auf und griff nach Akitas Hand. Sie sah mich verwirrt an.

„Komm mit. Sollte es morgen tatsächlich soweit sein, dass wir uns Saphira stellen, sollst du alles erfahren haben.“

Ich lief aus der Höhle hinaus und wurde sofort von einer kalten nächtlichen Brise empfangen. Die Sterne strahlten hell über den Bergen und erleuchteten die Umgebung ein wenig. Es war so friedlich und ruhig, dass ich einen Moment lang die Augen schloss und einfach nur die Ruhe genoss. Beim Gedanken daran, mit Akita allein zu sein, drehte sich mein Magen um und meine Nervosität war nun zurückgekehrt, doch ich musste mich diesen Gefühlen stellen. Allen

Gefühlen, den Guten wie den Unangenehmen. Ich lief ein Stück weiter geradeaus und stellte mich an den Rand einer der Klippen. Der Platz erinnerte mich daran, dass ich vor einiger Zeit an einer ähnlichen Stelle gestanden und plötzlich in meinem Kopf Akitas Stimme gehört hatte.

„Was möchtest du mir erzählen?“, fragte Akita neugierig.

Ich drehte mich nicht um, sondern starrte weiterhin die Klippe hinunter.

„Vor einiger Zeit stand ich ebenfalls an einer solchen Klippe. Ich hatte gerade erfahren, dass du mich die ganze Zeit belogen hattest, und mich seit einiger Zeit auch betrogen hast. Als ob das nicht schlimm genug war, hatte sich mein Vater gegen mich gewandt. Kurz bevor ich zu dieser Klippe gegangen bin, hast du vor meinen Augen einige gefangene Attentäter auf grausame Art und Weise erst gefoltert und anschließend umgebracht. Ich wollte dich aufhalten, doch du hast mich angegriffen und gedroht, mich zu töten.“

Meine Stimme wurde immer leiser, als die Erinnerungen zurückkehrten. An dieser Klippe wollte ich meinem Leben und damit diesem unermesslichen Schmerz ein Ende setzen. Erneut hatte ich mit aufkommenden Tränen zu kämpfen, schluckte sie dieses Mal jedoch herunter.

„An diesem Tag hast du mich innerlich zerstört. Du hättest mich fast dazu gebracht, mein Leben zu beenden, nur um diesen grausamen Schmerz nicht mehr ertragen zu müssen. Doch ich habe es nicht getan.“

Ich drehte mich zu Akita um, um ihr in die Augen sehen zu können. Ihr Blick war jedoch abgewandt, denn die Prinzessin starrte in die

Ferne. Das Meer schien ihren Blick zu bannen. Ich sah aber das Glitzern in ihren Augen, erneut waren die Trauer und der Schmerz deutlich zu erkennen.

„Warum hast du dich dagegen entschieden?“, murmelte sie mit kratziger Stimme.

„Weil ich deine Stimme gehört habe. Du sagtest mir, ich soll durchhalten, und dass du bei mir bist. Du hast mir versprochen, mich zu retten. Doch ich habe dich nirgendwo gesehen, nur deine Stimme war in meinem Kopf.“

Die Prinzessin sah mich fassungslos an.

„Das habe ich tatsächlich zu dir gesagt. Wir hatten die Höhle gerade gefunden und der Kampf mit Saphira hatte begonnen. Ich bin allerdings sofort zu dir gelaufen, um zu sehen, ob du am Leben bist, und wie dein Zustand ist. Ich habe dir versprochen, dich zu retten. Kurz darauf bin ich auf Saphira losgegangen, und wir konnten sie verjagen. Den Rest weißt du bereits.“

„Das war knapp. So oder so ...“ Ich seufzte, denn ich wusste immer noch nicht, was ich glauben sollte.

„Auf jeden Fall bin ich in meiner Vorstellung anschließend zurück in den Palast gegangen, da ich dachte, ich würde dir doch etwas bedeuten“, fuhr ich fort. „Das war allerdings ein Fehler: Als ich zu dir zurückgekehrt bin, hast du mich erneut angegriffen und fast getötet. Ich konnte gerade so fliehen. Kurz darauf bin ich in dieser Höhle aufgewacht.“

„Es tut mir so leid, dass du so etwas erleben musstest. Aber bitte glaub mir, das war nicht ich. Ich würde dich nie betrügen oder verletzen. Ich weiß nicht, was Saphira mit diesem Gift in deinem Gehirn für schreckliche Wahnvorstellungen ausgelöst hat, doch ich verspreche dir, dass ich das nicht war", versicherte sie schon fast verzweifelt.

„Akita, ich würde dir all das so gerne glauben, doch ich kann nicht. Es war so real. Du warst so real! Als ich dich mit Runa gesehen habe, wollte ich es erst nicht wahrhaben, doch ich konnte nichts dagegen tun. Alles geschah einfach, und ich habe an mir selbst gezweifelt. Das Gleiche tue ich jetzt noch", bemerkte ich aufgebracht. „Ich weiß nicht, was ich glauben oder wem ich vertrauen soll ..."

„Runa?", fragte die Prinzessin ernst. Ihre Augen wurden groß und rund, als sie verstand, was ich meinte. „Ich habe dich mit Runa betrogen?"

Ich nickte, doch Akita sah mich nur überrascht an, ein leichtes Schmunzeln legte sich auf ihre Lippen. Das wiederum verunsicherte mich noch mehr. Ich stellte mich automatisch in Kampfposition auf, als sie mich mit diesem undeutbaren Blick ansah.

„Warte, so war das nicht gemeint!", rief sie sofort und hob abwehrend die Hände.

Ich entspannte mich etwas und löste meine Position wieder.

„Es tut mir leid, doch ich glaube, ich weiß, welches Gift du in dir hattest. Verstehe ich das richtig, dass du nur Personen gesehen hast, welche du kennst?"

Ich nickte, war jedoch verwirrt.

„Dieser Bastard!", fluchte sie leise. „Dieses Gift kommt von Aduro. Er hat es vor langer Zeit entwickelt, noch bevor die Eisherrscher manipuliert wurden. Die Substanz versetzt dich in eine Welt, welche zuerst perfekt erscheint. Deine Träume oder Wünsche werden erfüllt, doch dann wird dir plötzlich alles genommen und deine schlimmsten Ängste werden wahr, deine ärgste Furcht nimmt Gestalt an."

„Und was ist daran so erheiternd?" , fragte ich kalt mit einem Blick auf ihren lächelnden Mund.

„Verzeih mir! Ich erkläre es dir: Das Gute daran ist, ich weiß, dass es weder tödlich ist, noch gravierende Nachwirkungen hat. Ich werde dir zeigen, dass all das nur ein böser Traum war und nichts von dem, was du gesehen hast, der Realität entsprochen hat. Ich weiß auch, dass einige der Bestandteile dieser Mixtur nun als Wunderheilmittel eingesetzt werden können. Sie können Gutes bewirken. Wenn ich richtig liege, müsste sich die Kälte in dir wieder zurückgezogen haben - und deine Krankheit somit besiegt sein", jubelte sie zaghaft.

Das konnte nicht wahr sein! Ich schüttelte ungläubig den Kopf ... Aduro hatte mich vergiftet und dabei versehentlich geheilt? Das war unmöglich! Oder etwa nicht ...?

Kapitel 20

„Akita, ich kann dir das nicht glauben!“

Ich war hin- und hergerissen zwischen dem Wunsch, ihr Glauben zu schenken und den berechtigten Zweifeln, die an mir nagten. Auch in der angeblichen Traumwelt waren mir Sachen gesagt worden, die wahr klangen, welche nun aber doch nicht stimmen sollten. Wie zum Teufel sollte ich dann glauben, dass ich geheilt war?

„Überleg‘ doch mal. Wir haben drei Monate nach dir gesucht, Samu meinte, du wirst im schlimmsten Fall noch zwei Wochen am Leben sein. Mittlerweile sind jedoch drei Monate vergangen, und es geht dir körperlich recht gut. Wie willst du dir das sonst erklären?“, fügte die Prinzessin hinzu.

Langsam wurde mir klar, dass ihre Erklärung die einzig Richtige sein konnte. Alles daran klang logisch. Akita hatte recht, denn wäre ihre Annahme falsch, würde es mir definitiv nicht so gut gehen, wie es gerade der Fall war. Ich realisierte allmählich, dass diese Welt hier tatsächlich die Realität sein musste. Ganz loslassen konnte ich meine Zweifel jedoch noch nicht.

„Das ergibt Sinn“, murmelte ich. „Es könnte aber auch eine weitere Täuschung sein.“

In dem Moment, als ich meine letzten Worte ausgesprochen hatte, bereute ich sie auch schon. Akita zuckte kaum merklich zusammen, versuchte jedoch, sich nichts anmerken zu lassen.

„Hör zu, ich weiß, es muss für dich sehr schwierig sein, mir zu vertrauen. Bei dem, was du erlebt hast, kann ich verstehen, dass du mir nicht glaubst. Ich kann dich nur bitten, es zu versuchen. Selbst wenn ich all das getan hätte, würdest du mir die Chance geben, es wiedergutzumachen?"

Ich sah sie verwirrt an. Erst sagte sie, dass sie keines dieser Dinge getan hatte, und dann fragte sie mich, ob ich ihr eine zweite Chance geben würde?

„Was meinst du damit?", hakte ich nach.

„Ganz einfach, sollte ich dich betrogen, angegriffen und verletzt haben, würdest du mir dennoch eine zweite Chance geben?", antwortete sie mit tonloser Stimme.

Mit einem Mal stand mein Körper erneut unter Spannung. Vor meinem inneren Auge sah ich die Prinzessin, welche auf mich einschlug, mir die Luft zum Atmen nahm und mich aus dem Palast schickte. Völlig zerstört und aufgelöst. Meine Atmung wurde schlagartig schneller, als ich die Gefahr spürte, welche plötzlich von Akita ausging. Ich starrte sie nur geistesabwesend an und wartete darauf, dass ihre Maske erneut fiel. Ich rieb mir die Augen, mein Kopf dröhnte.

„Kyra, sieh mir in die Augen und beantworte meine Frage", forderte sie und kam näher.

Reflexartig wich ich zurück, doch Akita hielt meine Hände fest. Sie stand unmittelbar vor mir und sah mich an.

„Sieh in meine Augen und sag mir, ob ich dich jemals verletzen könnte."

dass Akita mich möglicherweise töten wollte, wir kurz vor dem größten Kampf unseres Lebens standen und ein rachsüchtiger Geist von der Prinzessin Besitz ergreifen wollte. Ich vergaß die Kälte, welche wie eine Brise über meinen, nur noch halb bekleideten Oberkörper strich, während Akitas Hände Stück für Stück darüber wanderten. Mein Kopf war vollkommen leer, als ich Akitas starke Arme spürte, welche mich hochhoben, und sie mich zu einer Wiese trug, während sie meinen Nacken unaufhörlich mit Küssen bedeckte. Ihr heißer Atem war ein angenehmer Kontrast zu dem kalten Boden, auf welchem mein Körper zu liegen kam. Weitere Worte waren nicht nötig. Die Nacht war erfüllt von meinen Rufen nach Akita; ich rief ihren Namen und vergaß alles andere um mich herum.

Am nächsten Morgen weckten mich die sanften Sonnenstrahlen auf der Haut. Der warme Körper neben mir war so anschmiegsam. Akitas Anblick zauberte mir sofort ein Grinsen auf die Lippen. Ich blickte in ein strahlendes Gold, welches mich verliebt und zufrieden anblickte. Die Gedanken an die vorherige Nacht kehrten zurück und verursachten ein angenehmes Kribbeln in meinem Bauch. Ich musste grinsen.

„Guten Morgen, Sonnenschein“, begrüßte mich die sanfte Stimme der Prinzessin.

„Guten Morgen“, erwiderte ich die Begrüßung leise.

Die Prinzessin war so wie ich selbst nur leicht bekleidet, die meiste Kleidung lag einige Meter neben uns verstreut auf der Wiese. Mich fröstelte etwas, als der Morgenwind über meinen Körper strich. Akitas Wärme umhüllte mich jedoch schlagartig, als sie näher rutschte und sich an mich schmiegte. Verträumt legte ich meinen

Kopf an ihre Brust und atmete den mir nur allzu bekannten berauschenden Duft ihrer Haut ein.

„Wir sollten uns allmählich anziehen und zu den anderen beiden zurückkehren“, murmelte sie in mein Ohr, während sie sanft über mein Gesicht strich.

„Natürlich“, antwortete ich leise.

Die Prinzessin löste sich von mir und zog sich ihre Kleidung an. Ich beobachtete sie einen Moment, bevor ich es ihr gleichtat. Ich fühlte mich immer noch wie in Trance, als ich meine Rüstung Stück für Stück anlegte.

„Akita?“

Die Prinzessin sah mich fragend an, ging jedoch schmunzelnd einen Schritt auf mich zu.

„Danke, dass du mich gerettet hast“, murmelte ich und nahm ihre Hand.

Statt zu antworten, führte sie meine Hand zu ihren Lippen und drückte einen sanften Kuss darauf.

„Nicht dafür“, flüsterte sie mit einem vielsagenden Blick.

Ich errötete etwas bei dieser Geste und konnte meinen Blick nur schwer von ihrem lösen. Bevor ich allerdings etwas sagen konnte, kam Akita mir zuvor.

„Wir sollten langsam zurückkehren. Heute werden wir Saphira hoffentlich ein für alle Mal besiegen. Ich werde nicht zulassen, dass sie noch mehr Schaden anrichtet.“

Ich nickte zustimmend und folgte ihr zurück zu der kleinen Höhle, in welcher Samu und Misha auf uns warteten. Zu meiner Überraschung erblickte ich die beiden eng umschlungen und in ein leises Gespräch vertieft. Grinsend räusperte ich mich leise, um auf Akita und mich aufmerksam zu machen. Beide zuckten kurz zusammen und lösten sich augenblicklich voneinander.

„Guten Morgen", begrüßten uns die beiden, wobei Misha sichtlich rot anlief.

„Guten Morgen. Na, gut geschlafen?", neckte Akita die beiden mit einem Schmunzeln auf den Lippen.

Statt eine Antwort abzuwarten, fuhr sie allerdings fort:

„Wir sollten uns langsam auf den Weg machen, wenn wir Saphira auf dem Kilana abfangen wollen. Dort haben wir die beste Chance gegen sie und ihre Truppe. Lasst uns eine Kleinigkeit essen und den Plan besprechen, bevor wir aufbrechen."

Alle nickten und teilten sich auf, um das Frühstück vorzubereiten. Als alles fertig war, versammelten wir uns erneut und besprachen den Plan.

„Wie willst du am besten vorgehen?", fragte ich Akita.

„Der Kilana ist der höchste Berg des Gebirges. Der Pfad ist recht schmal, es gibt allerdings eine kleine Plattform, welche einigen Platz bietet. Dieser Platz ist von den seitlichen Klippen begrenzt, sodass ein Fluchtversuch aussichtslos wäre. Wir können sie dort einkesseln und effektiv bekämpfen."

„Es bleibt allerdings ein Problem übrig“, bemerkte Misha. „Saphiras Feuer wird sicher in der Lage sein, die Felswände zu schmelzen und einstürzen zu lassen. Wie wollen wir damit umgehen?“

Daran hatte ich tatsächlich auch schon gedacht. Ich machte mir generell Gedanken darüber, ob es uns möglich wäre, Saphira zu besiegen. Ihr Feuer war zu mächtig, um es auf die leichte Schulter zu nehmen; wir durften es nicht unterschätzen. Ein gut platzierter Treffer von ihr würde genügen, um uns alle zu vernichten.

Plötzlich überkam mich ein elendes Gefühl: Ein dunkler Gedanke formte sich in meinem Kopf. Was, wenn es Saphira erneut gelingen würde, mich gefangen zunehmen? Ich würde diese Hölle nicht noch einmal durchstehen. Das wusste ich. Die Panik kehrte zurück.

„Was macht dich so sicher, dass wir sie besiegen?“, fragte ich die Prinzessin mit plötzlich bebender Stimme.

„Ich werde nicht aufgeben, bevor sie in ihrem eigenen Blut ertrinkt und für all das bezahlt, was sie uns angetan hat. Vor allem dir angetan hat. Damit werde ich sie nicht davonkommen lassen, das verspreche ich dir.“

Akitas Augen verengten sich und ihr Blick versprühte puren Hass. Ich bemerkte die weißen Knöchel, welche an ihrer, zur Faust geballten Hand hervortraten. Ein kurzer Schauder überkam mich, doch ich atmete tief durch und machte mir bewusst, dass diese Wut nicht gegen mich gerichtet war.

„Nun gut, dann sollten wir unser Vorgehen mal besprechen“, bemerkte Samu, und wir vertieften uns konzentriert in die Ausarbeitung unserer Strategie.

Einige Stunden später hatten wir unsere Besprechung beendet und unsere restlichen Sachen zusammengepackt. Vor der Höhle warteten bereits Reiko und Xatar auf uns. Freudig begrüßte ich meinen Drachen, welchen ich viel zu lange nicht mehr gesehen hatte.

„Kyra, es ist schön, zu sehen, dass es dir gut geht“, begrüßte Reiko mich telepathisch.

Ich hatte noch keine Gelegenheit gehabt, ihm alles zu erzählen, doch dafür war aktuell nicht der richtige Zeitpunkt. Ich erklärte ihm, dass ich ihm alles berichten würde, sobald dieser Kampf vorbei war.

„Falls du diesen Kampf überlebst“, flüsterte erneut die dunkle Stimme in meinem Kopf.

Kopfschüttelnd versuchte ich, diesen Zweifel aus meinem Kopf herauszubekommen. Ich konzentrierte mich bewusst auf den bevorstehenden Kampf, doch dieses seltsame Gefühl blieb. Mein Bauchgefühl sagte mir, dass dieser Kampf alles andere als gut für uns ausgehen würde. Doch wir mussten es tun. Es gab keinen anderen Weg.

„Bist du soweit?“, riss mich Akita aus meinen Gedanken.

Ich zuckte kurz zusammen, bejahte ihre Frage allerdings.

„Ich verstehe, dass du nervös bist, doch wir schaffen das. Mein Vater konnte Saphira schon einmal besiegen, dann werden wir es auch schaffen. Vertrau mir, ich lasse nicht zu, dass sie dich mitnimmt.“

hochkonzentriert sein. Ich fokussierte mich auf die eiskalte Kraft in mir und ließ sie langsam in meine Hände strömen. Als ich meine gesamte Macht in mir gesammelt hatte, atmete ich aus und blickte aufmerksam nach vorne.

Akita gab das vereinbarte Handzeichen und wir stürmten aus unserem Versteck. Mit einem lauten Kampfschrei stürmten Samu, Misha, Akita und ich auf das Areal und unsere Feinde zu.

Unsere Euphorie verpuffte jedoch sofort, als mit einem Mal niemand mehr zu sehen war. Wo waren sie plötzlich hin? Ein ungutes Gefühl durchströmte mich augenblicklich, als ich hörte, wie jemand in die Hände klatschte.

„Dachtest du wirklich, wir würden auf deine Falle hereinfallen?", säuselte die gefährliche Feuerherrscherin hinter uns.

Mein rasendes Herz pumpte das aufkommende Adrenalin in Sekundenschnelle durch meinen Körper. Meine Nervosität wurde durch vollkommene Konzentration ersetzt, als ich mich umdrehte und in Saphiras gefährlich blitzende Augen starrte. Ihr Blick durchbohrte mich förmlich, und ich konnte kaum klar denken vor Angst.

„Es war einen Versuch wert."

Akitas Stimme ließ mich erkennen, dass es ihr ganz und gar nicht gefiel, dass unser Plan nicht aufgegangen war. Auch Samu und Misha sahen sich mit weit aufgerissenen Augen um.

„Kyra, schade, dass du uns so schnell verlassen hast. Hat dir dein kleiner Trip gefallen?", fuhr sie gehässig an mich gewandt fort.

„Was hast du mit mir gemacht?", fragte ich fordernd.

„Ich?“, fragte sie gespielt unschuldig. „Ich habe nichts getan. Das Gift hat dir nur die Zukunft gezeigt. Lass mich raten, deine ach so tolle Prinzessin hat dich verstoßen? Oder hast du festgestellt, dass du ohne Akita ein Nichts bist?“

Saphiras Worte fühlten sich an wie das pure Gift. Ich konnte allerdings nicht verhindern, bei diesen Worten einen Blick zu Akita hinüber zu werfen. Die Erinnerungen, welche ich dachte, verdrängt zu haben, waren erneut vor meinem inneren Auge aufgetaucht und brachten mich total durcheinander.

„Du darfst ihr nicht glauben. Du weißt, dass sie lügt“, versicherte mir die Prinzessin mit einem eindringlichen Blick.

„Genug geredet. Ich bin mir sicher, wir sind alle aus einem anderen Grund hier, als zu plaudern“, ertönte nun Aduros durchdringende Stimme. „Hallo Schwesterherz.“

Akitas Augen verengten sich augenblicklich, als sie ihren Bruder erblickte, welcher hinter einer der Felswände hervortrat. Er war in einer einfach schwarzen Lederrüstung gekleidet, seine schwarzen Haare und die blitzenden Augen ließen ihn noch gefährlicher wirken, als er es eh schon war.

„Wir sind in der Überzahl! Und ihr wurdet alle schon einmal besiegt“, zischte Misha, doch Saphira grinste nur teuflisch.

„Seid ihr das?“

Saphira stieß einen lauten Pfiff aus, bevor der Boden anfing, zu wackeln. Ein Grinsen breitete sich über ihr gesamtes Gesicht aus. Ich traute meinen Augen jedoch nicht, als eine immense Menge an Menschen aus allen Himmelsrichtungen zu dem Areal stürmten. Sie umstellten uns komplett und versperrten jeglichen Fluchtweg. Sie hatten unseren Plan durchschaut.

Ich betrachtete die Meute genauer, vergeblich, denn alle trugen weiß-schwarze Masken vor ihren Gesichtern. Sie waren in schwarze Kutten gehüllt, welche die Hinterköpfe mit Kapuzen bedeckten. Ich konnte nicht das Geringste der Personen erkennen. Auf der Brust war das Zeichen der Attentäter in blutroter Farbe gezeichnet. Selbst Augen, Nase und Lippen waren mit schwarzer Farbe bemalt, sodass die Angreifer alle identisch aussahen. Der einzige Unterschied zwischen ihnen war die Körpergröße.

Ich warf einen panischen Blick zu Akita hinüber, welche sich nun ebenfalls geschockt umsah. Sie ließ ihre Maske jedoch nicht fallen und stellte sich in Kampfposition auf.

Plötzlich bemerkte ich Kesar, welcher auf einem der Felsen stand und mit seiner Armbrust auf uns zielte. Er feuerte allerdings keinen Pfeil ab, sondern beobachtete uns stattdessen.

„Akita, was machen wir jetzt?“, flüsterte ich und stellte mich dichter neben sie.

Die Prinzessin gab mir keine Antwort, was meine eigene Angst noch größer werden ließ. Wenn Akita schon keine Antwort mehr hatte, sah es schlecht aus für uns. Sie hatte immer einen Plan B, doch dieses Mal schien es aussichtslos. Diesen Kampf konnten wir unmöglich gewinnen. Es waren sicher ein paar Dutzend Attentäter, welche uns umstellt hatten.

Wir sahen jedoch keinen anderen Ausweg als uns dem Kampf zu stellen und unser Bestmögliches zu tun, um zu überleben, bis uns ein Plan C einfallen würde.

„Na, überrascht, wie viele Leute sich gegen dich stellen?“, säuselte Aduro.

Seine Frage richtete sich ausschließlich an die Prinzessin, denn seine Genugtuung über die Entwicklung der Situation war deutlich zu hören.

„Du hättest mich diesen Krieg gewinnen lassen sollen, als du die Chance dazu hattest. Dann würden all diese Menschen auch unter deinem Kommando stehen. Doch du wolltest ja lieber die Länder miteinander vereinen. Als ob wir nicht aus der Vergangenheit gelernt hätten. Dieser Plan hatte schon einmal nicht funktioniert, warum sollte er es jetzt tun?“, fuhr er fort. „Deine Leibwache war dir ja wichtiger.“

„Da wir gerade von Leibwache sprechen“, unterbrach Saphira. „Ich habe hier jemanden für dich. Kyra, sieh genau hin, wie sie reagiert und beurteile erneut, ob ich mit dem Gift gelogen habe oder nicht.“

Ich war verwirrt. Was meinte Saphira damit?

Hinter uns kam Bewegung in die Gruppe der Attentäter. Die Reihen teilten sich und jemand zerrte eine gefesselte Person nach vorne. Schwarzer Stoff bedeckte den Kopf dieser Person, doch ich sah: Sie war am gesamten Körper blutig geschlagen, aufgeschürfte Haut und blaue Stellen zierten die Arme der Gefangenen. Zwei Attentäter warfen die zierliche Gestalt vor Saphiras Füße, welche sich teuflisch grinsend zu ihr herab beugte und den Stoff von ihrem Kopf zerrte.

Ich riss meine Augen auf, als ich das Gesicht der Frau erkannte. Trotz des zugeschwollenen Auges und den unzähligen Wunden in ihrem Gesicht, konnte ich die Frau sofort als Runa identifizieren. Sie schien komplett entkräftet zu sein, denn sie konnte sich nicht einmal mehr aus eigener Kraft auf den Beinen halten.

Saphira packte Runa an der Kehle und zog sie grob zu sich hoch. Die wehrlose Frau begann nach Luft zu schnappen und versuchte, sich irgendwie aus dem brutalen Griff der Feuerherrscherin zu befreien.

Entsetzt beobachtete ich erst Runa und anschließend Akita. Ich wollte das Gesicht der Prinzessin sehen, um sicherzugehen, dass sie zwar entsetzt sein würde, doch sich nicht um Runa sorgen würde, wie es eine Liebende tat. Ich schämte mich dessen, aber ich musste es wissen. Was ich dann sah, ließ mich erneut schockiert zurückweichen.

Akitas Gesicht strahlte pure Sorge, ja Verzweiflung aus. Normalerweise brachte sie nichts aus der Fassung, doch in diesem Moment fiel ihre Maske – so lang, dass ich dahinter blicken konnte und deutlich sah, was ich nicht sehen wollte: Ich konnte erkennen, wie aufgewühlt und verzweifelt sie war, Runa so zu sehen. Auch, wenn sie rasch wieder ihr Pokerface aufsetzte und sich hinter ihrer Fassade versteckte, hatte ich ihre Reaktion doch klar und deutlich wahrgenommen.

„Das wirst du bereuen!", knirschte Akita wütend.

Warum war sie wütend, dass Saphira Runa verletzt hatte? Sie hatte Runa etwas Ähnliches angetan! Worin lag hier der Unterschied? Eben doch in ihren Gefühlen für Runa?

„Ich habe es dir ja gesagt", feixte Saphira und sah mich eindringlich an. „Sie ändert sich nicht. Sag mir, was hast du in der anderen Welt gesehen? Akita und Runa? Meinen Tod? Es mag sein, dass ich diesen Kampf verliere, doch du kennst die Wahrheit. Das Gift lügt nicht."

Erst jetzt schien die Prinzessin zu erkennen, dass ihre Reaktion genau der entsprach, welche Saphira vorausgesagt hatte.

„Kyra, du darfst ihr nicht glauben. Vertrau mir“, murmelte sie leise. „Bitte vertrau mir einfach. Es ist nicht so, wie du denkst.“

Ihre Stimme hatte etwas Flehendes, doch mein Verstand war vollkommen überfordert. Saphira hatte genau das gesagt, was in dieser surrealen Welt passiert war. Konnte sie so gut lügen? Oder war es Akita, welche mich anlog?

„Prinzessin? Wir sollten langsam einen Plan machen“, murmelte Samu ängstlich.

Als ich mich umsah, bemerkte ich die Attentäter, welche sich um uns in Kampfposition aufgestellt hatten. Manche hatten Schwerter, andere nutzen ihre Fähigkeiten über die Kraft des Feuers, um sich zu bewaffnen. Akita schien sich für das Szenario allerdings nicht zu interessieren.

„Kyra, wenn das hier klappen soll, brauche ich deine Hilfe und dein Vertrauen. Nur dann kann ich den Plan umsetzen. Es ist keine Zeit für weitere Erklärung, entscheide dich jetzt.“

Mein Kopf ratterte wie verrückt. Ich wusste nicht, was ich tun sollte.

„Kyra, ich brauche jetzt eine Antwort!“, setzte sie nach. Fordernd. Einschüchternd.

„Ok, ich vertraue dir“, antwortete ich intuitiv.

Als ich meinen Satz ausgesprochen hatte, hörte ich das Knistern zwischen Akitas Fingern. Ich dachte, sie würde erneut einen Angriff mit ihren Blitzen starten, so wie wir es im Kampf gegen Aduro getan hatten. Doch ich lag gehörig falsch mit dieser Annahme.

Akitas Arm legte sich plötzlich um meinen Hals, ihre blitzenden Finger an meiner Kehle. Ich wusste nicht, wie mir geschah, als ich ihren immer fester werdenden Griff um meinem Hals spürte.

„Du denkst, sie bedeutet mir etwas? Sie ist aktuell dein einziges Druckmittel gegen mich, was machst du, wenn ich dir das nehme? Kyra würde ihr Leben gern für mich geben, ich hingegen bin da anderer Meinung. Ich habe es satt, dieses Spiel zu spielen. Nur wegen ihr musste ich mich von dir zum Narren halten lassen. Doch das ist nun ein für alle Mal vorbei."

Saphiras Gesichtszüge verhärteten sich, ich hingegen spürte nur noch Panik in mir. Der einzige Gedanke, welcher mich davon abhielt, Akita anzugreifen, war, dass sie mich vorher um mein Vertrauen gebeten hatte. Mit dieser Aktion verlangte sie jedoch sehr viel von mir. Mir wurde schwindelig.

„Das würdest du nicht tun. Ich weiß, was sie dir bedeutet", knurrte Saphira bösartig.

„Nun, wenn du dir so sicher bist, warum probieren wir es nicht aus? Ich will einen ehrlichen Kampf mit dir, Kesar und Aduro, ansonsten bringe ich sie um und verschwinde auf meinem Drachen. Du wirst mich nicht mehr finden und deine Attentäter sehen zu, wie du den Schwanz einziehst, wenn es darauf ankommt. Zieh deine Attentäter ab oder ich töte Kyra."

Das würde sie nicht tun! Das würde sie niemals tun!

Das lauter werdende Knistern ihrer Finger ließ jedoch etwas anderes vermuten. In der Zwischenzeit hatte sie die Hand, mit welcher sie mich festhielt ebenso in Flammen stehen. Die Hitze schmiegte sich an mein Gesicht, die Flammen züngelten darum, wurden jedoch nicht so heiß, wie ich es erwartet hatte.

„Ich warte“, provozierte Akita. „Oder hast du Angst, dich mir allein zu stellen?“

„Ich habe vor nichts Angst!“, schrie Saphira. „Geht. Los!“

Die Attentäter blieben regungslos stehen, da sie sichtlich verwirrt waren.

„Ich sagte, geht, hinfort!“, schrie die Frau erneut.

Die Gruppe bewegte sich augenblicklich. Nach einem Moment war niemand der Attentäter mehr zu sehen.

„Befiehl Reiko, Xatar zu folgen“, flüsterte Akita in mein Ohr.

Obwohl ich nicht wusste, wieso, tat ich, was die Prinzessin wollte. Ich redete telepathisch mit Reiko und gab ihm zu verstehen, Xatar zu folgen.

Einen Moment später, erzitterte der gesamte Kilana. Feuer und Eis wurde auf die Felswände vor uns sowie hinter uns geschmettert. Große Felsbrocken stürzten herab und blockierten beide Seiten des Pfads, welcher von diesem Berg hinab ins Tal führen würde. Doch der Angriff schien erst loszugehen; er war noch nicht beendet. Reiko und Xatar flogen in entgegengesetzte Richtungen und ließen ihre ganze Kraft über das Land regnen. Sie mussten wohl die Attentäter verfolgt haben, denn kurz darauf waren laute Schreie zu hören, bevor der Berg schlagartig in vollständige Ruhe gehüllt war.

Selbst Saphira sagte kein Wort und auch Kesar, welcher von dem Angriff von seinem Platz geworfen wurde und nun ebenfalls neben Saphira stand, war still. Akita hatte mich in der Zwischenzeit losgelassen und wappnete sich gegen den Schlag der Elite, der folgen musste. Die Feuerherrscherin schleuderte Runa, welche sie bis eben noch gepackt hatte, gegen einen der Felsen. Sie entflammte ihre Hände.

Akita warf mir ein verschmitztes Grinsen zu.

„Mach‘ dich bereit. Es beginnt. Jetzt.“

Ich spürte die unfassbare Wut in meinem Bauch, welcher ich jetzt freien Lauf ließ. Sie setzte ungeahnte Kräfte in mir frei. Er und Saphira hatten uns lange genug kontrolliert, er sollte nun am eigenen Leib spüren, dass er sich mit den Falschen angelegt hatte. In meiner Rage attackierte ich ihn ohne Unterlass. Erst als die Muskeln meiner Arme vor Anstrengung brannten, sah ich nach, ob ich ihn getroffen hatte. Der Mann, welcher eben noch große Töne gespuckt hatte, lag mit mehreren Eisspitzen im Körper am Boden, das Blut unter ihm, bildete eine Lache um ihn herum. Seine leeren Augen waren groß, sein Körper hingegen, schien nun klein, war leblos und schlaff. Ich drehte mich um. Einen hätten wir erledigt. Vielleicht hatten wir doch eine Chance.

Die lauten Kampfschreie hinter mir ließen mich allerdings schnell wieder auf dem Boden der Tatsachen ankommen. Auch, wenn Kesar tot war, hatten wir den Kampf noch lange nicht gewonnen.

Als ich mich umdrehte, sah ich, dass Samu und Misha bereits verwundet waren und sich schwer keuchend auf den Knien abstützten. Akita hingegen war nirgendwo zu sehen, auch Aduro befand sich außerhalb meines Blickfeldes.

„Na, denkst du immer noch, dass du mich besiegen kannst?“, fauchte ich meinen Bruder an.

„Akita, du weißt genau, dass ich dazu in der Lage bin.“

Ich konnte nicht glauben, dass Aduro in seiner aktuellen Situation noch dachte, er könnte es mit mir aufnehmen.

„Wie hast du es überhaupt geschafft, auszubrechen?“

Aduro schmunzelte nur teuflisch, seine Augen blitzten dabei gefährlich auf.

„Deine Falle hatte nicht lang genug gewirkt. Als das Gift nachgelassen hatte, war es ein Einfaches, die Wachen auszuschalten. Ich habe Saphira und den Rest der Gruppe ebenfalls befreit, nachdem wir ein kleines Abkommen getroffen hatten. Sie wollten dich genauso wie ich auslöschen und vorher dein Leben zerstören."

Bei Aduros Erklärung spürte ich das Feuer in mir auflodern. Hatte er wirklich gedacht, er könnte mich zerstören? Dafür würde ich ihn büßen lassen. Meine Hände entfachten sich erneut und ließen einen gewaltigen Feuerball auf ihn zurasen. Mein Angriff traf genau ins Schwarze.

Aduro raffte sich schnell wieder auf und stellte sich in Kampfposition auf.

„So willst du es enden lassen?", stichelte er und konterte mit einer schnellen Attacke.

„Genau so und nicht anders."

Dieses Mal würde ich ihn nicht gewinnen lassen. Er war zwar stark, doch im Gegensatz zu unserem letzten Kampf war er dieses Mal alleine. Ich konnte es mit ihm aufnehmen!

Das Feuer zischte nur so zwischen uns, seine Treffer ließen mich nur noch wütender werden. Ich attackierte ihn mit jedem Feuerball brutaler, seine verbrannte Haut erweckte nicht einen Funken Mitleid in mir. Er würde für alles bezahlen, was er mir und Kyra angetan hatte.

Mit diesem Gedanken ließ ich einen hell leuchtenden Blitz auf ihn zurasen. Er wich in letzter Sekunde aus, wurde von der gewaltigen Macht dieser Attacke aber zu Boden geworfen. Die feurige Faust, mit welcher ich sein angsterfülltes Gesicht traf, ließ den ehemaligen Prinzen aufschreien.

Ein lauter Schmerzensschrei ließ mich zusammenzucken. Ich drehte mich in die Richtung, aus welcher der Schmerz gekommen war. Gerade, als ich mich umblickte, sah ich den Prinzen, welcher von Akita festgehalten wurde. Seine Rüstung war bereits an einigen Stellen verbrannt, sein Gesicht blutete stark.

„Das ist dafür, was du Kyra angetan hast!", rief Akita wütend.

Im nächsten Moment fuhr eine feurige Klinge über die Kehle des Prinzen. Er versuchte, das in einem dunklen Schwall austretende Blut mit seinen bloßen Händen zu stoppen, röchelte dabei jedoch verzweifelt. Mit einem verächtlichen, letzten Tritt gegen den Brustkorb stieß Akita den tödlich verletzten Prinzen die Klippe des Kilana herunter.

Nun war nur noch Saphira übrig. Diese schien jedoch alles andere, als begeistert zu sein, uns zu sehen. Ich rannte zu Misha und Samu, um mich mit ihnen zusammen auf Saphira konzentrieren zu können. Akita war ein paar Sekunden nach mir ebenfalls bei den beiden.

„Es reicht!", rief Saphira laut. Ihre Augen blitzten gefährlich auf.

Ich bemerkte, dass sie oberflächliche Verletzungen an den Armen aufwies, ihre blutrote Lederrüstung war an einigen Stellen beschädigt. Doch ihr Blick verriet, dass sie noch nicht ansatzweise müde war. Mit zwei schnellen eleganten Attacken griff sie Samu und Misha an, welche in hohem Bogen über die Felsen flogen, die kurz zuvor eingestürzt waren und immer noch den Weg versperrten. Die beiden konnten diese Barriere unmöglich überwinden. Reiko und Xatar schienen mit den übrigen Attentätern beschäftigt zu sein, denn von ihnen war weit und breit nichts zu sehen.

Es kam nun also auf Akita und mich an. Mein Magen verkrampfte sich allerdings, als ich Saphiras glühendes, blutrotes Feuer sah, welches Stück für Stück den Boden schmelzen ließ.

„Du hättest dir einen anderen Platz für einen Angriff aussuchen sollen, Prinzessin. Außer es ist deine Absicht gewesen, mich auf einem inaktiven Vulkan herauszufordern. Dann allerdings war das nicht deine beste Idee ...“

Moment, Vulkan?! Hatte ich richtig gehört? Mit Hilfe von Saphiras Macht würde dieser Berg nicht lange inaktiv bleiben. Der Vulkan würde die Hitze aufsaugen, er würde ausbrechen und uns den Kampf zusätzlich erschweren. Wir mussten diese Katastrophe verhindern!

Ich warf einen prüfenden Blick zu Akita hinüber, welche bis auf ein paar Schrammen, nicht verletzt schien. Sie wappnete sich für den ultimativen Kampf gegen die gefährlichste Feuerherrscherin des Landes. Und das auf einem Vulkan, der jeden Moment glühende Lavaströme sprudeln lassen konnte.

„Na gut, dann wollen wir mal“, murmelte ich leise vor mich hin.

Saphira begann ihren Angriff, indem sie den Boden zum Schmelzen brachte. Akita attackierte sie augenblicklich mit ihren Blitzen, welche laut krachend in den Boden einschlugen. Saphira war natürlich schnell genug, um auszuweichen, und beschoss uns mit ihrer glühenden Kraft. Ich wich ebenfalls aus, auch wenn der glühende Untergrund immer weiter schmolz.

Ich attackierte die Frau mit meinem Eis und feuerte eine Spitze nach der anderen ab, doch meine Attacken, schienen kein Problem für sie darzustellen. Sie ließ mein Eis schmelzen, noch bevor es bei ihr ankam. Ich musste mir eingestehen, dass meine Kraft nicht das Geringste gegen sie ausrichten konnte. Es gab nur eine Möglichkeit, ihr ernsthaft zu schaden, doch diese Sache könnte mich töten.

Ich hatte keine Zeit, weiter zu überlegen, da Saphira ihre Angriffe nun voll auf mich konzentriert hatte, und ihr Feuer in Form von tödlichen Geschossen unaufhörlich neben mir einschlug. Ich wich aus und versuchte, gleichzeitig zu kontern. Sie war mir jedoch deutlich überlegen und fast jeder Angriff hinterließ eine Verbrennung auf meiner Haut. Ich war verletzt, meine Kraft ließ nach.

„Du bist keine Herausforderung für mich, sieh es endlich ein!", rief sie teuflisch lachend.

Sie hatte recht. Lang konnte ich ihren Attacken nicht mehr standhalten. Akita versuchte ihr Bestes, um mich zu unterstützen, doch auch ihre Angriffe brachten Saphira nicht einmal ins Schwitzen. Ihre Macht und Stärke schien einfach unermesslich zu sein.

Ich musste etwas tun! Ohne weiter über die Risiken nachzudenken, konzentrierte ich mich auf die Quelle der Kälte in mir. Der Schmerz überkam mich augenblicklich, doch ich ließ ihn gewähren, um meine Kraft zu verstärken. Es war der einzige Weg: Ich musste meine Stärke steigern, auch wenn ich mich selbst damit in Gefahr brachte.

„Kyra, nein! Tu das nicht!“, schleuderte mir die Prinzessin verzweifelt entgegen, als sie sah, was ich vorhatte.

Ich ignorierte ihre Warnung jedoch, und ließ die Kälte in mir immer kühler werden. Kurz, bevor mich der Schmerz vollends übermannte, fokussierte ich mich voll und ganz auf Saphira.

Mit einem lauten Schrei entfesselte ich all die Kraft in mir und schickte sie zu Saphira hinüber. Ich spürte die Macht, welche in dieser Attacke lag. Die Eisspitzen waren schneller und heller als je zuvor. Meine Gegnerin staunte nicht schlecht, als die Attacke ihre Verteidigung komplett durchbrach und sie mit voller Kraft traf. Mit einem gewaltigen Krachen flog die Feuerherrscherin gegen eine der Felswände.

Die Prinzessin stürzte sich sofort auf die angeschlagene Frau und attackierte sie mit ihren Blitzen. Die Attacke traf ebenfalls und Saphira blieb schließlich regungslos liegen.

Hatten wir es geschafft? War Saphira tatsächlich besiegt?

Ich konnte mich allerdings noch nicht freuen. Es war zu früh. Zudem spürte ich, wie viel Kraft es mich gekostet hatte, diesen Angriff zu realisieren: Ich hatte alles in diesen einen Schlag gelegt. Meine Beine konnten mich nun nicht länger tragen, und ich sackte kraftlos zusammen. Schwer atmend kniete ich auf dem Boden und sah, wie Akita auf mich zu rannte.

„Kyra, ist alles in Ordnung? Geht es dir gut?“, rief sie voller Sorge.

Ich versuchte, mich zu sammeln und bemerkte, dass es mir tatsächlich gelang. Der Angriff hatte mich zwar viel Kraft gekostet, doch ich spürte weder Schmerz noch eine drohende Ohnmacht. Ich war nur unendlich erschöpft, aber nicht am Rande des Todes.

„Ja, alles in Ordnung“, antwortete ich und versuchte, aufzustehen.

Ich betrachtete Saphira, um mich zu versichern, dass sie wirklich besiegt war, doch wir hatten uns zu früh gefreut. Genau in diesem Moment erhob sich Saphira und sah uns böse grinsend an. Ihre Schläfe blutete stark, sie wischte sich das Blut allerdings nachlässig weg und ließ sich davon nicht stören. Eine lange Blutspur zog sich quer über ihr Gesicht und ließ sie noch schauriger und wilder aussehen. Die blonden, blutgetränkten Haare fielen ihr in die Augen, doch ich konnte den Hass in ihrem Blick immer noch deutlich erkennen.

„Seht es ein, ihr könnt mich nicht besiegen“, zischte sie messerscharf. Ein fieses Lachen durchbrach die Stille, dann passierte das, was ich am meisten fürchtete ...

„Akita, Vorsicht!“, rief ich noch, doch es war bereits zu spät.

Saphira hatte ihre Hände in ihr glühendes Feuer gehüllt und visierte damit die Prinzessin an. Doch statt ihre Attacke abzufeuern, richtete sie ihr gesamtes Feuer in den Boden. Die glühende Attacke schmolz den gesamten Boden weg.

Ich war einen Moment lang verwundert, doch nur bis mein Gehirn den Zusammenhang herstellte und meine Furcht bestätigt sah: Sie hatte Teuflisches vor ... Warum hatte sie Akita nicht angegriffen? Ich bekam die Antwort augenblicklich. Der Boden unter uns begann mit einem Mal fürchterlich zu wanken und zu beben. Ich spürte, wie der Untergrund immer wärmer wurde, und befürchtete Schlimmes. Zurecht.

Im nächsten Moment erschütterte ein lauter Knall den ganzen Berg. Aus der Stelle, an welcher Saphira den Boden geschmolzen hatte, stieg Rauch auf, kurz darauf schoss ein Strahl wie ein Geysir aus Lava aus dem Untergrund hervor.

Meine ganze Hoffnung verließ mich in diesem Moment, da ich das ganze Ausmaß ihres Tuns erkannte. Ich hatte meine stärkste Attacke gegen Saphira eingesetzt und trotzdem war sie nicht besiegt worden. Stattdessen riss sie uns wortwörtlich den Boden unter den Füßen fort. Wie sollten wir es nun mit einem Vulkan und mit Saphira aufnehmen? Es war aussichtslos.

Die Lava begann, den verbliebenden Boden, auf dem wir standen, Stück für Stück abzutragen. Saphira lachte nur höhnisch.

„Na, wie gefällt euch das? Es ist zu spät! Ihr habt verloren!“, lachte sie diabolisch auf.

Als ob die Lava noch nicht genug wäre, ließ ein erneuter Knall die Luft erzittern. Ich sah zum Gipfel des Kilana hinauf, wo sich ein gewaltiger Ausbruch ankündigte. Der Berg spuckte Feuer bis zum Himmel und ließ seinen tödlichen Feuerregen erbarmungslos auf alles unter ihm niedergehen. Felsbrocken flogen in hohem Bogen durch die Luft und landeten mit lautem Krachen auf dem Boden. Die Brocken erinnerten mehr an Meteoriten, welche mächtig und todbringend auf der Erde einschlugen. Die Katastrophe war nicht mehr aufzuhalten.

„Akita, wir müssen hier weg“, rief ich der Prinzessin panisch zu.

Diese konzentrierte sich allerdings, ich vermutete, dass sie mit Xatar sprach. Meine Vermutung bestätigte sich, als der rote Drache plötzlich über unsere Köpfe flog. Kurz darauf erschien auch Reiko.

„Reiko, was sagt sie?“, fragte ich meinen Drachen telepathisch.

„Akita möchte, dass wir zum Gipfel fliegen und dort den Feuerstrom zum Versiegen bringen. Xatar wird das Feuer bannen und ich werde den Berg mit meinem Eis versiegeln. Vertrau mir, es wird funktionieren.“

Mehr hörte ich nicht mehr, da die beiden Drachen bereits wieder wegflogen. Ich konnte mir jedoch nicht vorstellen, dass sie es schaffen würden, einen Vulkan zu stoppen. Das war aussichtslos. Doch Reiko hatte recht, ich musste ihm vertrauen und auf das Beste hoffen, eine andere Möglichkeit hatte ich in diesem Moment nicht. Die Prinzessin und ich sollten uns währenddessen auf Saphira konzentrieren. Diese begann bereits mit erneuten Angriffen auf uns.

„Ich werde es genießen, euch zu zerstören, jede von euch!“, rief sie uns entgegen, bevor ihr Feuer auf uns zuschoss.

Saphira wollte es allerdings nicht dabei belassen, uns mit ihrer eigenen Kraft anzugreifen. Ich sah mit Entsetzen, wie die Lava, welche aus dem Boden strömte, sich plötzlich zu einer riesigen glühenden Welle auftürmte. Das vulkanische Feuer stieg höher und höher, bis es uns weit überragte. Diese Attacke würden wir nicht überleben. Wir konnten weder ausweichen, noch uns verteidigen. Es müsste ein Wunder geschehen, dass wir dieser Situation lebend entkommen könnten. Die Lavawelle nahm die ganze Breite des Areals ein und hatte bereits eine Höhe von mindestens drei Metern erreicht.

„Akita, es ist aussichtslos“, murmelte ich leise und gefasst.

Die Prinzessin sah ebenfalls schockiert auf die immer größer werdende Welle glühend heißer Lava. Ihr Blick sprach Bände, denn sie hatte die Augen weit aufgerissen, ihre Lippen waren zu schmalen Linien zusammengepresst.

Die Panik in mir wuchs mit jeder Sekunde, ich konnte kaum noch atmen. Doch ich hatte einen einzigen Trost: Wenn ich heute sterben sollte, dann wenigstens an Akitas Seite. Ich blickte erneut zu der Prinzessin hin, doch diese hatte ihren Blick auf ihr Armband gerichtet. Mein Herz blieb stehen.

„Akita, nein!“

Doch bevor ich reagieren konnte, riss sich Akita das Armband von ihrem Handgelenk und eine immense Druckwelle aus ihrer Richtung schleuderte mich zu Boden. Als ich wieder aufsah, war Akitas Körper komplett in eine lila Flamme gehüllt, ihre Augen hatten erneut den gefährlichen violetten Schimmer angenommen, den ich kannte und fürchtete: Fulgor war zurück.

Kapitel 22

„Endlich kann ich meine langersehnte Rache ausüben!", rief die tiefe, angsteinflößende Stimme aus Akitas Mund.

Fulgor hatte allerdings keine Gelegenheit, weiter über seine Rache zu sprechen, denn in diesem Moment, feuerte Saphira ihre nächste Attacke auf uns ab. Jetzt kam es darauf an ...

Das violette Feuer sammelte sich plötzlich vor Akita und breitete sich dort sekundenschnell aus. Lila traf auf blutrot, Fulgors Kraft gegen Saphiras. Ich legte meine Arme schützend über meinen Kopf, da ich dachte, Saphiras Lava würde mich nun treffen.

Von der meterhohen Welle war jedoch nichts mehr übrig. Stattdessen war das Areal plötzlich von violettem Feuer umgeben, welches die Felswände gänzlich bedeckte. Saphira sah geschockt zu Akita hinüber.

„Das ist unmöglich", murmelte sie.

Sie fing sich jedoch schnell wieder und wollte erneut angreifen.

„Du denkst, du bist stark?", säuselte Fulgor arrogant. „Du bist eine Beleidigung, nicht die geringste Herausforderung für mich!"

Mit einer einzigen Bewegung schloss das violette Feuer Saphiras Körper ein. Es knisterte und funkte, als die Blitze in der Flamme ihre Wirkung zeigten. Fulgors Aufmerksamkeit war nun voll und ganz auf Saphira gerichtet. Mittels einer einzigen Handbewegung flog die mächtige Feuerherrscherin gegen eine der Felswände, ihr Körper wurde beinahe an den harten Felswänden zerschmettert. Ich bemerkte, wie Fulgors Blick zum Gipfel des Kilana wanderte. Die Faust der besessenen Prinzessin schloss sich in einer fließenden Bewegung und der Berg stoppte tatsächlich augenblicklich, Feuer zu spucken.

Ich traute meinen Augen nicht, als ich Fulgors Macht sah. Er konnte eine feuerspeiende Naturkatastrophe mit einer einzigen Bewegung aufhalten. Ich wusste nicht, ob ich fasziniert sein sollte oder vor Angst zittern sollte. Ich tat beides. Fulgor war allerdings noch nicht mit Saphira fertig.

„Du hast andere Menschen lange genug verraten und deinem Willen unterworfen. Es ist Zeit, dass du deine eigene Medizin probierst!"

Saphira hatte sich aufgerafft, ihr Körper blutete jedoch stark an Kopf und Schulter. Sie atmete schwer, fixierte aber immer noch böse Fulgor. Sie öffnete den Mund, um etwas zu sagen, schloss ihn jedoch gleich wieder, ohne ein Wort zu sprechen.

Doch Fulgor schien erst mit seinem Angriff zu beginnen. Jetzt war er warm geworden ... Das violette Feuer schoss pfeilschnell auf Saphira zu. Sie verteidigte sich, wurde jedoch erneut gegen die Felswand gepresst. Fulgor hingegen hatte scheinbar Spaß daran, denn seine Attacken waren nicht ansatzweise so mächtig wie zuvor; er ließ sich Zeit. Er schritt langsam auf Saphira zu und wich dabei gekonnt den Attacken aus, welche von Saphira ausgingen. Bei der verletzten Frau angekommen packte er sie mit in flammenstehenden Händen und ließ sein Feuer an ihrem Körper entlanggleiten. Saphiras Schmerzensschreie waren selbst für mich kaum zu ertragen. Der rachsüchtige Geist verbrannte die gesamte linke Seite von Saphiras Körper, die keinerlei Chance hatte, sich zu wehren.

Mein Blick fiel plötzlich auf Runa, welche in einer Ecke des Areals lag. Ich hatte die Frau völlig vergessen, doch nun lag sie direkt in meinem Blickfeld. Sie bewegte sich langsam auf mich zu, ihre Fesseln hatte sie bereits verbrannt. Ich kam ihr entgegen, da ich in diesem Moment ohnehin nichts anderes tun konnte.

„Kyra“, murmelte sie unter Schmerzen. „Hör mir zu. Du darfst nicht zulassen, dass Fulgor Akita kontrolliert.“

Dachte sie, das wusste ich nicht?! Die Wut in mir stieg.

„Runa, das ist mir bewusst! Siehst du die Macht, welche er hat? Wie soll ich ihn denn bitte aufhalten?“, zischte ich. Ich war überfordert. Von Runas Schmerzen, ihren Vorwürfen, meiner eigenen Machtlosigkeit angesichts der hier wütenden schier unbezwingbaren Kräfte.

Runa streckte mir ihre blutverschmierte, schmutzige Hand entgegen. Verwundert betrachte ich ihre Hand, wollte sie schon wegschlagen. Als ich allerdings sah, was sie hielt, entschied ich mich anders. Es war ein großes, violettes Juwel, welches die gleiche Farbe trug, wie Fulgors Feuer.

„Du kannst seine Kraft hiermit bannen. Berühre Akitas Körper, und er wird sie verlassen. Vertraue mir, - es war Saphiras Plan B, sollte Akita bereits zu dem Zeitpunkt des Angriffs besessen sein. Du weißt, dass sie keine halben Sachen macht.“

Ich nahm das Juwel vorsichtig zwischen meine Hände. Es strahlte eine ähnliche Kraft aus, wie das Armband, welches ich Akita gegeben hatte. Ich hatte keine andere Wahl. Entweder es würde funktionieren oder Akita würde verloren sein. Ich sah zu der Prinzessin hin, welche Saphira durch Fulgors Kontrolle entsetzliche Schmerzen bereitete.

„Ok, ich werde es versuchen", versicherte ich Runa. „Versteck dich in der Zwischenzeit, bevor Fulgor dich entdeckt."

Gerade, als ich meine Aufmerksamkeit Fulgor zugewandt hatte, durchzuckte ein violetter Blitz den Körper der Feuerherrscherin, welche schrecklich zugerichtet war, und leblos wie eine Puppe zu Boden fiel. Ich musste einen entsetzten Aufschrei unterdrücken.

Fulgors Blick fixierte mich. Langsam kam er auf mich zu und grinste dabei höhnisch.

„Jetzt bist du an der Reihe", ertönte die tiefe Stimme.

„Warte!", rief ich. „Ich will mich dir anschließen!"

Ich wusste nicht, wie ich ihn sonst davon abhalten sollte, mich auf der Stelle zu töten. Er grinste jedoch nur und bewegte sich weiter auf mich zu. Verdammt, mir musste schleunigst etwas einfallen! Fulgor stand nun fast vor mir, die Hände bereits in violette Flammen gehüllt.

„Hey, Fulgor!", schrie plötzlich Runas Stimme. „Erkennst du mich wieder?"

Das violette Schimmern seiner Augen blitzte noch teuflischer als zuvor. Ich hatte ihr doch gesagt, sie sollte sich verstecken! Doch, Moment. Nun verstand ich.

Mit einer schnellen und gewagten Bewegung riss ich Fulgor zu Boden und drückte das violette Juwel auf seine Brust. Ein helles Licht breitete sich in Sekundenschnelle auf dem Körper aus. Die Wucht des Lichtes und der Energie warf mich einige Meter zurück.

„Nein!", schrie die Stimme laut auf.

Der Boden schwankte und ich befürchtete schon, der Vulkan sei erneut ausgebrochen. Einen Moment später beruhigte sich das Beben aber wieder, und auch das Licht verschwand. Akitas Körper lag reglos auf dem Boden, das Juwel neben ihr.

„Akita?", fragte ich sorgenvoll.

Schritt für Schritt ging ich behutsam auf sie zu. Ich war mir nicht sicher, ob Fulgor tatsächlich weg war.

„Akita, kannst du mich hören?"

Eine kurze Bewegung durchfuhr den Körper der Prinzessin. Ich blieb augenblicklich stehen, bereit einen möglichen Angriff zu parieren.

„Kyra?", murmelte sie leise.

Es war ihre Stimme. Akita war zurück!

Ein immenses Glücksgefühl breitete sich in meinem ganzen Körper aus. Ich rannte, so schnell ich konnte, zu ihr und kniete mich neben sie.

„Akita, geht es dir gut? Wie fühlst du dich?"

Die Prinzessin richtete sich langsam auf und hielt sich dabei den Kopf.

„Mein Schädel dröhnt wie verrückt. Doch ansonsten fehlt mir nichts. Ist es vorbei?“

Ich nickte und umarmte sie freudestrahlend.

Ich konnte nicht glauben, dass dieser Albtraum endlich vorbei war. Wir hatten gewonnen, und zwar in jeder Hinsicht! Saphira und ihre Elite waren besiegt – endlich - und würden nie wieder eine Gefahr für uns darstellen. Fulgor war ebenfalls fort und auf ewig in diesem magischen Juwel eingesperrt. Es war endlich vorbei!

Ich konnte es nicht fassen. Es schien alles so aussichtslos und nun war die Elite besiegt, Fulgor waren wir ebenfalls los. Es kam mir vor wie ein Traum.

Ich suchte Runa mit meinen Augen, konnte sie allerdings nicht finden. Ich sah nur noch die verbrannten Fesseln, welche auf dem Boden lagen. Von Runa jedoch keine Spur. Das war mir in diesem Moment allerdings egal. Ich würde mich später bei ihr bedanken. Jetzt betrachtete ich Akita. Wir hatten gewonnen und nur das zählte. Das und dass es uns allen den Umständen entsprechend gutging.

„Wir sollten nach Samu und Misha sehen. In der Zwischenzeit kannst du mir erzählen, was hier eben passiert ist.“

Ich nickte Akita zu und rief Reiko. Er landete und wir flogen von diesem Schlachtfeld fort.

„Hat Fulgor es mit Saphira aufnehmen können?“, fragte die Prinzessin, nachdem wir neben Samu und Misha gelandet hatten.

„Er konnte es nicht nur mit ihr aufnehmen, er hat sie wortwörtlich in der Luft zerrissen. Saphira hatte endlich bekommen, was sie verdient hatte, doch Fulgor gab sich nicht damit zufrieden, sie nur zu töten. Er hat sie leiden lassen, Saphira war chancenlos. Als sie dann tot war, wollte er auf mich losgehen.“

Mir lief erneut ein eiskalter Schauder über den Rücken, als ich an Fulgors Gesichtsausdruck dachte. Akitas wunderschönes Gesicht, welches sich zu dieser furchteinflößenden Fratze geändert hatte ...

Bevor Akita oder die anderen zwei mich unterbrechen konnten, fuhr ich fort. „Wäre Runa nicht gewesen und hätte mir das Juwel gegeben, in welchem ich Fulgor eingesperrt habe, wüsste ich nicht, was passiert wäre.“

„Runa?“, fragten Samu und Misha fast im gleichen Moment.

Ich klärte die beiden über das Gespräch zwischen mir und Runa auf und erntete dafür pures Erstaunen. Selbst ich wusste noch nicht, warum Runa das getan hatte.

„Und so konntest du mich retten?“ Akitas Blick war undeutbar.

Ich nickte, die Prinzessin wandte jedoch ihr Gesicht ab. Früher hätte ich wohl gedacht, dass ich etwas Falsches gesagt hätte, doch mittlerweile wusste ich es besser. Die Prinzessin kämpfte mit ihren Emotionen.

„Als ich das Armband abnahm, hatte ich gehofft, du würdest mich retten. Ich wusste allerdings nicht, ob du eine Möglichkeit finden würdest. Ein Teil in mir hatte damit abgeschlossen, dich nie wieder zu sehen“, murmelte sie leise.

Ich sah das Glitzern in ihren Augen, selbst mit abgewandtem Blick. Ein dumpfes Gefühl breitete sich in mir aus.

„Ach, hört auf über mögliche Probleme nachzudenken, welche nicht eingetreten sind. Wir haben gewonnen! Und nur das zählt!", warf Misha ein, „Dieser Spuk ist endlich vorbei. Fulgor ist weg, Saphira und ihre Elite tot. Also freut euch und lasst uns unseren Sieg feiern!"

Sie hatte Recht, Trübsal blasen war hier an der falschen Stelle. Langsam wurde mir immer klarer, was gerade eben geschehen war. Wir hatten gewonnen und Saphira würde nie wieder eine Gefahr für uns darstellen. Wie Misha schon sagte: Der Spuk war endlich vorbei.

Ich tauschte einen kurzen Blick mit Akita, welche ebenfalls zu lächeln begann.

„Du hast Recht, Misha. Wir haben gewonnen und sind alle am Leben", betonte sie.

„Wir haben wirklich gewonnen", murmelte ich leise, wiederholte mich allerdings, dieses Mal voller Euphorie.

Unser Jubelgesang hallte in den Bergen wieder, als wir uns alle freudestrahlend und erleichtert in die Arme fielen.

Zwei Tage waren vergangen, seit wir Saphira besiegt hatten, und wir waren im Palast angekommen. Ich freute mich sehr, meinen Vater und die restlichen Krieger des Nordens dort anzutreffen. Auch Misha und Samu hatten den Kampf weitgehend unbeschadet überlebt und standen nun neben uns, um alle zu begrüßen.

„Vater!", rief ich ihm zu, als ich den Palast betrat und ihn erblickte.

Eine Entschuldigung? Ich wusste nicht, wovon sie sprach. Ich hob allerdings eine Hand, um den Männern des Nordens klarzumachen, dass sie ihre Haltung lockern konnten.

„Ich hätte mich euch anschließen sollen. Stattdessen bin ich zu Saphira zurückgekehrt und wollte sie auf eine falsche Fährte locken, doch sie konnte mich zu schnell durchschauen. Statt euch zu helfen, habe ich sie direkt zu euch geführt. Es tut mir so leid, dass sie dich erwischt hat, Kyra. Es war nie meine Absicht, euch zu verletzen und einer Gefahr auszusetzen."

Ich war überrascht, da ich nicht mit einer Entschuldigung ihrerseits gerechnet hatte. Und auch nicht unbedingt für angebracht hielt. Akita hingegen war anderer Meinung.

„Du wusstest, wie Saphira reagieren würde. Lass mich raten, du hoffst, wir vergeben dir und du bekommst deine Freiheit zurück? Falsch gedacht! Das wird nämlich nicht passieren", erwiderte die Prinzessin. „Kyra, ich überlasse es allerdings dir, was mit ihr passieren soll."

Ich überlegte einen Moment. Die Bilder meiner surrealen Welt kamen wieder hoch und ich sah Akita vor mir, wie sie Runa leidenschaftlich küsste. Ich wusste allerdings auch, dass diese Bilder nicht real waren und niemals real werden würden. Akita hatte mir bewiesen, dass ich ihr vertrauen konnte.

„Ich werde dich nicht einsperren. Doch du wirst in den Norden geschickt, um dort deine Strafe abzusitzen. Ich vergebe dir nicht, doch nur dank dir konnte ich Akita von Fulgor befreien. Das rechne ich dir hoch an, - es rechtfertigt aber nicht deine vorherigen Taten. Du wirst unter der Aufsicht von meinem Vater, Rakia, den Männern und

Frauen des Nordens helfen, ihre Länder wieder aufzubauen. Solltest du jedoch versuchen, zu fliehen, wirst du den Rest deines Lebens eingesperrt werden, dessen sei dir bewusst. Sieh es als zweite Chance und vergeude sie nicht."

Ich sah die Erleichterung in ihren Augen und die Überraschung in Akitas Blick. Die Prinzessin hatte dem allerdings nichts hinzuzufügen; sie akzeptierte meine Entscheidung. Sie nickte nur und die Männer des Nordens führten Runa aus dem Palast.

Der Kampf war gewonnen und alle Unklarheiten waren endlich aus der Welt geschaffen. Mit einem tiefen Seufzer ließ ich all die Anspannung gehen. Körperlich und mental; es war an der Zeit loszulassen und nach vorn zu sehen.

Akita gab mir einen Kuss auf die Wange und legte einen Arm um mich.

„Wir sollten uns für die Feier vorbereiten", säuselte sie mir sanft ins Ohr.

Ich nickte und folgte ihr in unsere Unterkunft. Es tat so gut, endlich wieder hier zu sein. Und an etwas anderes zu denken, sich auf etwas Schönes zu freuen.

Später an diesem Abend dann waren Saphira und die Schmerzen der vergangenen Zeit fast vergessen. Akita und ich tanzten zu ruhiger Musik unter dem klaren Sternenhimmel. Die Feier war fast zu Ende, und ich genoss Akitas warmen Körper dicht an meinem. Wir bewegten uns im Einklang der Musik, und ich legte meinen Kopf vertrauensvoll an Akitas Brust.

„Ich bin so froh, dass dieser Kampf endlich vorbei ist“, murmelte ich verträumt. Ich lehnte mich gegen ihren Körper, genoss ihren Duft.

Akita zog mich nur noch näher an sich heran.

„Das bin ich auch.“

Wir genossen den Moment noch eine Zeit lang, bevor Akita sich langsam von mir löste. Sie sah mich mit leuchtenden Augen an.

„Kyra?“, fragte sie sanft.

Mein Herz schlug ein paar Schläge schneller als gewöhnlich. Ich sah zu ihr auf und verlor mich augenblicklich in diesem tiefen Gold.

„Weißt du, ich habe dir noch gar nicht gesagt, wie sehr ich es schätze, dass ich dein Vertrauen genießen darf. Nicht jeder hätte mir nach so einem Erlebnis wieder vertraut. Ich bin mir nicht sicher, ob ich dieses Vertrauen verdient habe, aber sei dir sicher, ich werde alles dafür tun, dass du es nicht bereust, es mir geschenkt zu haben. Ich hätte es nicht ertragen, dich zu verlieren. Es wäre nichtsdestotrotz dein gutes Recht gewesen, mich nie wieder sehen zu wollen, nach allem, was ich dir in den vergangenen Monaten angetan habe.“

Ich sah ihr nur verträumt in die Augen. In diesem Augenblick bemerkte ich, dass ich keine meiner Entscheidungen bereute. Akita war die Frau, zu der ich gehörte, und daran würde sich nie etwas ändern.

„Ich würde es immer wieder tun.“

Nach einem romantischen Augenblick geprägt von wortlosem gegenseitigem Verstehen sah ich die Prinzessin erneut an.

„Nachdem das geklärt ist, bist du sicher bereit für die nächste Herausforderung. Doch ich muss dich warnen, ich kann dir nicht garantieren, dass es gut für dich ausgehen wird“, begann ich geheimnisvoll.

Akita sah mich verwirrt an.

„Nun, was hältst du von Ferien im Norden? Dann kann ich dir endlich meine Mutter vorstellen“, fragte ich sie neckisch.

Sie lachte lauthals. „Natürlich! Ich habe es mit meinem Bruder, Saphira und einem rachsüchtigen Geist aufgenommen. Ich denke, ich komme mit deiner Mutter zurecht“, antwortete sie schmunzelnd.

Ich küsste die Prinzessin glücklich und nicht einmal die Sterne leuchteten heller als meine Augen in diesem Moment.

Epilog

Tief in der Einöde, welche nur aus Eis und Schnee bestand, erhob sich ein Mann aus den Tiefen des Schnees. Wütende Schneewirbel rasten durch die Luft und vereinzelte helle Blitze zuckten durch den schwarzen Nachthimmel, doch der geheimnisvolle Mann stand einfach nur auf dem kalten Untergrund und starrte in den Himmel hinauf.

Langsam erst kam Bewegung in die Gestalt, Schritt für Schritt stapfte er nun geduldig durch den kniehohen Schnee. Die Schneewehen peitschten in sein Gesicht, als würden sie ihn davon abhalten wollen, weiterzugehen. Der geheimnisvolle Mann ließ sich allerdings weder von Wind noch Schnee aufhalten, denn er hatte ein klares Ziel vor seinen Augen.

Jeder, der den Blick des Mannes hätte sehen können, hätte auf Anhieb gewusst, dass es nichts gab, dass ihn stoppen konnte. Dass er nicht aufzuhalten war. Der eiserne Wille dieses Mannes, der bei jedem einzelnen Schritt aus seinem Blick sprach, war nicht zu brechen. Jeder, der ihm in die Augen sehen würde, wäre auf der Stelle umgedreht und weggelaufen, so furchtbar wirkte seine Mimik, so angsteinflößend sein ganzes Erscheinen. Die alten Sagen hatten es lange schon vorhergesagt. Einige dachten, die Legende wäre bereits geschehen, als der letzte Kampf gewonnen worden war, doch das war ein Irrtum. Sie lagen falsch mit ihrer Annahme, es wäre bereits vorbei. Die Legende von der Gestalt, welche zurückkehren würde. Die Legende, die vom unheilbringenden Wesen mit den violetten Augen, handelte, vom rachsüchtigen Mörder, welcher langersehnte Vergeltung üben wollte – sie war wahr. Die Furcht vor einer Rache, welche grausam sein würde, die nichts und niemand aufhalten konnte, war berechtigt.

Dieser eisige Ort, dort in der Kälte, wo kein Mensch freiwillig leben wollte, er wurde der Beginn einer Legende, die gerade erst ihren Anfang nahm.